21 世纪全国高职高专物流管理系列实用规划教材

现代生产运作管理实务

主　编　李陶然
副主编　褚　阳

北京大学出版社
PEKING UNIVERSITY PRESS

内 容 简 介

本书是在企业高层管理者的参与下，由高职高专院校一线教师编写而成的，依据不同的驱动运作方式讲授了现代生产运作管理实务的操作技能。本书分为 5 个部分，共 18 章内容：第一部分为基础知识，讲述生产运作基础知识、生产运作策略选择、质量管理和统计质量控制；第二部分为生产运作系统设计，讲述生产运作场地选择、产品和服务的设施布局、工作流程设置和工作设计；第三部分为预测驱动式生产运作管理，讲述需求预测、综合计划、库存管理、MRP 系统与 ERP 系统、作业计划与控制；第四部分为订单驱动式生产运作管理，讲述产品和服务设计、项目管理、准时生产和精细生产、大量定制；第五部分为资源管理，讲述供应链资源管理和约束管理。

本书结构体系新颖，在提出运作系统设计的基础上突出资源管理，强调从企业战略和生产运作策略的高度上认识和理解不同驱动类型的生产运作管理实务内容。

本书可作为高职高专物流管理专业、工商管理专业及相关专业的教材，也可作为从事经营管理实践的经理人员的培训教材或参考书籍。

图书在版编目(CIP)数据

现代生产运作管理实务/李陶然主编. —北京：北京大学出版社，2010.11
(21 世纪全国高职高专物流管理系列实用规划教材)
ISBN 978-7-301-17980-2
Ⅰ. ①现… Ⅱ. ①李… Ⅲ. ①企业管理：生产管理—高等学校：技术学校—教材 Ⅳ. ①F273
中国版本图书馆 CIP 数据核字(2010)第 205629 号

书　　名：现代生产运作管理实务
著作责任者：李陶然　主编
策 划 编 辑：蔡华兵
责 任 编 辑：蔡华兵
标 准 书 号：ISBN 978-7-301-17980-2/F・2628
出　版　者：北京大学出版社
地　　址：北京市海淀区成府路 205 号　100871
网　　址：http://www.pup.cn　http://www.pup6.cn
电　　话：邮购部 62752015　发行部 62750672　编辑部 62750667　出版部 62754962
电 子 邮 箱：pup_6@163.com
印　刷　者：北京鑫海金澳胶印有限公司
发　行　者：北京大学出版社
经　销　者：新华书店
787 毫米×1092 毫米　16 开本　21.75 印张　510 千字
2010 年 11 月第 1 版　2012 年 11 月第 2 次印刷
定　　价：39.00 元

前　言

中国经济学家认为，21 世纪世界只有 3 个系统：生产系统、物流系统和技术系统；德国经济学家曾指出，未来世界上只有 3 种人：生产者、物流者和消费者。这些论述充分强调了生产运作管理的重要性。在全球经济一体化的今天，随着市场经济的发展，企业经营日趋复杂，市场竞争不断加剧，迫使企业不断提升其管理科学化和现代化的水平。同时，伴随着物流业成为十大振兴产业之一，物流业的发展备受政府和企业经营管理者重视，生产运作与管理作为物流学科内容之一，也备受关注。

生产运作活动是人类最基本的活动，世界上绝大多数人都在从事生产运作活动，有生产运作活动就有生产运作管理。随着服务业的兴起，生产的概念已经扩展，生产不再只是在工厂里从事的活动了，而是一切社会组织资源投入最多的基本活动。随着国际竞争的加剧，企业面临着越来越严峻的压力和挑战。企业的生存能力取决于它的竞争能力，而在经营过程中，生产运作管理的有效性是形成企业竞争能力的基础。正是通过生产运作实践，使生产资源转换为具有顾客所需经济价值的产品和服务。对企业重组、质量管理、价值增值、资源配置和运营高效率等的需求，无一不体现着生产运作管理的功能和运作策略在企业经营中的重要作用。为此，对生产运作实务的研究是物流管理和工商管理人才培养中必不可少的方面。

本书的宗旨在于为物流管理专业、工商管理专业及相关专业的高职高专学生和从事经营管理实践的经理人员提供一本介绍和反映现代生产运作管理知识和运作管理实务及其发展的专业教材，以适应我国在这方面教育的需要，并能够为我国企业提高素质和竞争力以及走向国际化所借鉴。

本书注重从生产运作策略的制定和提高市场竞争力的角度阐述，依据不同的驱动运作方式讨论生产运作管理实务的操作技能，强调从企业战略和生产运作策略的高度上认识和理解不同驱动类型的生产运作管理实务内容。同时，本书在系统地介绍生产运作管理实务基本理论和操作技能与方法的基础上，尽可能反映和体现当代生产运作管理实务的新概念、新体系和新方法，使读者对现代生产运作管理实务的功能和作用能有一个新的认识和理解，并能了解当前生产运作管理的国际水平。

本书在内容的编写上主要有以下特色：

(1) 结构体系新颖。本书按照生产运作系统设计、流程运作和资源管理来组织全书的内容。产品和服务的价值是通过运作系统中流程的活动逐步增值的；流程是由相关资源构成的，资源是用来创造价值的。流程有两种类型：预测驱动的推进式流程和订单驱动的牵引式流程。进入 21 世纪，以戴尔公司为代表的按订单生产模式在实践中取得了成功，使按订单生产模式越来越受到企业管理者和学术界的重视。订单驱动式模式是以“顾客为中心的管理”的体现，它与预测驱动模式在组织和生产过程上有较大的差别。因此，本书对这两种模式都进行了阐述，将需求预测、综合计划、库存管理、MRP 系统、作业计划与控制归为预测驱动生产运作管理部分；把产品和服务设计、项目管理、准时生产和大量定制等内容归为订单驱动式生产运作管理部分。

(2) 本书在提出运作系统设计的基础上突出资源管理。资源是生产运作系统的物质基础，涉及供应链、约束、设备和人员等方面。由于设备和人员管理已有许多书籍专门阐述，所以本书只阐述供应链资源管理和约束管理。供应链是优势资源的整合，供应链协调和整体优化是发挥供应链资源效益的关键。约束管理是约束理论这一科学方法在资源管理上的应用。约束理论从整体思考问题，但不是笼统地研究整体，而是从整体制约因素入手，通过解决约束问题解决整体问题，这是解决复杂系统问题的正确思路和途径。

(3) 企业高层管理者参与本书的策划与编写。为了体现管理实务的特色，使生产运作理论密切地结合企业实践，进而使本书的理论管理实务和企业生产运作管理实现零距离，编者在编写策划阶段和编写过程中，与南阳防爆电机集团公司、南阳路德筑路机械有限公司、南阳神威民爆器材有限公司等企业的生产运作管理者一起研讨、共同策划，而且南阳神威民爆器材有限公司总经理还参与了编写。这些参与的企业中有预测驱动式生产运作，也有订单驱动式生产运作，本书中的理论在实践中都能找到应用点。

(4) 编写体例规范。本书每章前面都有学习目标、工作任务描述和工作任务实施，后面都有思考题和实训与考核，充分体现实务的特性，便于读者学习。

(5) 强调基于时间的竞争。实践已经成为影响顾客需求的主要因素，也是影响企业竞争力的主要因素。本书在生产运作策划中提出时间响应策略，在大量定制中专门论述了“即时顾客化定制”问题。

本书共分 5 个部分 18 章内容。第一部分为基础知识，包括第 1～4 章；第二部分为生产运作系统设计，包括第 5～7 章；第三部分为预测驱动式生产运作管理，包括第 8～12 章；第四部分为订单驱动式生产运作管理，包括第 13～16 章；第五部分为资源管理，包括第 17、18 章。

参加本书编写的人员都是来自高职高专院校的一线教学优秀教师和企业的高层管理者。本书由李陶然担任主编，褚阳担任副主编，参编人员有：郭东阳、李晓琴、李春田、徐宜敏、赵蕾、陈晓东。其中，李陶然编写了第 1、2、9、16、17 章；褚阳编写了第 3、4、11 章；郭东阳编写了第 7、12 章；李晓琴编写了第 13、18 章；李春田编写了第 14、15 章；赵蕾编写了第 8、10 章；陈晓东编写了第 5、6 章；徐宜敏参与编写了第 9 章。

为了使内容结构具有系统性和完整性，本书编写兼收并蓄，引用了不少文献的观点，借此机会向这些文献的作者表示诚挚谢意。

还要特别感谢我的家人。丈夫在工作之余承担了大量家务；女儿在学习和生活方面自理能力很强，为我创造了一个良好的工作环境，使我能够集中精力潜心教学和研究。因此，希望本书的出版能够使他们父女俩欣慰。

由于水平有限，加之生产运作管理理论和技术仍在不断发展、充实和完善中，所以本书难免有不足之处，真心希望广大专家、学者和读者不吝赐教。

编　者

2010 年 8 月

目　录

第一部分　基础知识

本部分阐述生产运作管理的基本知识与概念，是全书的基础。生产运作活动是人类最基本的活动，世界上绝大多数人都在从事生产运作活动。有生产运作活动就有生产运作管理。人类最早的管理活动就是生产运作活动的管理，20世纪初的科学管理运动也始于生产运作管理。因此，生产运作活动是在生产系统中发生的。

本部分主要介绍生产运作管理的基本概念和生产运作管理的发展，阐述生产运作策略的选择，讨论质量管理与统计问题。

第1章　生产运作基础知识

学习目标

(1) 学生应理解社会组织的3项基本职能(生产、理财和营销)及其关系、生产运作的分类、比较流程式生产和加工装配式生产的特点；理解供需协调以及能力与需求匹配问题；了解生产运作管理的历史发展和生产运作管理的发展趋势。

(2) 熟悉生产运作管理的目标、内容和生产运作管理人员所需的技能；探讨备货型生产和订货型生产及其各种组合的特点。

(3) 掌握生产运作管理的定义；分析生产运作类型的划分和不同生产运作类型的特征；掌握提高多品种、小批量生产效率的途径。

工作任务描述

通过对本章知识框架的学习，能了解到生产运作管理的基础知识。但是，只了解相关的基础知识显然是不够的。不同的生产运作类型具有不同的特点，在熟悉生产运作管理的目标、内容和生产运作管理人员所需的技能的基础上，掌握不同生产类型的特点和提高多品种、小批量生产效率的途径，同时还能够解决生产过程能力与需求匹配的问题。

请问，如果你是学习者，你能否全面陈述生产运作及生产运作管理的概念？根据企业生产运作能力，能否做好能力与需求匹配问题，来提高生产效率？

本章任务

(1) 根据生产运作管理的概念和生产运作的分类，熟悉生产运作的发展历史和趋势。

(2) 按照现代生产运作管理的要求，生产运作管理人员应具有哪些能力。

(3) 分析不同生产类型的特点和提高生产能力的途径。

(4) 熟知供需协调与能力和需求匹配内容。

工作任务实施

完成本章任务的一般步骤如下：

(1) 确定学习目标。

(2) 设置学习路径与制定学习方法。

(3) 搜集和整理相关学习资料。

(4) 分析、对比学习资料，巩固与掌握所学知识。

本章的工作任务主要是了解企业生产运作与生产运作管理的知识，设置和制定学习路径和学习方法，对学习资料进行分类整理、归类。不同的企业的性质、产品的特点对应不同的生产运作类型，它们之间是依靠供需平衡相互联系的。图1.1展示了完成本章学习任务的流程。

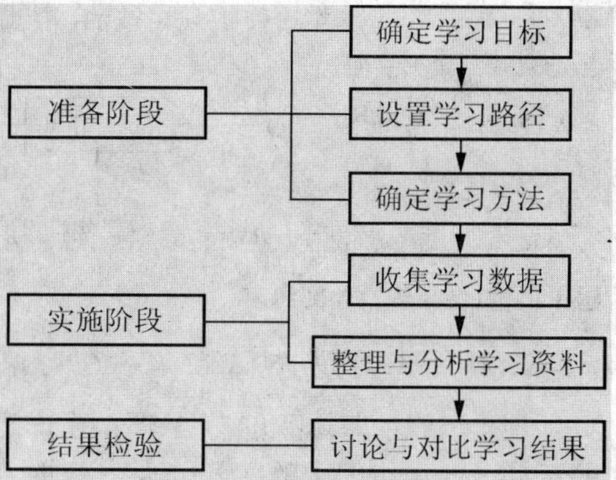

图 1.1　完成生产运作管理学习任务流程

1.1　生产运作管理的概念

1.1.1　社会组织的概念与基本职能

1. 社会组织

世界上存在各种社会组织。公司、学校、商店、医院、车站、旅馆、消防队、餐馆、运输公司、银行、建筑公司等都是社会组织。社会组织是具有特定目标和功能的、社会化的生产要素的集合体。

各种社会组织的出现是社会分工的结果，也是社会生产力发展的标志。它们的出现改变了人们的生活方式。试想，如果没有现存的各种社会组织，人们的生活该是什么样的？人们居住的不会是高楼大厦，而是简陋的茅屋；穿的不会是高级的棉花、化纤和毛料制品，而是土布；出门旅行不会是乘火车、汽车、轮船和飞机，而是骑马、步行或乘木筏；通信不会是通过电话、电报、传真、电子函件，而是靠骑马或步行传送，以至于“家书值千金”。现在，尽管人们经常抱怨这些社会组织服务得不够好，但它们为人们所提供的各种产品和服务远比人们自己来做好得多。由于社会组织具有高效率，使得人们才能在维持生计之余有时间去从事科学研究、文艺创作、体育休闲等活动。

一种社会组织通过提供产品和服务为其他社会组织和居民服务。输出的产品和服务是社会组织对社会作出的贡献，也是它赖以生存的基础。社会组织若不提供产品和服务，或者所提供的产品和服务因品种、质量、交货期或其他问题不为人们所接受，就得不到社会的承认。这样的社会组织就不能生存下去，就会在竞争中被淘汰。在现代社会，社会组织生存的根本条件是使它的服务对象满意。社会组织主要的也是其有益的输出是产品和服务。值得注意的是，社会组织在提供产品和服务的同时，也排出废水、废气、废渣和发出噪声，这些输出对环境是有害的，是应该减少和消除的。

要提供输出，则必须有输入。输入的是原材料、能源和信息。社会组织的生产经营活动以其内部资源条件为基础，并受到各种外部环境的约束。内部资源条件包括人、财、物和技术等方面；外部约束来自经济、政治、社会、法律和市场等方面。社会组织就是在这样的条件下运行的，如图 1.2 所示。

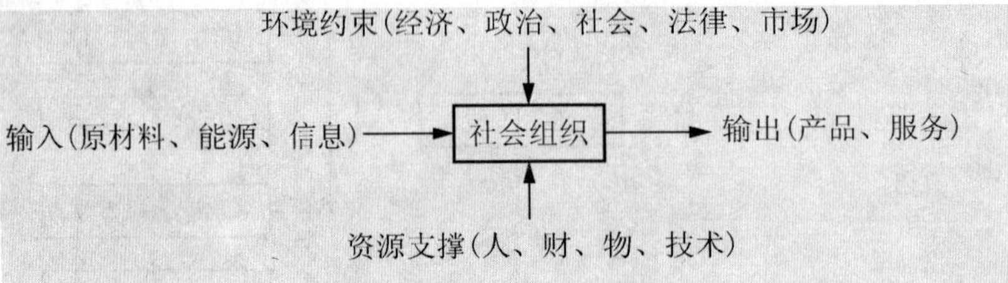

图 1.2　社会组织及外部约束

2. 社会组织的基本职能

社会组织的基本职能有 3 项：生产运作、理财和营销。生产运作是一切社会组织最基本的活动。社会组织中的大部分人力、物力和财力都投入到生产运作活动之中，以制造市场所需要的产品和提供顾客所需要的服务。因此，把生产运作活动组织好，对提高社会组织的经济效益至关重要。理财就是为社会组织筹措资金并合理地运用资金。从资金运动的观点看，企业和公司可以被看作是资金汇集的场所，不断有资金进入，也不断有资金流出。只要进入的资金多于流出的资金，公司的财富就会不断增加。营销就是要发现和发掘顾客的需求，让顾客了解公司的产品和服务，并将这些产品和服务送到顾客手中。

这 3 项基本职能是一切社会组织都有的。离开这 3 项基本职能，任何社会组织都不可能存在。但社会组织并不只有这 3 项职能，采购与供应也是一项很重要的职能。在集中的计划经济体制下，供应比营销更重要。但是，随着社会主义市场经济体制的逐步建立和经济的发展，卖方市场逐渐为买方市场所取代，供应职能将远远不如营销职能重要。人事管理也是一项十分重要的职能，它也具有普遍性，但它与生产经营活动的关系不如这 3 项基本职能更直接。

3 项基本职能是相互依存的。其中，发现需求是进行生产经营活动的前提，有了资金以及生产某种产品和提供某种服务的能力，但如果该产品或服务没有市场，将是毫无意义的；有了资金和市场，但却制造不出产品或提供不了服务，也只能眼睁睁地看着市场被别人占领；有了市场和生产能力，但没有资金购买原材料、支付工资，显然也是无法运作的。3 项基本职能连同组织的其他职能都是组织不可缺少的，且每项职能都依赖于其他职能。因此，当研究生产运作管理时，不要忘记生产运作职能与其他职能之间的关系。传统的生产管理将生产职能与其他职能分离开来讨论，不能满足市场经济的客观要求，也不利于企业生产经营活动的整体优化。

1.1.2　社会组织的发展

经济学家将人类社会经济的发展分成前工业(Preindustrial)社会、工业(Industrial)社会和后工业(Postindustrial)社会 3 个阶段。

在前工业社会，人们主要从事农业和采掘业，包括种植庄稼和树木、捕鱼、狩猎，采掘煤炭、岩盐，利用天然气、淘金等。农业和采掘业的实质是从自然界直接提取所需的物品。在前工业社会，人们利用体力、兽力和简单的工具，以家庭为基本单位进行生产，劳动生产率低下，受自然条件的影响大。人们生活节奏与自然界同步，春夏秋冬忙闲交替。人们的主要活动是同自然界打交道。

在工业社会，人们主要从事制造业。制造业的实质是通过物理的或(和)化学的方法，改变自然界的物质，产生人们需要的人造物品——产品。楼房、公路、铁路、车辆、飞机、家具、计算机、电视机、MP3 和灯具等，无一不是人造物品。分工是工业社会组织生产活动的基本原则。通过分工，提高了人的操作熟练程度，节约了不同工作之间的转换时间，并促进了机器的发明。人们利用机器和动力，以工厂为单位进行生产，使劳动生产率大幅度提高。在工业社会，人们的生活节奏加快，没有春夏秋冬之分。生活质量以拥有的产品数量来衡量，主要活动是同经过加工的物品打交道。

在后工业社会，人们主要从事服务业，其实质是提供各种各样的服务。人类利用智慧和创造力，以信息技术为依托，通过不同的社会组织，为顾客提供服务。信息成为关键资源。生活质量由保健、教育和休闲来衡量，主要活动是人们之间的交往。

服务业并不限于餐饮、旅店一类服务行业，它一般包括 5 个方面的活动。业务服务：咨询、财务金融、银行和房地产等；贸易服务：零售、维修等；基础设施服务：交通运输、通信等；社会服务：餐馆、旅店和保健等；公共服务：教育、公共事业和政府等。

可见，服务业的范围十分广泛。服务业的重要性已日益被人们所认识，它已经成为现代社会不可分离的有机组成部分。如果没有服务业，就不会有现代社会。没有交通和通信这样的基础设施，工农业生产也不可能进行；没有政府提供的服务，各种社会组织就不能正常运行；没有各种生活服务，人们就不能正常生活。这些都是人们常识所了解的。

服务业的兴起是社会生产力发展的必然结果，也是社会生产力发展水平的一个重要标志。在社会生产力水平比较低下的时期，社会绝大部分成员从事农业生产，自己养活自己。当农业生产力发展到一定水平，从事农业的人口除了养活自己之外，还能提供剩余农产品时，才可能有一部分人脱离农业生产，去从事手工业和其他行业。由手工业到机器大工业，劳动生产率得到了极大的提高。工业的发展，尤其是制造业的发展，为农业提供了先进的装备，反过来又促进了农业劳动生产率的进一步提高。工农业劳动生产率的提高，使剩余劳动力转移到服务业，从而促进了服务业的发展。服务业的发展反过来又促进了工农业生产的发展。当前，以信息技术产业为主导的服务业是推动经济增长的主要源泉。

现在，世界经济的重心已经从制造业转向服务业，全球竞争的焦点已经逐渐从商品转向服务。世界发达国家服务业多数都达到了 3 个“70%”的水平，即服务业产值占 70%左右；GDP 增长的 70%来自于服务业的增长；服务业吸纳了 70%的就业人口。以美国为例，20 世纪初，美国从事服务业的人数不到全部就业人数的 40%；1950 年，这个比例达到 55%；现在达到 80%。相反，从事农业和采掘业的就业人数，现在还不到 5%。

我国自从改革开放以来，国民经济得到持续、健康、快速的发展，不仅工农业生产得到了很大发展，服务业也日益引起人们的重视，尤其是运输业和通信业，面貌已大大改观。农业、工业和服务业占GDP的比重由1980年的30.1∶48.5∶21.4，变为2003年的14.6∶52.2∶33.2，服务业从业人员占全社会从业人员的比重从 1980 年的 13.1%上升到 2003 年的 29.3%，净增加从业人员 16277 万人，年均增加就业岗位 707 万人。但是，无论是同发达国家相比，还是同某些发展中国家相比，我国服务业占国民经济的比重仍偏低，有很大的发展潜力。

1.1.3　生产的概念

按照马克思主义的观点，生产是以一定生产关系联系起来的人们利用劳动资料，改变劳动对象，以适合人们需要的过程。这里所说的生产主要是指物质资料的生产。通过物质资料的生产，使一定的原材料转化为特定的有形产品。

服务业的兴起使生产的概念得到延伸和扩展。过去，西方学者把与工厂联系在一起的有形产品的制造称作 Production(生产)，而把提供劳务的活动称作 Operations(运作)。现在，他们将两者均称为 Operations。西方学者将有形产品和劳务都称作“财富”，把生产定义为创造财富的过程，从而把生产的概念扩大到非制造领域，这是有道理的。虽然，搬运工人和邮递员转送的都不是他们自己制造的东西，但他们付出了劳动，不能说他们不是在从事生产活动。事实上，在现代社会已经很难将制造产品和提供服务截然分开，单纯制造产品不提供任何服务的企业几乎是不存在的。一个汽车制造厂如果只将汽车销售给顾客，而不提供售后服务，是没有顾客愿意购买它的产品的。只是不同社会组织提供产品和服务的比例不同，汽车制造厂提供产品的比重大一些，餐馆提供服务的比重大一些，教学则提供服务的比重更大一些。然而，单纯提供服务而不提供任何有形产品的活动却是存在的，比如顾问。因此，生产的概念必须扩展。英文教科书已经从最初的生产管理(Production Management)改为生产和运作管理(Production and Operations Management)，现在大都称运作管理(Operations Management)。由于Operations 是操作层面的问题，故译为“运作”。为了符合汉语的习惯，将 Operations Management 译作“生产运作管理”或“运作管理”。

从一般意义上讲，可以给生产运作下这样一个定义：生产运作是一切社会组织将对它的输入转化、增值为输出的过程。为了解释这个定义，表 1-1 列出了几种典型的社会组织的输入、转化和输出的内容。

表 1-1　典型社会组织的输入、转化和输出

社会组织	主要输入	转化的内容	主要输出
工厂	原材料	加工制造	产品
运输公司	产地的物资	位移	销地的物资
修理站	损坏的机器	修理	修复的机器
医院	病人	诊断与治疗	恢复健康的人
大学	高中毕业生	教学	高级专门人才
咨询站	情况、问题	咨询	建议、办法、方案

社会组织要提供输出，则必须有输入。俗话说，“巧妇难为无米之炊”，输入是由输出决定的，生产什么样的产品和提供什么样的服务，决定了需要什么样的原材料和其他投入。输入不同于输出，这就需要转化。转化是通过人的劳动实现的，转化的过程就是生产运作。转化是在生产运作系统中实现的。生产运作系统是由人和机器构成的，能将一定输入转化为特定输出的有机整体。生产运作系统本身是一个人造的系统，它也是由输出决定的，输出的“质”不同，则生产运作系统不同。显而易见，钢铁厂的生产系统不同于机床厂的生产系统，餐馆的运作系统不同于银行的运作系统。不仅如此，生产运作系统还取决于输出的“量”。同是制造汽车，大量、大批生产运作和小批量生产运作所采用的设备以及设备布置的形式是不相同的；同是提供食物，快餐店和大饭馆的生产运作组织方式也是不同的。

输入、转化和输出与社会组织的 3 项基本活动——供应、运作和销售相对应。

1.1.4　生产运作管理

生产运作管理是对生产运作系统的设计、运行与维护过程的管理，它包括对生产运作活动进行计划、组织与控制。

1. 生产运作管理的内容

生产运作系统的设计包括产品或服务的选择和设计、生产运作设施的选址、生产运作设施布置、服务交付系统设计和工作设计。生产运作系统的设计一般在设施建造阶段进行。但

是，在生产运作系统的生命周期内，不可避免地要对生产运作系统进行更新，包括扩建新设施、增加新设备，或者由于产品与服务的变化，需要对生产运作设施进行调整和重新布置。在这种情况下，都会遇到生产运作系统设计问题。

生产运作系统的设计对其运行有先天性的影响。如果产品和服务选择不当，将导致方向性错误，一切人力、物力和财力都将付诸东流。厂址和服务设施的位置选择不当，将铸成大错。在何处建造生产运作设施对生产经营活动的效果有很大影响，尤其是对服务业。同时，设施位置与设施的布置往往决定了产品和服务的成本，决定了产品和服务在价格上的竞争力，决定了对优秀人才的吸引力，甚至决定了一个组织的兴衰。

生产运作系统的运行主要是在现行的生产运作系统中如何适应市场的变化，按用户的需求生产合格产品和提供满意服务。生产运作系统的运行主要涉及生产运作计划、组织与控制 3 个方面。生产运作系统的运行与生产运作活动的驱动方式有关，预测驱动、库存驱动和订单驱动对生产活动的组织有很大影响。

计划方面解决生产什么、生产多少和何时出产的问题。在预测驱动的生产模式下，一切生产活动都建立在预测的基础上。长期预测为企业能力扩充提供了依据，中期和短期预测是生产计划与作业计划的基础。在库存驱动的生产模式下，库存的变化为生产计划和作业计划提供依据。在订单驱动的生产模式下，订单是制订生产计划和作业计划的依据。计划工作包括确定产品和服务的品种与产量、设置产品交货期和服务提供方式、编制生产运作计划、做好人员班次安排、统计生产进展情况等。

组织方面解决如何合理组织生产要素，使有限的资源得到充分而合理的利用的问题。生产要素包括劳动者(工人、技术人员、管理人员和服务人员)、劳动资料(设施、机器、装备、工具、能源)、劳动对象(原材料、毛坯、在制品、零部件和产品)和信息(技术资料、图纸、技术文件、市场信息、计划、统计资料、工作指令)等。劳动者、劳动资料、劳动对象和信息的不同组合与配置构成了不同组织生产的方式，或简称生产方式，例如福特生产方式、丰田生产方式等。一种生产方式不是一种具体方法的运用，而是在一种基本思想指导下的一整套方法、规则构成的体系，它涉及企业的每个部门和每项活动。

控制方面解决如何保证按计划完成任务的问题，主要包括接受订货控制、投料控制、生产进度控制、库存控制和成本控制等。对订货生产型企业，接受订货控制是很重要的。接不接、接什么、接多少是一项重要决策，它决定了企业生产经营活动的效果。投料控制主要是决定投什么、投多少、何时投，它关系到产品的出产期和在制品数量。生产进度控制的目的是保证零件按期完工，产品按期装配和出产。库存控制包括对原材料库存、在制品库存和成品库存的控制。如何以最低的库存保证供应是库存控制的主要目标。

2. 生产运作管理的目标

生产运作管理所追逐的目标可以用一句话来概括：高效、灵活、准时、清洁地生产合格产品和提供满意服务。

效率是投入和产出的比较，提高效率就是提高生产率。生产率是投入资源和产出(产品和服务)的比率，产品和服务是通过各种资源转化而来的，这种转化的效率越高，产出就越多，也就越能提供更多的产品或服务价值。提高生产率有两种途径：动力、资本和管理。管理是整个系统的关键，即投入通过管理转化为产出。生产同样数量和质量的产品，人力、物力和财力的消耗最少才能实现低成本，低成本才有低价格，低价格才能争取到用户。

生产率可以通过下式计算：

$$生产率=\frac{产出的量}{投入的量} \tag{1-1}$$

例如，如果产出的量=10000 单位，而花费的工时是 500 小时，则生产率=$\frac{10000}{500}$=每小时 20 个单位的产出。

上例只使用一种投入资源来衡量生产率，称为单因素生产率。如果通过所有投入的资源(如劳动力、物资、能源、资本)来衡量生产率，则称为多因素生产率。多因素生产率可按下式计算：

$$多因素生产率=\frac{产出的量}{(劳动力+物资+能源+资本+其他)} \tag{1-2}$$

为了计算多因素生产率，需要将劳动力、物资、能源、资本和其他资源换算成统一单位，通常换算成货币金额。

灵活是指能很快地适应市场的变化，生产不同的品种和开发新品种，或提供不同的服务和开发新的服务。要能够很快地适应市场变化，需要提高生产系统的柔性。生产系统的柔性是指处理环境变化的能力。提高机器设备的柔性有助于提高生产系统的柔性，但仅仅提高“物”的柔性是不够的，只有协调地提高机器、人员和组织的柔性，企业的整体柔性才能提高。

准时是指在用户需要的时间，按用户需要的数量，提供所需的产品和服务。准时性是市场经济对生产过程提出的要求。从市场角度来审视连续性、平行性、比例性与均衡性，它们都有一定的局限性。不与市场需求挂钩，追求连续性、平行性与均衡性是毫无意义的。在市场多变的情况下，比例性也只是一种永远达不到的理想状态，瓶颈出现永远是正常现象。

质量是指合格产品和(或)满意服务。对有形产品，通常以性能、可靠性、维修性、安全性、适应性、经济性等作为衡量质量的指标；对服务，通常以功能性、经济性、安全性、时间性、舒适性和文明性等作为衡量质量的指标。

当前，激烈的市场竞争对企业的要求包括 5 个方面：时间(Time，T)、质量(Quality，Q)、成本(Cost，C)、服务(Service，S)和环保(Environment，E)。T 指满足顾客对产品和服务在时间方面的要求，即交货期要短而准时；Q 指满足顾客对产品和服务在质量方面的要求；C 指满足顾客对产品和服务在价格与使用成本方面的要求，即不仅产品形成过程中的成本要低，而且在用户使用过程中的成本也要低；S 为提供产品之外为满足顾客需求而提供的相关服务，如产品售前服务及售后服务等；E 为对环境的保护程度。

3. 生产运作管理人员所需的技能

自从 20 世纪初美国推行泰勒的科学管理以来，美国制造业的劳动生产率一直高于欧洲各工业发达国家。美国在制造业的领先地位促进了农业劳动生产率的提高和服务业的发展，也使得美国很多企业逐渐把生产管理放到次要地位，使从事生产管理的人员成了“灰姑娘”。日本经济的振兴主要靠的是制造业的高效率、低成本与高质量。面对日本企业咄咄逼人的挑战，美国一些企业又重新把注意力放到生产上，提出了各种夺回制造业优势的对策。要搞好生产运作管理，必须有一支高水平的生产运作管理人员队伍。生产运作管理人员运用了企业的绝大部分资金(固定资产——设施、设备等，流动资金——原材料、在制品、成品)来组织生产运作，他们活动的效果决定了企业效益的好坏。因此，生产运作管理人员在企业中的作用是十分重要的。生产运作管理人员与其他管理人员一样，也是通过他人来完成工作任务。因此，他们必须具备两方面的技能。

(1) 技术技能。技术技能包括两个方面：专业技术与管理技术。生产运作管理人员面临的是转化物料或提供各种特定服务这样的活动，他们必须了解这个过程，因此，必须具备有关的专业技术知识，特别是工艺知识。不懂专业技术的人是无法从事生产运作管理的，但只有专业技术知识对生产运作管理人员来说是不够的，他们还需懂生产运作过程的组织，懂计划与控制，懂现代生产运作管理技术。

(2) 行为技能。生产运作管理者要组织工人和技术人员进行生产活动，他们必须具备处理人际关系的能力，要善于与他人共事，调动他人的工作积极性，协调众人的活动。

因此，对生产运作管理人员的要求是很高的。要获得这些技能，当一名合格的生产运作管理者，一靠培训，二靠实践。生产运作管理人员是企业的宝贵财富，企业主管应当充分发挥他们的作用。

1.2　生产运作管理的发展历程

1.2.1　生产运作管理的历史

1. 产业革命

自从人类出现在地球上生产活动就开始了，伴随着生产活动，就有生产管理。古代中国人修建了万里长城、开凿了大运河、兴建了都江堰水利枢纽工程，古埃及人建造了金字塔。这些伟大的工程没有有效的管理是不可能完成的。但是，生产产品以供销售的现代工厂系统只是在产业革命之后才出现的。

产业革命始于 18 世纪 70 年代的英国，随后扩展到欧洲，19 世纪传到美国。产业革命前，生产活动是以师傅带徒弟的方式，以家庭为单位或在手工作坊中进行的。在这种方式下，没有明确的分工，靠人力采用简单的工具进行操作。

1764 年，瓦特(James Watt)发明了蒸汽机，给机器带来了能源；1770 年，哈格里夫(James Hargreave)发明了珍妮纺纱机；1785 年，卡特赖特(Edmund Cartwright)发明了动力织布机，这 3 项发明带来了纺织工业的革命。煤和铁的开采使铁制机器代替了木制机器，机器的动力和耐久性大大提高。

早期制造业的产品是手工方式(Craft Production)生产的。具有高超技能的工人利用简单而富有柔性的工具，按照顾客的要求制造产品。手工生产效率低、成本高，产品维修困难，其经济性不会随产量增加而改善，即不具有规模经济性，因此不会出现大的工场，而是小的作坊。

2. 科学管理运动

科学管理的创始人是泰勒(Frederick W.Taylor)。泰勒将科学的方法用于生产管理，他通过对工作方法的观察、测量和分析，得到最好的工作方法；通过挑选和培训工人，寻找做每项工作的最佳方法。泰勒还研究了工具的改进，研究了工人的操作，制定了劳动定额，并实行了差别计件工资制。泰勒的这套方法极大地提高了生产效率，并将他这一套科学管理整理成了一本著作——《科学管理原理》。

与泰勒同时代的从事科学管理运动的代表人物还有吉尔布雷斯(Frank Gilbreth)夫妇、甘特(Henry Gantt)、爱默生(Harrington Emerson)、福特(Herry Fort)。吉尔布雷斯夫妇专门从事动作研究，将各种动作分解成动作因素，帮助工人消除多余笨拙的动作，从而节省体力消耗。甘特看到了非金钱奖励对刺激工人的价值，并发明了至今仍然广泛使用的用于编制作业计划的甘特图。爱默生将泰勒的思想用于组织结构来提高组织的效率，并论证将科学管理用于铁路将每天节省数百万美元。福特是一位伟大的实业家，他将科学管理原理用于汽车制造，将亚当·斯密(Adam Smith)的劳动分工论发挥得淋漓尽致，实行大量生产(Mass Production)，极大地提高了生产率，降低了成本，使汽车进入美国普通居民家庭，使汽车工业成为美国的支柱产业，并改变了美国人的生活方式。

3. 管理科学

1915 年，哈里斯(F.W.Harris)提出了第一个库存管理数学模型，从此将数学引入管理领域。1930 年，贝尔电话实验室的道奇(H.F.Dodge)、罗明格(H.G.Romig)、休哈特(W.Shewhart)提出了抽样和质量控制的统计方法。1935 年，梯培特(L.H.C.Tippett)提出了统计抽样理论。最初，数量方法在实业界的应用并不广泛，但是，到了第二次世界大战期间，基于战争对军需物资供应的要求，这些方法得到广泛的应用。大战期间，美国政府组织各方面的专家对战争中遇到的各种问题进行研究，使得作业研究或称运筹学(Operations Research，OR)逐渐发展起来，OR 在第二次世界大战中发挥了很大作用。战后，人们将其用于企业管理领域，发展成为管理科学(Management Science)。管理科学通过建模、提出算法、编制软件，有效地实现了需求预测、库存控制、生产作业计划编制、项目管理等。管理科学使普通人做事能够达到专家的水平。

4. 日本制造业

日本的制造业以高质量、低成本而具有强大的竞争力。日本的全面质量管理是通过美国质量管理专家引入的，但是，日本企业非常重视人的因素，并将质量控制方法简化，使普通工人而不只是专家懂得如何使用，从而使质量控制成为全员参与的工作。日本企业强调“不断改善”和“团队精神”，创造了准时生产方式(Just in Time，JIT)，这些都是现代生产运作管理需要的。第 13 章将详细介绍日本制造业的生产管理思想和方法。

1.2.2 当前生产运作管理面临的形势及发展趋势

1. 形势

1) 全球化市场

世界经济国际化进程进一步加快，世界范围的对外直接投资以前所未有的速度增长，越来越多的行业正在演化为全球性行业，全球化市场和全球性工厂、全球性公司不断涌现，越来越多的产品成为全球性产品。世界三大经济集团联盟已经形成：以美国为主的纵贯南北美洲的经济集团联盟，以欧洲经济共同体为主的横贯西欧、北欧、东欧的欧洲经济集团联盟和亚太经济集团联盟。买方市场范围不断扩大，过剩能力增加，导致竞争更加激烈，更多公司出现生存危机。产品生命周期越来越短，新产品开发正跨越多种技术领域，研究与开发的费用越来越高。新的信息与通信技术正在迅速地缩短国家之间的距离，打破国家经济活动在时间、空间上的约束，因特网的发展正在对世界经济产生巨大的影响，给产品生产和服务传输带来根本性的变化，也给国家内部和国家之间的生产组织带来根本性的变化。全球化市场使竞争转向高技术行业和高附加值产品的生产，竞争的重点已由制造领域向技术创新领域转移，基于时间的竞争显得更加突出，激烈的竞争导致许多势均力敌的竞争者走向联合，建立跨国战略联盟。

2) 基于时间的竞争

1988 年，乔治·斯托克(George Jr. Stalk)在《哈佛商业评论》发表了一篇具有里程碑意义的文章《时间：下一个竞争优势资源》，提出了基于时间竞争(Time-Based Competition)的概念。

19 世纪是“精雕细刻”地制造产品的手工时代，20 世纪是“大量生产、大量消费”的工业经济时代，21 世纪将是“即时满足顾客个性化需求”的网络经济时代。工业革命后的 200 多年，世界经济一直呈加速发展趋势，当今世界唯一不变的就是变化。急剧变化的时代使得时间成为取得竞争成功的最重要的因素。

3) 环境问题

发展生产，本意是不断改善人们的物质生活和精神生活，但世界上往往出现事与愿违的情况，人们在物质生活越来越丰富的今天，却面临生存环境日益恶化的问题。在人们高喊“向自然界索取”、“向自然开战”、“人定胜天”的口号，并付诸行动之后，大自然已经对人类进行报复。阳光、空气和水是维持人类生存的最基本条件，然而，人们赖以生存的地球已被严重污染。资源的掠夺性开采和浪费已造成森林、草原的破坏，气候恶化，水土流失，“沙尘暴”袭击，河流断流。大量的工业垃圾和生活垃圾随意排入大气和江湖，人们已没有清洁的水可供饮用，没有新鲜的空气可供呼吸，大气臭氧层的空洞使人们面临太阳紫外线的照射，人类为工业化付出了沉重代价。可喜的是，人类已开始觉醒。生产运作管理者不仅要对提供产品和服务负责，而且要对产生的“三废”负责。于是，提出了“绿色制造”的概念。如何变废为宝，不仅有科学技术问题，而且有管理问题。在生产运作管理上，就是要构造一条“生态供应链”，使任何一个企业或居民的所有产出物都成为其他企业或居民的可用资源。

2. 发展趋势

1) 重视生产运作策略

过去人们认为，生产运作只是执行公司的战略，无生产策略可言。随着经济全球化进程的加快，生产运作策略不仅得到了承认，而且被提到了重要位置上。在经济全球化的形势下，生产运作管理就是要在全球范围优化资源配置，以尽可能低的成本、最快的响应速度制造个性化的产品和提供个性化的服务。没有生产运作策略的成功实施，就不能实现企业整体战略。

2) 业务过程重组

1993 年，哈默(Michael Hammer)和钱皮(James Champ)出版了《公司重组》(Reengineering the Corporation)这本具有划时代意义的著作。哈默和钱皮认为，由于 3C(Customers，Competition，Change)的作用，亚当・斯密的劳动分工论已经过时。首先，公众大市场已不复存在，它已经细分为更小的市场，甚至细分到每个顾客(个人或公司)。市场已完全是买方市场，对每个顾客，都要按其特殊要求生产产品或提供服务。其次，贸易壁垒的消除使得各个国家、各个厂商的产品在同一个市场出现，产品价格低、质量高、服务好，才能赢得顾客，公司之间的竞争已经白热化。再次，变化已经成为常规，不变倒是例外。变化在加速，急剧的技术变革推进了创新，产品生命周期从以年计算到按月计算。由于 3C 引起了环境变化，按任务导向的管理已经过时，公司应该围绕“流程”(Process)来组织所有的活动。他们将“重组”(Reengineering)定义为：从根本上对业务过程进行再思考和再设计，在现行的关键绩效(成本、质量、服务和速度)考核上取得戏剧性的改进。进行业务过程重组，首先要正确理解“流程”。流程是一组活动的集合，这组活动通过一种或多种输入产生对顾客有价值的输出。流程是一个整体概念，它不同于某项具体任务。要思考公司应该做什么和如何做，而不是思考如何把公司已经或正在做的事情做好；要摒弃现存的组织结构和工作程序，发明全新的工作方式，它是业务的再发明，而不是原有业务的改进和扩展。

业务流程重组实质上是为了提高对顾客的服务效率和服务质量，以取得竞争优势。亚当・斯密的劳动分工论强调的是提高企业内部的效率和改善内部资源的利用。显然，在买方市场的条件下，它不会给企业带来竞争力。

3) 精细生产

精细生产(Lean Production，LP)是美国麻省理工学院国际汽车项目组(International Motor Vehicle Program，IMVP)的研究者 John Krafoik 给日本汽车工业的生产方式起的名称。之所以用 Lean 这个词，是因为与大量生产相比，LP 只需要一半的人员、一半的生产场地、一半的投资、一半的工程设计时间、一半的新产品开发时间和少得多的库存，就能生产质量更高、品种更多的产品。

精细生产既是一种原理，又是一种新的生产方式。Lean 的本意是指人或动物瘦，没有脂肪。译成“精细生产”反映了 Lean 的本意，反映了 Lean Production 的实质。企业中的库存如同人体内的脂肪，库存占用生产面积，占用厂房、设备和人员，造成资金大量占用。不仅如此，库存还掩盖了管理中的各种问题，使企业丧失竞争力，甚至导致企业亏损、破产。可见，库存在企业中的作用与脂肪在人体中的作用一样糟糕。

从一般意义上讲，精细生产是指对一切资源的占用少，对一切资源的利用率高。资源包括土地、厂房、设备、物料、人员、时间和资金。精细的含义包括质量，质量高的产品在消耗同样多的物化劳动和活劳动的前提下，可以提供更好的功能、更可靠的性能和更长的使用寿命。这实质上是对资源的利用率高。

精细生产方式已在制造业特别是汽车行业得到广泛的应用，并取得了良好的效果。本书第 15 章将详细介绍精细生产方式。

4) 供应链管理

在不确定性的环境下，任何一个企业都只能在某一方面或在一定时间内拥有优势。为了赢得竞争，摒弃过去那种从研究开发到设计制造到销售，从原料到半成品到成品到发货，都自己承担或由自己控制的企业承担的“纵向一体化”模式，转而选择在设计工艺、原料供应、毛坯制造、零部件加工、产品装配、包装、运输等各个环节最有优势的企业进行合作，构成了一条从供应商、制造商、分销商到最终用户的物流和信息流网络，这就是供应链(Supply Chain)。对供应链的构成和运作的管理称作供应链管理(Supply Chain Management)。供应链使得链上企业专注发展自己的核心竞争能力，各个企业都发挥优势，从而使供应链有更强的整体竞争力，使单个企业之间的竞争变成供应链之间的竞争。本书第 17 章将详细介绍供应链管理。

5) 敏捷制造

20 世纪 80 年代后期，美国意识到了必须夺回在制造业上的优势，才能保持在国际上的领先地位。于是他们就向日本学习精细生产方式，并力图在美国企业中实施，但是由于文化背景和各种社会条件的差别，其效果总是不尽如人意。1991 年美国国会提出要为国防部拟定一个较长期的制造技术规划，要能同时体现工业界和国防部的共同利益。于是，委托里海(Lehigh)大学的亚科卡研究所(Iacocca Institute)编写了一份《21 世纪制造企业战略》的报告。里海大学邀请了国防部、工业界和学术界的代表，建立了以 13 家大公司为核心的、有 100 多家公司参加的联合研究组。耗资 50 万美元，花费了 7500 多人时，分析研究了美国工业界近期的 400 多篇优秀报告，提出了 “敏捷制造”(Agile Manufacturing，AM)的概念，描绘了一幅在 2006 年以前实现敏捷制造模式的图画。该报告的结论性意见是：全球性的竞争使得市场变化太快，单个企业依靠自己资源进行自我调整的速度赶不上市场变化的速度。为了解决这个影响企业生存和发展的世界性问题，报告提出了以虚拟企业(Virtual Enterprise)或动态联盟为基础的敏捷制造模式。提出敏捷制造是一次战略高度的变革。

从竞争走向合作，从互相保密走向信息交流，实际上会给企业带来更大利益。如果市场上出现一个新的机遇，譬如看准半年后推出某种新型计算机必能畅销，于是几家本来是竞争对手的大计算机公司，可能立即组成一种动态联盟。X 公司开发主机性能好，Y 公司的软件开发能力强，Z 公司的外围设备有特色，各家都发挥自己的优势共同开发，就能迅速占领市场。完成这次合作以后，各家仍是独立的公司。这种方式就是“敏捷制造”。

6) 大量定制生产

个性化生产与标准化生产是两种不同的生产。个性化生产是按照顾客个性化的要求生产产品，采用的是定制生产的方式；标准化生产是生产具有共性的产品，采用的是备货型生产的方式。工业革命早期的生产是个性化生产，即完全按照顾客的要求生产顾客所需要的产品。早期王公贵族乘坐的汽车是定制生产的产品；现代订货型生产(Make-to-Order，MTO)的产品(如电站锅炉、大型船舶)也是定制生产的产品。定制生产虽然满足了顾客个性化需要，但效率低、成本高。标准化生产由于是生产具有共性的产品，因而可以实现大量生产。大量生产要求产品标准化，由产品标准化导致零部件标准化和加工过程标准化，从而实现高效率和低成本。但是，标准化生产的产品不能满足顾客个性化的需要。如何以大量生产的效率和低成本生产个性化的产品，一直是人们关心而又没有很好解决的问题。

早在 1970 年，未来学家阿文·托夫勒(Alvin Toffler)在《未来的冲击》一书中，对大量定制生产方式(Mass Customization)就做出了预告。1993 年，B·约瑟夫·派恩二世(B.Joseph Pine Ⅱ)在《大量定制——企业竞争的新前沿》一书中对大量定制的内容进行了描述。1997 年，大卫·M·安德森(David M.Anderson)和 B·约瑟夫·派恩二世在《大量定制生产的敏捷产品开发》一书中进一步论述了如何为单个客户开发易于定制的产品。

大量定制生产巧妙地将个性化与标准化结合在一起，使顾客在获得个性化的产品和服务的同时，只需支付大量生产的产品费用。大量定制的关键是如何变顾客个性化的产品为标准化的模块。模块化使产品的部件如同标准组件一样制造，而产品的特色是通过组件的合并与修改来取得，由于这些部件或组件是标准的，因此能以大量生产方法制造，从而使大量定制产品的成本和质量与大量重复生产相当。因此，模块化是获得规模效益的关键。本书第 16 章将阐述大量定制生产方式。

1.3　生产运作的类型

生产运作的类型多种多样，可以从不同角度对其进行分类。从管理的角度可以将生产运作分成两大类：制造性生产和服务性运作。

1.3.1　制造性生产

制造性生产是通过物理和(或)化学作用将有形输入转化为有形输出的过程。例如，通过锯、切削加工、装配、焊接、弯曲、裂解、合成等物理或化学过程，将有形原材料转化为有形产品的过程，属于制造性生产。通过制造性生产能够产生自然界原来没有的物品。

1. 连续性生产与离散性生产

按工艺过程的特点，可以把制造性生产分成两种：连续性生产与离散性生产。连续性生产是指物料均匀、连续地按一定工艺顺序运动，在运动中不断改变形态和性能，最后形成产品的生产。连续性生产又称流程式生产，如化工(塑料、药品、肥皂和肥料等)、炼油、冶金、食品、造纸等。离散性生产是指物料离散地按一定工艺顺序运动，在运动中不断改变形态和性能，最后形成产品的生产，如轧钢和汽车制造。轧钢是由一种原材料(钢锭)轧制成多种产品

(板材、型材、管材)；汽车制造是由多种零件组装成不同型号规格的多种产品。像汽车制造这样的离散性生产又称加工装配式生产。机床、汽车、柴油机、锅炉、船舶、家具、电子设备、计算机、服装等产品的制造都属于加工装配式生产。在加工装配式生产过程中，产品是由离散的零部件装配而成的。这种特点使得构成产品的零部件可以在不同地区，甚至不同国家制造。加工装配式生产的组织十分复杂，是生产管理研究的重点。

流程式生产与加工装配式生产在产品市场特征、生产设备、原材料等方面有着不同的特点，见表1-2。

表1-2 流程式生产与加工装配式生产的比较

特征	流程式生产	加工装配式生产
用户数量	较少	较多
产品品种数	较少	较多
产品差别	有较多标准产品	有较多用户要求的产品
营销特点	依靠产品的价格与可获性	依靠产品的特点
资本/劳力/材料密集	资本密集	劳力、材料密集
自动化程度	较高	较低
设备布置的性质	流水式生产	批量或流水生产
设备布置的柔性	较低	较高
生产能力	可明确规定	模糊
扩充能力的周期	较长	较短
对设备可靠性要求	高	较低
维护的性质	停产检修	多数为局部修理
原材料品种数	较少	较多
能源消耗	较高	较低
在制品库存	较低	较高
副产品	较多	较少

由于流程式生产与加工装配式生产的特点不同，导致生产管理的特点也不同。对流程式生产来说，生产设施地理位置集中，生产过程自动化程度较高，只要设备体系运行正常，工艺参数得到控制，就能正常生产合格产品，生产过程中的协作与协调任务也少，但由于高温、高压、易燃、易爆的特点，对生产系统可靠性和安全性的要求很高。相反，加工装配式的生产设施地理位置分散，零件加工和产品装配可以在不同地区甚至在不同国家进行，由于零件种类繁多，加工工艺多样化，又涉及多种多样的加工单位、工人和设备，导致生产过程中协作关系十分复杂，计划、组织、协调任务相当繁重，生产管理大大复杂化。因此，生产管理研究的重点一直放在加工装配式生产上。在讨论制造性生产时，流程式生产运作管理相对简单，本书也将以加工装配式生产为主要内容。

2. 备货型生产与订货型生产

按照企业组织生产的特点，可以把制造性生产分成备货型生产(Make-to-Stock，MTS)和订货型生产(Make-to-Order，MTO)两种。MTS是预测驱动的，是指在没有接到用户订单时，经过市场预测按已有的标准产品或产品系列进行的生产，生产的直接目的是补充成品库存，通过维持一定量的成品库存来及时满足用户的需要。轴承、紧固件、小型电动机等产品的通用性强，标准化程度高，有广泛的用户，通常采用备货型生产。MTS的优点是能够及时满足顾客共性化的需求，有利于企业编制计划并按计划组织生产活动；缺点是顾客只能在制造商提供的有限的产品品种中做出选择，在不确定性因素日益增加的情况下，往往造成库存积压和产品短缺并存。MTS的产品通常要经过分销渠道销售。

与 MTS 相反，MTO 是以顾客的订单为依据，按用户特定的要求进行的生产。生产的产品品种、型号规格和花色完全符合顾客的要求，产品一旦生产出来，就可以直接发送给顾客，不必维持成品库存，也不必经过分销渠道销售。电站锅炉、船舶等大型产品的生产属于订货型生产，这些产品的专用性强，大都是非标准的，而且有特定的用户。近年来，由于顾客个性化需求的增强，在传统的备货型生产领域，如汽车、家电、电脑等标准化产品，也开始按订单生产(Build-to-Order，BTO)。MTO 模式是从单件小批生产类型发展起来的，在 MTO 模式下，大部分零部件由本企业加工制造，BTO 模式是在大量大批生产类型下发展起来的，大多数零件由外部采购。无论是本企业加工的，还是外部采购的，都由本企业组装成产品。由于当代技术变革的加快，市场竞争的日益激烈，消费者的成熟和个性化要求的增强，BTO 模式是一种值得推广的生产组织方式。戴尔(Dell)电脑公司实行 BTO 方式取得了很大成功。

一般而言，备货型生产的产品标准化程度高、生产效率高，用户订货提前期短，但库存水平高，并难以满足顾客个性化需求；订货型生产的产品标准化程度低、生产效率低，用户订货提前期长，但库存水平低，对顾客的个性化需求的满足程度高。为了兼顾顾客的个性化要求、订货提前期和生产过程的效率以及库存水平，可以将备货型生产和订货型生产组合成各种不同的生产模式，这种组合的关键是确定备货生产与订货生产的分离点，简称“备货订货分离点”(Customer Order Decoupling Point，CODP)。在 CODP 的上游是备货型生产，是预测和计划驱动的，是推进式(Push)的；在 CODP 的下游是订货型生产，是订单驱动的，是牵引式(Pull)的。

对于加工装配式生产，可以划分为研究与开发、产品设计、原材料采购、零部件加工和产品装配等几个典型的生产阶段。将 CODP 定在不同的生产阶段之间，就构成了不同的组织生产的方式，如图 1.3 所示。

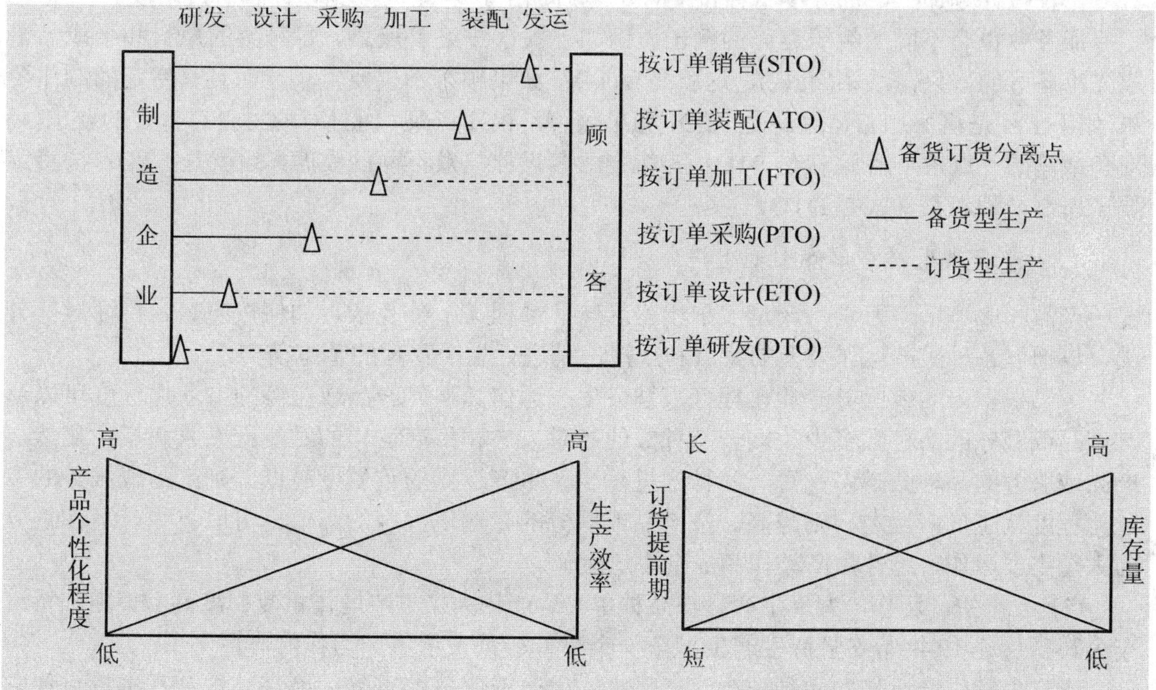

图 1.3　备货型生产和订货型生产的结合

当 CODP 在装配与发运之间时，说明装配及其上游的所有生产阶段都是备货型生产，产品已经制造出来，顾客只能在其中选购，通过发运得到所需产品。当 CODP 在加工和装配之间时，零部件加工及其上游生产阶段都是备货型生产，零部件已经制造出来或采购到货，按照顾客的要求装配成不同的产品，即按订单装配(Assemble-to-Order，ATO)。当 CODP 在原材料采购与零部件加工之间时，表明原材料采购及其上游生产阶段都是备货型生产，顾客可以对零件加工及其下游生产阶段提出特定要求，这就是按订单加工(Fabrication-to-Order，FTO)。当 CODP 在设计与采购之间时，说明产品已经按照预测设计完成，顾客可以对采购及其下游生产阶段提出特定要求，这就是按订单采购(Purchase-to-Order，PTO)。当 CODP 在设计阶段之前时，说明设计及其下游生产阶段都是按照顾客的特定要求进行的，这就是按订单设计(Engineering-to-Order，ETO)。当 CODP 在研发阶段之前时，说明研发及其下游生产阶段都是按照顾客的特定要求进行的，这就是按订单研发(Development-to-Order，DTO)，例如要制造“火星探测车”，就得按照 DTO 方式进行。

随着 CODP 的左移(往上游生产阶段移动)，产品的个性化程度越来越高，生产效率越来越低，订货提前期越来越长，但库存水平越来越低；随着 CODP 的右移(往下游生产阶段移动)，产品的个性化程度越来越低，生产效率越来越高，订货提前期越来越短，但库存水平越来越高。DTO 和 STO 是两个极端，DTO 生产的产品个性化程度最高，库存水平最低，但生产效率最低，订货提前期最长，STO 生产的产品个性化程度最低，库存水平最高，但生产效率最高，订货提前期最短。

另外，备货型生产和订货型生产的结合可以形成一个连续带，而不是若干间断点。比如，CODP 点可能在装配过程中的任何位置，表明部分零部件可以按计划先组装，部分零部件在接到订单之后再组装，以更好地缩短响应顾客的时间。对零件加工过程也可以这样处理，部分零部件按计划加工，部分零部件接受订单之后加工。以此类推到设计和研发阶段。

服务业也有不同的组织运作的例子。例如，餐馆按菜单点菜，每种菜的原料和半成品是事先准备好的，只需炒菜(组装)，这就是 ATO；如果顾客不仅要点菜，而且有特定的制作要求(如手工还是机器加工)，这就是 FTO；如果顾客不仅要点菜，而且对原材料有特定的要求(如对鱼或鸡的“点杀”)，这就是 PTO；为特定顾客设计与众不同的宴席，这就是 ETO；按特定要求研制一种新菜，就是 DTO。

3. 大量大批生产与单件小批生产

产品和服务千差万别，产量大小相差悬殊，过程又十分复杂，如何按照基本特征对其分类，以把握各种生产运作类型的特点和规律，是进行生产管理的基本前提。

可以根据产品或服务专业化程度来划分生产运作类型。产品或服务的专业化程度可以通过产品或服务的品种数多少、同一品种数的产量大小和生产运作的重复程度来衡量。显然，产品或服务的品种数越多、每一品种产量越少、生产运作的重复度越低，则产品或服务的专业化程度就越低；反之，则越高。按产品或服务的专业化程度的高低，可以将生产运作划分为大量生产运作、单件生产动作和成批生产运作。

(1) 大量生产运作。大量生产运作品种单一、产量大，生产运作重复程度高。美国福特汽车公司曾长达 19 年始终坚持生产 T 型车一个车种，是大量生产运作的典型例子。

大量大批生产运作的品种数少、产量大，生产或服务的重复程度高，这一基本特点使它具有以下几个方面的优势：

① 设计方面。由于可以采用经过多次制造和使用检验的标准图纸生产，不仅大大减少了设计工作量(重复生产时，图纸只需作小的修改)，节省了设计阶段所需的时间，而且保证了设计质量，也节省了设计人员。

② 工艺方面。由于设计图纸变化小，产品结构相对稳定，可以编制标准制造工艺，标准工艺经过反复生产验证，其质量可不断提高。由于减少以致消除了重复编制工艺的工作，不仅大大减少了工艺编制的工作量，缩短了工艺准备周期，而且减少了工艺人员。由于产量大、生产重复程度高，可设计专用、高效的工艺装备，便于且宜于精确制定材料消耗定额，减少原材料消耗。

③ 生产组织方面。可进行精细分工，工作地专业化程度高，工人操作简化，可推行标准操作方法，提高工作效率。宜于购置专用高效设备，采用流水线、自动线等高效的组织生产的形式。

④ 生产管理方面。便于且宜于制定准确的工时定额。由于产品品种及产量稳定，原材料、毛坯变化小，易与供应厂家和协作厂家建立长期稳定的协作关系，质量与交货期容易得到保证。例行管理多、例外管理少，计划、调度工作简单，生产管理人员易熟悉产品和工艺，易掌握生产进度。

由于大量大批生产具有上述优势，它可给企业带来很多好处：从设计到出产的整个生产周期短，因此资金周转速度加快；用人少，机械化、自动化水平高，产出率高，劳动生产率高；人力、物力消耗少，成本低；产品质量高而稳定。如使福特成为“汽车大王”的 T 型车的生产。

(2) 单件生产运作。单件生产运作与大量生产运作相对立，是另一个极端。单件生产运作品种繁多，每种仅生产一台，生产的重复程度低。例如，我国某汽车公司冲模厂生产的汽车模具、法庭上律师的辩护，都是典型的单件生产运作。

单件小批生产类型具有完全不同的特点。单件小批生产品种繁多，每一品种生产的数量甚少，生产的重复程度低，这一基本特征带来了一系列的问题。

① 设计方面。每生产一种新产品都必须重新设计，绘制新图，或作较大修改，因此设计工作量大、设计周期长、需要的设计人员多。因图纸得不到制造过程和使用过程的检验，设计质量也不易提高。

② 工艺方面。必须为每种新设计的产品编制工艺，需设计、制造新的工艺装备。编制工艺的周期长。由于生产的重复程度低，材料消耗定额也不易或不宜准确制定。工艺质量不易提高，需要的工艺人员多。

③ 生产组织方面。只能进行粗略分工，工作地专业化程度不高。工人需完成多种较复杂的操作，需较长时间培训。多品种生产只适于使用通用设备，效率低，工作转换时间长。一般只能采用按功能布置(机群式布置)，零件运输路线长。

④ 生产管理方面。只能粗略制定工时定额。原材料、毛坯种类变化大，不易建立长期稳定的协作关系，质量与交货期不易保证。计划、调度工作复杂，例行管理少、例外管理多，需要管理人员多。

由于以上问题，使单件小批生产具有很多缺点：①产品制造周期长，资金周转慢，用户订货提前期长；②用人多，生产效率低，劳动生产率低；③成本高。④产品质量不易保证。

(3) 成批生产运作。成批生产运作介于大量生产运作与单件生产运作之间，即品种不单一，每种都有一定的批量，生产运作有一定的重复性。在当今世界上，单纯的大量生产运作和单纯的单件生产运作都比较少，一般都是成批生产运作。由于成批生产运作的范围很广，通常将它划分成“大批生产运作”、“中批生产运作”和“小批生产运作”3 种。由于大批生产运作与大量生产运作的特点相近，所以，习惯上将其合称“大量大批生产运作”。同样，小批生产运作的特点与单件生产运作相近，因此，习惯上将其合称“单件小批生产运作”，如图 1.4 所示。

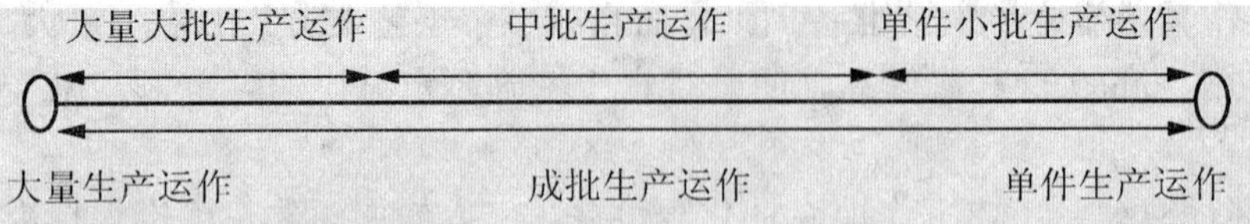

图 1.4 生产运作类型的划分

有的企业，生产的产品品种繁多，批量大小的差别也很大，习惯上称之为“多品种中小批量生产运作”。“大量大批生产运作”、“单件小批生产运作”和“多品种中小批量生产运作”的说法比较符合企业的实际情况。

由于大量大批生产运作具有很大的优势，而单件小批生产运作具有很大的劣势，从企业内部组织生产的角度看，单一品种大量生产运作最有效。然而，“单一产品原理”的应用有一个先决条件，即所选定的单一产品必须是市场上在较长时间内大量需要的产品。离开了市场需要谈效率，只能得到相反的效果。效率越高，生产越多，销售不出去则浪费越大。标准件是长期大量需要的产品，应该采用大量大批生产方式，若采用单件小批生产方式去生产，不仅价昂质劣，而且满足不了市场需要。因此，如果看准了市场需求，就没有必要搞低效率的多品种生产。然而，如果不是市场长期大量需要的产品，而采用了大量生产方式，将会冒很大的风险。福特汽车公司曾因生产 T 型车一个车种而兴旺，但它也正因为长达 19 年生产 T 型车而陷入困境，因为居民消费水平的提高，使曾经畅销一时的朴素、坚固、价廉的 T 型车逐渐不受欢迎了。可见，大量大批生产运作类型的致命弱点是难以适应市场变化。相反，单件小批生产运作类型却具有“以不变应万变”的优点。然而，它的低效率又是其根本缺陷。如何提高单件小批生产运作类型的效率已成为当今生产运作管理理论界和实业界所关注的重要问题。

1.3.2 服务性运作

服务性运作又称作非制造性(Non-Manufacturing)生产运作，它的基本特征是提供劳务，而不是制造有形产品。但是，不制造有形产品不等于不提供有形产品。

1. 服务性运作的分类

(1) 按照是否提供有形产品可将服务性运作分为纯劳务运作和一般劳务运作两种。纯劳务运作不提供任何有形产品，如咨询、法庭辩护、指导和讲课。一般劳务运作则提供有形产品，如批发、零售、邮政、运输、图书馆书刊借阅。

(2) 按顾客是否参与可将服务性运作分为顾客参与的服务性运作和顾客不参与的服务性运作。前者如理发、保健、旅游、客运、学校、娱乐中心等，没有顾客的参与，服务不可能进行；后者如修理、洗衣、邮政、货运等。顾客参与的服务性运作管理较为复杂。

(3) 按劳动密集程度和与顾客接触程度可将服务性运作分为大量资本密集服务、专业资本密集服务、大量劳务密集服务和专业劳务密集服务，如图 1.5 所示。

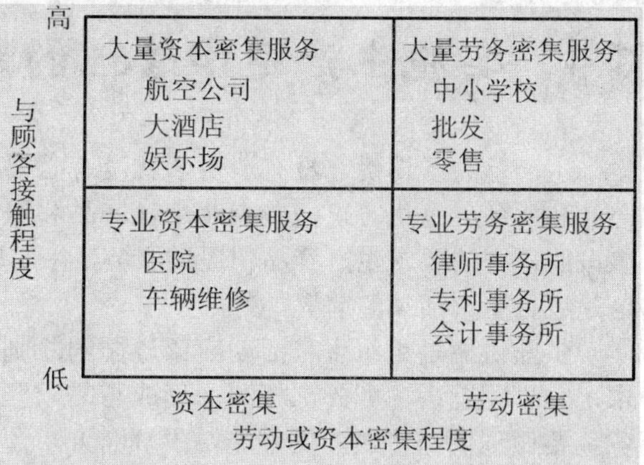

图 1.5　按劳动密集程度和与顾客接触程度对服务进行分工

2. 服务性运作的特征

服务以提供劳务为特征，但服务业也从事一些制造性活动，只不过制造处于从属地位，例如饭馆，它需要制作各种菜肴。

由于服务业的兴起，提高服务运作的效率已日益引起人们的重视。然而，服务运作管理与生产管理有很大不同，不能把制造性生产管理的方法简单地搬到服务运作中。与制造性生产相比，服务性运作有以下几个特点：

(1) 服务性运作的生产率难以测定。一个工厂可以计算它所生产的产品的数量，而一个律师的辩护则难以计量。

(2) 服务性运作的质量标准难以建立。

(3) 与顾客接触是服务性运作的一个重要内容，但这种接触往往导致效率降低。

(4) 纯服务性运作不能通过库存来调节。理发师不能在顾客少的时候存储几个理过发的脑袋，以便顾客多的时候提供极快的服务。

因此，需要专门对服务性运作管理进行研究。

对于服务性运作，如医生看病，可以看作是单件小批生产运作，因为每个病人的病情不同，治疗方法也不同；而对于学生体检，每个学生的体检内容都一致，可以看作是大量大批生产运作。中、小学教育可以看作是大量大批生产运作，因课程、课本相同，教学大纲也相同；大学本科生的教育可以看作是中批生产运作，因专业不同课程设置不同，但每个专业都有一定批量；硕士研究生教育只能是小批生产运作，而博士研究生教育则是单件生产运作。

制造业和服务业不同生产运作类型划分举例见表 1-3。

表 1-3　制造业和服务业不同生产运作类型划分举例

生产运作类型	制 造 业	服 务 业
单件小批生产运作	模具、电站锅炉、大型船舶、长江大桥、三峡工程	研究项目、计算机软件、博士生教育、咨询报告、包机服务、保健、理发、特快专递邮件、出租车服务、零售
大量大批生产运作	汽车、轴承、紧固件、电视机、洗衣机、电冰箱、灯泡	公共交通、快餐服务、普通邮件、批发、体检
流程式生产运作	化工、炼油、面粉、造纸	保安值班、游乐场“鬼屋”游戏

1.4 实施生产运作管理的意义——能力与需求的匹配

生产是为了消费，没有消费，就没有必要生产，消费是满足需要的过程，生产企业提供产品和服务，是供方，消费企业消耗产品和服务，是需方。既然生产是为了消费，供方就应该按照需方的要求生产产品和提供服务，在过剩经济时代是这样，在短缺经济时代也是这样，这是进行生产活动的前提。

供需协调是组织生产活动应该遵循的原则。所谓供需协调，就是供方应该按照需方的要求，合理配置内部和外部资源，形成与需求匹配的生产能力，准时提供需方所需的产品和服务。要做到供需协调，供方先要了解需方，了解顾客的需求及其变化的规律性，然后合理地配置企业内部各种生产要素并充分利用外部资源，设计、运行和改善生产系统，使之适应外界的变化而不断地完善。

1.4.1 供应链

满足人的需要是通过产品和(或)服务来实现的。产品和服务本质上是一种人的需要的满足物。产品和服务是生产出来的，人的需要层次的提高导致生产活动的复杂化。试想，如果人们只是靠采集野生植物的果实为生，那么靠自己的双手就够了，但人们若想吃麦当劳这种食物，这里面就要涉及许多人的劳动。单就其中的炸薯条来讲就够复杂的了，炸薯条需要专门种植的土豆，要将这种土豆收获并运送到麦当劳店，运送土豆又需要运输工具(汽车或火车)。炸薯条需要植物油，需要制作专门包装炸薯条的纸盒。植物油的生产需要种植油料作物和生产榨油设备，炸薯条需要炸薯条的设备，包装纸盒需要造纸设备。制造各种设备又需要各种不同的加工制造厂，而加工制造厂所需的原材料又来自冶炼企业，冶炼企业的原料又来自采掘企业。凡此种种活动，构成了复杂的供需关系，需要各种企业的配合才能完成。

一般来说，从原材料到最终产品，有各种企业加入生产过程，每种企业只是完成产品制造过程一定阶段的加工任务。采掘企业将天然原料(如矿石、石灰石等)和燃料(如煤、石油、天然气等)提供给冶炼企业，冶炼企业消耗采掘企业提供的原料和燃料，提炼出有用的材料(如钢材、铝材、水泥等)供给设施制造企业(如机器制造、运输工具制造、建筑构件制造等)，设施制造企业将各种产品(如机器设备、设施等)提供给各种各样的用户。有的产品(如轿车、住房等)直接提供给最终消费者，有的产品提供给其他企业、事业单位(如采掘企业、冶炼企业、设施制造企业、食品加工企业、纺织服装加工企业、运输企业、商店、餐馆、学校、政府机关等)。这样，在整个社会生产过程中就形成了一系列供方和需方，供方和需方一般都有多个。这一系列供方和需方构成了一条供应网链，图 1.6 所示为一条简化的供应链。生产过程也是消费过程，需方消费供方的产品，同时也为它的需方提供产品，如机械制造厂消费钢铁厂提供的钢材，同时又为它的需方提供机械产品。

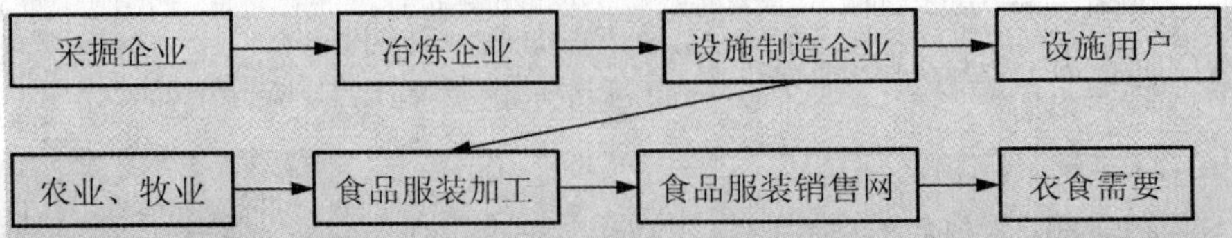

图 1.6 一条简化的供应链

供需关系不仅表现在企业之间，而且表现在企业内部。在生产过程中，前一生产阶段和后一生产阶段、上道工序与下道工序都是供方和需方的关系。供方按需方的要求进行生产，最终保证外部顾客的需要。

这里需要强调的是，尽管供应链上有一系列供方和需方，但最终消费者是最终需方，除最终消费者之外的消费者都是中间消费者。人的需要是最终需要，除最终需要之外的需要都是中间需要或派生需要。最终需要是驱动生产的原动力，为最终用户提供产品和服务的活动是各种生产活动的源头。如果人们不吃麦当劳，也就不需要生产包装炸薯条的纸盒，不需要炸薯条的设备，也不需要生产面包和饮料的设备，也就不需要生产这些设备的设备和为提供设备制造厂提供原材料的企业了。之所以区分最终消费者和中间消费者、最终需要和中间需要，是因为它们对生产活动和经济发展的影响是不同的。

1.4.2 供应链瓶颈及其对生产运作管理的影响

凡是有多个供方或多个需方，就会出现供方和供方、需方和需方之间的竞争。需方之间的竞争对供方有利，供方之间的竞争对需方有利。在供方内部，如果某个环节只有一个生产厂家，而上游和下游环节的企业都有多个，则该企业就形成一对多的关系，在竞争中就处于十分有利的地位。

最终需求和生产能力之间如果不平衡，就会出现不同的现象，就会对组织生产活动带来完全不同的影响。当最终需求超过社会生产能力时，造成人们所需要的物品和服务短缺，供应链的瓶颈就出现在供方。当瓶颈出现在供方时，供方在市场中就处于主导地位，形成卖方市场。当社会生产能力超过最终需求时，就造成人们需要的物品和服务过剩，供应链的瓶颈出现在需方。当瓶颈出现在需方时，需方在市场中就处于主导地位，形成买方市场。供应链也有瓶颈，瓶颈环节决定了整条供应链的产出率。为了说明供应链瓶颈变化对生产运作管理的影响，举一个简单例子。假设制造某产品 P 的供应链如下：原料生产企业 A——材料生产企业 B——产品制造企业 C——最终用户 D。A、B、C、D 都可能有一个以上企业或消费者，如图 1.7 所示。

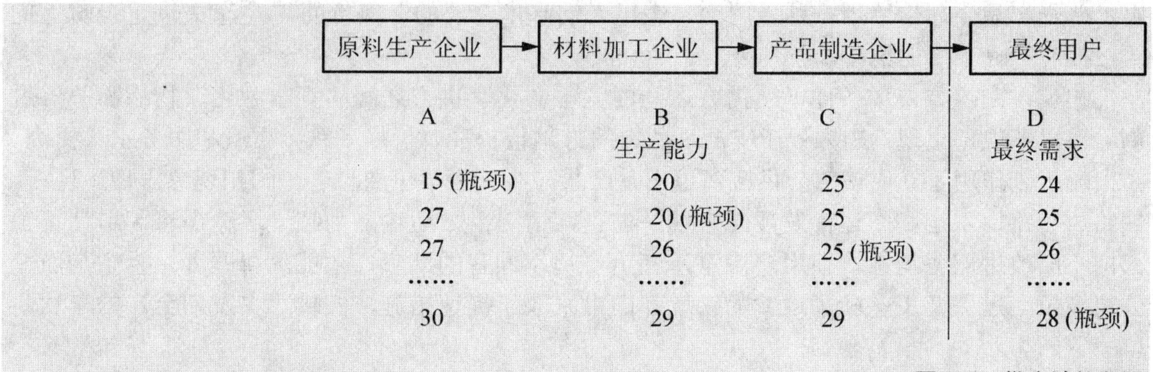

图 1.7 供应链的瓶颈

假设 D 每周需要 24 台 P 产品，A 的生产能力为每周生产 15 台产品相应的原料，B 的生产能力为每周生产 20 台产品相应的材料，C 的生产能力为每周加工制造 25 台产品 P。

如果相对最终用户 D 的需求 24 台来说，A 与 B 的生产能力都小于 24 台，好像都是瓶颈。但是，只有 A 为瓶颈，因为 B 的生产能力虽然每周只能生产 20 台产品的材料，但每周只能获得 A 所能提供的 15 台产品的原料，还有加工 5 台产品材料的能力被闲置，B 就不是瓶颈。

A 只能生产 15 台产品的原料，决定了整条供应链每周只能生产 15 台产品。尽管 B 的生产能力也小于最终需求，但扩充 B 的能力不仅不能提高整条供应链的产出，而且白白浪费了投资。

由于供不应求，在市场机制的作用下，就会刺激原料生产，促使原料产量增加。A 企业将扩大生产能力，或者更多的企业加入到原料生产的行列。如果原料的生产能力扩展到每周 27 台，最终需求增加到 25 台，供不应求的情况虽有所改善，但 B 的能力没有扩充，仍为 20 台，这时 B 就成为瓶颈，B 限制了整条供应链每周只能生产 20 台产品。

如果将 A 的能力扩大到 27 台，B 的能力扩大到 26 台，C 的能力为 25 台不变，最终需求增加到 26 台，则 C 成为瓶颈。

经过一段时间的能力扩充，最后原料生产企业能力达到 30 台，材料加工企业能力达到 29 台，产品制造企业能力达到 32 台，最终需求达到 28 台，则瓶颈出现在最终消费方面。

当 A、B、C 中任何一个企业的生产能力都没有超过 D 的需求时，供应链的瓶颈就出现在生产环节中，与该产品对应的是卖方市场。当 A、B、C 中最小的生产能力超过最终需求时，供应链的瓶颈就出现在消费环节中，该产品处于买方市场。如果绝大多数产品都处于供不应求状态，则是短缺经济；反之，则是过剩经济。

在卖方市场条件下，供方之间的竞争弱化，需方之间的竞争激化。物品和服务短缺导致以下现象出现：供方处于支配地位，价格上涨、质量和服务水平下降。在市场机制的作用下，促使更多的供应商加入，导致产量增加，同时，会出现投机者。更多供应商加入需要一定时间，需要扩充能力的资源，投机者出现却是随时的。投机者的出现并不增加生产和服务能力，只是在正常的供应链中增加了多余的供方和需方，它的出现使得在源头供方与最终需方之间增加了更多的供需层次，使得最终消费者承受更高的价格。比如，我国在相当长时期内运输能力不足，满足不了人们“出行”的需要，就出现了很多票贩子，其正是因为供不应求。

在卖方市场环境下，企业不愁产品卖不出去。因此，不重视市场营销，不重视顾客，不重视产品质量和服务质量，不重视新产品的研究与开发，只重视生产，重视提高企业内部效率和降低成本。典型例子是福特汽车公司初创时期的企业管理和企业行为。当时供应链的瓶颈出现在生产环节，只要大量生产，就能赚钱。为了大量、高效率、低成本地生产，福特提出“单一产品原理”，用一种通用的、满足人们基本需要的、廉价的 T 型车去满足当时人们要“拥有一辆车”的愿望。

相反，在买方市场条件下，需方之间的竞争弱化，供方之间的竞争激化。物品和服务过剩导致以下现象出现：需方处于支配地位，需方地位提高，价格下跌，质量和服务水平提高。在市场机制作用下，促使部分供应商退出，产量减少。为了争取顾客，回扣现象出现。现在，铁路、公路、水运和空运都发展起来了，在正常情况下，运输能力超过运输需求，迫使运输部门不断改进服务质量，使用户满意，甚至要超越顾客的期望，才能赢得顾客。为了与航空公司竞争，过去几乎垄断了运输的铁道部门也采取了提速措施，安排“夕发朝至”的车次，以争取顾客。

在买方市场环境下，企业关注的是产品能否卖出去。因此，重视市场营销，重视顾客，重视产品质量和服务质量，重视新产品的研究与开发。不仅重视生产，重视提高企业内部效率和降低成本，而且重视提高对顾客的服务效率和服务质量。当今世界面临的就是这种环境。由于 200 多年的工业化使社会财富大量积累，加之发达国家人口数量下降，最终消费疲软，形成了产品过剩状态。企业必须赢得顾客才能生存和发展，于是出现了一系列与工业化初期完全不同的现象。“用户至上”、“用户是帝王”的观念开始形成，用多品种、高质量、好服务去吸引顾客、满足顾客，才有“全面质量管理”、“客户关系管理”等新概念的提出。当前，顾客需要的个性化、科学技术日新月异的变化加上争夺顾客的竞争白热化，使得单个企业不可能完全凭借自己的资源去满足顾客的需要，使得人们不得不去研究如何在全球范围内合理利用资源，高效、灵活、准时、清洁地生产顾客个性化的产品和提供个性化的服务，才出现了大量定制生产、供应链管理和敏捷制造等新的生产方式。

1.4.3　能力与需求的匹配

组织生产运作所面临的基本问题是如何有效地组织企业内部和外部资源，使其具有满足不断变化的外部需求的能力。生产运作管理要解决的一个基本问题是如何使生产运作能力适应需求的变化，企业生产运作能力与市场需求的匹配是组织生产运作过程的永恒主题。在短缺经济时代，生产运作能力严重不足，满足共性的需求是主要问题，生产运作能力在“量”方面的扩充是主要问题，提高生产效率是企业追求的目标；在过剩经济时代，生产运作能力过剩，满足顾客个性化需求成为主要问题，顾客需求在质量、品种、时间和服务方面迅速变化，生产运作能力在“质”的方面的改进是主要问题，提高生产运作系统的柔性是企业追求的目标。

需求是波动的、不断变化的，而能力却是相对稳定的。需求是由顾客决定的，企业不能不按顾客的需求生产。要使能力与需求匹配，可以采取改变生产运作能力和改变库存两种办法。但是，生产不是完全被动的，通过合理组织生产运作，也能对需求产生影响。如产品系列化，可以在满足顾客需求的同时，减少产品品种；通过价格折扣，也可以转移需求；另外，产品成本的降低、质量的提高、性能的改善，还能够刺激需求。生产运作能力是由生产场地、生产设施和劳动力的数量、质量及其协调程度决定的。需求的变化包括“质”和“量”两个方面。“质”的方面的变化是指产品品种、质量的变化，“量”的方面的变化是指产品需要量的变化。

当需要的产品品种发生变化时，可以采取两种方式改变生产运作能力：“以不变应变”和“以变应变”。所谓“以不变应变”，就是硬件设施不变，通过改变软件来适应外界需求的变化。例如，采用数控机床、加工中心和柔性制造系统，就可以在不改变硬件的条件下，通过改变编程来加工不同的零件。又如在 U 形生产单元中，设备数量按最高负荷确定，当生产任务量发生变化时，只要改变生产单元中工人的数量就行了。由于数控机床、加工中心和柔性制造系统的柔性都是有限的，它们只能加工一定范围的零件，而不能加工所有零件，因此应变能力是有限的。能够完全实现“以不变应变”的“全能机器”或“理想机器”应该能够加工所有不同的零件，这种“全能机器”或“理想机器”如果能够出现，企业处理品种变化的能力将空前提高。“全能机器”或“理想机器”给机器的改进提供了最高标准和方向。然而，由于技术发展水平的限制，目前还不能制造出“全能机器”或“理想机器”。

然而，即使“全能机器”或“理想机器”能够制造出来，单纯采取“以不变应变”的方式还是不能完全解决问题。因为处理外界变化的能力不仅包括机器，还包括人。机器体系的柔性高，不等于整个企业柔性高。如果组织结构是刚性的，企业整体柔性也不可能高。于是，就出现了“以变应变”的方法。所谓“以变应变”，就是对生产系统有关要素进行重新组合来适应外界需求的变化。例如，“业务过程重组”(Business Process Reengineering，BPR)，就是从顾客需求的角度出发，按业务流程来重组企业内部资源，以提高对顾客服务的效率和质量。而敏捷制造则是通过动态地组织企业外部资源来适应市场需求变化的。这些都是“以变应变”的典型例子。

“以不变应变”方式的应变范围较小；“以变应变”方式的应变范围大、应变能力强，但需要不同企业和组织的配合，实施难度较大。以往“以不变应变”方式应用较多，但由于顾客需求的个性化、科学技术的发展变化以及竞争的激化引起的不确定性，“以变应变”方式将会得到更多的应用。

改变库存是一种传统的能力与需求协调方法。成品库存将生产系统与外界需求隔开，以维持生产过程的均衡。当外部需求增加时，库存降低；当外部需求减少时，库存增加。利用库存调节生产，就像利用水库调节水位一样，其作用仅限于“量”的调节。如果产品品种变化，就不能用库存方法。另外，对纯服务也不能用库存调节。

知识拓展

理想的供需关系——准时生产

按需生产是组织生产运作的基本原则，准时性是组织生产运作的基本要求。

准时生产(Just-in-Time，JIT)的概念来自于日本企业。JIT 是一种生产管理的哲理，它把生产活动中供方和需方的关系描述得十分透彻。有人将 JIT 与牵引式(Pull)和看板管理等同，这是一种误解。牵引式只是实现 JIT 的一种方式，并不是唯一方式；看板只是实现牵引式生产的一种工具，也不是唯一工具。在大量重复性生产中，实施 JIT 可以采用牵引式，也可以采用看板管理系统。然而，在单件小批量生产和“一样一件”(One Kind of a Piece)生产中，也需要准时生产，但完全不能采用牵引式生产和看板管理系统。

尽管牵引式生产和看板管理系统有局限性，但 JIT 哲理却具有普遍性，它适用于所有生产管理模式。例如，对于实施敏捷制造的动态联盟，其任务往往是一次性的，为了及时响应顾客的需求，要求加入联盟的各个企业都做到准时生产。

JIT 哲理是供需双方协调所遵循的原则。所谓供需协调，就是供方完全按需方要求提供产品和服务。具体地讲，就是在需方要求的时间、要求的地点，将需方所需的产品和服务按需方要求的数量和质量，以合理的价格提供给需方。相反，供需不协调可以表现为在数量上供不应求或供过于求，在质量上达不到需方的要求或价格上不能接受，在时间上供早于求或供迟于求，在空间上与需方要求的交付地点有位置差距。这里说的供方和需方不仅包括供应链上的企业之间，而且包括每个企业内部的上道工序与下道工序之间。

传统的上游企业与下游企业、上道工序与下道工序之间是通过库存来协调的。通过库存调节，实际上是在需求发生之前就提前生产，这种方式违背了 JIT 哲理。

JIT 哲理提供了协调供需双方生产活动的最高标准，这是一种极限。实际生产活动可以无限接近这个标准，却永远达不到，这就使得改进永无止境，从而为不断改进提供了可能。

思考题

1．举例说明社会组织的 3 项基本职能和它们之间的关系。

2．叙述面包生产运作管理的内容与目标。

3．分别对制造业与服务业中的大量大批生产运作与单件小批生产运作各举一例，并说明其特点。

4．说明流程式生产与加工装配式生产、订货型生产与备货型生产的特点。

5．服务运作与制造生产有哪些不同？

6．比较备货订货分离点(CODP)处于生产阶段的不同位置的生产运作管理目标和内容情况。

7．论述提高多品种、小批量生产类型的效率的途径有哪些。

8．汽车行业生产运作管理的发展趋势是什么？

实训与考核

实训项目：

查找近期杂志或报纸上刊登的有关当前企业生产管理中问题的文章，进行讨论。

依据所学的内容分析所查阅的材料，确定和构建分析体系和分析方法，指出该企业的生产类型、生产管理内容、生产方式，分析供需匹配方面存在的问题，最后形成解决问题的措施。

实训考核：

考核要素	评价标准	分值/分	评分/分				
			自评(10%)	小组(20%)	教师(50%)	专家(20%)	小计(100%)
构建分析体系和分析方法	(1) 所构建的分析体系与方法能反映调研资料分析的主题内容	15					
	(2) 体系和方法体现了适用性、科学性和可操作性	15					
分析生产类型、生产管理内容、生产方式	分析内容得当、全面，能体现企业生产管理的实质	35					
分析存在的问题，并形成解决问题的措施	能准确地分析存在的问题，并能提出切实可行的解决措施	35					
合计							
评语(主要是建议)							

第2章 生产运作策略选择

学习目标

通过对本章的学习，学生应理解企业战略和战略管理的重要性和基本内容；明确企业战略和运作策略的关系，解释3种竞争战略对运作策略的要求；掌握生产运作策略的内容；熟悉生产运作策略的选择。

工作任务描述

经过本章知识学习，在理解企业战略和战略管理的重要性和基本内容的基础上，熟悉企业战略和运作策略之间的联系与区别；理解3种竞争战略环境对运作策略提出的不同要求；根据生产企业的产品和其所处的环境制定企业生产运作策略。

问题：选择一家中国轿车生产企业，搜集其相关的资料，分析企业所处的内、外部环境，并根据其生存的环境选择该企业的生产运作策略。

本章任务

(1) 理解企业战略和战略管理的重要性和基本内容。

(2) 熟悉企业战略和运作策略的关系以及不同的竞争战略对运作策略的要求。

(3) 掌握生产运作策略的内容。

(4) 能根据企业的生存环境分析和选择生产运作策略。

工作任务实施

按照以下步骤为一家轿车制造企业选择生产运作策略。

(1) 确定工作目标和任务。

(2) 设置工作路径，选择工作方法和步骤。

(3) 实施调研，并搜集和整理调研资料。

(4) 分析调研资料，选择生产运作策略。

根据你所选择的企业，实施本章的工作任务，选择出企业的生产运作策略。图2.1展示了实施本章工作任务的工作流程。

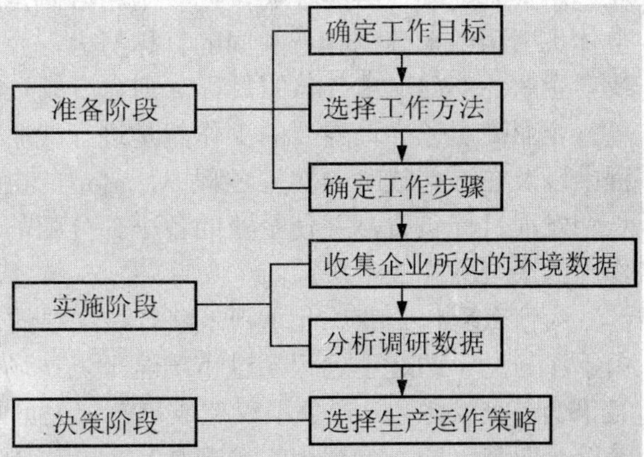

图 2.1　企业生产运作策略选择任务实施流程

企业生产运作的任务是有效地利用其生产资源来创造产品和提供服务。当运营中的生产系统支持企业的经营战略和经营目标时，生产运作才是有效的，当该系统使得企业能够经济地使用其生产资源，生产运作才具有效率。

企业战略是企业为求得生存和发展，在较长时期内生产经营活动的发展方向和关系全局问题的重大谋划。这种谋划包括企业的使命或宗旨、战略目标、总体战略、经营策略和职能策略。生产运作过程决定了企业提供的产品和服务的成本、质量、多样性、交付时间和对环境的影响，对企业竞争力有着直接的影响。生产运作策略是在企业战略指导下制定的，它是企业总体战略成功的保证。

2.1　企业战略和战略管理

“人无远虑，必有近忧”，这句话充分说明了长远考虑与近期工作的关系。在激烈的竞争中，企业日益感到制定发展战略的重要性。企业战略是企业为求得生存和发展，在较长时期内生产经营活动的发展方向和关系全局问题的谋划。

制定发展战略、实行战略管理是 20 世纪 70 年代西方企业在环境急剧变化的条件下，为了生存和发展而在管理上的一次大变革。其目的是使企业的组织结构、资源分配和经营方式与环境提供的各种机会取得动态平衡，以实现总体战略目标。从生产管理到经营管理，是企业管理的一次飞跃；从经营管理到战略管理，是企业管理的又一次飞跃。19 世纪末 20 世纪初，整个市场商品严重供不应求，市场上遵循生产什么就流通什么也就消费什么的规律，是生产决定消费的年代。企业能够提供低价的、标准化的产品，就能够盈利。这时，企业管理主要就是生产管理。第二次世界大战后，由于科学技术的飞速发展和大量军工企业转向生产民用产品，社会产品供给量剧增，企业在市场上处于空前激烈的竞争环境中，整个市场也由原来的卖方市场迅速转变为以购买者为主导的买方市场，从而使企业面临许多更为严峻的挑战。经营管理是在既定的企业规模、组织结构和资源状况下，从现有资源投入使用开始，通过生产过程，直到产出的全过程，进行现有计划框架内的管理活动。而战略管理则不仅着眼于现有资源条件下的投入产出全过程，还关注对未来作出预见性的战略设计、战略实施和战略控制的全过程。未来学家托夫勒指出：“没有战略的企业，就像是在险恶气候中飞行的飞机，始终在气流中颠簸，在暴风雨中沉浮，最后很可能迷失方向，即使飞机不坠毁，也不无耗尽燃料之虞。”事实证明，在一个精心制定的、符合实际的战略的指导下，企业各部门和全体员工团结一致，朝着共同的目标努力，企业就会取得成功。相反，如果战略制定失当，或者企业各部门追求各自的目标，则会造成资源的巨大浪费，甚至给企业带来灾难。

企业高层领导最重要的工作就是进行战略管理。企业战略管理是指在企业战略的形成过程中以及在这些战略的实施过程中，制定的决策和采取的行动。企业高层领导对设置企业的长期发展目标负责，并使企业的各个部分朝着这个目标前进。对企业总体的发展方向有长期作用的决策称为战略决策。

为什么现代企业如此重视战略？最主要的原因是竞争日益激烈。进入20世纪90年代后，由于参与竞争的选手远远超过市场这个竞技场地的容量，加上科学技术的发展日新月异，使竞争变得空前激烈。竞争不仅造成每年有大量的中小企业倒闭，也使一些有名的大公司破产，缺乏企业战略和不重视战略管理是其主要原因之一。因此，应该对战略和战略管理引起足够的重视。

2.1.1 企业的使命

企业的使命表述了企业之所以存在于经济社会中的原因及欲达到的目的。确定企业使命(战略)需要回答如下基本问题：①我们现在在哪里？即要弄清楚企业所处的环境，包括宏观环境、行业环境和竞争环境；②我们想到哪里去？即确定企业的发展方向和目标，包括进入哪个或哪些行业，满足哪些顾客需求和为哪些顾客群服务，预计取得的结果是什么；③我们如何到达那里？即应选择什么样的竞争战略，是成本领先战略、差异化战略，还是快速响应战略。

制定企业战略需要在环境、目标和资源之间进行协调，如图 2.2 所示。首先要考虑外部环境，尤其是行业环境，企业要进入那些有成长空间的行业。比如1992年诺基亚总裁奥利拉毅然决然选择移动通信行业，尽管当时该行业并不赚钱，但事实很快证明，选择移动通信行业是正确的。一旦决定以移动通信为发展的方向后，就毅然实施了“归核化战略”。所谓“归核化战略”，即突出竞争优势的战略。其要义有三：一是把企业经营的业务归集到最具竞争优势的行业；二是把经营与开发的重点放在核心行业价值链最具优势的环节上，把移动电话定为诺基亚的支柱产业，努力在该领域进入世界前三名，确保盈利性增长；三是强调企业核心能力的培养、维护和发展，这就是定位和目标。确定目标并实现目标，需要通过协调外部环境和内部资源及能力来实现战略。

企业战略包括3个层次：公司级战略(Corporate Strategy)、事业级策略(Business Strategy)和职能级策略(Functional Strategy)。

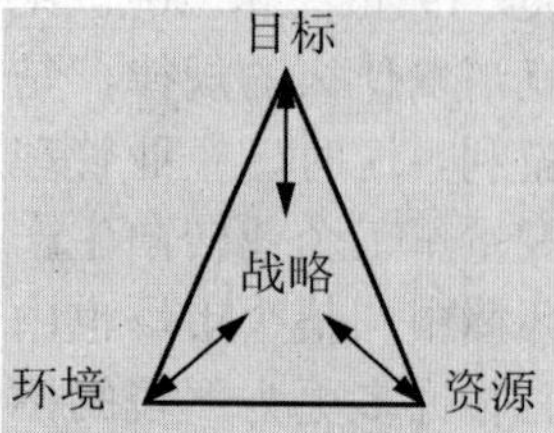

图 2.2 战略管理的“金三角”

2.1.2 企业战略选择过程

按照正式的战略规划制定和实施的模式，战略管理过程包括确定企业使命(宗旨)和主要目标、战略分析、战略选择和战略实施4个阶段，如图 2.3 所示。

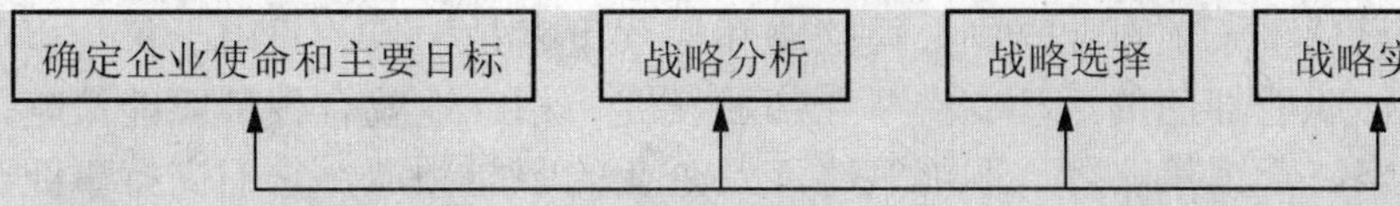

图 2.3 战略管理过程

1. 确定企业使命和主要目标

使命(Mission)是企业存在的基础和原因。不同组织的使命是不同的，学校的使命是培养优秀人才，医院的使命是治病救人，汽车制造厂的使命是生产顾客所需要的汽车。使命需要清晰而简要地表达出来，以作为企业的宗旨。

例如，IBM 公司的宗旨是：创造、开发和制造工业界最先进的信息技术，包括计算机系统、软件、网络系统、存储设备和微电子学。有两条基本宗旨：力求在创造、开发和制造最先进的信息技术方面处于领先地位，作为世界上最大的信息服务公司，将先进的技术转化为顾客的价值；在世界各地安排专业人员在特定产业、咨询服务、系统集成和技术支持中提供专门技术。

企业的使命和宗旨为企业发展提供了一个总的方向，并由此产生企业的目标。某种产品的市场占有份额、一定的盈利水平都可以作为企业的目标。

2. 战略分析

战略分析包括两个方面：分析内部条件以找出优势(Strength)与劣势(Weakness)，分析外部环境以找出机会(Opportunities)和威胁(Threats)。以美国哈佛大学商学院的安德鲁斯教授为代表的战略规划学派，提出了著名的 SWOT 分析方法，全面分析企业的优势、劣势、机会和威胁 4 种因素，以选择适宜的战略加以实施，并强调在不确定的环境因素下，结合企业方针、目标和经营活动，认真分析设计，以形成竞争优势。SWOT 分别代表优势(S)、劣势(W)、机会(O)、威胁(T)，优势和劣势都是就企业本身而言的，机会和威胁是从外部环境分析出来的，见表 2-1。在 SWOT 分析矩阵中，各种优势、劣势与各种机会、威胁互相交叉，形成许多不同的区域。在有的区域里，要发挥优势，利用机会；在有的区域里，要规避企业劣势，利用机会；在有的区域组合里却要利用优势，回避一些威胁；在有的区域里，不仅在企业内部是劣势，而且在企业外部威胁又很大，那就要选择退出。

表 2-1 SWOT 分析矩阵

	优势(S) 列出企业所有优势因素	劣势(W) 列出企业所有劣势因素
机会(O) 列出企业所有机会因素	SO 战略 列出发挥优势、利用机会的企业战略	WO 战略 列出利用机会、克服劣势的企业战略
威胁(T) 列出企业所有威胁因素	ST 战略 列出利用优势、回避威胁的企业战略	WT 战略 列出减少劣势、回避威胁的企业战略

3. 战略选择

在进行内部条件与外部环境分析的基础上选择适当的战略。对企业来说，它有一个总体战略，称之为企业战略或公司战略。公司战略是公司最高层次战略，内容包括两方面：一是选择企业经营范围和领域，如是专注于某个事业还是实行多元化，通过并购实现纵向一体化还是横向一体化；二是在各事业部之间进行资源分配，资源分配是战略实施的关键。一个大公司一般分成若干个事业部，事业部是相对独立的经营单位。事业部策略也称为经营单位策略或经营策略，内容是在选定的事业范围内，如何去竞争，因此有时也称为竞争策略。如果企业只从事一项事业，则公司战略和经营策略是一致的。由于每个事业部都下设不同的职能部门，职能部门的活动支持事业部的发展，相应地就有各种职能策略，如生产运作策略、财务策略、营销策略等。职能策略涉及企业的职能领域，它们支持事业部策略，而事业部策略支持公司战略，公司战略支持企业目标和使命。公司战略指导经营策略，经营策略指导职能策略。战术是实施战略的方法和行动，战术指导运作，战术解决“如何做”的问题，运作解决“做”的问题。使命、宗旨、目标、总体战略、经营策略、职能策略、战术、运作之间的关系如图 2.4 所示。

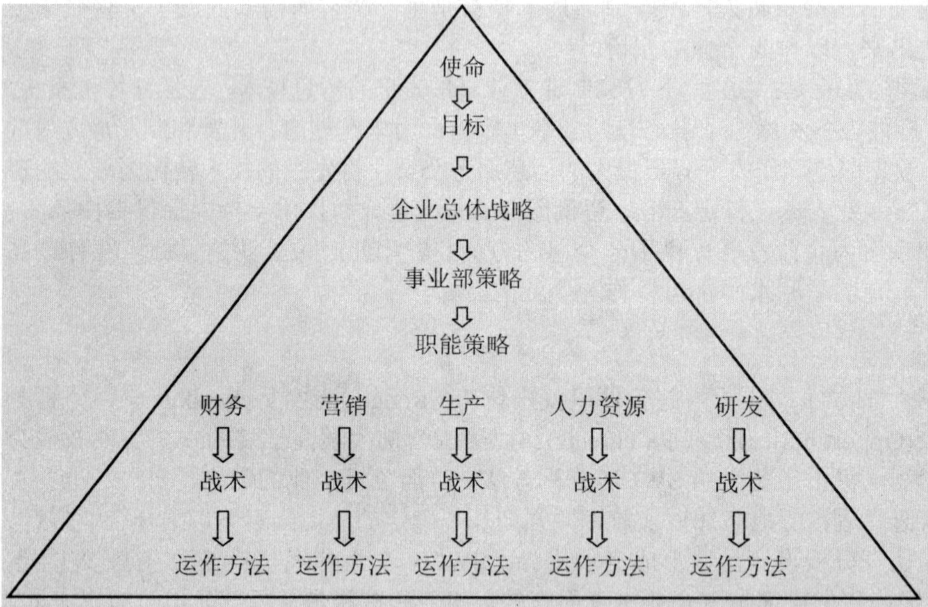

图 2.4　从使命到运作的层次关系

制造业有战略和战略管理问题，服务业也有战略和战略管理问题。比如一所大学，它的宗旨可能是：为国家培养具有创造精神的高层次人才；目标是：30 年内建成世界一流大学；战略是：发挥优势，在信息技术、生物工程和管理科学领域在国内达到领先地位，创造出在世界上有影响的成果；战术是：发挥现有教师的创造性和潜能，并吸引国内外优秀人才来校工作；运作方法是：制定有效的激励措施和优惠政策。对于个人来说，也可能有其宗旨和战略。比如，某人的宗旨是：成为企业界的名人；目标是：大公司总经理，收入高，有声望；战略是：获得名牌 MBA 学位；战术是：选择著名的管理学院学习，创造入学条件；运作方法是：入学考试、注册、上课、研究。

4. 战略实施

设计适当的组织结构与控制系统并有效地分配资源，使组织确定的战略能够实现。

2.1.3　企业战略确定

1. 公司战略

公司战略是企业最高层次的战略，解决公司应该投入何种事业领域，以实现长期利润最大化，确保合理的投资回报率的问题。公司可以选择专注于单一事业，像格力那样专门从事家用空调器的生产，也可以像春兰那样选择多种不同的事业领域；可以采取垂直一体化，也可以采取水平一体化、多元化或者重整。公司可以采取发展战略，也可以采取稳定战略或收缩战略。

1) 专业化

麦当劳(McDonald's)快餐店、可口可乐(Coca-Cola)饮料、诺基亚移动电话、格力家用空调都采取了专业化战略。其优点是：集中资源(管理、技术、财务、领导精力)于单一领域，容易取得优势；避免进入不熟悉或无能力创造高附加值的领域。可口可乐曾渗透到娱乐事业，发现管理娱乐事业使其宝贵的经营注意力脱离了核心饮料事业，于是撤资。当公司从事单一事业时，公司战略和经营战略是一致的。

2) 纵向一体化

纵向一体化又称垂直一体化(Vertical Integration)，意味着公司自行生产其投入 (向后或向上游整合)，或自行处理其产出(向前或向下游整合)。钢铁公司将铁矿供应整合进来，是向上游整合的例子；汽车制造商建立销售网络，是向下游整合的例子。

纵向一体化的优点是：①可以提高新竞争者的进入障碍。20 世纪 30 年代，铝制品公司 Alcoa 和 Alcan 将当时唯一具有开采价值的牙买加的 Caribbean 岛铝矿整合，使竞争者打消了进入的念头，一直到 1950 年在澳洲和印尼发现高等级铝矿砂之后情况才开始改变。②提升专用资产投资效率。专用资产可使产品差异化，既可以提高价格，同时又具有高效率，可以降低成本，且专用资产在其他用途上会降低使用价值。对专用化资产投资引起的问题，通过纵向一体化才能得到较好的解决。③保证产品质量。麦当劳在莫斯科设店时，由于当时前苏联的马铃薯和肉类质量太差，麦当劳在苏联建立了自己的农场、养牛场、蔬菜区和食品处理工厂，实行纵向一体化。④便于加强计划与控制。实行纵向一体化使得企业间的协调变成企业内的统一指挥，保证生产进度，并降低库存。纵向一体化的缺点是：①成本劣势。当存在低成本的外部供应商时，纵向一体化的成本较高。②纵向一体化缺乏适应技术变化的能力。当技术变化剧烈时，发现技术已落后，由于自己的投资形成包袱，会抗拒改变，导致市场占有率下降。③当需求不稳定时，纵向一体化有极大风险，协调也很困难。

美国福特汽车公司曾经是纵向一体化的典型。20 世纪 30 年代后，福特公司的大规模纵向一体化生产模式已成为全球工业瞩目并纷纷效仿的榜样。福特的经营范围仍在不断扩张，价值链延伸到基础原材料工业，比如在匹兹堡都有福特公司的铁矿，在五大湖的冶炼厂把铁炼成钢，再运往自己的汽车生产线制造出汽车；福特甚至还拥有自己的牧羊场，出产的羊毛专用于生产自己公司的汽车坐垫。

3) 外包

将非核心业务外包或委外(Outsourcing)是近年的一个趋势。外包的优点是：非核心业务由有优势的供应商来做会降低成本，会更有效率，还可提升产品价值；有可能将资源集中到公司的核心能力上；容易回应顾客，适应市场变化。在急剧变化的环境下，各公司都只保留核心业务，将不擅长的业务外包，各个企业都从事最擅长的业务，彼此之间关系就更加紧密，形成战略联盟，形成集合优势能力的供应链，企业之间的竞争变成供应链之间的竞争。企业为了取得竞争优势，往往通过并购的途径，将从事相同业务的公司合并，而不是将供应链环节上的企业合并(纵向兼并)，这就是横向一体化(Horizontal Integration)，又称水平一体化。

4) 多元化

当公司拥有的财务资源超过维持现有的或核心业务的需要，同时又看到令人激动的发展机会时，就企图利用剩余资源去投资，以创造价值，从而形成不同的业务，称为多元化或多角化。多元化有两种形式：相关多元化和非相关多元化。相关多元化是指经营在技术、生产、工艺、销售等方面有联系的多种业务；不相关多元化是指经营完全不相关的业务。公司之所以追求多元化，最根本的原因是提高企业价值。市场需要多样化产品，但每种产品的批量都不大，通过多元化可以共用资源和能力，实现范围经济性。但是，迈克尔・波特(Michael Porter)的研究表明，多元化结果不容乐观，多元化所浪费的价值超过其所创造的价值。其原因主要是多元化使业务大量增加，企业领导精力不够。GE 公司 1970 年代的总裁雷杰・琼斯指出，“我发现无论多么努力地工作，我也永远无法深入了解 40 个独立事业单位的计划”。

2. 事业部策略

1) 迈克尔・波特的 3 种竞争策略

波特教授提出 3 种基本的市场竞争策略：成本领先(Overall Cost Leadership)策略、差异化(Differentiation)策略和集中一点(Market Focus)策略。

(1) 成本领先策略。成本领先策略就是要使企业的某项业务做到该行业内所有竞争者中成本最低的策略。采用成本领先策略，一般是针对规模较大的市场提供较为单一的标准产品和服务，不率先推出新产品和服务。制造业中福特的 T 型车、服务业中的麦当劳和沃尔玛(Wal-Mart)都是运用成本领先策略的典型例子。运用成本领先策略一般需要采用高效专用设备和设施；在组织生产的过程中，要提高设备利用率；要对物料库存进行严密控制；要提高劳动生产率；采用低工资率并降低间接费用。成本领先策略可获得大量生产、大量销售的好处。

(2) 差异化策略。差异化策略的实质是要创造一种使顾客感到是独一无二的产品或服务，使消费者感到物有所值，从而愿意支付较高的价格。这种策略可以有多种形式，如唯一的品牌、唯一的技术、唯一的特点、唯一的服务等。实施差异化策略的关键是创新。传统的策略都是把竞争对手击败的策略，考虑的都是如何战胜对手，如何扩大市场占有率，如何把竞争对手正在做的事情做得更好。这种策略好比众多的人要分享一块大小已经确定的蛋糕，每个人都希望分到的份额大一些，结果拼个你死我活。新的策略是从用户需求出发，考虑用户需求的变化，并通过技术创新为顾客提供更满意的产品和服务。这好比重新做一个不同的蛋糕，它能满足顾客不同的需求。要做一个不同的蛋糕，就需要创新。因此，新的竞争策略被称作“基于创新的策略”。按照创新策略，竞争对手可能成为合作者，公司之间既有竞争，又有合作。在急剧变化的时代，与其努力赶上和超过竞争对手，不如合作起来致力于创新，实现双赢(Win-Win)。在“做蛋糕”的时候合作，合作才能共同创造市场，不合作将导致“双输”；在“分蛋糕”的时候竞争，不应该忘记自己的利益，否则是“你输他赢”，合作就不会继续。国外有人将这种情况称为“竞合”(Co-Opetition)。

(3) 集中一点策略。集中一点策略是对选定的细分市场进行专业化生产和服务的策略，它为特定的狭窄目标市场顾客的特殊需求提供良好的产品和服务。绝大部分小企业都是从集中一点策略起步的。

2) 快速响应策略

快速响应策略是基于时间竞争的产物，它要求企业更快捷地提供产品和服务。响应性通常是指生产运作系统具有柔性，从而能够适应需求的变化，及时向顾客提供产品和服务。惠普公司在竞争激烈的个人电脑市场中既做到了设计柔性，又做到了数量柔性。惠普公司的产品生命周期通常只有数月，而在这短暂的产品生命周期中，需求数量和成本因素又经常会发生急剧变化。但是惠普公司成功地通过快速更新产品设计和生产数量，来应对设计和需求数量频繁变化的市场，从而获得了持续的竞争优势。

响应的第二层含义是能够可靠地按计划交货。尽管德国的劳动力成本全世界最高，但德国机械行业通过可靠的响应性保持了竞争优势。这种响应性体现在可靠的计划方面。德国机械行业的公司制订了翔实的计划，他们认真执行了这些计划。此外，他们还就这些计划事先和顾客进行沟通，于是顾客也信赖这些计划。因此，可靠的响应性所产生的竞争优势增加了最终顾客的价值。

响应性的第三个方面是速度。在设计、生产和交货方面均提高速度。摩托罗拉公司三天就可以交付定制的传呼机，采用快速响应策略的企业能获得竞争优势。

3. 职能策略

职能策略为增进企业内职能性操作效果的策略，如生产、营销、财务、研究与开发、人力资源管理等策略，当然也包括跨职能的策略。通过职能策略的实施，实现高效率、高质量、创新和良好的顾客回应，以取得低成本和实现差异化，从而赢得竞争优势，如图2.5所示。

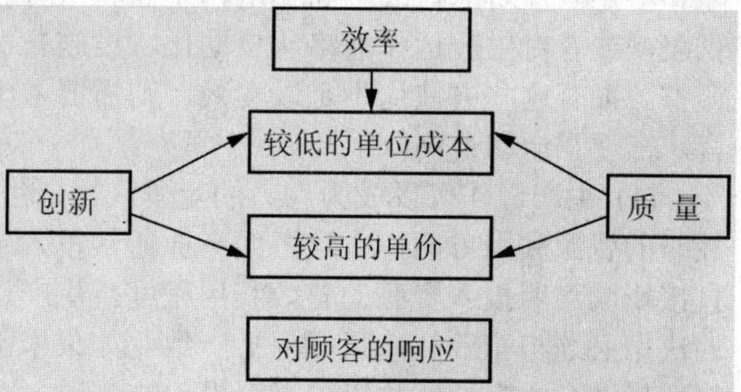

图 2.5 竞争优势的基础

资料来源：Charles W.L.Hill，Gareth R.Jones. 策略管理. 黄营杉，译. 台北：华泰文化事业公司，1998.P150.

高效率导致低成本，良好的顾客回应造成差异化，具有创新和高质量的产品往往既能提高差异性，又能降低成本。

效率、质量、创新以及好的顾客回应，都与生产运作有密切关系。要提高企业创造的价值，就要提高价值V和降低成本C。V和C都与生产运作活动密切相关。

效率是投入和产出的比较，是生产运作过程中形成的。如果其他条件相同，效率高可以获得低成本优势。以往的生产管理教科书都把生产率作为最主要竞争因素，后来，质量提高到战略性高度，成为主要竞争因素，质量会增加顾客心目中产品的价值。质量也是生产运作过程中形成的，不是检验出来的。有创意的新产品，首先要设计出来，设计也属于生产运作范畴，设计的产品要变成实际的产品，还要经过制造。创新可以造成差异化，生产过程的创新对提高产品质量和降低成本有重要作用。对顾客的及时响应，完全取决于生产过程的准时性。因此，生产运作管理对于提高企业的竞争力具有举足轻重的作用，核心运作能力是企业形成核心竞争力的保证。

2.2 生产运作策略选择与实施

2.2.1 生产运作策略的内涵

生产运作策略是企业如何通过生产运作的实施来实现企业的整体目标，它是企业战略不可分割的一部分。生产运作战略涉及一系列决策，这些决策与生产过程和工艺流程设计以及所依赖的基础设施相关。生产运作过程和工艺流程涉及包括对适用技术、生产类型与规模、库存控制和生产布局的抉择。

基础设施决策涉及的内容与计划和控制系统、质量保证和控制方法、工资结构和生产运作组织密切相关，有着逻辑上的内在联系。生产运作策略可以视为计划过程的一部分，在生产运作目标和企业战略目标之间起着协调作用。由于企业战略目标可能会随时间发生变化，因此生产运作策略必须能对未来的需要具有预见性。企业的运作能力应通过生产运作策略的实施，尽可能地适应顾客对产品和服务需求的变化。生产运作战略成功的关键在于识别可供选择的竞争要素，熟知每一种竞争要素的选择会有什么样的结果，以及恰当地权衡可能发生的利与弊。

通过对企业战略要求和生产系统所具有的能力进行对比，可以鉴别生产运作中存在的缺陷和不足。针对这些缺陷和不足，企业利用可获得的资源和自身的独特优势对其进行弥补和克服，或者对生产运作战略从自动化、设施布局、生产能力、供应商和库存管理等方面进行调整。如若这些方法均不足以奏效，则需要考虑对公司战略进行必要的修改。就生产运作而言，需要强调和说明以下几点：

(1) 生产运作可以成为有力的竞争武器，也可能会变成沉重的负担。生产运作侧重于企业战略的资源利用方面，在这方面企业通常投入了大量的人力和财力。生产运作管理的有效性直接影响到所投入资源的有效利用程度。生产运作在生产能力、库存管理和作业计划等方面的决策必须与企业战略目标保持一致。如果未能从企业战略的角度和高度来引导生产运作，将会导致企业在长达数年中资源投入的失误。

(2) 生产运作经理必须将生产运作中的各项决策有机地联系起来，以最佳的方式辅助和支持企业战略。在生产运作中，计划、策略和作业实施都应注重在同一方向上，并相互支持。质量、自动化、生产能力和库存管理方面的决策不能相互割裂，应实行有机的结合，以达到最佳的综合效果。

(3) 企业必须首先考虑战略决策，但战略决策的成功也还取决于对具体抉择方案进行仔细分析，以及在此基础上对生产运作策略作出正确的选择。战略决策与生产运作策略分析相辅相成，两者缺一不可，都是企业整体决策的一部分。

由于国际竞争加剧和技术进步的快速发展，愈来愈多的企业已逐渐认识到参与竞争不能只依赖新产品、创造需求和财务筹集，还需要通过卓越的生产运作管理来显现出独特的竞争优势和能力作为支持。

2.2.2 生产运作策略的选择

1. 生产运作的总体策略

1) 自制或购买

这是生产运作决策的首要问题。如果决定制造某种产品或由本企业提供某种服务，则需要确定生产运作系统的能力，建造相应的设施，采购所需要的设备，配备相应的工人、技术人员和管理人员。自制或购买决策有不同的层次。如果在产品级决策，则影响到企业的性质。产品自制，则需要建一个制造厂；产品外购，则需要设立一个经销公司。如果只在产品装配阶段自制，则只需要建造一个总装配厂，然后寻找零部件供应厂家。由于社会分工大大提高了效率，一般在做自制或购买决策时，不可能全部产品和零部件都自制。

2) 少品种和大批量

当采取总成本领先的竞争策略时，相应的生产运作策略就应该是大量生产少数品种的产品，以降低成本。早期福特汽车公司就是采用这种策略，大量生产一种产品，实现了极高的效率和极低的成本；在零售业，沃尔玛公司也是采取这种生产运作策略。采用少品种、大批量策略需要选择标准化的产品或服务，而不是顾客化的产品和服务。由于产量大，需要配置专用高效的设备，建立流水生产线，这就需要高投资，如同福特汽车公司当年建造T型车生产线。需要注意的是，这种策略应该用于需求量很大的产品或服务。只要市场需求量大，采用少品种和大批量策略就可以战胜竞争对手，取得成功。

3) 多品种和小批量

当采取差异化竞争策略时，相应的生产运作策略应该是多品种和小批量。差异化策略在当今世界消费多样化、个性化趋势日益明显的市场竞争形势下，有着特别重要的意义，企业只有采用这种策略才能永远立于不败之地。采取差异化策略，需要企业不断推出新产品、提供新的服务，并按照顾客个性化要求，实行定制生产。其结果必然是多品种和小批量，但是，多品种小批量生产的效率难以提高，交货难以做到及时。因此，采取大量定制生产方式，实现以大量生产的效率和成本提供定制产品，成为必然选择。

4) 快速响应

随着时间成为最主要的竞争因素，顾客要求供应企业对他们的需求作出快速响应。快速响应一是要求在尽量短的时间内交付产品和服务。快速响应不仅针对标准化的产品和服务，更多的是针对按订单制造的产品和提供的服务。前者可以通过成品库存来及时响应，后者则不能通过成品库存来及时响应，需要另辟蹊径。二是要求尽快开发适销对路的新产品和服务。开发新产品需要预计顾客需求发展的趋势，使技术上能够实现的新产品能够以顾客可以接受的价格上市。

5) 混合策略

将上述几种策略综合运用，实现多品种、低成本、高质量，可以取得竞争优势。现在已经提出的“即时顾客化定制”，就是一种既可以满足用户提出多种多样的要求，又能够即时地、高效地提供产品和服务的新的生产方式。

至于质量和价格，已经成为“订单合格要素”，是赢得订单的必要条件。只有差异化的产品和服务才能成为“订单赢得因素”。连质量都不过关的产品只会使顾客背叛，是“订单丧失因素”。质量问题十分重要，无论是采取什么样的策略，都必须保证质量。在当今世界，价廉质劣的产品是没有销路的。

2. 产品或服务的选择、设计与开发

企业进行生产运作，先要确定向市场提供什么样的产品或服务，这就是产品或服务选择或决策问题。产品或服务确定之后，就要对产品或服务进行设计，确定其功能、型号、规格和结构；还要对如何制造产品或提供服务的工艺进行选择，对工艺过程进行设计。

1) 产品或服务的选择

产品或服务的选择可以决定一个企业的兴衰。一种好的产品或服务可以使一个小企业发展成一个国际著名的大公司；相反，一种不合市场需要的产品或服务也可以使一个大企业亏

损甚至倒闭。这已为无数事实所证明。产品决策可能在工厂建成之前进行，也可能在工厂建成之后进行。要开办一个企业，首先要确定生产什么产品。在企业投产之后，还要根据市场需求的变化，确定开发什么样的新产品。

产品本质上是一种需求满足物，是通过它的功能来满足用户某种需求的。产品的功能是通过一定的产品结构来实现的。采用不同的功能组合的不同产品，满足不同的用户需求。因此，可能有多种产品满足用户大体相同的需求，这就提出了产品选择问题。比如，同是为了进行信息处理，是生产普通台式电脑还是生产笔记本电脑？同是为了进行货物运输，是生产轻型车还是生产重型车？必须作出选择。

产品选择需要考虑以下因素：

(1) 市场需求的不确定性。人们对需求满足程度的追求是无止境的，因而对产品功能的追求也无止境。随着科学技术进步速度的加快、竞争的激化，人们“喜新厌旧”的程度也日益加强。一夜之间某企业推出全新的产品，会使得本企业原来畅销的产品一落千丈。这就造成市场需求不确定性增加。现实情况是，很多企业不注意走创新之路，或者由于市场容量有限，或者由于产品质量低劣，造成产品大量积压，企业因此而亏损。因此，企业在选择产品时，要考虑不确定性，要考虑今后几年内产品是否有销路。

(2) 外部需求与内部能力之间的关系。在外部需求与内部能力之间的关系上，首先要看外部需求。即使企业有再强的技术能力和生产能力也不应该生产市场不需要的产品。同时，也要看到，对于市场上需求量大的产品，若与企业的能力差别较大，企业也不应该生产。企业在进行产品决策时，要考虑自己技术能力和生产能力。一般来讲，在有足够需求的前提下，确定生产一个新产品取决于两个因素。一是企业的主要任务。与企业的主要任务差别大的产品不应生产。汽车制造厂的主要任务是生产汽车，绝不能因为彩色电视机走俏就去生产彩色电视机，因为汽车制造厂要生产彩色电视机，就等于放弃现有的资源，能力上完全没有优势可言，是无法与专业生产厂家竞争的。当然，主要任务也会随环境变化而改变。如果石油枯竭，现在生产的汽车都将被淘汰，汽车制造厂可能就要生产电动汽车或者太阳能汽车。二是企业的优势与特长。与同类企业比较，本企业的特长决定了生产什么样的产品。选择没有优势的产品是不明智的，一旦有强势企业参加竞争，你就会败下阵来。

(3) 原材料、外购件的供应。企业选择了某种产品，必然涉及该产品的原材料和外购件供应。若没有合适的供应商，或供应商的生产能力、技术能力不足，就不能选择该产品。美国洛克希德 “三星”飞机用的发动机是英国洛尔斯-洛依斯公司供应的，后来洛尔斯-洛依斯公司破产，使得洛克希德公司也濒于破产，最后不得不由美国政府担保。

(4) 企业内部各部门工作目标上的差别。通常，企业内部划分为多个职能部门，各个职能部门由于工作目标不同，在产品选择上会发生分歧。如果不能解决这些分歧，产品决策也难以进行。生产部门追求高效率、低成本、高质量和生产的均衡性，希望品种数少一些，产品的相似程度高一些，即使有变化，也要使改动起来不费事。销售部门追求市场占有率、对市场需求的响应速度和按用户要求提供产品，希望扩大产品系列，不断改进老产品和开发新产品。财务部门追求最大的利润，要求加快资金流动，减少不能直接产生利润的费用，减少企业的风险，希望只销售立即能得到利润的产品，销售利润大的产品，不制造不赚钱的产品。由于职能部门工作目标上的差异，往往造成产品决策的困难。销售部门要求创新、发展，愿冒风险，要求保持广而全的多种产品的生产线；财务部门往往守住目前成功的产品，以扩大销售；生产部门由于追求低成本和简化的管理而要求尽可能生产少的品种。只有通过最高管理层协调，才能解决部门之间的矛盾。

2) 产品或服务的设计与开发策略

(1) 做领导者还是跟随者。企业在设计产品或服务时，是做新技术的领导者还是跟随者，是两种不同的策略。做领导者就需要不断创新，需要在研究与开发方面大量投入，因而风险大，但做领导者可以使企业领导新潮流，拥有独特的技术，在竞争中始终处于领先地位。英特尔公司就是采用的做领导者的策略。做跟从者只需要仿制别人的新产品，花费少、风险小，但得到的不一定是先进的技术。如果跟随者善于将别人的技术和产品拿过来进行改进，则有可能后来者居上。这里还存在一个是采用最先进技术还是采用适用技术的问题。采用先进技术的费用高、风险大；采用适用技术花费少、风险也小，但适用技术是符合企业当前发展的、经过使用检验的技术。

(2) 自己设计还是请外单位设计。同自制或购买决策一样，对产品开发和设计也可以自己做或请外单位做。一般地，涉及独特技术必须自己做。

(3) 花钱买技术或专利。利用大学和研究所的成果来节约研究与开发的费用为一种聪明的办法。巴特尔研究所曾为施乐公司开发复印机产品，强生公司曾利用宾州大学的专门技术开发治疗粉刺和皱纹的 Retin-A 产品，利用哥伦比亚大学的专门技术开发一种治癌药品。企业通过购买大学或研究所的生产许可证、专利权和设计，不仅减少了风险，而且节约了开发和设计的时间。

(4) 做基础研究还是应用研究。基础研究是对某个领域或某种现象进行研究，但不能保证新的知识一定可以得到应用。基础研究成果转化为产品的时间较长，而且能否转化为产品的风险很大。但是，一旦基础研究的成果可以得到应用，将会对企业的发展起很大的推动作用。例如，Dow 化学品公司在 1982 年投入 50 万美元研究一种陶瓷化合物，这种陶瓷化合物与钢铁一样坚硬，却只有其一半的重量。几年以后，公司就发现这种陶瓷化合物可以用于装甲车等军事装备。应用研究是根据用户需求选择一个潜在的应用领域，有针对性地进行的研究活动。应用研究实用性强，容易转化为现实的生产力，但应用研究一般都需要基础理论的指导。

2.2.3 生产运作策略的实施

由于企业受行业特点或所处环境的制约而具有一定的局限性，生产运作经理需要识别哪些行为活动是生产运作职能可以完成的，哪些是生产运作职能不能做到的，不仅能对所制定的生产运作策略具有支持功能和作用，还要能够成功地得以实施。

1. 关键任务

成功的战略实施要求识别哪些是对成功具有关键影响和作用的关键任务。作为生产运作经理需要质询的问题包括：要想使给定的生产运作战略得以成功，在哪些方面必须完成的特别好？哪些方面包含着最容易引起失误的因素？哪些方面需要在管理、资金、技术和人力资源上进行额外投入？哪些行为活动会帮助生产运作管理提供竞争优势？例如在企业中最重要的部分可能是准时向顾客供货或者是产品设计，然而，对于急救中心来说，则更注重于配备合适的人员和及时提供所需要的医药用品。企业必须找出能够发挥自身竞争优势的途径和方式。

例如，康柏公司和微软公司在引导新产品进入市场方面占据领先地位，并且在质量和市场能力方面也享有盛誉。这两个世界级公司在生产运作策略的实施上具有如下共同特点：

(1) 集中优势从事一种行业。康柏只生产一种产品商业个人用计算机。

(2) 经营全球化。微软公司和康柏公司都借助于自身雄厚的实力参与国际商业竞争。它们涉足于竞争激烈的国际市场，并且使自己成为世界级厂商。康柏公司在美国、加拿大和欧洲的商业个人计算机市场中占据第二大供应商地位，出口额占总销售额的 45%。

(3) 注重新产品的快速开发。如微软公司总裁比尔·盖茨与工程师们通过电子邮件保持频繁联系，实施跟踪产品的开发进程。

(4) 保持人才优势。这两家企业都非常注重选聘和留任行业中的高级人才。微软公司始终保持拥有极为优秀的人才，众多的优秀人才在为公司服务中也获得了丰厚的收益。

(5) 快速进入市场的同时，重视提高产品质量与改进产品性能。

2. 组织形式

如何组织生产运作以完成关键任务，不同的企业有不同的选择。随着生产运作使命的不同，企业生产运作职能的组织形式以及与其职能之间的关系也有所差异。如航空公司，外出旅行顾客数量的易变性和波动幅度在短期作业安排中表现得很明显，在工作日期间外出旅行、旅游度假、季节性和学校对学期的安排都对航班的作业安排产生一定的作用和影响。其结果使航班的作业时间安排尽管属于生产运作的行为活动，但也成为公司营销组织的一部分。当生产运作职能的组织形式能够有助于航班作业时间进行有效安排时，航空公司的竞争优势就可以得以提升。由此可见，企业生产运作活动的组织能够保证生产任务圆满完成，企业才可能有竞争优势。生产运作经理承担着制定策略、识别关键任务、组织生产运作、配备适合各项行为活动的人员等一系列职责。

企业战略和生产动作策略的制定可以归纳如图 2.6 所示。

环境分析
识别威胁、机遇、弱点和优势，明确和了解环境、顾客、行业和竞争对手

↓

确定企业的使命
明确企业存在的原因，识别企业可创造和提供的价值

↓

构建企业战略
建立竞争优势，如低成本、柔性、高且稳定的质量、快速供货、准时交货、快速开发新产品

↓

为实施企业战略制定职能部门战略

↓

市场战略	财务战略	生产运作策略	
决策内容	决策内容	决策内容	策略选择
价格战略	资本结构	产品设计与开发	依据顾客特殊要求或标准化
销售与促销策略	资本成本	生产过程设计	产品服务设施规模与技术
售后服务	流动资金	质量保证	根据顾客需要定义性能衡量指标
经销渠道	应收账款	生产系统布局	靠近供应商或顾客、工作单元或流水线
产品定位	应付账款	人力资源	工作专业化或多样化
品牌战略	财务控制	库存控制与管理	订货时间与库存水平
	赊销策略	物资供应	单一供应商或多个供应商
		生产作业计划	稳定或变动的生产率
		设备维护	根据需要进行维护或防护性维护

图 2.6 企业战略和生产运作策略的制定

思考题

1．试分析企业战略和战略管理之间的联系与区别。

2．利用所学的知识分析制定企业战略要考虑的外部条件和内部条件。

3．市场竞争战略对产品和服务有哪些要求？产品和服务对生产运作系统有哪些要求？

4．阐述家用轿车产品选择需要考虑的因素有哪些？

5．适应上海世博会旅游产品的开发与设计方面的策略有哪些？

6．如何组织实施汽车制造企业的生产运作策略？

实训与考核

实训项目：

从以生产羽绒制品为主的9镇小厂，到成为中国微波炉市场的龙头老大，并逐步获得国际竞争的主动权，格兰仕在短时间里取得了骄人的成功，这完全得益于它的成本领先战略的成功。

1. 格兰仕的总体战略

格兰仕的总体战略是专业化战略。当时，格兰仕所在地广东顺德及其周围地区已经是中国最大的家电基地，如当时全国最大的冰箱厂(容声)、空调厂(华宝)、电风扇厂(美的)、电饭锅厂(爱德)、热水器厂(万家乐)等都在这里。这些企业的产品都是当时的热销产品，然而梁先生经过考察，毅然决定选择相对不被人重视的微波炉作为其主攻方向，并且将从事羽绒生产十几年来的积累全部投入微波炉项目。就当时的情况来说，这的确要冒相当大的风险。因为当时松下、夏普、三菱、日立等都在中国建立了微波炉的合资企业，每家的生产能力都达100万台，国内也有不少企业已经上了微波炉项目，而在1992年，国内的市场容量还不到100万台。格兰仕集团在这方面的表现是非常突出的，主要包括：第一，在总成本不变或降低的前提下，不断开发新产品和专有技术；第二，利用总成本领先的优势，向市场推出质好价廉的产品，扩大市场占有率；第三，在上述基础上，格兰仕开始利用自己的技术力量开发关键元器件，并投入生产，进一步降低总制造成本。1993年试产1万台。1994年集中生产市场上畅销的少数几个型号的产品，以降低成本，产销量达10万台。1995年达到22万台，市场占有率达25%，成为市场的领导者。

作为一个参与国际分工的中国企业，不应该从头做到尾，而应该做一两个环节。定位在哪个环节上？这里就有两种大战略模式。一种是哑铃模式，即定位在设计、营销和品牌上。一头是设计，一头是营销和品牌，而中间的生产环节外包出去。另一种战略模式是橄榄模式，即专做制造，前面的设计、后面的营销和品牌由别人去做。格兰仕专搞制造，绝不涉足流通领域。做家电和卖家电也是两个行业，格兰仕有1.8万名员工，从事正式销售工作的只有100多人，再加上1000多名导购员。正因为专注制造，才使格兰仕迅速获得了全球范围的规模优势和成本优势。

中国企业的最大优势在于低成本的制造能力，这种状况在短期内很难改变。作为一个企业，其战略选择只能面对现实。正因为如此，格兰仕明智地选择橄榄型模式，以自己的橄榄型模式与跨国公司的哑铃型模式对接。从长远看，做橄榄与做哑铃，纯粹是一种国际分工，也会逐步形成平均利润率。

2. 格兰仕的竞争战略

成本领先战略贯穿于格兰仕的各种生产经营活动之中。格兰仕之所以如此频繁地大幅度降价，就在于其成本要比竞争对手低许多，有足够大的降价空间。格兰仕通过引入竞争机制、增强与其他企业的合作、减少管理层次、塑造企业文化等措施来降低内部的交易成本，提高劳动效率，加上廉价的劳动力，使格兰仕在综合成本竞争中占据很大优势。平均来说，其管理费用只有同类企业的一半左右，而其工人的劳动生产率要比同类企业高20%以上。因此，即使企业规模一样，格兰仕通过严格的内部管理措施，也使其产品成本比同类企业低5%～10%。

成本领先有赖于微波炉的规模经济。1995年，其年产能力达50万台，1996年达100万台，1997年和1998年分别达到200万台和450万台。制造规模越大，平均成本就越低。格兰仕在1996年8月和1997年10月分别进行的两次降幅在40%左右的大规模降价活动，都是基于规模制造的结果。从1999年开始，格兰仕一方面迅速扩大自己的生产能力，另一方面又在获得规模经济的基础上，通过降价和立体促销来扩大市场容量，提高市场占有率，从而在短期内使自己的实力获得了迅猛增长。

在成本领先战略的指引下，格兰仕的价格战打得比一般企业都出色，规模每上一个台阶，就大幅下调价格。如当自己的规模达到125万台时，就把出厂价定在规模为80万台的企业的成本价以下。此时，格兰仕还有利润，而对于规模低于80万台的企业，生产一台就多亏一台。如此循环，让竞争对手逐渐淘汰出局。格兰仕降价的另一特点是狠，价格不降则已，要降就要比别人低30%以上。

3. 格兰仕的职能策略

1) 营销策略

(1) 培育市场，在导入期和成长期，格兰仕的科普营销赢得了巨大的竞争力，通过赠送微波炉食谱等图书、在报刊上开辟专栏等方式，以知识营销的方式，培育中国的微波炉市场。此外，让消费者理解和接受新的功能，并乐于使用、开发、整合边缘市场，改善微波炉的消费环境。

(2) 启动市场，通过建立全国性的营销网络，主要是与各地代理商合作，建立其稳固的渠道分销共同体，不建立自己的销售渠道，以价格战推动分销渠道建立，共同启动微波炉市场。营销通路建设采用“只做中间、不做终端”的策略。

(3) 占领市场，在微波炉市场上主要通过价格战方式。

(4) 巩固市场，通过不断推出新产品，针对不同的市场区域推出合适的产品，通过提高产品服务质量和水平来巩固市场。例如，格兰仕推出的“四心级”服务(为顾客诚心、精心，让顾客安心、放心)，“三大纪律、八项注意”的规范服务，一地购物、全国维修的跨区域服务等，都是格兰仕巩固市场的重要策略。

格兰仕为了充分实现成本领先，其促销方式主要利用报纸软性广告和新闻来保持一种与消费者的亲和力，同时降低促销费用。自1995年以来，每年格兰仕在报刊上的曝光次数都在千次以上，而且一年总有两三次成为媒体爆炒的热点，善于创造性地制造新闻，从而使自己的知名度在短期内迅速提高。

2) 生产运作策略

格兰仕采用“拿来主义”，将国外已无成本优势的生产线引入到中国，与自身的企业优势对接，进行专业化合作，以最小的先期投入进入到微波炉行业，高起点地迅速成为优质微波炉的制造中心。这种“产品走出去，产业拿进来”的策略符合中国当前的国情。之后，格兰仕先后引进了各种先进的生产线和生产技术，除替知名品牌做代加工外，还利用这些生产线的剩余生产能力制造自己的产品，无形中降低了成本。另一方面，格兰仕也通过这种操作模式，掌握了不少其他品牌的关键技术，为自己的研究开发提供了便利。目前，格兰仕已顺势将自己定位在“全球微波炉制造中心”，将自己的全部资源集中在产品设计与制造中心。

3) 财务战略

为适应国际化经营的战略需要，格兰仕集团自 1998 年开始聘请全世界著名的咨询公司——Andersen 公司为财务顾问，具体制定和实施格兰仕的财务战略。这在中国企业，尤其是乡镇企业中是罕见的。

4) 人才策略

引进人才并大胆使用是格兰仕集团的传统。早在 1991 年，格兰仕集团就聘请了 5 名来自上海的中国微波炉专家，正是这 5 名高级工程师组成了格兰仕微波炉技术队伍的核心，奠定了其后与外国技术合作的基础。1993 年聘请日本人从事生产运作管理，1998 年为实施国际化战略，格兰仕集团聘请韩国人担任国际营销主管，聘请美国人从事技术评审活动。格兰仕集团人才策略的主要特点是：引进全球视野范围内的优秀人才。

5) 研究与开发策略

格兰仕的技术策略经历了引进、消化吸收、合作开发、自主开发这些阶段。在 1997 年以前，格兰仕集团主要是以引进、消化吸收为重点，从 1992 年引进东芝公司的生产线和技术，到 1996 年引进全球范围内最先进的微波炉生产设备和技术，并在消化吸收的基础上进行集成。1997 年，格兰仕集团设立研究与开发部门，1998 年又在美国设立技术开发机构，开始走向合作和自主开发的新阶段。

从科研上来说，规模经济更明显，产销量越大，企业就越有能力从事新产品的科研和开发，或者说单位产品分摊的开发费用越低。格兰仕并没有单纯地寻求生产上的规模经济，而是努力寻求技术上的突破和开发出新的产品，以刺激市场需要，为成本领先优势奠定更坚实的基础。1995 年以来，格兰仕共获得球体微波、多层防漏等与微波炉相关的专利和专有技术 30 多项，同时共开发出 80 多个品种的新产品。每一个地区市场、每一个商场的产品组合都不一样，有效地控制了市场的方向。

项目讨论：

(1) 格兰仕为什么能够较快地从一个不知名的羽绒生产企业发展成为中国乃至全世界的“微波炉大王”？

(2) 职能策略，尤其是生产运作策略，与企业总体战略和竞争战略的关系如何？如何去组织实施生产运作策略？

实训考核：

考核要素	评价标准	分值/分	评分/分				
			自评(10%)	小组(20%)	教师(50%)	专家(20%)	小计(100%)
构建分析体系和分析方法	(1) 所构建分析体系与方法能反映案例资料中分析的主题内容	15					
	(2) 体系和方法体现了适用性、科学性和可操作性	15					
分析格兰仕的生产运作策略内容和实施方式	分析内容得当、全面，能体现格兰仕的生产运作策略内容和实施方式	35					
分析存在的优势和不足，并为格兰仕制定下一步的生产运作战略	能准确地分析存在的问题，并为格兰仕制定下一步的生产运作战略	35					
合计							
评语(主要是建议)							

第3章 质量管理

学习目标

(1) 学生应了解质量管理的发展历史，熟悉做出过重大贡献的质量管理专家。

(2) 掌握质量和质量管理的基本概念。

(3) 了解 ISO 9000 和 ISO 14000 国际质量标准。

(4) 熟悉全面质量管理的方法和工具，理解全面质量管理的概念。

(5) 理解六西格玛质量管理的内涵和质量成本的概念。

工作任务描述

通过对本章知识框架的学习，学生应了解质量管理的基础知识，熟悉质量管理的发展历程，掌握质量管理的基本方法和理念。在熟悉质量管理的目标、内容的基础上，能够利用质量管理、质量控制方法对生产运作的整个过程进行质量管理和控制。

本章任务

(1) 理解全面质量管理的概念和理念，熟悉全面质量管理的方法和工具。

(2) 按照质量管理的目的和要求，选择合适的质量管理方法。

(3) 掌握质量管理的相关方法，并能熟练运用。

工作任务实施

质量管理工作的一般步骤如下：

(1) 质量体系的策划与设计。

(2) 质量体系文件的编制。

(3) 质量体系的试运行。

(4) 质量体系的审核与评审。

本章在总结以往质量管理实践及教学经验的基础上，系统介绍质量管理的理论和方法。着重按照质量管理工作的内容系统地介绍质量体系的设计、质量体系的编制、质量管理运行状况的评价方法。图 3.1 给出了质量管理流程图。

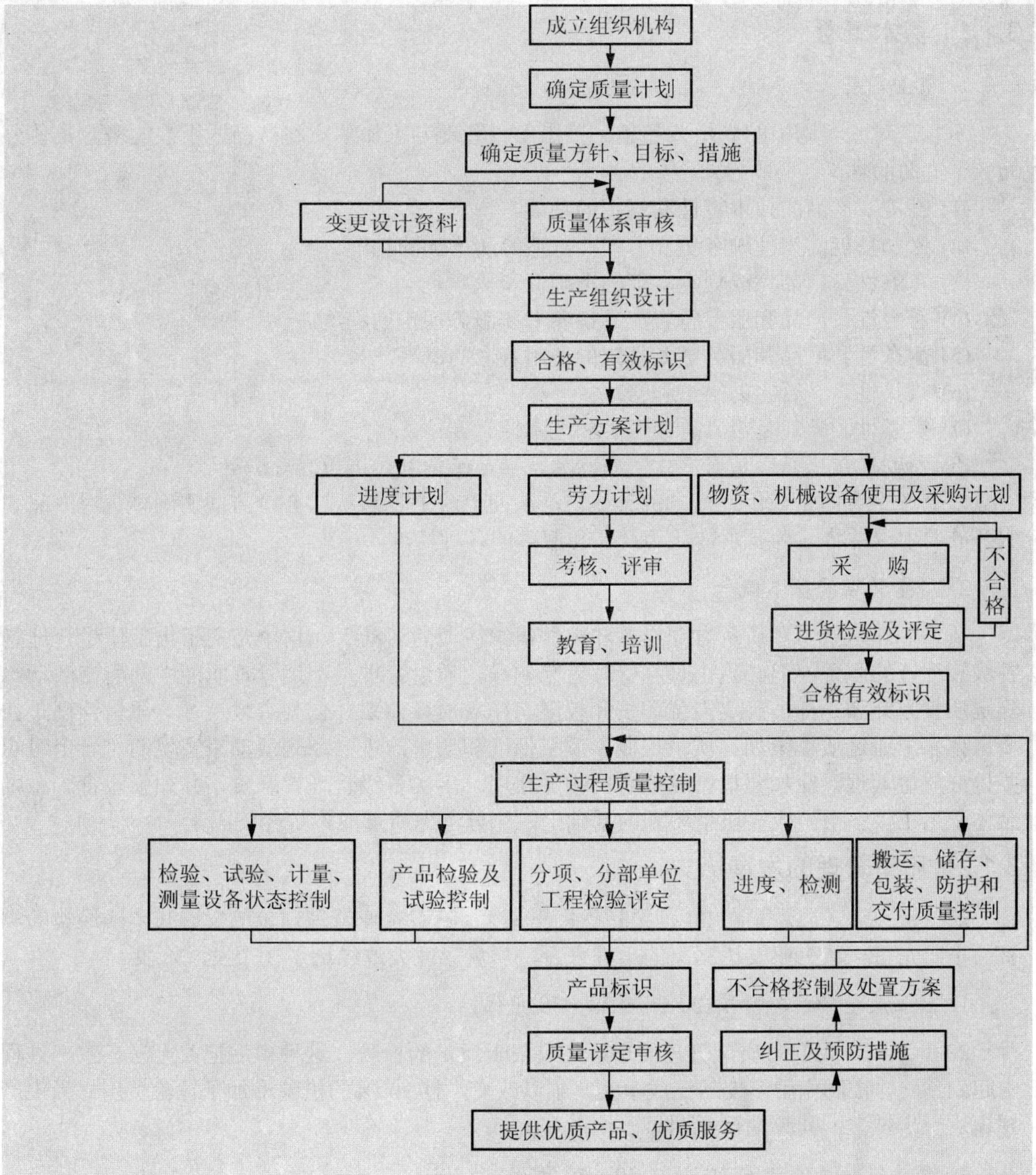

图 3.1　质量管理流程图

3.1 质量管理概述

价格、质量、品种、服务及时间是决定市场竞争成败的几个关键要素，质量是赢得顾客的必要条件。著名质量管理专家朱兰说过：“如果 20 世纪将以生产率的世纪载入史册，那么，21 世纪将是质量的世纪。”企业产品和服务的质量不能满足顾客要求，就不能在市场上实现其价值，就是一种无效的劳动。

3.1.1 基本概念

1. 质量的定义

质量是对顾客期望的满足或超越。美国质量管理专家加尔文将产品适用性的概念具体分为 8 个方面的含义。

(1) 性能。产品的技术特性和规定的功能。

(2) 附加功能。为使顾客更加方便、舒适等所增加的功能。

(3) 可靠性。产品完成规定功能的准确性和概率。

(4) 符合性。产品和服务符合产品说明书和服务规定的程度。

(5) 耐久性。产品和服务达到规定的使用寿命的概率。

(6) 维护性。是否容易维护和修理。

(7) 美学性。外观是否具有吸引力和艺术性。

(8) 感受质量。是否使人产生美好联想，甚至感觉到妙不可言。

以上 8 个方面是适用性概念的具体化，从而也就更容易从这 8 个方面明确顾客对产品和服务的要求，并将这种要求转化为产品和服务的各种标准。

2. 质量管理的基本概念

质量管理是指“在质量方面指挥和控制组织协调的活动”。这个定义指出了质量管理是各级管理者的职责，但必须由最高管理者来领导。质量管理是下述管理职能中的所有活动：确定质量方针和目标，确定岗位职责和权限，建立质量体系并使其有效运行。质量管理是在质量体系中通过质量策划、质量控制、质量保证和质量改进一系列活动来实现的。一个组织要搞好质量管理，应加强最高管理者的领导作用，落实各级管理者职责，并加强教育、激励全体职工积极参与。应在质量要求的基础上，充分考虑质量成本等经济因素。

3.1.2 质量管理的发展历史

质量管理这一概念早在 20 世纪初就提出来了，随着企业管理理论的发展与实践经验的丰富而不断完善。从工业发达国家的历程来看，质量管理大致经历了 3 个发展阶段。

1. 产品质量的检验阶段(20 世纪 20～30 年代)

20 世纪初，人们对质量管理的理解还只限于质量的检验。这种事后把关无法在生产过程中起到预防、控制作用。废品已成事实，难以改变，且 100%的检验增加了检验费用。当生产规模进一步扩大，其弊端日益明显。

2. 统计质量管理阶段(20 世纪 40～50 年代)

第二次世界大战开始以后，统计质量管理才得到了广泛应用。由于战争的需要，美国军政部门随即组织一批专家和工程技术人员，在 1941—1942 年间先后制定并公布了《质量管理指南》、《数据分析用控制图》和《生产过程中质量管理控制图法》，强制生产武器弹药的厂商推行，收到了显著效果。从此，统计质量管理的方法得到很多厂商的应用，统计质量管理的效果也得到了广泛的承认。第二次世界大战后，美国许多民用企业也纷纷采用，美国以外的许多国家也都陆续推行了统计质量控制，取得了成效。但是，统计质量管理也存在着缺陷，它过分强调质量控制的统计方法，使多数人感到高不可攀、望而生畏，这种倾向阻碍了数理统计方法的推广。同时，它对质量的控制和管理只局限于制造和检验部门，忽视了其他部门工作对质量的影响。这样，就不能充分发挥各个部门和广大员工的积极性，制约了它的推广和运用。

3. 全面质量管理阶段(20世纪60年代至今)

20世纪60年代以来，大型、精密、复杂的产品出现对产品的安全性、可靠性、经济性等要求越来越高，质量问题就更为突出。要求人们运用“系统工程”的概念，把质量问题作为一个有机整体加以综合分析研究，实施全员、全过程、全面的管理。同时，由于行为科学在质量管理中的应用，其中主要内容就是重视人的作用，认为人受心理因素、生理因素和社会环境等方面的影响。因而必须发挥人的能动作用，调动人的积极性。

全面质量管理的提出符合生产发展和质量管理发展的客观要求，所以，很快被人们普遍接受，并在世界各地逐渐普及和推行。我国自1978年推行全面质量管理，经过多年实践，全面质量管理理论已比较完善，在实践上也取得了较大的成功。

3.1.3 国际质量标准

1. ISO 9000质量标准

1979年，ISO成立了ISO/TC 176技术委员会，分配给这个标准委员会的标准总编号为ISO 9000，秘书处设在加拿大。1986年，ISO发布了实施质量管理和质量保证的基本标准ISO 8402术语，1987年发布了ISO 9000质量管理和质量保证标准、选择或实施指南，ISO 9001、ISO 9002、ISO 9003——质量保证模式，ISO 9004质量管理指南。1994年，ISO标准做了重大改动，增加了许多新内容，并将改动后的1994版标准称为ISO 9000族标准。通过五六年的实践，发现1994版标准尚存若干缺陷。因此，国际标准组织于2000年12月15日正式发布ISO 9000、ISO 9001和ISO 9004国际标准。我国于2000年12月28日发布2000版9001的中文版，编号为GB/T 19001—2000。

2000版标准在管理思想上更加强调管理体系，强调过程的管理，强调接口管理，并给组织更多自由来结合实际决定文件化程序，这样有利于把注意力放在对过程的控制上，使程序更有实效。2000版更强调内部沟通，强调有效的持续改进，充分地体现信息和数据是组织进行管理的基础思想。图3.2所示为2000版ISO 9000族标准总体构成。

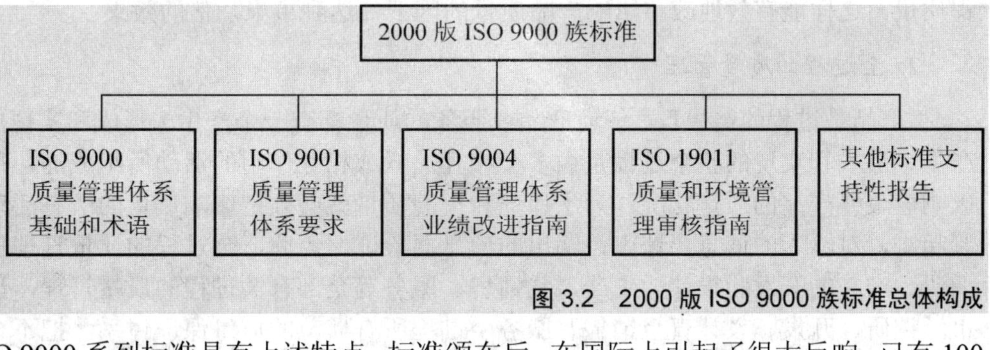

图3.2 2000版ISO 9000族标准总体构成

由于ISO 9000系列标准具有上述特点，标准颁布后，在国际上引起了很大反响。已有100多个国家将它转化为本国国家标准加以实施，我国于1988年将ISO标准等效转化为我国国家标准GB/T 19000。以ISO 9000为基础的第三方质量系认证也得到迅速发展，使得贯彻标准和获得质量体系认证成为国际市场竞争的主要手段之一，进而对产品质量的提高产生了有力的推动作用。

2. ISO 14000 标准

国际标准化组织于 1993 年 6 月成立了 ISO/TC 207 环境管理技术委员会，开展环境管理系列标准的制定工作，以规划企业和社会团体等所有组织的活动、产品和服务的环境行为，支持全球的环境保护工作。ISO 14000 系列标准是由 ISO/TC 207 组织制定的环境管理体系标准，其标准号从 14001 至 14100，共 100 个标准，统称为 ISO 14000 系列标准。它是顺应国际环境保护的发展，依据国际经济贸易发展的需要而制定的。目前正式颁布的有 5 个标准，其中 ISO 14001 是系列标准的核心标准，也是唯一可用于第三方认证的标准。

3.2 全面质量管理

费根堡姆在其《全面质量控制》一书中提出的全面质量管理的概念是：“全面质量管理是为了能够在最经济的水平上，考虑到充分满足用户要求的条件下进行市场研究、设计、生产和服务，把企业内各部门研制质量、维持质量和提高质量的活动构成为一体的一种有效体系。”

3.2.1 全面质量管理概念

目前对全面质量管理的理解，是指在全社会的推动下，企业的所有组织、所有部门和全体人员都以产品质量为核心，把专业技术、管理技术和数理统计结合起来，建立起一套科学、严密、高效的质量保证体系，控制生产全过程影响质量的因素，以优质的工作、最经济的办法，提供满足用户需要的产品(服务)的全部活动。简言之，就是全社会推动下的、企业全体人员参加的、用全面质量去保证生产全过程的质量的活动。全面质量管理的特点就在“全面”上，所谓“全面”有 4 个方面的含义。

1. 全面质量的概念

所谓全面质量，就是指既包括产品质量，又包括过程质量和工作质量。全面质量管理认为应从抓好产品质量的保证入手，用过程质量来保证产品质量，用优质的工作质量来保证过程质量，这样能有效地改善影响产品质量的因素，达到事半功倍的效果。

2. 全过程的质量管理

“产品是过程的结果”，任何产品或服务的质量都有一个产生、形成和实现的过程。质量产生、形成和实现的整个过程是由多个相互关联或相互作用的活动所组成的，每一个活动都影响着最终产品的质量状况。为了保证和提高质量就必须把影响质量的所有活动和因素都控制起来，对输入的信息要评审，输出的信息要验证。为此，全过程的质量管理包括了从市场调研、产品的开发和设计、生产，到销售、服务等全部有关过程的质量管理，形成一个包括市场调研、开发、设计直至销售、服务全过程所有环节的质量保证体系，把不合格品消灭在质量形成过程之中，做到防患于未然。

3. 全员参加的质量管理

产品质量的优劣取决于企业全体人员的工作质量水平，提高产品质量必须依靠企业全体人员的努力。企业中任何人的工作都会在一定范围和一定程度上影响产品的质量。显然，过去那种依靠少数人进行质量管理是很不得力的。因此，全面质量管理要求不论是哪个部门的人员，也不论是厂长还是普通职工，都要具备质量意识，都要承担具体的质量职能，积极关心产品质量。

4. 全社会推动的质量管理

所谓全社会推动的质量管理，指的是要使全面质量管理深入持久地开展下去，并取得好的效果，就不能把工作局限于企业内部，而需要全社会的重视，需要质量立法、认证、监督等工作，进行宏观上的控制和引导。之所以要求全社会推动，一方面是因为一个完整的产品，往往是由许多企业共同协作来完成的，仅靠企业内部的质量管理无法完全保证产品质量；另一方面，来自于全社会宏观质量活动所创造的社会环境可以激发企业提高产品质量的积极性和认识到它的必要性。例如，通过优质、优价等质量政策的制定和贯彻，以及实行质量认证、质量立法、质量监督等活动以取缔低劣产品的生产，使企业认识到，生产优质产品无论对社会和对企业都有利，而质量不过关则企业无法生存发展，从而认真对待产品质量和质量管理问题，使全面质量管理得以深入持久地开展下去。

归结起来，全面质量管理包括理念、系统和工具 3 个层次，理念层次是指导思想、是核心，系统层次保证理念的实现，工具层次保证系统功能的实行。

3.2.2 全面质量管理理念

在 2000 版 ISO 9000 标准中提出了全面质量管理的 8 项原则。

1. 以顾客为关注焦点

“组织依存于顾客。因此，组织应当理解顾客当前和未来的需求，满足顾客要求并争取超越顾客期望。”顾客是决定企业生存和发展的最重要因素，服务于顾客并满足他们的需要应该成为企业存在的前提和决策的基础。为了赢得顾客，组织必须首先深入了解和掌握顾客当前与未来的需求，在此基础上才能满足顾客要求并争取超越顾客期望。需求包含顾客明示的需求和隐含的需求，明示的需求就是顾客明确提出来的对产品或服务的要求，隐含的需求是指顾客没有明示但是必须要遵守的要求，比如说法律法规的要求，还有产品相关标准的要求。

顾客有内部和外部之分。外部的顾客可以是最终的顾客，也可以是产品的经销商或再加工者；内部的顾客是企业的下游部门和人员。内部顾客满意是外部顾客满意的基础。在企业内部要树立“下道工序是顾客”、“努力为下道工序服务”的思想。要求每道工序的质量都要经得起下道工序的检验，满足下道工序的要求。全面质量管理要“始于识别顾客的需要，终于满足顾客的需要”。

2. 领导作用

“领导者确立组织统一的宗旨及方向。他们应当创造并保持使员工能充分参与实现组织目标的内部环境。”组织的领导者必须将本组织的宗旨、方向和内部环境统一起来，积极营造一种竞争的机制，调动员工的积极性，使所有员工都能够在融洽的气氛中工作。领导者应该确立质量方针和质量目标，并号召全体员工为组织的统一宗旨和方向努力。领导的作用，即最高管理者应该具有决策和领导一个组织的关键作用。确保关注顾客要求，确保建立和实施一个有效的质量管理体系，确保提供相应的资源，并随时将组织运行的结果与目标比较，根据情况决定实现质量方针、目标的措施，决定持续改进的措施。在领导作风方面还要做到透明、务实和以身作则。

3. 全员参与

“各级人员都是组织之本，只有他们的充分参与，才能使他们的才干为组织带来收益。”产品和服务的质量是企业中所有部门和人员工作质量的直接或间接的反映。因此，组织的质量管理不仅需要最高管理者的正确领导，更需要全员参与。要实现员工参与，就要对员工授权，员工最了解生产系统中的问题，也最有办法去解决那些问题。只有员工的充分参与，才能使他们的才干为组织带来最大的收益。为了激发全体员工参与的积极性，管理者应该对职工进行质量意识、职业道德、以顾客为中心的意识和敬业精神的教育，还要通过制度化的方式激发他们的积极性和责任感。在全员参与过程中，团队合作是一种重要的方式，特别是跨部门的团队合作。

4. 过程方法

“将活动和相关的资源作为过程进行管理，可以更高效地得到期望的结果。”质量管理理论认为：任何活动都是通过“过程”实现的。一个过程的输入通常是其他过程的输出。通过分析过程、控制过程和改进过程，就能够将影响质量的所有活动和所有环节控制住，确保产品和服务的高质量。因此，在开展质量管理活动时，必须要着眼于过程，要把活动和相关的资源都作为过程进行管理，只有这样才可以更高效地得到期望的结果。

5. 管理的系统方法

“将相互关联的过程作为系统加以识别、理解和管理，有助于组织提高实现目标的有效性和效率。”开展质量管理要用系统的思路，这种思路应该体现在质量管理工作的每个方面。在建立和实施质量管理体系时尤其如此。系统思路和方法一般应该遵循以下步骤：确定顾客的需求和期望；建立组织的质量方针和目标；确定过程和职责；确定过程有效性的测量方法并用来测定现行过程的有效性；寻找改进机会，确定改进方向；实施改进；监控改进效果，评价结果；评审改进措施和确定后续措施；等等。

6. 持续改进

“持续改进总体业绩应当是组织的一个永恒目标。”质量管理的目标是顾客满意。顾客的需要在不断地提高，因此，企业必须要持续改进才能持续获得顾客的支持。另一方面，竞争的加剧使得企业的经营处于一种“逆水行舟，不进则退”的局面，这也要求企业必须不断改进才能生存。通过 PDCA 循环可以使改进得到持续不断地进行。

7. 基于事实的决策

“有效决策是建立在数据和信息分析的基础上。”为了防止决策失误，必须要以事实为基础。为此，必须要广泛收集信息，用科学的方法处理和分析数据与信息。为了确保信息的充分性，应该建立企业内、外部的信息系统。

8. 与供方互利的关系

“组织与供方是相互依存的，互利的关系可增强双方创造价值的能力。”在目前的经营环境中，企业与企业已经形成了“共生共荣”的企业生态系统。企业之间不再是短期的甚至一次性的合作，而是要致力于双方共同发展的长期合作。

3.2.3 质量体系

任何一个组织，只有依据其实际环境条件和情况，策划、建立和实施质量体系，实现体系管理，才能实现其质量方针和质量目标。

1. 质量管理体系和质量保证体系

依据质量体系的要素范围及其目的不同，可以把质量体系分成两类：一类是质量管理体系，它是由管理者推动的，是为了实施质量管理职能而在组织内部建立起来的体系；另一类是质量保证体系，它是由受益者推动，为了满足顾客(第二方)或认证机构(第三方)的质量保证要求而建立的。质量管理体系和质量保证体系之间既有十分密切的联系，也有显著的区别，在非合同环境下，组织只需要建立一个质量管理体系；在合同或认证环境下，该组织既要建立质量管理体系，又要建立一个或若干个质量保证体系。质量保证体系建立在质量管理体系的基础上，质量管理体系包容了质量保证体系。

2. 质量体系结构与要素

1) 组织结构

组织结构是一个组织为实现其职能而设置的模式，包括职责、权限和相互关系。质量体系的建立和实施，首先要组织落实。任何一个组织都应明确建立与质量体系相适应的组织机构，并明确其职责、权限及其相互关系，做到责权统一、责利相符。组织机构的设置及名称均应遵循高效、精干、分工协作、统一指挥、分级管理原则，按质量体系要素和质量职能设置，并明确其职责、权限和隶属关系。

2) 程序

程序是为完成某项活动所规定的方法。它一般均应文件化，即编制成控制质量活动过程的程序文件，具体描述各质量体系要素所涉及的活动，对这些活动进行恰当而连续的控制。

3) 过程

过程是构成质量体系的最基本单元，每个过程都包含着一定的质量活动。每项质量活动都依赖于过程，没有过程，质量体系就是一个僵死的空架。

4) 资源

资源是质量体系的运行基础，包括人员、资金、设备装置、技术、方法等。要合理配置质量体系的下列资源：①人才及其专业技能；②设计和研制设备；③生产(经营)设备；④检验、测量与试验设备；⑤仪器仪表和计算机软件。

质量体系的要素可以分成3个层次：第一层次为质量体系的核心要素，包括管理职责(即制定质量方针、确定质量目标、策划质量体系)，质量体系结构，质量体系文件，质量体系审核与评价，质量改进及质量体系的经济性等要素；第二层次是质量体系的基础要素，包括人员(培训与教育)，产品安全(即产品责任)，统计方法应用，检验、测量与试验设备控制和质量记录(即信息)等要素；第三层次是质量体系的过程要素，包括营销、规范和设计质量、采购质量、过程质量、过程控制、产品验证、不合格控制、纠正措施、生产后活动与服务等要素。

3. 质量体系文件

质量体系的建立和运行是通过质量体系文件的编制和实施来体现的。质量体系文件是实行体系管理的依据，它们可以有不同的形式和名称，但均是表述质量体系结构、质量体系运行规则及提供质量体系有效运行见证的文件的总称，其层次和名称见表 3-1。

表 3-1　质量体系文件层次结构及名称

层次	文件类别	文件名称
1	纲领性文件	质量手册
2	支持性文件	质量责任制度，通用技术与管理标准或规范(即一般程序文件)
3	操作性文件	质量计划，专用技术，管理与工作标准或规范(即专用程序文件)
4	见证性文件	质量活动原始记录，统计报表等质量记录

3.2.4　全面质量管理工具

1. PDCA 循环

在质量管理活动中，要求各项工作按照计划(Plan)、实施(Do)、检查(Check)、处理(Action)4 个阶段来进行，这一工作方法简称为 PDCA 循环。PDCA 循环是质量管理的基本工作方法，也是持续改进的方法，实际上它也是企业管理工作的一般程序。PDCA 工作方法的 4 个阶段又进一步细化为 8 个步骤。

(1) 分析现状，找出所存在的质量问题。对找到的问题要问 3 个问题——这个问题可不可以解决？这个问题可不可以与其他工作结合起来解决？这个问题能不能用最简单的方法解决而又能达到预期的效果？

(2) 找出产生问题的原因或影响因素。

(3) 找出原因(或影响因素)中的主要原因(主要影响因素)。

(4) 针对主要原因制订解决问题的措施计划。措施计划要明确采取该措施的原因 (Why)，执行该措施预期达到的目的(What)，在哪里执行措施(Where)，由谁来执行 (Who)，何时开始执行和何时完成(When)以及如何执行(How)，通常简称为 5W1H 问题。

(5) 按制订的计划认真执行。

(6) 检查措施执行的效果。

(7) 巩固提高，把措施计划执行成功的经验进行总结并整理成为标准，以巩固提高。

(8) 把本工作循环没有解决的问题或出现的新问题，提交下一工作循环去解决。

PDCA 循环有以下特点：

(1) PDCA 循环一定要顺序形成一个大圈，接着 4 个阶段不停地转。

(2) 大环套小环，互相促进。如果把整个企业的工作作为一个大的 PDCA 循环，那么各个部门、小组还有各自小的 PDCA 循环，就像一个行星轮系一样，大环带动小环，一级带一级，大环指导和推动着小环，小环又促进大环，有机地构成一个运转的体系。

(3) 循环上升。PDCA 循环不是到 A 阶段结束就算完结，而是又要回到 P 阶段开始新的循环，这样不断旋转。PDCA 循环的转动不是在原地转动，而是每转一圈都有新的计划和目标。犹如爬楼梯一样逐步上升，使质量水平不断提高。

2. TQM 使用的 7 种工具

自从 1924 年休哈特提出控制图以来，人们提出了很多种统计管理方法。质量管理常用的 7 种工具包括检查表、散点图、因果分析图、帕累托图(排列图)、流程图、直方图和控制图。日本著名的质量管理学家石川馨曾说过，企业内 95%的质量管理问题可通过企业上上下下全体人员活用这 7 种工具得到解决。

1) 检查表

检查表又称统计分析表、调查表，是用于记录数据的一种表格，是对数据进行整理和初步分析的一种工具，其格式可多种多样。通过记录工作，可使在使用数据时容易识别其模式。这种方法虽比较简单，但实用有效。

2) 散点图

散点图又称相关图，是把两个变量之间的相关关系用直角坐标系表示的图。所分析的两个变量之间的关系可以是特性与原因、特性与特性的关系，也可以是同一特性的两个原因的关系。如果两者关系紧密，那么数据点会形成一条排得紧密的带状图形。如果出现随机的形式，那么两者就是不相关的。

3) 因果分析图

因果分析图也称作石川图或鱼刺图，每根“鱼刺”代表一个可能的错误源。运作经理的分析开始于4类：材料、机械/设备、人力及方法。与每个类别相关的单个原因作为分刺画在每根主刺旁边，这些原因总是通过集体研讨过程来确定。当鱼刺图画出来后，可能的质量问题和检查点就会显露出来。

4) 帕累托图

帕累托图又称为排列图。通俗地表示，公司80%的问题是只占20%的原因导致的，帕累托图是分析和寻找影响质量主要因素的一种工具。通过对排列图的观察分析，可抓住影响质量的主要因素。

5) 流程图

流程图通过使用带有注释的方框和连接线以图形的形式来表示一个流程或系统。

6) 直方图

直方图是表示数据变化情况的一种主要工具。直方图显示了测量值的范围和每个值出现的次数。平均值和标准偏差都可以计算出来，以描述数据的分布。用直方图可以比较直观地看出产品质量特性的分布状态，可以判断工序是否处于受控状态，还可以对总体进行推断，判断其总体质量分布情况。

7) 控制图

控制图是对随时间变化的数据所作的图形描述，并且标有控制上限和下限。控制图可以对新数据与过去的数据进行比较。从生产的产品中获取一些样品，然后在控制图上画出这些样品的平均值。在产品处于生产过程中时，对过程输出进行样品检查；如果它们是在可接受的范围内，就允许继续生产。如果落在控制界限之外，过程就要中止，找出可能的原因，然后消除。

以上7种常用的质量管理工具集中体现了质量管理的“以事实和数据为基础进行判断和管理”的特点。尽管这些方法看起来都比较简单，但能够在实际工作中正确、灵活地应用并不是一件简单的事。

3.3 六西格玛质量管理

3.3.1 六西格玛质量管理的出现

在20世纪70年代，面对日本企业严峻的挑战，摩托罗拉决定在质量上进行改善。1981年，摩托罗拉要求其产品质量在5年内必须有10倍的改善。1987年，摩托罗拉提出了“六西格玛”的概念。按照统计学原理，“六西格玛”代表着质量合格率达99.9997%或以上。换句话说，每100万件产品只有3.4件次品，这是非常接近“零缺陷”的要求。“六西格玛”计划要求不断改善产品质量和服务，他们制定了目标、工具和方法来达到客户完全满意。在过程上他们提供了有经验的工程人员和顾问推行整个计划，并成为质量改善的先锋。

1984年，工程师哈瑞试图提高摩托罗拉政府类电子产品组的产品质量时，为自己设立了一个大胆的目标：他想将差错率降为3.4∶1000000，即6σ。为了实现这一飞跃，不能依赖传统方法，他发明了所谓的DMAIC(定义、测度、分析、提高、控制)项目方法，以便搞清为了大幅度降低缺陷的数量，哪些改进措施是关键的。1987年，在摩托罗拉的通信部门，6σ作为一个新的对质量进行突破性改进的方法诞生了。据统计，在《财富》所排列的200家大公司中，至少有1/4的公司正在实施六西格玛项目，说明了六西格玛的广泛应用性。

六西格玛管理法的实践证明，得到巨大的收益却不用进行固定资产投资，这种收益来自于企业内部隐藏的、未开发的潜力。成功地实施平均能使六西格玛的投资回报率达到700%。

3.3.2 什么是六西格玛

西格玛是希腊字母，在统计学上用来表示数据的分散程度。对连续可计量的质量特性，用σ度量质量特性总体上对目标值偏离程度。在20世纪70年代，如果产品达到±2σ，便达到标准。但在80年代，休哈特博士创立的“±3σ”理论作为过程质量控制的目标，这就是说，产品的合格率已达到99.73%的水平，只有0.27%为不合格。现在，很多公司已要求6σ质量管理。

六西格玛不是单纯的技术方法，而是导致企业持续改进的总的方法论，是全新的管理模式，是企业增加顾客满意和求得持续发展的战略途径。六西格玛管理不仅要达到顾客满意，而且要让顾客感到高兴。它运用持续改进的思想，以事实为依据，用数字化管理，按六西格玛的标准不断改善流程。六西格玛管理与全面质量管理的思想是一致的，但也有不同之处，TQM依靠员工、授权员工来改进。质量管理大师都以为通过质量小组、质量控制、质量保证和各级员工训练和参与，便能达到全面质量管理的效果。

3.3.3 推行六西格玛管理的好处

推行六西格玛管理首先遇到的一个疑问就是是否成本太高。质量管理大师朱兰提出质量成本曲线理论，认为质量水平应该控制在一个合理的范围内，超过一定范围，成本将大幅度上升，所谓“零缺陷”是不切实际的。朱兰的质量成本曲线理论在20世纪80年代已备受挑战。由于科技进步，各类仪器能够取代人手，发挥防止不合格品出现的作用。包括克劳斯比和田口玄一在内的质量管理专家认为，总的来说，优质产品的成本只是收益的一小部分。他们还认为，真正遭受损失的是那些在质量方面不积极改善的组织。克劳斯比就曾说过：“质量不是一件容易做到的事情，但它是免费的。耗费金钱的事情是那些与质量无关的事情——包括第一次不能达到标准在内的所有行为。”

1. 质量成本

与质量相关的成本主要有4类，称作质量成本，它们是预防成本、评定成本、内部故障成本和外部故障成本。以上的前3种成本可以合理地进行预计，但是外部故障成本很难量化。

1) 预防成本

预防产生故障和不合格品的费用。一般包括：①质量工作费(企业质量体系中为预防发生故障、保证和控制产品质量所需的各项费用)；②质量培训费；③质量奖励费；④质量改进措施费(制定和贯彻各项质量改进措施费用)；⑤质量评审费(新产品开发或老产品质量改进的评审费用)；⑥工资及附加费(质量管理专业人员的工资及附加费用)；⑦质量情报及信息费；等等。

2) 评定成本

为评定是否符合质量要求而进行的试验、检验和检查的费用。一般包括：①进货检验、工序检验、成品检验费用；②试验材料等费用；③检验试验设备校准维护费、折旧费及相关办公费用；④工资及附加费(专职检验、计量人员的工资及附加费用)。

3) 内部故障成本

交货前因产品未能满足质量要求所造成的损失。一般包括：①废品损失；②返工、返修损失；③复检费用；④因质量问题而造成的停工损失；⑤质量事故处置费用；⑥质量下降等降级损失；等等。

4) 外部故障成本

交货后因产品未能满足质量要求所发生的费用。一般包括：①索赔损失；②退货或退换损失；③保修费用；④诉讼费用损失；⑤降价处理损失；等等。

2. 田口玄一的质量观点

大多数质量问题都是由粗劣的产品设计和流程设计带来的。针对产品和流程质量改进，田口玄一提供了 3 个概念：质量稳健性、质量损失函数和目标导向的质量。

质量稳健产品是指在不利的生产条件和环境下仍可以稳定生产的产品。田口玄一的观点是消除不利条件的结果而不是消除原因，因为消除结果比消除原因花费的成本总是低一些，而且在生产稳健产品方面总是更加有效的。在这种方式下，材料和过程的微小改变不会破坏产品质量。

传统的质量观点是符合性导向的，只要产品质量参数落在公差范围内就是好产品，就像足球射门，不管是从球门正中间射入还是从靠近边框处射入，只要射进去就算进球。认为在规格限以外的质量造成的损失都是一样的。由于传统的质量观点接受所有处于公差范围内的产品，就会生产出许多偏离目标值的产品。目标导向的质量管理试图使产品质量参数达到目标值，生产的产品接近目标值的也就越多。目标导向的质量管理追求零缺陷，以使产品质量达到目标。

质量损失函数(Quality Loss Function，QLF)考虑了所有与低劣质量相关的成本，表明质量与用户期望相差越大时，成本增长也就越快。这个损失函数表示由于绩效差而给企业、用户和社会带来的所有损失。质量越靠近目标值，损失越小，产品就越令人满意；产品偏离目标值越远，损失就越严重。

3. 六西格玛管理带来的回报

成功的六西格玛管理为企业带来的是实实在在的经济效益。这一点已为摩托罗拉、联想、GE 等企业的实践所证明了。根据 GE 公司 2000 年度的报告：1999 年 GE 公司的利润为 107 亿美元，比 1998 年增长了 15%，其中，实施六西格玛而获得的收益达到了 30 亿美元。

在六西格玛管理中常常用到“不良质量成本损失(Cost of Poor Quality，COPQ)”这样的术语，它是指由于质量不良而造成的成本损失，或者说是由于没有“第一次就把事情做对、做好”而额外付出的成本。由于质量不良而造成的成本损失是十分惊人的，据估计，对于 3～4 西格玛水平的企业来说，COPQ 可占到销售额的 15%～25%，而六西格玛企业的 COPQ 仅占销售额的 1.5%左右。GE 公司认为，该公司从 3～4 西格玛水平提高到六西格玛水平，其减少的 COPQ 可达 80 亿～120 亿美元/年。

3.4 质量检验

在产品质量形成的全过程中，必须对所有影响质量的活动进行控制，而各种形式的检验活动正是这种控制必不可少的条件。ISO 9000：2000 中关于检验的定义是“通过观察和判断，适当结合测量、试验所进行的符合性评价”。检验包括 4 个基本要素：度量、比较、判断和处理。

3.4.1 质量检验的方式

可以按照不同的特征对质量检验的方式进行分类，以下是几种常见的分类方法。

(1) 按照检验的数量特征分为全数检验和抽样检验。全数检验就是对待检产品 100%逐一地进行检验，又称全面检验或 100%检验。全数检验存在如下一些缺点和局限性：

① 检验工作量大、周期长、成本高，占用检验人员和检验设备多，不能适应现代化生产的速度。

② 由于受检数量多、人力有限，常常导致受检个体检验标准的降低，反而降低了检验工作的质量保证程度。

③ 由于错检和漏检的不可避免，全数检验的结果并不像人们想象中的那么可靠。

④ 不适用于破坏性检验或检验费用昂贵的项目。

⑤ 对批量大、价值低、出现不合格品不会引起严重后果的产品，全数检验在经济上得不偿失。

全数检验常用于下述场合：①精度要求较高的产品和零部件；②对后续工序影响较大的质量项目；③质量不太稳定的工序；④需要对不合格交验批进行 100%重检及筛选的场合。

抽样检验是按照预先设计的抽样方案，从待检总体(一批产品、一个生产过程等)取得一个随机样本，对样本中每一个体逐一进行检验，获得质量特性值的样本统计值，并和相应的标准比较，从而对总体质量作出判断(接收或拒收、受控或失控等)。全数检验的缺点或局限恰恰是抽样检验的优点或长处。抽样检验的缺点主要表现在：抽样检验的结论是对一批产品，在被判为合格的一批产品中，会混杂一些不合格品；在被判为不合格的一批产品中，也会有相当多的合格品，即存在弃真错误和取伪错误。虽然运用数理统计原理精心设计抽样方案可以减少和控制错判风险，但不可能完全避免。在全数检验不必要、不经济，或无法实施的场合，可以采用抽样检验。

(2) 按照检验的质量特性值的特征分为计数检验和计量检验。计数检验将检查项目区分为合格或不合格，它并不确定不合格的程度。计量检验测量如质量、速度、高度或强度特性，以确定检查项目是否在可接收的范围内。计量检验适用于质量特性值为计量值的场合。

(3) 按照检验方法的特征分为理化检验和感官检验。理化检验是应用物理或者化学的方法，依靠量具、仪器及设备装置对受检物进行检验，测得检验项目的具体数值。理化检验精度高、人为误差小。感官检验就是依靠人的感觉器官对质量特性或特征作出评判。对产品的形状、颜色、气味、伤痕、污损、锈蚀和老化程度等，往往要靠人的感官来进行检查和评价。感官质量的判定基准不易用数值表达，在把感觉数量化及比较判断时，也常受人的“个性及状态”的影响。因此，感官检验的结果往往与检验人员的经验有关，有较大的波动性。由于目前理化检验技术发展的局限性以及质量检验问题的多样性，感官检验仍然是质量检验方式的一种选择或补充。

(4) 按检验对象受检后的状态特征分为破坏性检验和非破坏性检验。经过破坏性检验，受检物的完整性遭到破坏，不再具有原来的使用功能。随着检验技术的发展，破坏性检验日益减少，非破坏性检验的使用范围在不断扩大。破坏性检验只能采用抽检方式。

(5) 按检验实施的位置特征分为固定检验和流动检验。固定检验就是集中检验，是在生产单位设立固定的检验站，各工作地上的产品加工后送到检验站集中检验。固定检验站专业化水平高，检验结果比较可靠，但需要占用生产单位的场地，易使生产工人与检验人员产生对立情绪，也可能造成送检零件的混杂。流动检验就是由检验人员直接去工作地检验。由于不受固定检验站的束缚，检验人员可以深入生产现场，及时了解生产过程的质量动态，容易和生产工人建立互相信任的合作关系，并有助于减少生产单位的在制品占用。

(6) 按检验的目的分为验收检验和监控检验。验收检验在生产全过程广泛存在，如原材料、外购件、外协件及配套件的进货检验，半成品的入库检验，产成品的出厂检验等。验收检验的目的是判断受检对象是否合格，从而作出接收或拒收的决定。监控检验也叫过程检验，目的是检验生产过程是否处于受控状态，以预防异常因素导致的不合格品的大量出现。生产过程中的各种抽样检验就是监控检验。

3.4.2 质量检验的类型

1. 购入检验

购入检验是对采购的原材料、辅料、外购件、外协件及配套件等的接收检验。为了确保外购货品的质量，进厂时的收货检验应由专职检验人员按照规定的检查内容、检查方法及检查数量进行严格的检验。购入检验有首件(批)样品检验和成批购入检验两种。

2. 过程检验

过程检验有时称为工序检验或阶段检验。过程检验的目的是在加工过程中防止出现大批不合格品，避免不合格品流入下一过程。因此，过程检验不仅要检验在制品是否达到规定的质量要求，还要检验影响质量的主要过程因素，以决定生产过程是否处于受控状态。

过程检验通常有如下 3 种形式：

(1) 首件检验。所谓首件，是指每个生产班次刚开始加工的第一个工件，或加工过程中因换人、换料、换活以及换工装、调整设备等改变过程条件后加工的第一个工件。对于大批量生产，“首件”往往是指一定数量的样品。实践证明，首件检验制度是一项尽早发现问题、防止系统性质量因素导致产品成批报废的有效措施。首件检验一般采用“三检制”的办法。首件检验后是否合格，应由专职检验人员认可打上规定的质量标记，并做好首件检验的记录。

(2) 巡回检验。要求检验人员在生产现场对制造过程进行巡回质量检验。检验人员应按照检验指导书规定的检验频次和数量进行，并做好记录。过程质量的控制点应是巡回检验的重点，检验人员应把检验结果标志在过程控制图上。

(3) 末件检验。末件检验是指主要靠模具、工装保证质量的零件加工场合，当批量加工完成后，对最后的一件或几件进行检查验证的活动。末件检验的主要目的是为下批生产作好生产技术准备，保证下批生产时能有较好的生产技术状态。

3. 完工检验

完工检验又称最终检验，是全面考核半成品或成品质量是否满足设计规范标准的重要手段。由于完工检验是供方验证产品是否符合顾客要求的最后一次机会，所以是供方质量保证活动的重要内容。

完工检验必须严格按照程序和规程进行，严格禁止不合格零件投入装配。只有在程序中规定的各项活动已经圆满完成，以及有关数据和文件齐备后，产品才能准许发出。

完工检验可能需要模拟产品的用户使用条件和运行方式。在有合同要求时，经由用户及用户指定的第三方一起对产品进行验收。必要时，供方应向用户提供有关质量记录。成品质量的完工检验有两种，即成品验收检验和成品质量审核，需有用户的参与并得到用户的最终认可。

知识拓展

6σ管理的人员组织结构

6σ管理需要一套合理、高效的人员组织结构来保证改进活动得以顺利实现。在过去，之所以有 80%的全面质量管理(Total Quality Management，TQM)实施者失败，最大原因就是缺少这样一个人员组织结构。

1. 6σ管理委员会

6σ管理委员会是企业实施6σ管理的最高领导机构。该委员会主要成员由公司领导层成员担任，其主要职责是：设立 6σ管理初始阶段的各种职位；确定具体的改进项目及改进次序，分配资源；定期评估各项目的进展情况，并对其进行指导；当各项目小组遇到困难或障碍时，帮助他们排忧解难；等等。

成功的6σ管理有一个共同的特点，就是企业领导者的全力支持。6σ管理的成功在于从上到下坚定不移地贯彻。企业领导者必须深入了解 6σ管理对于企业的利益以及实施项目所要达到的目标，从而使他们对变革充满信心，并在企业内倡导一种旨在不断改进的变革氛围。

2. 执行负责人

6σ管理的执行负责人由一位副总裁以上的高层领导担任。这是一个至关重要的职位，要求具有较强的综合协调能力的人才能胜任。其具体职责是：为项目设定目标、方向和范围；协调项目所需资源；处理各项目小组之间的重叠和纠纷，加强项目小组之间的沟通；等等。

3. 黑带

黑带(Black Belt)来源于军事术语，指那些具有精湛技艺和本领的人。黑带是6σ变革的中坚力量。对黑带的认证通常由外部咨询公司配合公司内部有关部门来完成。黑带由企业内部选拔出来，全职实施6σ管理，在接受培训取得认证之后，被授予黑带称号，担任项目小组负责人，领导项目小组实施流程变革，同时负责培训绿带。黑带的候选人应该具备大学数学和定量分析方面的知识基础，需要具有较为丰富的工作经验。他们必须完成 160 小时的理论培训，由黑带大师一对一地进行项目训练和指导。经过培训的黑带应能够熟练地操作计算机，至少掌握一项先进的统计学软件。那些成功实施6σ管理的公司，大约只有 1%的员工被培训为黑带。

4. 黑带大师

这是 6σ管理专家的最高级别，其一般是统计方面的专家，负责在 6σ管理中提供技术指导。他们必须熟悉所有黑带所掌握的知识，深刻理解那些以统计学方法为基础的管理理论和数学计算方法，能够确保黑带在实施应用过程中的正确性。统计学方面的培训必须由黑带大师来主持。黑带大师的人数很少，只有黑带的 1/10。

5. 绿带

绿带(Green Belt)的工作是兼职的，他们经过培训后，将负责一些难度较小的项目小组，或成为其他项目小组的成员。绿带培训一般要结合 6σ具体项目进行 5 天左右的课堂专业学习，包括项目管理、质量管理工具、质量控制工具、解决问题的方法和信息数据分析等。一般情况下，由黑带负责确定绿带培训内容，并在培训之中和之后给予协助和监督。

思考题

1. 质量有哪几种定义？它们之间的联系和区别是什么？
2. 什么是全面质量管理？它有哪些特点？
3. 全面质量管理使用的7种工具是什么？
4. 什么是PDCA循环？它都有哪些特点？PDCA循环的应用有哪些步骤？
5. 质量管理发展的各个阶段都有哪些特点？
6. ISO 9000系列标准的意义及其重要作用是什么？
7. 六西格玛质量管理的意义和作用何在？
8. 六西格玛质量管理是否导致成本大幅度上升？
9. 克劳斯比认为“质量是免费的”，你如何理解？
10. 结合企业实际，列举质量检验有哪些方式和类型。

实训与考核

实训项目：

查找近期杂志或报纸上刊登的有关当前企业质量管理的文章，进行讨论。

依据所学的内容分析所查阅的材料，确定和分析其质量管理和控制方法，指出质量管理类型、质量管理内容、质量管理措施，分析存在的问题，并形成解决问题的思路。

实训考核：

对××企业质量管理分析(个人或小组项目)，以报告的形式进行整理介绍。

(1) ××公司的质量管理体系有何特点？

(2) ××公司是从哪些方面来保证质量的？

(3) 全员素质的提高对保证质量有何意义？

考核要素	评价标准	分值/分	评分/分				
			自评(10%)	小组(20%)	教师(50%)	专家(20%)	小计(100%)
公司质量管理概述	(1) 叙述准确，概念清晰	15					
	(2) 总结特点得当，分析透彻，表述准确	15					
公司质量管理的措施分析	分析内容得当、全面，能体现企业质量管理的实质	35					
分析存在的问题并形成解决问题的措施	能准确地分析存在的问题，并能提出切实可行的解决措施	35					
合计							
评语(主要是建议)							

第4章 统计质量控制

学习目标

(1) 学生应掌握统计过程控制的含义，了解统计过程控制的作用和特点。
(2) 掌握控制图构造的基本原理，熟悉统计控制状态的基本概念。
(3) 掌握常规统计控制图作用、类型和制作方法。
(4) 理解过程能力的含义。
(5) 理解抽样检验的概念，并能熟练应用。

工作任务描述

通过对本章知识框架的学习，学生应了解统计过程控制的基础知识，熟悉统计过程控制的发展演化过程，掌握统计过程控制的基本原理和方法。熟悉统计控制图的原理，掌握控制图的制作方法。理解过程控制的概念，能够进行过程能力分析。理解抽样检验的基本概念，并能够熟练应用。

本章任务

(1) 理解统计过程控制的概念和理念，熟悉统计过程控制的方法和工具。
(2) 按照过程控制的目的，对过程能力进行分析，并能对过程进行控制。
(3) 掌握抽样检验的相关方法，并能熟练运用。

工作任务实施

统计质量控制工作的一般步骤如下：
(1) 建立控制标准。
(2) 确定控制对象。
(3) 实施监控。
(4) 利用控制图进行判别。若不正常，及时启动异常处理程序；若正常，则进行下一步。
(5) 维持生产过程。
(6) 进行过程能力分析。
(7) 根据分析结果，对过程能力进行改善。

统计质量控制主要是指应用统计分析技术对生产过程进行实时监控，科学地区分出生产过程中产品质量的随机波动与异常波动，从而对生产过程的异常趋势提出预警，以便生产管理人员及时采取措施，消除异常，恢复过程的稳定，从而达到提高和控制质量的目的。图4.1给出了统计质量控制流程图。

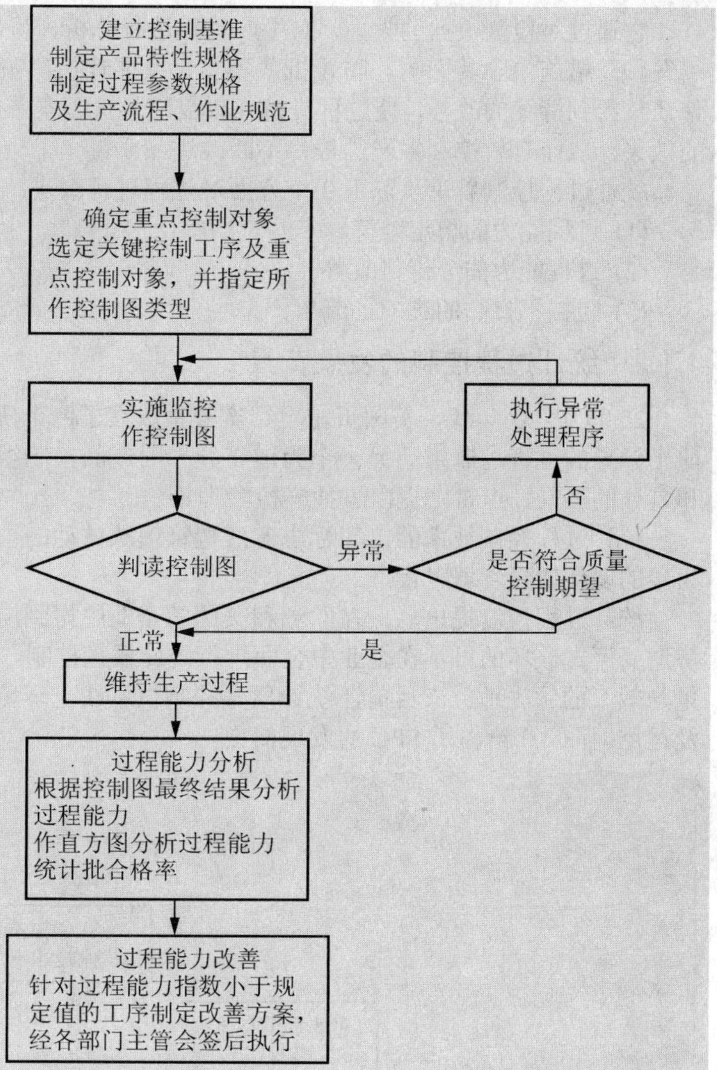

图 4.1 统计质量控制流程图

4.1 统计过程控制

从 20 世纪 30 年代休哈特提出统计质量控制原理到现在，已有 70 多年历史。戴明和朱兰在 20 世纪 40 年代和 50 年代发展了这些原理，并在实践中得到了证明，获得了极大的成功。尤其在 80 年代以后，随着西方工业社会意识到品质复兴的必要性，在戴明思想的主导下，统计过程控制的推广应用已经是现代化工业生产的代名词之一。

4.1.1 统计过程控制的概念

统计过程控制(Statistical Process Control，SPC)是一种借助数理统计方法，对过程中的各个阶段进行评估和监察，建立并保持过程处于可接受的并且稳定的水平，从而保证产品与服务质量的一种过程质量管理工具。

它通过对检测数据的收集，对生产过程进行分析评价，及时发现系统性因素出现的征兆，引发预防措施消除其影响，防止批量不良，并能评估决策者所采取的改进措施的有效性，以使质量得到持续的改善，使过程维持在仅受随机性因素影响的受控状态，以达到“事前预防”的效果，从而有效控制生产过程、不断改进品质。

统计过程控制着重从以下 3 个方面对过程进行改进：

(1) 过程能力的稳定维持。

(2) 过程能力的分析与改善。

(3) 阻挡不良品的进入、流出。

4.1.2 统计过程控制的发展背景

20 世纪 20 年代，美国贝尔电话实验室成立了两个研究质量的课题组，一个是由休哈特博士领导的过程控制组；另一个为道奇领导的产品控制组。其后休哈特提出了过程控制理论和具体的工具，道奇则提出了抽样检验理论。

统计过程控制技术的出现标志着质量管理从被动的事后检验把关阶段，发展到事前预防为主的现代质量管理时代。

统计过程控制提出后，在欧洲和美国的企业中得到广泛的采用，第二次世界大战后，经济遭受严重破坏的日本在企业中全面推行统计质量控制，经过 30 年的努力，日本跃居世界质量与效率的领先地位，目前，统计质量控制技术在全球范围内的制造企业中已得到推崇和普及运用。图 4.3 给出了 SPC 的发展简史。

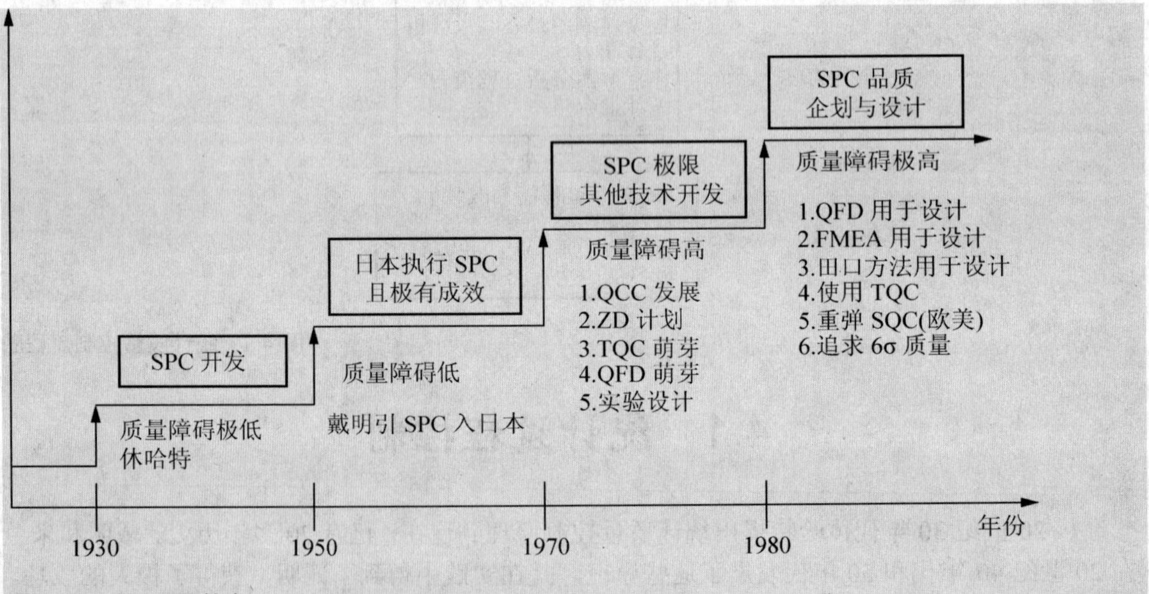

图 4.2 SPC 发展简史

4.1.3 统计质量控制的数理统计基础

1. 数据的类型

1) 计量值数据

测量结果的数据可以是连续的，也可以是不连续的数据，如长度、重量、电流和温度等。

2) 计数值数据

不能连续取值的，只能以个数计算的数为计数值数据，如不合格品数、缺陷数等。

2. 总体和样本

把所研究的对象的全体称为全及总体，也叫做母体，或简称为总体。

通常全及总体的单位数用 N 来表示，样本单位数称为样本容量，用 n 来表示。相对于 N 来说，n 则是个很小的数。它可以是总体的几十分之一乃至几万分之一。

3. 数据的特征值

数据特征值是数据分布趋势的一种度量。数据特征值可以分为两类。

集中度：平均值、中位数、众数等。

离散度：极差、平均偏差、均方根偏差、标准偏差等。

1) 表示数据集中趋势的特征值

(1) 频数。计算各个值反复出现的次数，称为频数。

(2) 算术平均值。如果产品质量有 n 个测量数据 $x_i(i=1,2,\cdots,n)$，平均值为：$\bar{x}=\dfrac{\sum x}{n}$。

如果测量数据按大小分组，则平均值为：$\bar{x}=\dfrac{\sum xf}{\sum f}$。

(3) 中位数。数据按大小顺序排列，排在中间的那个数称为中位数。用 M_e 表示。当数据总数为奇数时，最中间的数就是；当数据总数为偶数时，中位数为中间两个数据的平均值。

(4) 众数。众数是一组测量数据中出现次数(频数)最多的那个数值，一般用 M_0 表示。

2) 表示数据离散度的特征值

(1) 极差。极差是一组测量数据中的最大值和最小值之差。通常用于表示不分组数据的离散度，用符号 R 表示。

$$R=x_{\max}-x_{\min}$$

(2) 平均差。将每个数据减去平均值，并把它们的差值的绝对值相加再除以测量数据的总个数，即得到平均差，用 AD 表示。

当数据没有分组时：$AD=\dfrac{\sum|x-\bar{x}|}{n}$。

当数据为分组数据时：$AD=\dfrac{\sum|x-\bar{x}|f}{\sum f}$(注：$f$ 为各组对应的频数)。

(3) 标准差。标准差是各数据偏离平均数的距离的平均数，它是离差平方和平均后的方根，用 σ 表示。标准差是方差的算术平方根。标准差能反映一个数据集的离散程度。平均数相同的，标准差未必相同。

当数据没有分组时：$\sigma=\sqrt{\dfrac{\sum(x-\bar{x})^2}{n}}$。

当数据为分组数据时：$\sigma=\sqrt{\dfrac{\sum(x-\bar{x})^2 f}{\sum f}}$。

用标准差作为度量，通过直接比较两组数据的标准差的大小就可看出两组数据离散程度的大小。

4. 最常见的概率分布

连续随机变量最重要的分布——正态分布，表达形式为

$$f(x)=\frac{1}{\sigma\sqrt{2\pi}}\mathrm{e}^{-(x-\mu)^2/2\sigma^2}$$

式中，μ 为总体的算术平均值；σ 为总体的标准偏差。

如果令 $Z=(x-\mu)/\sigma$，那么可以得到正态密度函数标准化形式为

$$f(Z)=\frac{1}{\sqrt{2\pi}}\mathrm{e}-\frac{Z^2}{2}$$

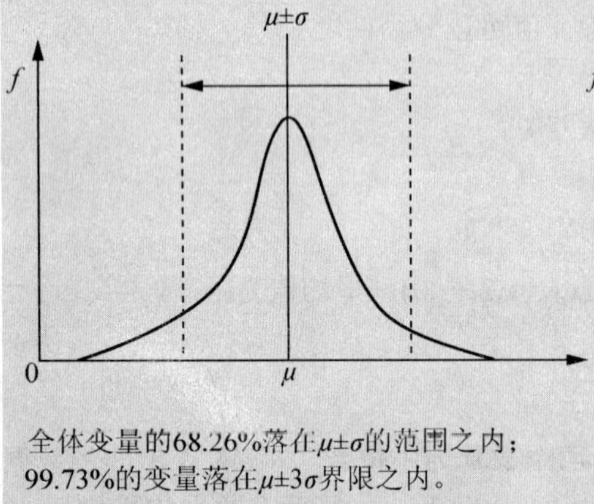

图 4.3　μ 与 σ 间的关系

4.1.4　统计过程控制图

控制图于 1924 年由美国贝尔电话研究室的休哈特创立，后来由戴明博士在美国和日本广为推行。由于它操作简单、效果明显、便于掌握，因此逐渐成为质量管理的重要工具。

控制图是画有控制界限的一种图表，其基本形式如图 4.4 所示。

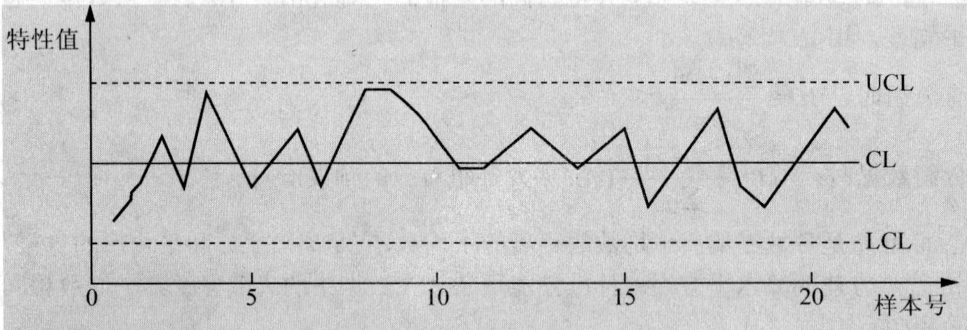

图 4.4　控制图的一般图示

假定产品的质量标准为 μ，如果只在往随机性原因影响，不发生系统性偏差，则随机抽取一件产品。其质量特征 x 应该满足

$$x_i\sim N(\mu,\sigma^2),i=1,2,\cdots,n$$

根据正态分布原理：$\mu-3\sigma\leqslant x_i\leqslant\mu+3\sigma$ 的概率为 99.73%，这就是说，如果生产过程是正常进行的，不存在系统性原因影响，那么产品质量的观察值超出 $[\mu-3\sigma,\mu+3\sigma]$ 范围的可能性不到 1%，是一个小概率事件。小概率事件由于发生的可能性较小，通常在少数试验中是不可能出现的，一旦出现了，就有理由认为生产过程有系统性原因在起作用。据此，可以确

定出控制图的管理界线，其中，质量标准μ为中心线(CL)；$\mu+3\sigma$为控制上限(UCL)；$\mu-3\sigma$为控制下限(LCL)。

控制图是用来区分质量波动是由偶然因素还是系统因素引起的，从而判明过程是否处于统计控制状态的一种工具。使用控制图时，将特征统计量的一系列观察值依次标在图上。若这些点全部落在上、下控制限内，而且点的排列没有什么缺陷(如同侧链、周期、靠近控制限等)，则判断过程处于统计控制状态；否则认为过程异常，须查明原因，加以消除。

为控制过程处于稳定状态，人们希望能及时掌握并控制总体的分布情况，即控制总体的参数μ和σ。但μ和σ总体的值，只有等到全部零件加工出来以后才能知道，另外，一些产品经过测量就不能用了(如保险丝的熔断时间、零件的抗拉极限、小孔表面的光洁度检查等)，因此，在生产过程中直接控制总体的μ和σ值往往是不可能的。解决这一问题的办法是从总体中抽取样本，根据样本的检查结果，运用统计量来推断总体的分布状态，进而判断过程是否处于稳定状态。

控制图的作用和价值：第一，过程控制，计量值控制图可以用来查明过程中心的变化或过程变异，进而采取纠正措施，以保持或恢复过程的稳定性；第二，过程能力分析，若过程处于稳定状态，可用控制图中的数据估计过程能力；第三，测量系统分析，结合反映测量系统固有变异的控制限，显示测量系统是否有查明过程或产品的变异的能力，用于监控测量过程；第四，因果分析，通过控制图形态与过程事件间的相关性，有助于判断并查明变异的根本性原因，并策划有效的纠正措施；第五，持续改进，可用于监控并识别过程变差，以及可减少变差的原因。

为有效地使用和解释控制图以及了解过程变差来源，科学地抽取过程样本是重要的关键。一般采用整群抽样的办法，这样做的目的是要保证组内仅有偶然原因的影响，而不会存在异常原因的影响，而异常原因的影响应体现在组与组之间的差异上。短期过程因不能提供足够的数据，故难以建立适宜的控制限，在这种情况下不宜建立和使用控制图。应用控制图会出现两种错误。第Ⅰ类错误(弃真)：将正常判为不正常，即过程未发生变化时判为发生了变化；第Ⅱ类错误(纳伪)：将不正常判为正常，即过程已发生变化时而判为未发生变化。孤立地看，哪种错误都可以避免。加宽控制限，可使犯第Ⅰ类错误的可能性减小；紧缩控制限，可使犯第Ⅱ类错误的可能性减小，但同时避免两种错误却是不可能的。

控制图的种类很多，下面按计量值、计数值控制图来说明统计控制图的做法。

1. 计量值控制图

这些控制图主要用于质量特征是长度、重量、强度、密度、纯度、时间等计量值的情况。各种计量值控制图在应用条件和选择的统计量上有所区别，表 4-1 列出了各种控制图的适用场合、特点及其各种统计量。

表 4-1 计量值控制图

控制图		中心线	上、下控制界限	特　点	适用场合
$\bar{x}-R$ 图	$\bar{x}$ 图	$\bar{\bar{x}}$	$\bar{\bar{x}}\pm A_2\bar{R}$	理论根据充分，检出能力比较强	大批量生产
	R 图	$\bar{R}$	$D_4\bar{R},D_3\bar{R}$		
$\bar{x}-S$ 图	$\bar{x}$ 图	$\bar{\bar{x}}$	$\bar{\bar{x}}\pm A_3\bar{S}$	类似于$\bar{x}-R$图，当$n\geqslant15$时，对于质量变动更敏感，但计算要复杂些	大批量生产
	S 图	$\bar{S}$	$B_4\bar{S},B_3\bar{S}$		

续表

控制图		中心线	上、下控制界限	特　　点	适用场合
$\tilde{x}-R$ 图	$\bar{x}$ 图	$\bar{\tilde{x}}$	$\bar{\tilde{x}} \pm m_3A_2\bar{R}$	计算简单，便于普及推广，但检出能力较 $\bar{x}-R$ 图差	大批量生产
	R 图	$\bar{R}$	$D_4\bar{R}, D_3\bar{R}$		
$x-R_S$ 图	x 图	$\bar{x}$	$\bar{x} \pm E_2\bar{R}_S$	不必对数据进行分组，简便省事，但误判可能性较大	小批量生产；批量较大，但想及时发现估计不到的原因；加工时间长，测量费用高的产品
	R_S 图	$\bar{R}_S$	$D_4\bar{R}_S, D_3\bar{R}_S$		

上述符号的意义及计算公式如下：

(1) $\bar{\bar{x}}$：总平均值。$\bar{\bar{x}}=\frac{1}{k}\sum_{i=1}^{k}\bar{x}_i$，$\bar{x}_i$ 为第 i 组样本的平均值。

(2) $\bar{R}$：极差平均值。$\bar{R}=\frac{1}{k}\sum_{i=1}^{k}R_i$，$R_i$ 为第 i 组样本的极差。

(3) $\bar{S}$：标准差平均值。$\bar{S}=\frac{1}{k}\sum_{i=1}^{k}S_i$，$S_i^2=\frac{1}{n-1}\sum_{j=1}^{n}(x_{ij}-\bar{x}_i)^2$，$S_i$ 是第 i 组样本的标准差。

(4) $\bar{\tilde{x}}$：中位数的平均值。$\bar{\tilde{x}}=\frac{1}{k}\sum_{i=1}^{k}\tilde{x}_i$，$\tilde{x}$ 为第 i 组样本的中位数。

(5) $\bar{x}$：$x-\bar{R}_S$ 图中的特征量 x 的平均值，$\bar{x}=\frac{1}{k}\sum_{i=1}^{k}x_i$，$k$ 为累积抽样的个数。

(6) $\bar{R}_S$：移动极差的平均值。$\bar{R}_S=\frac{1}{k-1}\sum_{i=2}^{k}R_{Si}$，$R_{Si}=|x_i-x_{i-1}|$。

其他均是与样本大小有关的系数，可以在控制图系数表中查到。

2. 计数值控制图

常用的计数值控制图有：不合格品率控制图(p 图)、不合格品数控制图(pn 图)、单位缺陷数控制图(u 图)和缺陷数控制图(c 图)。这些图不要求质量特征值 X 近似服从正态分布，但计数值一般服从二项分布。当质量特征难以计量测定，或者考察质量着眼于不合格品或缺陷时，宜采用计数值控制图。计数值控制图当然不像计量值控制图那么精密，但也有其长处，即比较省事，且可采用现成的统计资料。表 4-2 列出了各种计数值控制图的适用场合、特点及其各种统计量。

表 4-2　各种计数值控制图

控制图	中心线	上、下控制界限	特　　点	适用场合
p 图	$\bar{p}$	$p \pm 3\sqrt{\frac{\bar{p}(1-\bar{p})}{n_i}}$	n_i 不全相等，控制界限不是定值，随 n_i 不同而不同	只关注产品是否合格，且样本大小 n 不固定时
pn 图	$\bar{p}n$	$\bar{p}n \pm 3\sqrt{\bar{p}n(1-\bar{p})}$	n_i 全相等，控制界限是定值	仅关注产品是否合格，且样本大小固定时
c 图	$\bar{c}$	$\bar{c} \pm 3\sqrt{\bar{c}}$	样本单位数固定，控制界限是定值	仅关注产品的缺陷数，且样本单位数固定
u 图	$\bar{u}$	$\bar{u} \pm 3\sqrt{\frac{\bar{u}}{n_i}}$	n_i 不全相等，控制界限不是定值，随 n_i 不同而不同	仅关注产品的缺陷数，且样本单位数不固定

3. 控制图的观察分析

控制图是按 3σ 原则构造的，其犯第Ⅰ类错误的概率 α=0.27%，这就是说当过程处于控制状态时，仍有0.27%的极小可能使测量数字的点跑到控制界限以外。由于 α 值取得比较小，则犯第Ⅱ类错误的概率 β 就较大，这就是说当过程稍有变化时，测量数据的相应点也可能不会越出控制界限。为此，对控制图有如下判断原则，判断过程是否处于稳定的控制状态，必须同时满足下列两个条件：

(1) 控制图上的点全都在控制界限以内，即没有点出界。

(2) 界限内的点排列正常。

1) 界限外的判断

关于第一个条件，因为用少量数据作控制图容易产生错误判断，所以规定至少在下述情况下才可以认为过程处于控制状态。

(1) 连续25点以上处于控制界限内。

(2) 连续35点仅有1点超出控制界限。

(3) 连续100点中不多于两点超出控制界限。

2) 界限内的判断

在稳定的控制状态下，点是在界限内随机波动的，没有特别明显的规律性和顺序性，且多数点在中心线附近，只有少数点散落在控制界限附近。界限内的点如有下列情形，就不能判断过程为控制状态。

(1) 多数点处于中心线的一侧：一系列点连续出现在中心线一侧时，这种现象称为“链”，链的长度用链内所含点的数量来衡量，如图4.5所示。

① 出现5点链时，应注意过程的变化；出现6点链时，应开始调查原因；出现7点链时，判断过程为异常，需采取措施。

② 连续11点中至少有10点位于同侧，或连续14点至少有12点位于同侧，或连续17点至少有14点位于同侧，或连续20点至少有16点位于同侧，判断过程为异常。

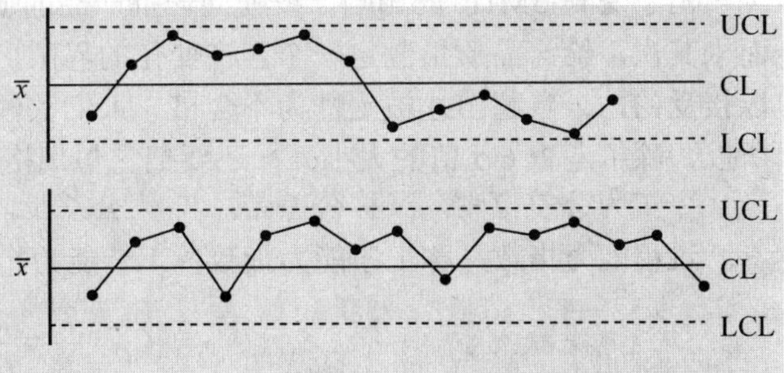

图4.5 异常过程示意图

(2) 上升(或下降)趋势：连续7点上升(或下降)时，应判断过程异常，如图4.6所示。

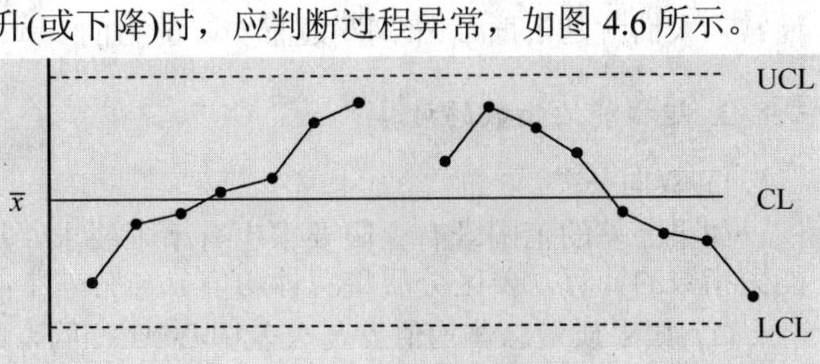

图4.6 上升、下降趋势示意图

(3) 点出现在控制界限附近：在中心线与控制线间作三等分线，若在最外侧的 1/3 带形区域内存在下列情况之一，即可判定过程异常。

① 连续 3 点中有两点处于此带内。

② 连续 7 点至少有 3 点处于此带内。

③ 连续 10 点至少有 4 点处于此带内。

(4) 点的排列显示周期趋势：当点的排列显示周期性时，有必要调查是否存在异常原因。

4.2 过程能力

产品是生产制造出来的，与其质量直接有关的是生产过程，过程稳定是产品质量的保证。过程是 5M1E 因素同时起作用的结果，显然随着影响质量因素的变化，过程也经常不断地发生波动。过程波动主要反映出生产过程的稳定与否，但这种波动最终体现在质量波动上，因此需要通过质量变异的分析来刻画。过程能力是指过程在一定时间内处于统计控制状态下的实际加工能力。过程处于控制状态是指：①原材料或半成品按照标准要求供应；②过程按作业标准实施并应在影响过程质量各主要因素无异常的条件下进行；③过程完成后，产品检测按标准要求进行。

在稳定的生产状态下，影响过程能力的偶然因素近似地服从正态分布，为便于过程能力的量化，用 3σ 原理来确定其分布范围：由于分布范围取 $\mu\pm3\sigma$ 时，产品质量合格的概率可达 99.73%，因此用 6σ 为标准来衡量过程的能力是具有足够的精确度和良好的经济特性的。实际计算中记过程能力为 B，则 $B=6\sigma$。

4.2.1 过程能力指数

1. 过程能力指数的定义

由于受到 5M1E 的影响，要使同一批产品的质量特性完全一样根本做不到，于是人们转而求其次，给产品质量制定一个容许变化的界限，只要质量特性在这个范围之内波动都是可以接受的，一旦超出才被定性为不合格。人们关注的是有没有不符合规格标准的产品出现，所以，除了考查 6σ 值的大小外，还要把它与规格容许变化的范围(即公差)进行比较。

令 T 为公差范围，又称公差带，T_U 为公差上限，T_L 为公差下限，$T=T_U-T_L$

过程能力指数又称工序能力指数、工艺能力指数，用 C_p 表示，定义为

$$C_p=\frac{T}{B}=\frac{T}{6\sigma}$$

显然，过程能力指数是产品质量规定的变化范围与产品质量实际变化范围相比较的结果。通常，人们就是依据 C_p 来判断过程实际能力的。

2. 过程能力指数的计算

1) 双向公差

如果公差的范围既有上限要求也有下限要求，这就是双向公差问题。对于双向公差过程能力指数的计算，要区分质量总体均值 μ 与公差中心 M 是否相等两种情况。

(1) 如果质量总体均值 μ 与公差中心 M 相同，即 $\mu=M$，可以直接运用公式计算过程能力指数。但有两点需要注意：

① σ 是总体质量离散性指标，事先需要用样本资料进行估计。

② 如何判断 μ 是否等于 M，由于 μ 是总体质量均值，也是不知道的，故只能根据样本均值 $\bar{x}$ 与 M 的比较来确定。

【例 4-1】 某零件内径尺寸公差为 $\phi 50^{+0.040}_{-0.020}$，从加工这种零件的生产线上抽取了 200 个做检查，得到 $\bar{x}=50.010$，$s=0.008$，试计算工序能力指数 C_p。

解：由给定的资料，公差中心为

$$M=\frac{T_U+T_L}{2}=\frac{(50+0.040)+(50-0.020)}{2}=50.010$$

由于 $\hat{\mu}=\bar{x}=50.010=M$，可以直接利用公式进行计算，得到

$$C_p=\frac{T}{6\sigma}=\frac{T_U-T_L}{6s}=\frac{(50+0.040)-(50-0.020)}{6\times 0.008}=1.250$$

(2) $\mu \neq M$。按道理，当质量特征均值与公差中心要求不相符时应该调整过程，如果是系统性原因造成的，首先应重点加以消除。但有的时候 μ 与 M 的差别很小不值得调整，或者调整过程困难较大，这时也可以计算过程能力指数。计算的公式为

$$C_p=C_p'(1-k)$$

其中，k 和 C_p' 确定的方法是

$$k=\frac{2|M-\mu|}{T}=\frac{2|M-\bar{x}|}{T};\quad C_p'=\frac{T}{6\sigma}=\frac{T_U-T_L}{6s}$$

【例 4-2】 某零件内径尺寸公差为 $\phi 50^{+0.040}_{-0.020}$，从加工这种零件的生产线上抽取了 200 个做检查，得到 $\bar{x}=50.017$，$s=0.008$，试计算过程能力指数 C_p。

解：由给定的资料，公差中心为

$$M=\frac{T_U+T_L}{2}=\frac{(50+0.040)+(50-0.020)}{2}=50.010$$

由于 $\hat{\mu}=\bar{x}=50.017\neq M$，所以先计算 k，

$$k=\frac{2|M-\mu|}{T}=\frac{2|M-\bar{x}|}{T}=\frac{2\times|50.010-50.017|}{(50+0.040)-(50-0.020)}\approx 0.233$$

再计算 C_p，

$$C_p=C_p'(1-k)=1.250\times(1-0.233)\approx 0.959$$

2) 单向公差

仅仅规定了上限或下限的公差，称为单向公差。如电子产品要求使用寿命不能低于多少小时，成品的杂质率不能超过一定的百分比等。

单向公差的过程能力指数的计算公式可由双向公差的过程公式引申而来，具体计算方法是

$$C_p=\frac{T}{6\sigma}=\frac{(T_U-\mu)+(\mu-T_L)}{6\sigma}=\frac{T_U-\mu}{6\sigma}+\frac{\mu-T_L}{6\sigma}$$

由正态分布的对称性，应有 $T_U-\mu=\mu-T_L$；并用 $\bar{x}$ 替代 μ，用 s 替代 σ。

所以，对于只有公差上限的，$C_p=2\times\frac{T_U-\mu}{6\sigma}=\frac{T_U-\mu}{3\sigma}=\frac{T_U-\bar{x}}{3s}$

对于只有公差下限的，$C_p=2\times\frac{\mu-T_L}{6\sigma}=\frac{\mu-T_L}{3\sigma}=\frac{\bar{x}-T_L}{3s}$。

【例 4-3】 在流水线上抽取样本容量为 100 的样本 20 个，测得不合格品有 80 个，当允许

样本不合格品数 $(np)_\mu=10$，试计算过程能力指数 C_p。

解：首先计算

$$\overline{p}=\frac{\sum_{i=1}^{k}(np)_i}{kn}=\frac{80}{20\times100}=0.04\text{；}\quad n\overline{p}=100\times0.04=4$$

将下限公式变形为

$$C_\mathrm{p}=\frac{\mu-T_\mathrm{L}}{3\sigma}=\frac{(np)_\mu-n\overline{p}}{3\sqrt{n\overline{p}(1-\overline{p})}}=\frac{10-4}{3\times\sqrt{4\times(1-0.4)}}\approx1.291$$

【例 4-4】 某电子元件的使用寿命其规格要求至少要达到 3000 小时，现从一批产品中随机抽取 200 件，经过实验得到 $\overline{x}$=3310，s=100，试计算过程能力指数 C_p。

解：这里仅规定了公差下限，所以

$$C_\mathrm{p}=2\times\frac{\mu-T_\mathrm{L}}{6\sigma}=\frac{\mu-T_\mathrm{L}}{3\sigma}=\frac{\overline{x}-T_\mathrm{L}}{3s}=\frac{3310-3000}{3\times100}\approx1.033$$

4.2.2 过程能力评价

过程能力对产品质量而言至关重要，过程能力大，生产过程稳定，产品质量变化就小；反之，过程能力小，过程波动程度大，出现不合格品的机会就多。可以说，过程能力折射着生产合格品的水平。

由过程能力指数的计算公式可知，过程能力的大小同 σ 的关系十分密切。σ 的值大，过程能力小，反之亦然。实践中，人们根据质量保证要求、生产费用等方面的综合考虑，给出了 C_p 的参考值：

(1) $C_\mathrm{p}>1.67$。对于普通产品而言，C_p 大于 1.67 说明加工能力过剩，为了降低费用，可以适当放宽对产品质量波动的限制。

(2) $1.33<C_\mathrm{p}\leqslant1.67$。这表明过程能力充足，一般不会出现不合格品，对非关键性的质量特性可以放宽波动的要求，日常的质量控制应该用控制图进行。

(3) $1.00<C_\mathrm{p}\leqslant1.33$。就普通产品来说，这时的过程能力尚可，但需要用控制图进行严密观察，以防出现较大的波动，特别是 C_p 接近于 1.00 时，出现不合格品的可能性非常大，应加强对 5M1E 因素的检查。

(4) $0.67<C_\mathrm{p}\leqslant1.00$。过程能力不足，应重视分析造成波动较大的原因，并采取相应的改进措施，另外，要加强产品检查力度。

(5) $C_\mathrm{p}\leqslant0.67$。$C_\mathrm{p}$ 小于 0.67，说明过程能力较差，经常出现不合格品，这时应该对过程进行大幅度的调整，对已经生产出来的产品最好进行全检。

需要指出的是，以上给出的评价标准适用于一般产品的制造过程，不能把它们理解为统一不变的模式。有些高精尖产品，过程能力指数往往要求大于 2。

4.2.3 过程能力控制图

1. 分析用控制图

分析用控制图用于分析生产过程是否处于统计控制状态。若经分析后，生产过程处于统计控制状态且满足质量要求，即工序能力达到了设定标准，则可以把分析用控制图转为控制用控制图；若经分析后，生产过程处于非统计控制状态，则应查找过程失控的异常原因，并加以消除，去掉异常数据点，重新计算中心线和控制界限线。若异常数据点比例过大，则应改进生产过程，再次收集数据，计算中心线和控制界限线；若经分析后，生产过程虽然处于统计控制状态，但不满足质量要求，则应调整生产过程的有关因素，直到满足要求方能转为控制用控制图。

2. 控制用控制图

控制用控制图由分析用控制图转化而成，它用于对生产过程进行连续监控。按照确定的抽样间隔和样本大小抽取样本，计算统计量数值并在控制图上描点，判断生产过程是否异常。控制用控制图在使用一段时间以后，应根据实际情况对中心线和控制界限线进行修改。

4.3 抽样检验

从居家过日子到国家重大经济决策都离不开抽样检验。比如说，到水果摊买橘子，于是你从一大堆橘子中抽取一个尝一尝，你尝的目的是要通过这一个橘子的质量情况来推断这一大堆橘子的质量情况。显然抽样检验的目的是：通过样本推断总体。样本是样品的集合，一个样本可由一个样品组成，也可由多个样品组成。欲达到通过样本推断总体这样的目的，要通过 3 个步骤：抽样、检验、推断。其中抽样这个步骤含有两个内容：怎么抽；抽多少。检验这个步骤与抽样检验的理论没有关系，不同的产品、不同的质量特性使用不同的检测设备，有不同的检验方法。推断即用对样本的检测结果来对总体进行推断。抽多少与怎样推断就构成了抽样方案。

4.3.1　抽样检验的由来与发展

抽样检验的研究起始于 20 世纪 20 年代，那时就开始了利用数理统计方法制定抽样检查表的研究。1944 年，道奇和罗米格合著发表了《一次和二次抽样检查表》，目前这套抽样检查表在国际上仍被广泛地应用。1974 年，ISO 发布了《计数抽样检查程序及表》(ISO 2859—1974)。

我国也在 ISO 标准同等采用基础上建立了抽样检验国家标准 GB 2828—87《逐批检查计数抽样程序及抽样表》。此外，我国于 1991 年发布了 GB/T 13262—91《不合格品率的计算标准型一次抽样检查及抽样表》(适用于孤立批的检查)等国家标准。

4.3.2　抽样检验的定义

在检验过程中，通常根据是否检验全部商品，可以分为全数检验和抽样检验两种形式。

所谓全数检验，就是对全部产品逐个地进行测定，从而判定每个产品合格与否的检验。它又称全面检验、100%检验。其处理对象是每个产品。

抽样检验不是逐个检验作为总体的检验批中的所有单位产品，是按照规定的抽样方案和程序仅其中随机抽取部分单位产品组成样本，根据对样本逐个测定的结果，并与标准比较，最后对检验批做出接收或拒收判定的一种检验方法。简言之，按照规定抽样方案，随机地从一批或一批过程中抽取少量个体进行的检验称抽样检验。

4.3.3　基本概念及术语

1. 群体与样本

群体就是被调查(或检查)的对象，或者称采取措施的对象，也常称为批，群体(批)大小常

以 N 表示，也称批量 N。

工序间、成品、进出库检验以及购入检验等经常以整批的形式交付检验的。不论是一件件的产品，还是散装料，一般都要组成批，而后提交检验。有时候，中间产品由于条件的限制不允许组成批以后再提交给下一道工序，也可采用连续抽样检验 (如每小时抽取 1 台产品进行检验)的抽样方式。

样本就是指从群体(或批)中抽取的部分个体。抽取的样本数量常以 n 表示。

2. 批的组成

构成一个批的单位产品的生产条件应尽可能相同，即应当由原、辅料相同，生产员工变动不大，生产时期大约相同等生产条件下生产的单位产品组成批。此时，批的特性值只有随机波动，不会有较大的差别。这样做主要是为了抽取样品的方便及抽样品更具有代表性，从而使抽样检验更为有效。如果有证据表明，不同的机器设备、不同的操作者或不同批次的原材料等条件的变化对产品质量有明显的影响时，应当尽可能以同一机器设备、同一操作者或同一批次的原材料所生产的产品组成批。构成批的上述各种条件通常很少能够同时满足。如果想使它们都得到满足，往往需要把批分得比较小，这样品质一致而且容易追溯。但这样做，会使检验工作量大大增加，反而不能达到抽样检验应有的经济效益。所以，除产品品质时好时坏、波动较大、必须采用较小的批以保证批的合理性外，当产品品质较稳定时(比如生产过程处于统计控制状态)，采用大批量是经济的。当然，在使用大批量时，应当考虑到仓库场地限制以及不合格批的返工等可能造成的困难。

3. 批量

一批产品中所包含的单位产品的总数叫做批量，通常用英文大写 N 表示。一批塑胶料由 1000 袋组成，可以说这批塑胶料的批量为 1000。对于 500 双袜子来讲，一个单位产品只可能是一双(对)而绝不可能是一只，批量就是 500。一批 100kg 合成纤维，如果规定每 10g 纤维为一个单位产品，那么这批产品的批量为 10000。

当从成品、半成品、零部件中抽取一部分样本加以测定分析时，决不是仅为获取抽出样品本身的信息或状况，而是要从样本的检验结果判定群体(或该批量，或该工程)的状态，以便对群体采取措施。

4. 取样及数据的信赖性

进行取样及记录数据是为了将来采取行动措施。如果取样及数据记录是不可靠的，必然导致将来采取的行动措施出现偏差或无效。

为了取样可靠，应以随机抽样为原则，也就是说取样要能反映群体的各处情况，群体中的个体被取样的机会要均等。例如，按以下方法执行，能大致符合随机抽样的精神。

(1) 物品在不断移动时，可用一定间隔抽取样本或设定时间抽取样本的方法，但一定间隔本身也要以随机规定为宜。

(2) 在已经包装好零部件的箱中取样。尽可能用上、中、下层均等取样。如纸箱是一捆捆包装的，从顶部抽样当然方便，但并不合理。

(3) 如果是流体物品，则应尽可能搅拌均匀后再取样。

(4) 按比例抽样。如果组成一个批的产品的原材料来源不同、生产日期与班组不同，有可能对产品品质有较大影响，此时应把此批产品分为若干层，按比例在各层抽检，即尽可能抽检到每批材料、每个生产日期与每个班组。

4.3.4　抽样方案分类

1. 按产品质量特性分类

(1) 计数抽样方案：单位产品质量特征值为计点值(缺陷数)或计件值(不合格品数)的抽样方案。

根据规定的要求，用计数方法衡量产品质量特性，把样本的单位产品仅区分为合格品或不合格品(计件)，或计算产品的缺陷数(计点)，据其测定结果与判定标准比较，最后对其做出接收或拒收决定的抽样方案。

(2) 计量抽样方案：单位产品质量特征值为计量值(强度、尺寸等)的抽样方案。

凡对样本中的单位产品的质量特征进行直接定量计测，并用计量值为批判定标准的抽验方案称为计量抽验方案。这类检验的优点是计算检验的信息多、判定明确，一般适用于关键特性的检验。

对一般的成批成品抽验常采用计数抽验方法；对于那些需作破坏性检验以及费用极大的项目，一般采用计量抽样方法。

2. 按抽样方案的制定原理来分类

(1) 标准型抽样方案：该方案既保护生产方利益，同时保护使用方利益，预先限制生产方风险α的大小而制定的抽样方案。

(2) 挑选型抽样方案：所谓挑选型方案，是指对经检验判为合格的批，只要替换样本中的不合格品；而对于经检验判为拒收的批，必须全检，并将所有不合格全替换成合格品。

(3) 调整型抽样方案：该类方案由一组方案(正常方案、加严方案和放宽方案)和一套转移规则组成，根据过去的检验资料及时调整方案的宽严，以控制质量波动，并刺激生产方主动、积极地不断改进质量。该类方案适用于连续批产品。图4.7所示为调整方案的转移规则示意图。

① 正常转为加严。在采用一般检查水平抽检时，如果质量变为低劣，则应由正常检验转换为加严检验。加严意味着样本大小 n 不变，但合格判定数 A 变小。

② 加严转换为正常。当采用加严方案时，如果连续5批抽检合格，则转为正常抽检。

③ 正常转为放宽。如果连续批检验发现质量稳定，则可将正常检验方案转为放宽方案。

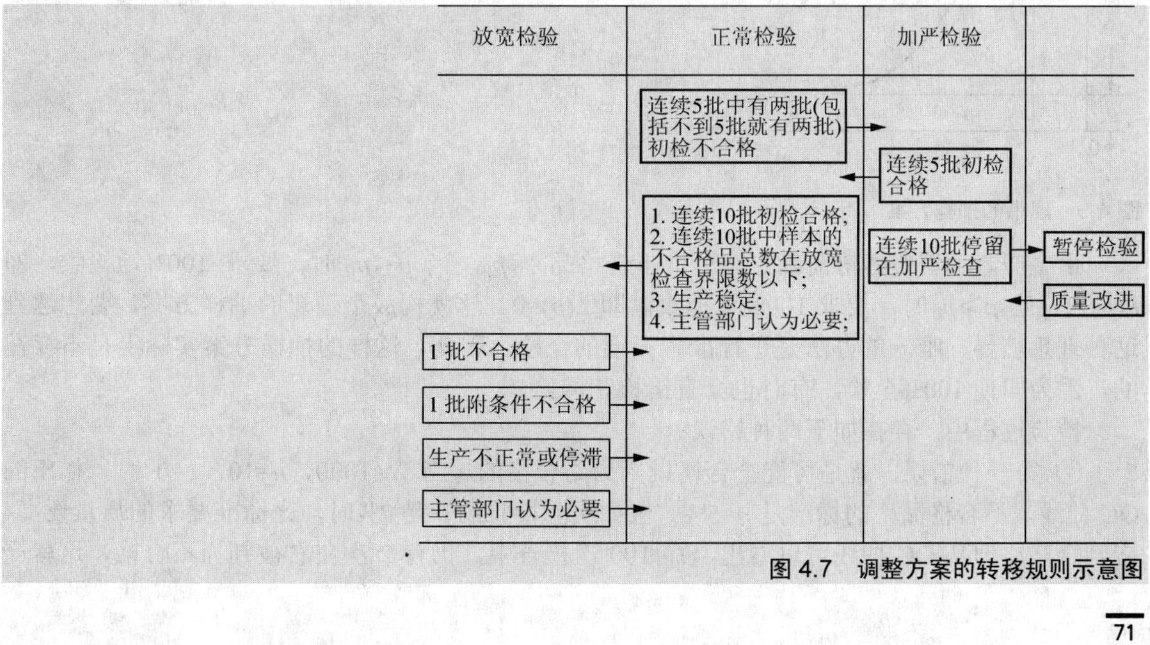

图4.7　调整方案的转移规则示意图

3. 按抽样的程序分类

(1) 一次抽样方案：仅需从批中抽取一个大小为 n 的样本，如果样本的不合格品个数 d 不超过某个预先指定的数 c，判定此批为合格，否则判为不合格，如图 4.8 所示。

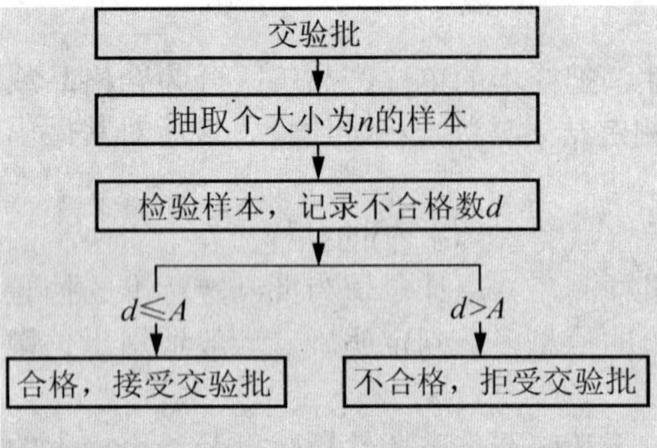

图 4.8　一次抽样方案(n，A)

一次抽样的优点在于方案的设计、培训与管理比较简单，抽样量是常数，有关批质量的情报能最大限度地被利用。其缺点是抽样量比其他类型大；在心理上仅依据一次抽样结果就做判定欠慎重。

如果采用方案(n,c)来检验，那么“判断此批合格品”的概率或者说“接收概率”就要依赖于批不合格品率 p。p 越大，接收概率越小，即这个“接收概率”是批不合格品率 p 的函数，记为 $L(p)$，$L(p)$又称为抽检方案(n,c)的抽检函数。把 $L(p)$画在坐标上，就得到了抽样特性曲线，简称 OC 曲线，如图 4.9 所示。

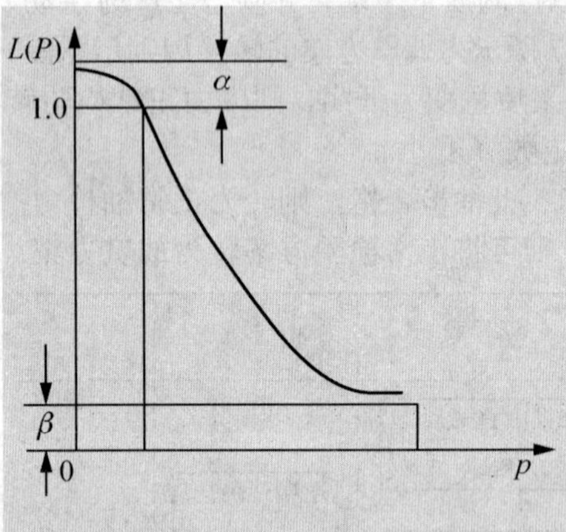

图 4.9　理想的抽样方案

由生产者和消费者协商确定一个批不合格品率 p_0，当 $p<p_0$ 时，要求 100%地接收，即 $L(p)=1$；当 $p>p_0$ 时，要求 100%地拒收，即 $L(p)=0$。这就构成个理想的抽样方案，要想达到这种理想境界，唯一的办法是进行准确无误的全检。因此，这样的抽样方案实际上是不存在的，因为即使 100%全检，有时也会有错检和漏检。

检验过程中，存在如下两种错误：

① 第一种错误，就是可能把合格批判为不合格的。当 N=1000，n=10，c=0 时，作出的 OC 曲线，不合格品率的标准是 p=5%。假如实际检验的 p 是 2%时，比标准要求的质量要高，应判合格。但从 OC 曲线可以看出，在 100 次检查中，仍有 2 次左右被判为不合格，这就产

生了第一种错误，对生产者是不利的，所以又称生产者风险，用α表示。

② 第二种错误，假如实际检验为20%，质量很差但是由于是抽样检验，在100次中，仍有10次可能判为合格而被接收，于是生产了第二种错误：把不合格批判为合格批。这对消费者不利，所以称为消费者风险，用β表示。

(2) 二次抽样方案：抽样可能要进行两次，对第一个样本检验后，可能有3种结果：接收、拒收、继续抽样。若得出“继续抽样”的结论，抽取第二个样本进行检验，最终做出接收还是拒收的判断，如图4.10所示。

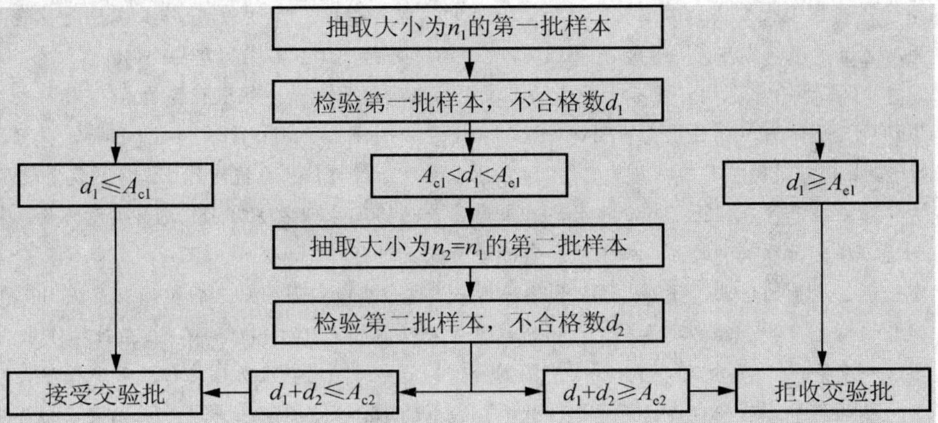

图4.10　二次抽样方案示意图

(3) 多次抽样：多次抽样可能需要抽取两个以上具有同等大小样本，最终才能对批做出接受与否判定。是否需要第i次抽样要根据前次(i-1次)抽样结果而定。多次抽样操作复杂，需做专门训练。ISO 2859的多次抽样多达7次，GB 2898—87为5次。因此，通常采用一次或二次抽样方案。

知识拓展

5M1E分析法

造成产品质量的波动的原因主要有6个因素。

(1) 人(Man/Manpower)：操作者对质量的认识、技术熟练程度、身体状况等。

(2) 机器(Machine)：机器设备、工夹具的精度和维护保养状况等。

(3) 材料(Material)：材料的成分、物理性能和化学性能等。

(4) 方法(Method)：这里包括加工工艺、工装选择、操作规程等。

(5) 测量(Measurement)：测量时采取的方法是否标准、正确。

(6) 环境(Environment)：工作地的温度、湿度、照明和清洁条件等。

由于这6个因素的英文名称的第一个字母是5个M和1个E，所以常简称为5M1E。6要素只要有一个发生改变就必须重新计算。

精益质量管理中“精益”的核心工具是“JIT指令”，即实现生产经营各环节间“准确的产品、准确的数量、准确的时间”。根据作业系统的构成，JIT指令可逐层分解形成作业系统的JIT指令、各作业子系统JIT指令、各作业工序的JIT指令。JIT指令的特征是要求各作业子系统间的协作，要求各子系统中各作业工序间的协作。“精益”的管理目标是通过各级JIT指令的实现以达到整个作业系统的JIT，从订单交付角度看就是要达到订单交付时“准确的产品、准确的数量、准确的时间”，实现客户满意。

JIT 指令包含产品质量上、产品数量上、交付时间上的三方面要求，JIT 向企业生产系统提出了很高的挑战，企业生产系统中质量保证、效率保证、数量衔接是 JIT 应用的基础。实施 JIT 指令必然需要企业对生产作业系统进行评估和优化。即要在准确分析各工序的生产能力、工序能力、资源耗用及价值创造等基础上，优化组合形成保证 JIT 实现的作业流程。

精益质量管理中“质量”的核心工具是“C_{pk} 指标”，即工序能力评价指数。根据作业系统的构成，C_{pk} 指标在作业工序 C_{pk} 指标基础上，根据作业体系构成，形成各作业子系统 C_{pk} 指标和作业系统的 C_{pk} 指标。C_{pk} 指标是衡量作业工序加工精确度和加工准确度的综合指标。C_{pk} 指标是作业工序质量能力评价的指标，可作为质量的要求，也可反应实际质量状况。C_{pk} 指标是保证 JIT 实现的重要条件。

JIT 三方面要求均可借鉴六西格玛管理中西格玛水平度量方法进行评价，C_{pk} 指标也可用西格玛水平来近似评价。总体看，精益质量管理针对效率和质量分别提出了 JIT 要求和 C_{pk} 指标，并可总体用西格玛水平来度量。管理改进的重要基础就是度量，精益质量管理通过对作业系统和作业工序的定量化度量以促进管理改善。

精益生产管理提出了 JIT 要求，却未借鉴六西格玛管理方法对 JIT 进行度量评价，精益生产提出了为下一道工序交付准确的产品，却未结合实际质量状况进行评价和应对，而以“零缺陷”一笔带过。六西格玛管理强调了度量的作业，并给出了“西格玛水平”这个度量工具，却未针对作业系统 JIT 要求进行度量。可见，综合精益生产和六西格玛各自优点的精益质量管理弥补了双方各自的不足，在针对作业系统和作业工序的 JIT 要求和度量、C_{pk} 要求及评价方面具有应用价值，能克服原有孤立方法在作业系统管理改善效果方面的不足。

精益质量管理研究目的是质量、效率、成本的综合改善，基于制造企业质量、效率、成本影响因素的分析，可以得出相应的管理重点。作业工序是基本生产单元，是形成产品的基本过程，对产品质量有着关键影响。作业工序除显著影响质量外，对生产效率、生产成本均有直接影响，作业工序是精益质量管理的基础关键点，其管理的重点是质量。作业系统由作业工序组成，作业系统的结构和布局对生产效率有着关键影响，进而对生产成本有着直接影响，也影响到了产品质量。作业系统是精益质量管理的关键点，其管理的重点是效率。

精益质量管理研究对象是作业系统和作业工序，其中作业系统包含作业工序。精益质量管理“精益”的研究重点是作业系统，重点是效率改善，其核心工具是“JIT 指令”；“质量”的研究重点是作业工序，重点是质量改善，其核心工具是“C_{pk} 指标”。“精益”与“质量”研究中均要综合促进成本的改善，并通过自身的改善达到成本的改善。

针对作业工序的质量改善是精益质量管理的重点之一，是推行精益质量管理的切入点，也是精益质量管理推行成功的前提条件。对制造企业而言，质量是效率的基础，质量也是成本的基础。通过作业工序质量的改善，实现精益质量的基础保障之后，过渡到作业系统精益的改善，总体实现作业系统和作业工序质量、效率、成本的改善。由于作业系统和作业工序与外围管理的互动关系，通过对作业系统及作业工序的精益质量管理，可进一步实现外围管理系统改善。

思考题

1. 统计质量控制的基本步骤是什么？如何加以实施？
2. 什么是统计过程控制？它的主要分析工具是什么？
3. 统计过程控制图有哪些基本类型？它们各自的特点及适用范围是什么？
4. 过程能力分析的基本步骤是什么？过程控制指数有哪些类型？
5. 怎样计算过程能力指数？如何对过程能力进行评价？
6. 抽样方案的分类方法有哪些？
7. 抽样检验实施过程应注意哪些问题？

实训与考核

实训项目：

××企业统计质量控制分析(小组项目)，以报告的形式进行整理介绍。

深入企业，了解其质量管理工作实施情况，并尝试完成如下任务。

(1) 搜集数据，绘制统计过程控制图，分析判断生产过程的稳定性，并形成相关结论。

(2) 及时发现生产过程中的异常现象和缓慢变异，预防不合格品产生。

(3) 查明生产设备和工艺装备的实际精度，以便做出正确的技术决定。

(4) 为评定产品质量提供依据。

实训考核：

(1) 搜集该企业生产过程的相关信息，填写X-R控制图数据表。

X-R控制图数据表

产品名称			工作指令编号			收集数据期间	
质量特性			车间				
观察方法			规定日产量			设备编号	
规格界限(或要求)	T_U		抽样	间隔		操作人员	
	T_L			数量			
作业指导书编号			仪器编号			检验人员	
生产过程质量要求							

日期	时间	样本号	测定值					均值 $\overline{X}$	极差 R	备注
			X_1	X_2	X_3	X_4	X_5			

计算：$\overline{X}$ 图：$CL=\overline{\overline{X}}$

$UCL=\overline{\overline{X}}+A_2\overline{R}$

$LCL=\overline{\overline{X}}-A_2\overline{R}$

R 图：$CL=\overline{R}$

$UCL=D_4\overline{R}$

$LCL=D_3\overline{R}$

(2) 根据计算的数据，绘制统计过程控制图，根据控制图，对企业运行状况进行判断。

(3) 计算企业过程能力指数，并根据指数对企业的能力进行评价。

(4) 针对企业生产过程的薄弱环节，进行影响因素分析，并有针对性地提出改进措施。

(5) 最终将整个分析过程进行整理，以小组为单位形成研究报告。

考核要素	评价标准	分值/分	评分/分				
			自评(10%)	小组(20%)	教师(50%)	专家(20%)	小计(100%)
统计过程控制分析	(1) 数据采集准确，相关数据计算正确	25					
	(2) 统计过程控制图绘制标准，分析得当	25					
公司过程能力分析	过程能力指数计算正确，分析内容得当、全面，能够准确对过程能力进行判断	35					
分析存在的问题的影响因素，并形成解决问题的措施	能准确地分析存在的问题的主要影响因素，并有针对性地对过程进行控制	15					
合计							
评语(主要是建议)							

第二部分　生产运作系统设计

本部分阐述生产运作系统的设计，是生产运作管理的前奏。

生产运作活动开始之初离不开生产运作场地的选择、流程的设置、设施设备的布置、工作岗位设计与人员的安排。场地的选择要考虑自然资源和基础设施的利用、产品特征、生产特性等因素；产品和服务的设施布置主要考虑充分利用设施设备的基础上，保证生产运作过程的物流成本最低和人工走动距离最短；工作流程设置和工作设计主要涉及生产运作所创造的价值与作业流程之间的关系、工作岗位的设定和人员安排。

本部分主要介绍生产运作场地的选择，阐述了产品和服务的设施布局，讨论了工作流程设置和工作设计问题。

第 5 章　生产运作场地选择

学习目标

选址由于影响成本、收益，甚至是运作的成功与失败，所以是非常重要的。通过对本章的学习，学生应了解选址的重要性；了解选址决策的方法，探讨常规选址方法中常要考虑的一些因素；熟悉选址涉及的 3 类因素：与市场相关的因素、有形成本因素、无形因素；掌握选址评价的 4 种技术：成本效益大小分析、基点评价法、线性规划和计算机模拟。

工作任务描述

通过对本章知识的学习，能了解工厂选址的基础知识。但是，只了解相关的基础知识是不够的。有三方面的因素会影响选址：与市场相关的因素、有形成本因素、无形因素，这些因素根据运作形式的不同而有不同的影响。另外，不同的行业，所侧重的地点选择因素也不同，在熟悉选址涉及的三类因素以及选址评价的 4 种技术的基础上，根据行业的不同特点、不同的运作形式，能够进行正确的选址。

请问，如果你是学习者，你能否陈述为什么不同的行业所侧重的地点选择因素不同？在进行选址分析时，什么时候要考虑效益？

本章任务

(1) 熟悉选址的重要性，熟知影响选址的因素。

(2) 根据影响选址的因素，掌握选址决策的方法。

(3) 根据选址评价的 4 种技术，能够为不同的行业、不同的运作形式，进行正确的选址。

工作任务实施

完成本章任务的一般步骤如下：

(1) 确定学习目标。

(2) 设置学习路径和制定学习方法。

(3) 搜集和整理相关学习研究资料。

(4) 分析、对比相关学习资料，巩固与掌握所学知识。

本章的工作任务主要是掌握影响选址的因素和选址评价的 4 种技术，设置和制定学习路径和学习方法，对学习资料进行分类整理、归类。采用一定的统计分析方法，调研资料统计分析的工作是相互衔接的。熟悉选址涉及的三类因素以及选址评价的 4 种技术是基础。

5.1　选址的重要性与选址决策

5.1.1　选址的重要性

选址非常重要，在工厂选址的时候，有 3 个重要的因素要考虑，下面分别加以介绍。

1. 竞争力

公司的地点不仅影响竞争力，而且也影响运作的其他方面。在制造企业中，选址通过影响运输成本、劳动力成本和在生产过程中一些物料的成本进而影响直接成本。在服务业中，选址影响顾客使用服务的便利性和交通的便利性，这些因素将直接影响顾客对服务的需求以及整体运作的有效性。选址还影响士气、雇员之间的关系以及公共关系。

2. 成本

不能进行正确的选址决策就要付出高昂的代价，而且会带来一系列的麻烦。决定买地并且盖厂房就要有大量的资金；如果选择失误，麻烦就会一点一点地显现。在对所犯的错误和以后对其进行修正所花的时间和精力是无法弥补的。如果错误不是很明显，错误的地址选择以及能进行修正所付出的代价也许更大。

3. 潜在影响

选址的影响力是非常隐蔽的，因为它们作用的结果并不是清晰可见的，所以管理层必须高度关注选址的评估结果。错误选址的成本是机会成本，是隐性的。没有支票会明确表明自己是机会成本；它们也不会在财务报表中明确标示。因此，只有那些长期检测并严格地评价运作的人才会注意到它。

5.1.2　选址决策

一些基础性的行业(比如开矿或割胶)都必须建在基础原材料产地，但是对于大多数其他行业，选址就有很大的灵活性。即使是对于那些将可能的选择地点限制在本地的公司，选址研究的范围和数量也很大。如果一些公司进行全球性的运作，进入多个市场，它们就必须考虑更多可能的选址，在进行选址研究时考虑更多的因素。选址有非常简单的方法，也有非常复杂的方法。小公司的选址常采用一些非常规的方法。一个地点会被选择是因为商业机构已经拥有它或者能够比较容易地得到它。

在跨国公司中，选址研究的分析师可能会参考国际分支机构、潜在合资伙伴或者是其他实体推荐的在世界范围内的某个国家或地区的商业机会等因素。如果一个可行性研究表明这些机会存在，就会建立起一个选址团队进行选址。这个小组会研究出地点必须具备的所有重要因素以及其他特点。然后，外国机构负责寻找拥有这些重要特征的地点。小组或者其他部门(比如公司的房地产部门)对这些候选地点进行评估。最后考虑的是其他社会和政治的因素，根据这些因素判断在这些地点中哪个更好。本章将讨论常规选址方法中常要考虑的因素——系统观点。

当考虑工厂的选址时，需要有一个全局的系统观点。这包括了一些相互关联的因素，应该仔细研究在分析问题的时候是否包括了所有的主要因素。

公司是一个较大系统——供应链中的一部分。制造公司依赖供应商的投入，并且要向顾客输出它们的产品。这样几个公司，或者一个大公司的几个部门，就被联系在一个供应链或者物流链中。如图 5.1 所示，金属产品的制造可以从矿区的开采开始，接着被运送到冶炼工人那里进行冶炼，然后被送到工厂中转换成制造厂的物料，再送到另一个工厂加工成零件，在生产组装工厂中被组装成一个成品，最后被送到仓库中。如果公司拥有供应链中的多个环节，这个公司就被称为是纵向集成的(Vertically Integrated)。

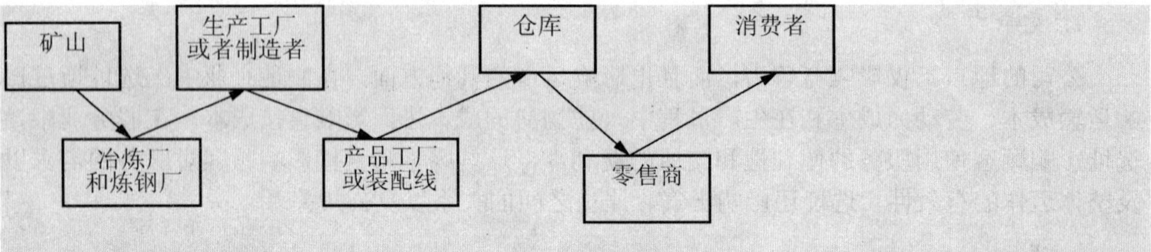

图 5.1　供应链

对于供应链中某个环节的最优选址，取决于供应商、客户和在这种分布的产品生产过程中其他工厂的分布。理想情况下，在这个产品的分布生产过程中，公司选择的地点至少应该使它在物流链中所控制的那部分产品效益最大化或者是成本最小化。系统的观点(System View)检查所有的元素以及它们之间的关系，尽力让这个供应链中所有的元素都处在一个优化的地点。但是，在多数情况下，公司只拥有整个供应链的一部分，几乎不能或者完全不能控制其他环节的厂商进行选址。即使公司拥有供应链中多个环节的工厂，但在它们对新工厂进行选址时仍旧有一些工厂已经存在。这样的结果是，选址被一些已存在于供应链中的元素弄得支离破碎。

服务性组织也可以是供应链的一部分，它必须包含投入性的服务和提供给顾客的服务。服务性公司要考虑到投入的服务和需求的地点。一些服务直接面向顾客提供服务，这使地点成为企业成功的关键。通常这个类型的企业，其运作重点在与市场相关的因素上。

5.2　选址因素分析

选址通常包括能影响收益、成本等大量因素，结果可能影响利润。其他一些因素可能对收益的影响并不是那么明显，但是它们对选址仍然非常重要。以下要讨论几个与选址相关的因素，为方便起见，把它们分为 3 类：与市场相关的因素——需求的地点和竞争的地点；有形成本因素——运费、劳力、效用、地价成本、建筑成本和税款；无形因素——国际因素考虑、地区和地方的习惯及法规、环境因素、地方对于该行业的看法、增长空间、气候、学校、教堂、医院和娱乐场所等。

1. 市场相关因素

在为工厂选址时通常要考虑市场策略。需求预测可以帮助确定产品或服务销售的地点。每个产品或每个系列产品都有一个需求中心和重点。在满足这种需求的工厂选址决策中，必须考虑每个产品现有的和未来的需求水平和需求地点。一些公司认为应该与竞争者离得比较近，而其他的一些公司则希望避免这种做法。选址的利与弊可能先影响潜在消费者的数量，进而影响收入。进行选址时，市场策略是一个应与运作因素一起考虑的重要因素。

一些公司，特别是那些长期做大批量买卖的公司，正改变它们的采购方式，选择那些离它们更近一些的供应商。这些追求准时制(JIT)制造的优势和倾向于减少对库存依赖的公司，可能更希望与车程在两小时之内的供应商合作，或者它们要求供应商每天必须分几次供应一定的数量的货物。买方公司必须为这种特殊服务方式和高品质的服务签订长期的合约，结果是要进行这项业务的供应商必须处于特定客户可接受的范围内。

2. 有形成本因素

与选址相关的一些因素的成本比其他一些因素更容易直接确定。首先考虑比较容易识别的成本因素，但是记住相关的成本是哪些公司将要承受的、贯穿在工厂的整个生存期中的成本，可能有好几年。

1) 运输和分销

运输和分销成本是进行有形产品销售的批发业、零售业以及产品制造业的主要成本。据估计，美国公司将超过10%的GDP花在了对产品的包装、装载、运输、分类、转载和卸货上。这些花费并不包括投资在运输中的费用，而投资在运输中的费用数量也是相当大的。一些制造公司选择面向原料的选址(Materials-Oriented Locations)，即由于主要原材料集中在某一地方，因此公司选择距离主要原材料产地较近的地方兴建工厂。采矿业和林业是这类行业的典型代表。而当原材料从不同地方聚集到一起，并且主要消费群也会集中到这一地点时，他们可以选择面向市场的选址(Market-Oriented Locations)。传统制造业(比如家具店)就是面向市场的。

产品可以通过从原始的工厂仓库，到分销中心，到批发商，到零售商，再到最终的消费者，这样一个复杂的网络进行销售。不管是在一个单一的高度集成化的公司中，还是在供应商和客户之间的交易中，存在于没有效率的物流链或供应链中的大量环节只能增加产品的成本。最终消费者所要付的价格可能比其他供应链的竞争产品的购买价格还要高。因此，公司就要尽量为自己产品的不同环节进行恰当的定位，使它们可以相互提供便利，使整个网络可以有效地运营。同时，供应商的地点也是选择供应商的重要考虑因素，因为只有这样，公司才可以降低自己产品的价格，为顾客提供更快捷的服务。一些公司发现，将销售网络合并成一个销售中心，将整个销售外包给“第三方服务”公司进行销售，可以降低成本，提高销售的速度和可靠性。一些服务公司需要与客户联系，选择面向市场的选址。但是，有一些公司，比如红十字中心(www.redcross.org)，在献血活动中希望地点至少暂时离一个献血中心比较近。除了批发商和零售商以外，其他行业的物料或产品的运输成本通常不是选择服务地点时要考虑的主要因素。

2) 国际运输

进行国际贸易的公司会研究大量与运输相关的因素。公司首先应该确认货物运输的地点，即货物从哪里运来然后可能被运到何方去。运输的模式有多种，可以是卡车运货，可以是火车、飞机，也可以是海运。如果选择用空运，公司或销售中心选址成功的关键就必须距离主要航空港最近。如果希望用海运，公司要考虑距离适当海港的距离，如果距离海运集装箱货场的距离都不近，就要考虑使用集装箱和卸载集装箱的成本。使用合并服务(Consolidation Service)可以为那些不需要运送整个集装箱货物的公司节约不少成本。

3) 关税

关税是与运输相关的成本，也必须考虑。公司考虑到美国有自由贸易区的地理优势，因此在美国进口大量原件或者需要进一步组装的配件是明智的选择。这些地方允许公司直到产品进行最终销售时再支付进口部件的关税。很明显，选址可以影响一些与运输相关的成本。

4) 工资水平和所具有的技能

随着服务业和信息业在商业中的比重加大，聘用员工的重要标准也在随之变化。在一些制造公司中，直接劳动成本可能占总成本的10%或15%，或更少。员工的能力、适应性以及工作素质变得更为重要，很少有公司会需要大量无技能或半熟练的工人。因此，所选择的地点必须能够提供充足的、具有能力和专长的和训练有素的工人。在候选的地点中，当地的平均工资水平也是一个考虑因素。

美国除拥有大量基本文化素质比较低的劳动力外，它的失业率相对也比较低。而在爱尔兰，人口素质较高，失业率接近20%，但工资水平却比较低，因此Citicorp(www. citicorp. com)在爱尔兰建了一个数据录入公司。美国航空公司在巴巴多斯岛建有一个财会数据录入公司。因为数据可以被传送到世界各地，所以对于一些与信息相关的行业来说，可选择的地点就很多。

5) 可使用的能源与成本

一些制造公司需要大量的能源(比如电力或天然气)来生产产品。即使是非制造型公司，也要使用空调或暖气等设备。在一些地方，燃料已经非常缺乏而且价格昂贵，因此能源就在公司选址中扮演着重要的角色。为保证未来的可持续性发展，考察电力公司的未来发展计划和天然气公司未来的燃料分配计划，是非常明智的工作。

6) 可使用的水和成本

要大量用水的生产被限制在能够提供大量水资源的地区，尤其一些地方缺水，而且这个趋势会变得越来越普遍。如果生产会污染水资源，则可供选择的地点就变得更少，有些地方甚至根本不可能纳入考虑范围。在大量用水的行业中，必须考虑水资源的可供给性和对废水处理以及污染控制的成本。

7) 地皮和建筑成本

一个与工厂选址直接相关的成本是购买土地和搭建厂房的成本。在同一个地区，一块土地与另一块土地的价格不同，而不同地区的土地价格也不同。有时候土地的价格具有迷惑性，因为价格比较低的土地可能要求更多的资金用来准备土地、兴建厂房。

8) 税收

有些地方使用减税的方法来刺激并吸引商业和工业的发展，对一些新的公司实行减税或免税的政策，有些特权税则是面向投资上百万元工厂和产品的公司。在选址时，公司投资的范围将影响赋税的相对重要性。

3. 无形因素

并不是所有对选址可行性的衡量都可以用纯经济的方式来表达。如果人们必须到某地去工作，当地是否适于居住和是否适于生活是非常关键的因素。当地的治安条件也是公司要考虑的重要因素之一。

1) 国际因素

打算在国外设立工厂的公司必须考虑许多与每个国家相关的因素。这些因素包括：贸易配额、语言、文化、政府稳定性和开放程度及金融体系等。

2) 通信和其他服务

在一些公司选择办公地点的时候，良好的通信设施是考虑的重点。随着交通问题和通信开销的增加，更多的人希望选择合适的上班地点或进行远程办公。一些与信息紧密相关的行业已经要求必须满足大量的数据传输。商业区都以提供大量便利的设施来吸引公司加入。例如，在肯塔基的帕度开市的 Paducah 信息时代园，建了大量的地下设施，埋了光纤，开通了 ISDN 服务，还架设了数字交换系统来吸引商户。多用途的信息中心提供了视频会议系统，可以直接接入肯塔基大学的超级计算机系统。

5.3　选址评价方法的考虑

1. 不同行业选址时需要考虑的因素

选址决策是有策略性的，是与其他策略决策相互联系的。这些决策涉及大量的资金，会影响公司的竞争力。例如，一个制造公司运作一个中心工厂，公司就要冒由于火灾、洪水或工人罢工等导致整个公司倒闭的风险。而如果选择建立多个较小的工厂则会面临失去一些规模经济优势的威胁，而且在这种情况下还要有更好的分布和协调能力。大多数选址过程是在各种优势和劣势之间进行权衡和相互妥协的过程。大多数研究这类决策的相关数据是对未来成本和无形因素的预测。所包含因素的数量和多样性，比如前面提到的那些因素使选址成为一个非精确性的科学。选址是“使人满意”的选择，而不是能够进行准确最优化的选择。但是，幸运的是有些类型的商业活动可以在多种环境下进行。例如，世界的许多地方都有电子制造公司和保险公司。

一个人或者一个团体选址，有许多方法都可以进行。下面来讨论一些选址问题的特点和解决问题的方法。首先讨论在零售公司中要考虑的因素，然后讨论一些在服务公司或制造公司中的评价方法。

1) 零售选址

典型的零售选址是面向市场的，而不是面向供求的。零售业本身就已经决定了它处理的产品或将要处理的产品的性质，同时它也决定了所要服务的客户的性质。通常这类选址的标准是其潜在市场。如果零售商的销售策略是按国内广告零售价销售，并通过提供服务和提供便利进行竞争，那么这个策略将会使一些选址比其他选址更受欢迎。便捷性相对于零售商来说，要比批发商更重要，特别是对于那些水果等日常消费品而言。顾客可能更愿意购买那些平常不经常购买的能够长期保存的食品。

零售商对销售的潜在地点，即商店能够吸引顾客的地理位置非常感兴趣。销售地区居民的年龄分布、职业、收入以及生活习惯也都是非常重要的因素。以下是一些可作为商店选址的相关因素。

(1) 竞争商店的类型和距离。作为供应链一部分的商店，更需要名称认同和广告效应，经济实力对激烈竞争的影响更大。

(2) 其他可能影响销售的设施。儿童用品商店最好设在女士时装店附近，而不是在酒吧或汽车配件商店附近。公园、博物馆和其他吸引人参观的地方会吸引顾客，从而带来某些商业机会。

(3) 在所期望的地点附近是否有可用的场所或建筑。

(4) 交通费用和进出的方便性。所选的地点附近应该有公共交通工具。

(5) 所选地点或商店的视程。

(6) 附近是否有便利的安全停车场所。

(7) 建筑、外观和标志等方面的规定。

(8) 其他相关因素，比如治安、消防和银行等。

这些数据都是可以得到的，也可以进行评估。人口数据可以提供贸易地区居住者的相关信息。道路的交通状况和在许多商店或购物中心附近的停车场上进行的问卷调查，可以提供一些有关人们购买产品类型和喜好的信息。这样做的主要目的就是评估每个候选地点的潜在商业机会，公司老板可能不得不为更有潜力的地点进行投资或签订更高金额的租约。

2) 制造业选址

(1) 地理信息系统(GIS)的有用性。地理信息系统是针对特定地理地区进行与地理相关的数据的存储、分析、合成和显示的软件。这些系统通过使用分块着色的地图，以一种更容易被理解、更有说服力的方式显示与地点相关的数据。这些系统在看选址是否符合最初的筛选标准或对进一步的分析都是非常有用的。例如，一个系统可以分析是将地点建在减少运输成本的大型生活区，还是建在工资和税收水平较高的地区。如果有多个可能的地点需要分析，就要求有非常大的数据量。

(2) JIS 软件的使用。银行、零售出口以及旅馆业是 JIS 软件的主要使用者。这些公司的选址通常要考虑交通、人口、收入水平和消费习惯等因素，而这些相关数据很容易就可从数据库中得到。通常只需考虑某个社区或社区的一部分，因此数据可以根据地区代码进行分类。工业地址分析可以考虑整个国家或大洲，可能需要关于工资、使用率、税率、交通费用和建筑成本等方面的数据。进行这类分析的数据库，其成本是非常大的，但是这些系统可以进行快速而有效的分析，在考虑的相关因素非常多的情况下可以为选址小组提供非常有用的帮助。

2. 选址的一般过程

选址通常是由管理团队进行的。这种团队包括了物流、房地产、运作、人力资源和市场等方面的人才。选址过程可以遵循一些评估步骤。这些步骤的顺序会随着情况的不同而有所变化，但是一般来说它会按下面的顺序进行。

第一步：选择大致的区域。

第二步：选择大致可以接受的社区。

第三步：在社区中选择合适的地点。

第四步：选一个方法对这个地点进行综合评价。

第五步：比较几个后备地点，进行选择。

第二步有时候会被省略；公司可能会直接在可能的地区中选择合适的地点，直接进行第三步和第四步。除了上面提到的外，下面列出了一些其他的常用方法。营销因素、分销成本(Distribution Costs)、工资率以及原材料的可用性都是选址要考虑的因素。对可用劳动技能、高速公路、铁路、水路、码头或者飞机场等进行评价后，将能够得到区域内可行社区的一个列表。而无形因素也可能将一些地点从候选名单上除掉，然后公司可以在备选地点中选择合适的地点。

当公司生产的产品不止一件或者公司提供多种服务时，选址问题就变得相当复杂。管理者必须做出决策：是为每个产品都建一个小工厂和仓库，还是牺牲一些产品的利益建一个大工厂来生产一系列产品更能达到整体效益的最优化。必须评价各种权衡策略，决定如何生产产品以及如何为工厂选址。规模经济必须与非最优化的选址成本进行对比。

随着一个地区仓库中产品种类的增加，仓库储存的价格会随之增加。这样一来，每件产品的库存成本也会增加。但是，如果将更多的产品引入工厂，那么就意味着它所覆盖的地区将增大，配送成本也会更高。通常人们对这种成本地理模型非常熟悉，如图 5.2 所示。通过将某个地点的运输成本和将这些小区域进行合并所节约的资金进行对比，可以将同样的结构应用到服务运作中去。

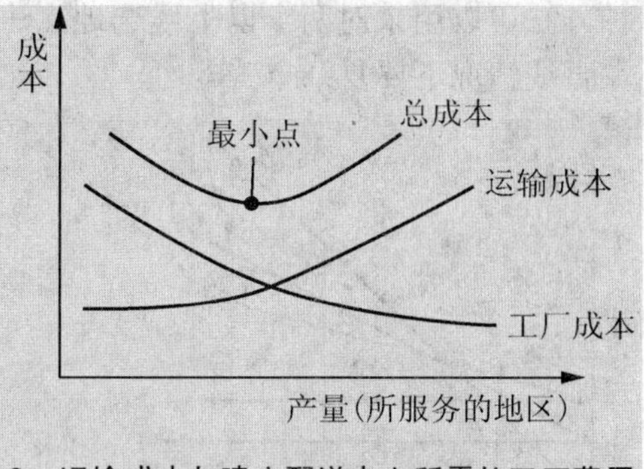

图 5.2 运输成本与建立配送中心所需的工厂费用

3. 选址评价方法

对决策进行合理的判断是非常重要的，多维元素模型或技术可以帮助解决问题。下面讨论 4 种可以进行有效选址的模型或技术。

1) 收支平衡分析

因为潜在的商业机会大小是一个影响某地期望值的可变因素，因此成本效益大小分析(Cost-Profit-Volume Analysis)，有时候又叫做收支平衡分析(Break-Even Analysis)，是选址一个非常有用的工具。在一个地点建厂房的成本有一些是固定的，但是另一些却是随着公司规模的变化而变化的。建筑的成本会随着地点的不同而有所差异。销售的规模也是如此。图 5.3 所示的地理模型描述了两个地点价格和规模的关系，是一个典型的例子。图中只有一条收益线，因为假设不管选址在哪里，产品的销售价格都是一定的。只要地点不影响销售的规模，当销售数量大于 V_0 时，地点 1 比地点 2 更有优势，因为对于所有大于 V_0 的销售来说，TC_1 都小于 TC_2。

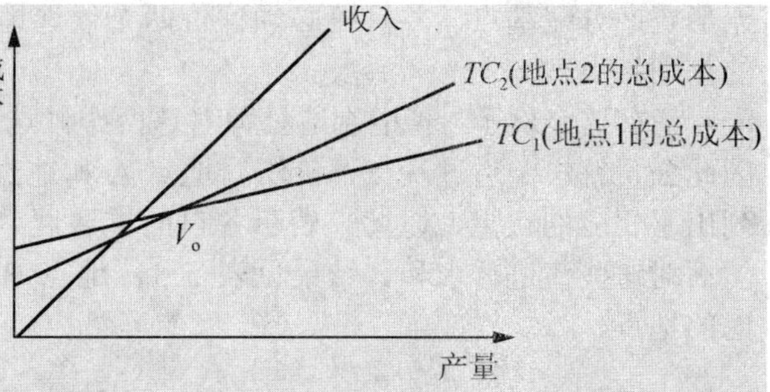

图 5.3 两个地点成本与销售规模的关系

除非所有地点的价格和销售规模都一样，否则不能说价格最低的地点是效益最大化的地点。如果有几个地点的成本一样，销售规模就会影响回报率。如图 5.4 所示，假设在与图 5.3 相同的成本条件下，公司在地点 2 的销售规模是 V_2，在地点 1 的销售规模是 V_1，在这种特殊的条件下，高成本的地区会有更高的回报。

工厂或仓库的选址通常对需求的规模没有影响。但是，地点可能会对零售公司或服务运作的销售规模有较大的影响。例如一个洗衣店或干洗店，顾客为了洗衣服必须走两趟，第一趟是把衣服送去清洗，第二趟是在衣服清洗干净后还要把它取回来。一个便利的地点常常可以有效地提升业绩，必须清楚地认识到这种因素对经营效益的影响。

这部分讨论的内容可以被简单地归结为与选址相关的成本效益大小分析的基本思想。这种方法可以用来对两个以上候选地点进行选择时做比较。如果成本和收益是曲线，那么它比在直线情况下要复杂一些。

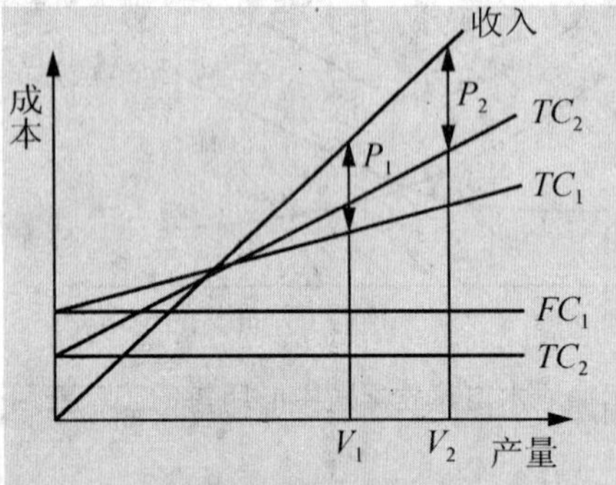

图 5.4 高成本的地区会有更高的回报

2) 基点评价法

在地点选择时公司有多个考虑因素，但是并不是所有要考虑的因素都同等重要。公司对每个因素赋予一定的权重。每个候选地点根据公司正考虑的每个因素进行评价，并且每个因素都赋予一个权重。最高权重的地点就成为优先考虑的对象。

当然，使用像这样的评价系统来对多个目标进行评价时需要进行仔细的判断。随着基点评价法(Point Rating)为大家所广泛使用，人们发现一个高权重的因素可能会抵消一些低权重因素的影响。因此，如果有时候一些因素非常重要而某些地点恰巧根本不具有这种因素要考虑的特征，那么它不应排在考虑之内。例如，虽然现有的劳动力非常充足，但是该地区的其他行业正在壮大，这使公司预计可能会出现劳动力短缺或高工资水平的危险。在使用基点评价法时，另一个可能被抵消影响力的因素是相对于无形因素的有形成本因素。人们通常只会对无形资产分配基点，并且还必须评价两个候选地之间无形资产间的差别是否与有形资产之间的差别相当。

考察这个例子：管道制造公司对这两个候选地点进行成本比较，发现两地成本基本相当，因此公司就决定通过基点评价法对地点 A 和地点 B 进行无形因素的评价。对每个主要因素都列出了相应的权重，以此来表示各自的重要性。每个地点都被赋予一个最大权重的百分比，然后对这些值进行求和。结果见表 5-1，地点 B 的积分稍微高一点，因而这是一个更值得考虑的地点。

表 5-1 评价结果

两个地点的基点			
被评价的因素	最大基点值	地 点	
		A	B
未来可供给的燃料	300	200	250
运输的灵活性和扩展性	200	150	150
水资源的供给	100	100	100
工作气候	250	220	200
污染物排放规定和税率的稳定性	30	20	20

续表

两个地点的基点			
被评价的因素	最大基点值	地　点	
		A	B
地点的可塑性	50	40	30
生活条件	150	100	125
总分		830	875

3) 线性规划的运费计算方法

当只有一个地方对所考虑的地点供给物料的时候，所供给的物料价格可以通过将物料供应地物料的价格和运送物料到物料需求地的运费价格相加而得到。但是，如果有多个地方都可以提供物料时，成本就比较难计算了，必须考虑现有工厂和计划兴建的工厂之间的关系。必须将某地的总开销与另外一个地方的总开销进行对比，为了做这种对比，首先必须找出一个候选地点的生产力和需求匹配，然后进行另一个候选地点的匹配，然后是另一个……这样将每个地点都进行仔细的分析，才能对比出每个地点的成本和收益。

可以用线性规划的运费计算方法进行生产力和需求的匹配。这个方法因其可以将产品从物料供应地到销售中心的运费成本降到最小而得名。运费计算方法可以用来根据各地的库存情况计算每个工厂的生产量，或者根据每个城市客户量来计算每个仓库的物资存量，或者根据每个服务中心的特殊要求设计服务量。

工厂选址会影响运作成本。例如，汽车修理中心会影响每个必须修理的部件的运输价格。如果需要供应多种原材料并且有多个已有的修理中心，最好的分配方案或汽车部件修理分配方案就非常难以确定。如果选址不会影响收益，它对效益和企业一般管理费用的贡献将通过寻找最小成本的地点来最大化。虽然规模很大的时候需要用计算机进行辅助计算，但是运费计算模型的方法非常有效。

4) 计算机模拟

公司必须用比较长远的、系统的眼光来看待国内和海外的货运价格。在多个地点的运作中，由于需求的不断变化，有的地方比预计的需求大，有的地方比预计的需求小，货物就需要从一个地方运送到另一个地方。每个工厂中的库存情况会影响可能的需求，每个地点都要有一定的安全库存。除此以外，当一个公司存储销售成百上千的产品时，系统分析需要大量的时间和努力。几个变量和它们之间的关系也必须考虑到。

计算机可以用来存储大量的数据，快速地计算在这个复杂问题中各个变量之间相互作用的关系。有时候对于这样一个复杂系统，模拟是一个切实可行的工具，而且，模拟除了可以对几个候选地点的结果进行比较外，还会提供许多其他有用的信息。模拟也可以用来分析不分销或制造有形产品的运作。

知识拓展

医院门诊部的选址

Kaiser Permanente 总部坐落在加利福尼亚的奥克兰，是医疗卫生管理组织(HMO)的先锋，它为美国 17 个州的近 850 万的人口提供各方面的医疗服务。Kaiser Permanente (KP)主要使用自己的设施和医护人员向加利福尼亚人提供服务。1996 年，公司在圣地亚哥地区收治了大约 36 万病患。该公司服务的规模正以每两年

100万人(28%)的速度增长。因此，公司需要在圣地亚哥地区增加服务点。

公司对比了扩大中心医院还是增加分散的医疗机构这两个方案。对中心医院进行扩建，可以降低人员和设备的重复，提供一个经济的扩展措施。但是，一个大型的中心医院也会带来许多不利因素，例如，对一些会员来说，住所和医院距离较远，而且停车也是一个问题，对病人来说，医院最大的问题是寻找诊室，这个问题给他们带来了极大的不便。KP 的一些竞争者就是通过提供一些分散在各处的门诊大夫来提供更好的服务。根据这些分析，KP决定即使成本高了点也要建一些分散的诊所。

接下来的问题就是：这些诊所建在什么地方最好、规模要多大和如何设计等。地点的研究是所关心的主要问题。在地理位置分析上，使用地理信息系统。利用地址编码对人口增长和市场分布的趋势进行了分析，估计出未来人员的分布。地理信息系统中包含了带地址编码的区域地图和主要的高速公路的地图。系统可以计算出人们到各个地方的平均时间。两地之间的最短路径也可以用来帮助确定可行的地点。找到3个备选地点之后就进行进一步的研究。选择的标准包括到主要公路或公共交通工具的距离、视程、环境因素和污染情况。圣地亚哥的南部地区被认为是最合适的地点。

医院的新门诊楼计划建在I-805临近斜坡的地方。如果所建的诊室超过32个，每个诊室的平均成本就会比较低。但是不是马上就需要这么大的空间，要建有32个诊室的住所，但是并不是要求在建设的初期就必须达到这个要求，其他空间预留出来，用作未来的发展就可以了。

思考题

1．为什么在选址时，很少只基于有形成本因素考虑？

2．在选址问题上，有形成本因素与无形因素如何进行比较？

3．为什么不同的行业所侧重的地点选择因素不同？

4．要兴建新的销售中心时，地点应该如何选择？

5．在进行地点分析的时候，什么时候要考虑效益？讨论在选择服务运作的地点时，成本效益大小分析的作用。

6．经济成本或效益对于选址总是适当的标准吗？为什么？

7．在下面的选址中，本章中讨论的哪些因素是最重要的？简要叙述你的观点。

成衣制造厂；造纸厂；汽车修理店；分销仓库

8. Pueblo是美国西南部的一个销售家装材料的连锁商店，它计划在新英格兰开一个商店。新商店有3个可能的选址地点。每个用来评价地址的因素都被赋予一个权重，以此来表示它与商店成功的关系。这3个地点都赋予从1～100的值来表示这些地点各个因素的权重。根据下表所给的每个地点的权重，列出3个地点的优先顺序。

因素	权重	可选择的地点		
		波士顿，马萨诸塞州	普洛威顿斯，罗得岛州	波特兰，缅因州
建筑成本	0.10	60	70	80
客流量	0.10	60	70	80
运输成本	0.30	90	80	70
交通便利性	0.20	75	80	70
停车场地	0.20	60	75	90
周边人口	0.10	70	60	75

实训与考核

实训项目：

西奥多公司从堪萨斯市向它的整个市场供应产品。如果目的地有铁路，则订货通过铁路进行运输。西奥多先生考虑将小订单的货物以其他方式进行运送。现在所有小订单的货物(大约是30000吨)从堪萨斯市的仓库通过卡车货运。西奥多先生考虑在盐湖城和匹兹堡分别开一家销售中心来满足西部和东部的需求。产品从堪萨斯市用火车运送到这些销售中心，然后用卡车为客户运送小订单货物。公司也继续用卡车为在堪萨斯市附近的客户运送小订单货物。在这个新计划中，3个地点的货物的小订单大约有10000吨。

如果销售系统改变，一些设备还必须移到新的销售中心。在现有系统中，堪萨斯市每年的固定运作成本是100万美元。如果销售中心启用，这个成本会降到80万美元。每个销售中心每年的固定成本是30万美元。在现有的系统下，堪萨斯市每年有800吨的产品库存，库存的成本是240美元。如果建销售中心，堪萨斯市库存会减少到500吨。而每家销售中心的平均库存会有200吨，并且估计这些地点的库存成本也是240美元。如果使用销售中心，每吨还有额外的4美元用于铁路的运费，4美元用于卸货和在销售中心进行产品包装。两种情况下，卡车的运费都是5美元。

两个成本的主要区别在于从工厂到销售中心是用火车还是汽车进行运输。从堪萨斯市到盐湖城的运费中，火车是每英担3.31美元，汽车是7.90美元。从堪萨斯市到匹兹堡的运费中，火车是每英担2.03美元，汽车是2.48美元。假设从销售中心发送的货物，其卡车运费与每个地区直接运输而不是通过销售中心发送的货物的销售价格差不多。

(1) 对比两种方法的成本。

(2) 在这个对比中，除了价格因素以外，还有哪些因素比较重要？

实训考核：

<table>
<tr><th rowspan="2">考核要素</th><th rowspan="2">评价标准</th><th rowspan="2">分值/分</th><th colspan="5">评分/分</th></tr>
<tr><th>自评(10%)</th><th>小组(20%)</th><th>教师(50%)</th><th>专家(20%)</th><th>小计(100%)</th></tr>
<tr><td rowspan="2">构建选址指标分析体系</td><td>(1) 所构建的指标体系能够从价格因素、市场相关因素或无形因素等方面，反映该公司是否应该建立新的销售中心</td><td>15</td><td></td><td></td><td></td><td></td><td></td></tr>
<tr><td>(2) 指标体系体现了全面性、整体性、可比性和可操作性</td><td>15</td><td></td><td></td><td></td><td></td><td></td></tr>
<tr><td rowspan="2">选择选址分析方法</td><td>(1) 分析方法选择得当，能够直观地比较出两种方法的成本</td><td>20</td><td></td><td></td><td></td><td></td><td></td></tr>
<tr><td>(2) 正确计算指标</td><td>15</td><td></td><td></td><td></td><td></td><td></td></tr>
<tr><td>统计指标分析</td><td>指标分析文字表述简练、正确，确实能够说明现象本质特征、现象发展变化规律等</td><td>35</td><td></td><td></td><td></td><td></td><td></td></tr>
<tr><td colspan="7">合计</td><td></td></tr>
<tr><td colspan="8">评语(主要是建议)</td></tr>
</table>

第 6 章 产品和服务的设施布局

学习目标

如果公司要取得所有可能的成功，它的设备就应该辅助所进行的工作。通常，工作包括移动、流动和设备之间或人与人之间的交互。通过对本章的学习，学生应了解基于流程的布局和基于产品的布局(3 种经典布局类型中的两种)，熟悉布局过程中对优缺点的权衡(基于流程布局和基于产品布局的优缺点)，掌握生产线的平衡算法，探讨对可能的布局的评价。

工作任务描述

每个行业都有各自要实现的特点。在所有的运作类型中，每一种都需要进行各种目标之间的权衡。通过对本章的学习，学生应熟悉不同运作方式的布局，进一步了解生产布局类型，探讨影响布局的因素分析，进一步掌握设施布局的相关知识。除此之外，更需要进一步掌握对可能的布局的评价。

请问，如果你是学习者，你如何定义布局？你如何为一个制造企业设计一个好的布局？在什么条件下，才能保证布局研究或评价的正确性？

本章任务

(1) 根据不同运作方式的特点，了解不同运作方式的布局。

(2) 在了解不同运作方式的布局的基础上，进一步了解生产布局类型。

(3) 进一步探讨影响布局的因素，进一步掌握设施布局的相关知识，包括对保证布局正确性的评价。

工作任务实施

根据产品进行布局分析：

(1) 在进行布局时，有多种方案并存时，首先运用生产线平衡模型。

(2) 考虑其他因素。

(3) 考虑生产率的潜在增长。

根据产品进行布局分析：

(1) 确定部门的规模。

(2) 确定部门的位置。

(3) 明确运输成本是布局的准则。

(4) 考虑非运输因素。

需要着重强调的是：生产线上设备的定位是由生产步骤的必要顺序决定的。生产线的平衡算法用来确定工作站的数量。在一个生产布局中，部门的位置要依赖于生产的兼容性、设备或通风的要求、管理的难易程度、雇员的安全性或运输(材料运送)的成本。在对可能的布局进行评价中，经常要计算总的运输成本。运输成本要最小化，它与运送产品的数量、每次运送的重量以及每次运送的距离成正比。

6.1　不同运作方式的布局

6.1.1　设施和布局

运作系统中的建筑和设备在工作的完成过程中起了主要的作用。建筑和设备通常被称作“设施”(Facility)，正如“设施”这个词所隐含的意思，它们应当促进或者使工作更加顺畅。设施加上员工、员工的工作、工作方法和程序，就构成了整个运作系统。在设计运作系统时，管理人员和设计人员应该考虑到各种因素之间的相互作用。战略策划和质量管理考虑客户的需求、愿望和要求，也确定了对客户的产品和服务。在产品或服务一揽子项目的初期设计中，好的设计实践和团队设计努力需要考虑到生产所需的可行处理方法。需求预测估计出运作系统应当提供的产量水平。基于这一信息，管理者可以做出与运作系统设计有关的详细决策，从而提供数量合适的产品或服务。

企业必须确定工厂内部各个部门、工作组和个人工作站的工作配置，这样才能使工作顺利有效地进行，才能使交流和协调更为顺畅。这种在工厂内部相关部门之间进行的设备位置的选择，通常被称为工厂的“布局”。特定类型的配置或布局选择需要考虑的因素不仅限于设备，以及相对于其他设备的位置。通常布局的选择包括选择最适合的处理设备的类型，在制造企业中，它也关系到选择最恰当的处理设备的类型。例如，如果布局类型比较适合产量较大的标准产品或服务设备，这种布局类型可能与特殊要求的生产设备配合得比较好。如果系统生产有形产品，并且需要运输到不同的工作地点，就可能需要使用到固定路径的处理设备。反过来，对于生产大量产品或服务的系统布局，可能更容易与比较灵活的、通用的生产设备配合使用；如果涉及处理设备，那么这种布局能够在各种路径上进行灵活的运作。在设计运作系统时，还必须考虑一些其他的问题，例如，要确定整个工作的程序、它们之间的顺序、完成这些工作所需的技术和人力，以及如何对这些工作进行分类，如何根据相关工作的需要为每个人分配工作等。

一个好的布局可以通过降低原料的处理成本、较少工作人员移动货物所浪费的时间来维持低成本。通过使流通渠道更加通畅，通过让人们可以更容易地工作，布局也会影响质量和可靠性。灵活的布局(比如 U 形线单元)可以使公司灵活应对需求的变化。服务设施的外观和布局也可以提高顾客的舒适度和满意度，以此来提升顾客对服务质量的认可。本章讨论布局的选择，会发现：布局的选择与进行价值增值运作设备或材料移动设备的选择是有关系的。

6.1.2　布局的不同运作方式

1. 零售企业的布局

在满足顾客需求这个重要目标上，工厂起到了重要作用。在企业和非盈利性组织中，工厂必须以有效、经济的方式来运作。布局对成本或效益的影响通常很难精确地计量，但是，成功的商业活动必须通过运营来获得效益。在一些行业中，行业内部各部门的布局对“账本底线”有明显的影响，这种行业的一个典型例子是零售企业，比如超市。超市通常的目标就是最大化每平方英尺面积的利润或每英尺通道的利润。货架的摆放要根据货物销售的速度进行，空间要根据在销售时条码器扫描所收集到的现有销售数据来进行分配。

吸引顾客光顾商店的“必需采购品”(称为“动力物品”)遍布在整个商店中，这样可以让顾客经过那些原本不在他们采购清单上的商品。在走道尽头最显眼的位置，通常放置着高边际收益的非必需采购品，或者是冲动性商品(Impulse Items)。那些容易被偷盗的商品也应当摆放在最显眼的位置上。通道的宽度应该允许工作人员很容易地上货，让顾客方便地行走，并且感觉舒适。对于超市或其他零售企业，还有其他许多与销售相关的布局规则这里没有谈到，但是已经可以看出对于这种行业，布局是非常重要的。

2. 分销和仓储区域

在企业和非营利性组织里，有时也需要将货品放置在货架或行李架上，但是它不是为了顾客选择而进行的摆放，而是为了将来使用而进行的存储。在这种情况下，它的目的是长期保存或库存产品，比如存储修理件和备用件。这样在需要的时候，它们可以随时使用。在其他的一些例子中，比如沃尔玛分销中心，企业存放货物的目的是实现商品的快速流通。商品必须能够快速地进入和流出(高流通率)，其目标就是要实现物品放置到货架上的时间和将来查找的时间达到最小化。流通速度最快的商品放在距离装载、卸载地点最近的地方，流通速度稍慢的商品放在离装载、卸载地点稍远的地方，依此类推。如果有些商品通过起重机或其他自动化设备将运送到装载地点(比如沃尔玛)，那么考虑放置的地点是非常重要的，因为这些地点还要能够进行手工卸载工作，这样才能将工人花费在移动货品的时间最小化。如果一些商品比另一些商品重，那么公司可以通过将每个商品的销售数量乘以商品的重量，以得到商品的总重量，尽量使运送的总公里吨数达到最小。

3. 办公室布局

在一些服务企业的办公区和制造企业的行政管理区，移动货物的重量通常不是主要考虑的因素，多数办公室工作是进行信息的交换和处理。由于一些部门或小组要进行交流，使用相同的书面文件或交换原始材料，因此这些部门或小组就必须离得比较近。例如，可以访问中央数据库的联网计算机、电子邮件、传真机和电子数据交换(EDI)等信息技术已经在很大程度上减少了对于布局的这种限制。虽然一些工作人员(如程序员和分析师)可以完全或至少部分时间在家进行“远程”办公，通过电子设备与公司的其他人员进行交流。但是，对于大多数工作人员来说，他们必须要有一个位于办公室的工作地点，因此公司就要提供这种空间。

办公室布局通常包括以下几步。首先，进行工作量的估计，并将这个估计转换成每个部门或每个工作小组对空间的需求(工作人员和设备的数量)。每个部门所需的工作人员数量决定了工作空间的大小。除此之外，还要加上会议室或其他公共空间，以及某些特殊用途的空间，例如洗手间、休息室、咖啡间、收发室、娱乐室以及储藏室等。然后，根据计算出的需求，找到必要的工作空间，或将可用空间分配给各个工作小组。至于其他方面的要求，则需要根据一些标准(比如是否需要进行面对面交流或在小组间传递文件)来对每个小组的地点进行选择。

如果一个部门必须靠近另一个部门，这种情形有时被称为“靠近优先”(Nearness Priority)。图 6.1 所示是一个常用的表格，它是理查德·摩瑟首先提出的，用来说明靠近优先。在表格右边，菱形单元格是由两个长方形交叉组成的，分别代表两个部门。字母(a、e、i、o、u 或 x)用来表示两个部门必须靠近的程度。有时候，在菱形单元格中有一个数字，用来表示靠近优先的原因。

现在，办公室的布局已经变得越来越灵活了。一些公司使用“开放式平面布置”(Open-plan)的思想来设计办公室的各个部分，以减少工作区内的分割。这种思想提供了一种比固定分区的建筑更经济、更灵活的方法。但在办公室内必须注意使用吸音材料，这样才能使噪声保持在标准水平以下。

计算机在办公室布局中的使用：一个使用了多种计算机程序的综合方法已经应用在了办公室布局中。这个方法在设计备选布局方案时，考虑到了分析师与三个计算机程序之间的交互。开始阶段是数据的收集，通过问卷调查来确定沟通方式和公共数据、设备和会议地点的使用情况。这些数据不仅是为个人收集的，而且也是为组织子单元收集的。第二阶段的分析是将实体划分为交互密切的一些小组。这样系统可以提供巨大的灵活性。分析师可以使用五种不同的启发式程序来划分多达 100 个实体。我们可以将实体看成是个人、科室部门、局级部门或其他组织的子单元。系统可以提供数据来对比小组之间以及小组内部的交互数量。分析师必须确定分组要达到的程度。这个方法的最后一步是提供多种小组定位的备选方案。分析师必须提供一定的输入，来确定各个小组所需的空间大小，并指定应当保持固定的位置。另一个程序将小组之间的交流数量乘以实体之间的距离(用来衡量效果)，并利用其结果来生成块状图布局。

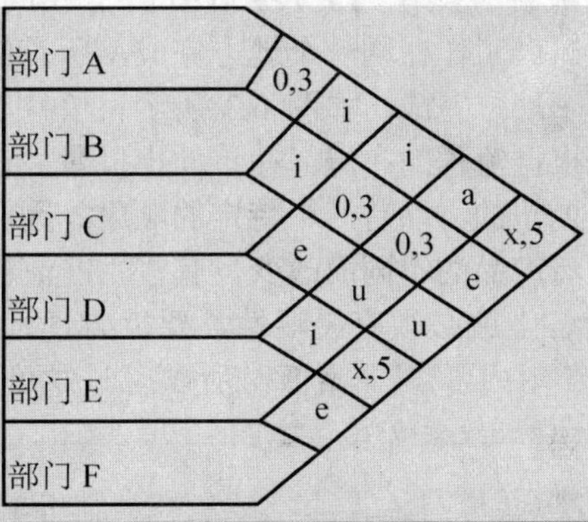

靠近优先代码	重要程度	原因代码	可能的原因
a	绝对重要	1	使用相同的设备
e	非常重要	2	使用相同的记录或人员
i	重要	3	促进工作流
o	一般重要	4	易于沟通监管
u	不重要	5	不安全条件
x	不期望		

图 6.1　摩瑟表格中的靠近优先权

6.2　生产布局类型

在制造企业中，有 3 类常见的制造企业：单件小批量生产、批量生产以及重复性生产。这些制造企业的不同需求用以下两个指标进行划分是一种非常重要的方法。一个重要的指标是多样性，即制造企业所生产的部件或产品的种类；另一个是产量，即制造企业生产每种零件或产品的平均数量。它们的关系如图 6.2 所示。

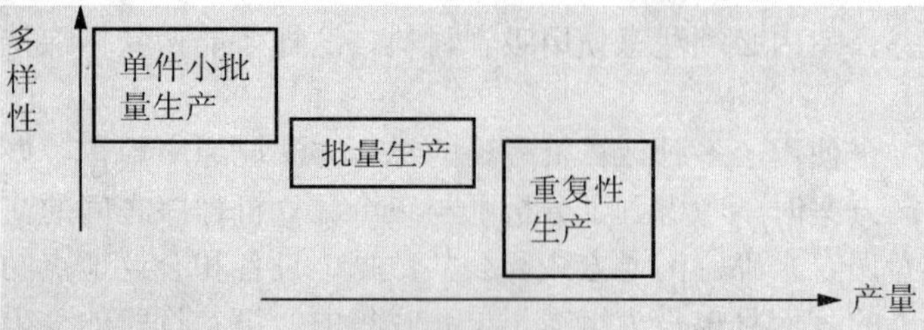

图 6.2　3 类制造企业的特点

6.2.1　根据功能的布局

1. 根据功能的布局

单件小批量生产通常生产非标准产品，一般情况下产品的产量不会很高。因此，单件小批量生产必须生产多种产品以保证达到足够的销售水平。这种类型的工厂在生产上必须有非常大的灵活性，但是对产量的要求却不是很高。这些公司购买通用的设备，进行各种操作，雇佣能够完成各种操作的工人。工作任务相同的工作人员和设备分配在相同的地方。也就是说，所有的碾磨工作在同一个地方完成，所有的焊接工作在另外一个地方完成，所有的搅拌工作又在另一个地方完成，如图 6.3 所示。单件小批量生产的布局也被称为根据功能的布局、功能性布局或根据流程的布局。在单件小批量生产中制造的任何一件商品，都要求原料从加工到生产产出所期望的物品有一个特定的顺序。因此，从一个功能区到另一个功能区，通过工厂的工作流要随着产品的不同而改变。有些生产流程非常长，包括了大量重复的过程，这样，在传输原料的设备上就必须有灵活性，要能方便地将产品从一个工作站或机器上移到另一个工作站或机器上。由于产量非常低，所以有时候可能要使用手动设备将产品移送到各个地方。

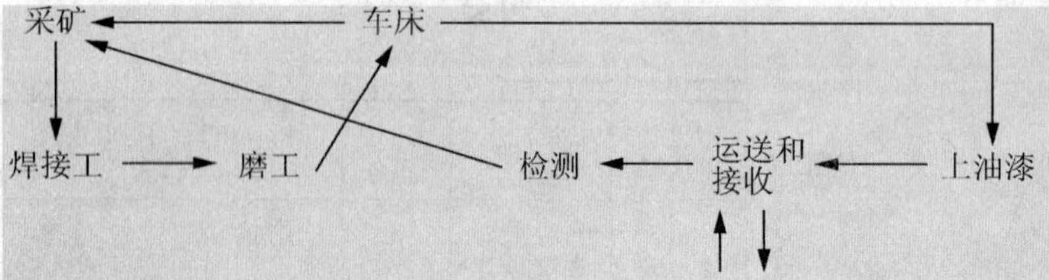

图 6.3　根据流程的布局

2. 根据功能的布局的优缺点

1) 优点

(1) 设备和工作人员的灵活性。

(2) 对设备的投资小，因为除非产量大，否则不需要设置重复设备。

(3) 专业性。每个部门的监管人员对他们所监管的工作有非常专业的知识。

(4) 任务的多样性。工作任务的要求使这种工作更适合于有多种技能的人。

2) 缺点

(1) 原料移动缺乏有效性。在移动材料的时候，可能会出现重新加工或大范围移动的情况。

(2) 在时间上缺乏有效性。在每个任务之间，工作必须等待。

(3) 生产计划和控制的复杂性。

(4) 成本高。工人必须有比较全面的技术能力，因此他们的工资就比流水线上的工人高。

(5) 产量比较低。因为每个工作都不同，因此需要不同的设备和操作技能。

3. 在服务企业中的应用

服务企业也可以根据流程来进行布局。因为在这类运作中，原料的运输不是重要因素，因此反复运作之间的距离和往返的需要不是非常大的问题。进行大量文书工作的办公活动(例如保险申请)必须搬运大量的轻量材料(文书工作)，但是，在一些办公室里，面对面交流和监管工作的便利性通常比纸张的流动更重要。因此，当几个人要共用一台机器或使用相同的记录文件时，这些人通常就被安排在一个地点办公。

顾客是一些服务运作的参与者，因此顾客的便利性就非常重要。设施的布局要便于联系，应该使顾客很快地找到他们希望见的人。一些服务根据功能进行布局，零售商店将所有类似的产品，例如不同部门的五金器具、运动产品和照相器材放在一起，这样不仅方便管理而且让购买者可以方便地寻找所需的商品。办公室的工作被分成部门，例如收款部和付款部。大学通常将经常进行交流的不同院系放在一起。医院有产科、心脏科、外科病房、放射科和病理学实验室，每个部门里都有一些类似的功能。有些汽车修理厂指定一些区域用于喷漆和机身修复工作，而另一些地方用来维修发动机。既然这些类型的工作需要不同的设备和技能，因此功能上要分开。银行经常将一些部门分开，例如贷款部和抵押部，有时甚至还将取款窗口和开户窗口分开。

6.2.2　根据产品或流水线的布局

1. 根据产品布局

如果公司大量地生产相同产品或某几件产品，那么工厂应该对设备进行合理的布局，使得产品可以有效流动，进而降低每件产品的成本。每个生产步骤都要使投入的产品尽快地、可靠地转换成所需的最终产品，为此工厂要购买特殊设备，通常使用自动化设备。每个设备按照制造步骤的顺序进行摆放，工作部件就沿着流水线从一个工作站流到另一个工作站，目标就是要使运动的路径不要长于必要路径。内部生产的零件或子流水线应该放置在要使用零件或子流水线的附近，外购的产品也应该被送到它要使用的地方附近。如果物品需要存储，存储的地点应该在使用地点附近。因为产品的工作次序直接决定所生产的部件，因此这种布局有时候被称为“根据产品的布局”，它也被称为是流水线、生产线或装配线。流水的路径并不一定是直线，它可以根据所在场地的特点进行一定的变化或压缩。在某些时候，可以使用多条流水线。如图6.4所示，这条流水线被接入了多条子流水线。

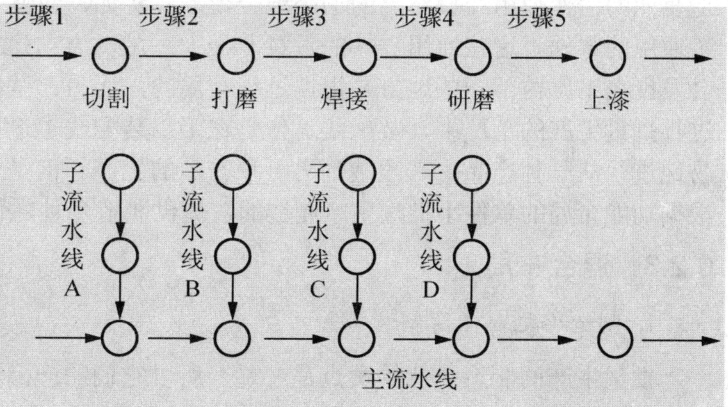

图6.4　生产线模型

对于那些质量轻的物品(如小收音机或磁带机)，虽然可以沿着流水线手工进行传递，但是既然流动的路径是固定的，而且有大量的物品要流动，因此对自动运送物品的设备的投资是非常必要的。有时候会使用到高空传送带或爬升传送带，也可能用自动机械来移送货物，或完成增值工作，例如上漆或焊接。

2. 根据产品布局的一些优缺点

1) 优点

(1) 减少材料的搬运。

(2) 在生产过程中，只有少量的工作。

(3) 减少整个处理过程的时间。

(4) 简化生产计划和控制系统。

(5) 简化任务，使得没有技术的工人也可以很快地掌握技术要领。

2) 缺点

(1) 生产缺乏灵活性。对产品的一点改动会导致整个生产线的改动。

(2) 时间上缺乏灵活性。产品流动的速度不能比最慢任务完成的时间快，除非这个任务可以在多个地方进行。

(3) 大量的投资。要使用专门的设备，不论生产的过程是否沿着流水线进行，设备重复是必不可少的。

(4) 每个部分相互依赖。只要整个系统中有一个机器损坏，或完成整个工作所规定的操作人员不够，那么整个生产线就要停止。

(5) 工人工作的单调性。工人必须不断地重复同一个简单而枯燥的劳动，非常容易疲劳。

3. 在服务企业中的应用

一些服务企业也使用流水线布局。当你走过自助餐厅，要通过一类又一类的操作(用餐器具、分发沙拉和主菜等)。当许多人要献血时，设备就要进行排列，这样捐献者才可以从一个站移到另一个站：医疗记录、血压测试和体温测试等。当要对许多人进行连续的服务时，使用流水线布局可以获得一些优势。流水线减少了人们花在通过所有步骤的时间以及撤销运作的时间。几乎没有人需要等待，而且即使等待，也是一个非常短的时间。由于流程和顺序已经固化在设备布局内部了，所以引导人们通过这些设备是非常容易的事情。混合布局一些制造企业的运作使用经典布局的一个混合模型。例如，虽然一些产品产量比较小，但是包含大量通用的零件，这些通用零件的数量非常大，足以为它建立一条流水线来进行生产。因此，会发现在工厂内部一些地方是根据过程布局的，而另一些地方是根据产品进行布局。在一些进行批量生产的工厂中，装配线运作是在手工装配线上进行的，这些手工装配线可以相对容易地进行从一种产品生产改装到另一种产品的生产。但是，生产线上所使用的零件很可能是根据功能布局的单件小批量生产制造的，提供制造多种零件的灵活性。

6.2.3 混合布局

1. 制造单元或蜂窝制造

批量生产的制造企业的卖点是产量，所以它们的产品产量通常比单件小批量生产高，目的就是为了减少部门之间设备和步骤的数量。但是，大量的生产和流动使得它也有不少缺点，例如要求为大量现有产品提供库存和剩余空间，以及由工厂中的大量搬运工作带来的反复的、繁重的实际工作负荷。因此，一些进行批量生产的企业将完全根据功能的布局变为使用制造单元的布局，以此来缩小企业的规模。高产量的工厂可能在某些地方也需要使用专用单元。

有些零件看起来相似但是在其他特征上却有区别，通常这些零件以相同的步骤，通过相同类型的设备进行生产。那些有着相同的通用特性的部件被称为“系列部件”。公司发现，它们可以设计一个制造单元或将制造同一个系列部件的设备放置在一处生产系列部件，这样可以得到一些流水线布局的优势。至少有部分部件在制造单元中的生产公司称之为蜂窝制造。例如，某公司需要用钢板制造各种零件，这些产品要从钢板上切割下来，平面抛光并保证零件有一定的厚度，然后在零件上钻孔。每个零件的宽度、厚度及孔的直径和位置都不同，但是，它们都可以按顺序分别用切割的锯子、打磨的机器和钻床进行加工。这 3 类设备可以分为一个个小的单元，这样生产系列零件时就不是从分割部门移送到抛光部门再移送到打孔部门；相反地，经过一个长长的加工周期，它们可以在同一个单元中进行生产。在一个单元里，生产的零件可以很容易地从一步转移到另一步，因为设备就在附近，因此移动原材料的时间和花费相当低。部件在一个时间移动到一个地点，而不是经过一段相当长的时间等待重新装载然后再运送到另外一个地方，因此现有产品对库存和存储空间的要求就非常低。没有了这些延迟，制造零件的时间就缩短了。因此，使用单元或蜂窝制造不仅有流水线布局的一些优点，而且同时还具有功能性布局的一些灵活性。由于蜂窝制造同时具有产品布局(或称为流水线布局)和流程布局(或称为功能性布局)的一些特征，因此它被认为是一种混合布局。

惠普、迪尔公司和 Martin Arietta 等公司都使用蜂窝制造来获取优势。例如，迪尔公司生产多个系列的农用设备，其中一些设备的零件与另外一些设备的零件在形状上相似，只是型号不同而已。这样，公司就会生产一些系列零件。一旦识别出是系列部件，就可以使用适当的设备进行生产。迪尔公司在威斯康星州、伊利诺斯州和爱荷华州的工厂使用单元布局。在使用了单元布局后，生产汽缸的周期时间从 28 天下降到 10 分钟，加工、返修、原料运送和时序安排等工作都减少了。

有时候识别相似部件和将这些部件分成系列的过程被称为分组技术，大概是因为它能将生产技术要求类似的零件分成一个组。一些公司要生产成千上万种零件，因此要识别所有相似的零件是非常困难的。可以用数字代码来描述类似零件的大小和形状这样的基本特性，计算机通过检索这些代码将类似的部件集合到一起。有时候，设计师在描述某个装配线上所需的零件时会惊奇地发现公司已经生产了这种零件。如果零件已经存在，公司就可以减少零件的生产时间，直接使用这种通用零件。另一个识别蜂窝制造所生产的部件系列的方法是检查日常工作清单，在列有一系列生产步骤的工作清单上寻找那些相同的步骤。

2. 一些常见的单元布局

通常用来获取单元布局优势的一种形式，特别是如果自动化设备辅助部件移动的时候，就是让机器或设备排成一个 C 形，自动化设备就设置在 C 形的开始部分。自动化设备可以利用弧度进行自由摇摆以便够到每台设备。自动化设备把零件装载到第一台机器上，然后在机器间传递零件，结束的时候从最后一个机器上卸载零件。当然，这些零件必须放在自动化设备的程序已经设定好的、可以拿到这些零件的地方。

在制造企业中，还有两种形式的制造单元，它们可以让有多种技能的工人在同一个单元中操作多种设备。一般可以在进行准时制生产的公司里看见这种类型的单元。这两种布局分别是兔追模型单元和 U 形线模型单元。

1) 兔追模型单元

在兔追模型单元(Rabbit-Chase Cell)(图 6.5)中，机器被排成一个圈，操作机器的人都在圆的内圈，工作人员围着圆圈转，这样他们可以操作所有的设备。如果工作人员要手动地完成所有的操作，单元的周期时间就是所有运作时间和移动时间的总和。如果一些机器自动运转周期时间就可以缩短。工人围绕着圆圈转，为自动机器装载/卸载产品，在自动设备进行加工的时候，工人就可以进行别的工作。通过改变机器上的模具，这种类型的单元能够生产不同的部件。如果一个经常生产的部件在制造过程中需要在某个设备上多次更换模具，最好在这个单元中重复设置这种设备。相同设备中的一台用来配置不同的模具，并且只在加工特定部件的时候才使用。

在这类单元中提高产出的另外一种方法是，让两个工人围绕着圆圈转，一个跟在另外一个后面，共同使用这些设备。当然如果有 3 个或更多的工人以同样的方式进行工作，效率会更高。但是它要求工人必须能够操作该单元内所有的设备，而且这种工作单元的工作速度只能以最慢工人的移动速度为标准。

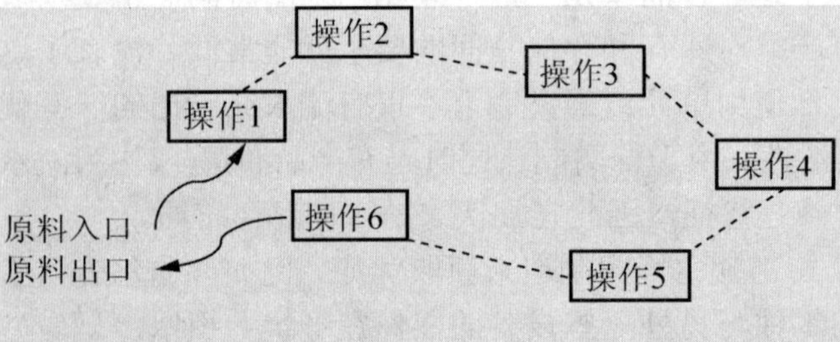

图 6.5 兔追模型单元

2) U 形线模型单元

有时候工作单元是将机器放置成一个窄的 U 形。有多种技能的工人可以完成一个部件的所有加工工序，他沿着 U 形的一边按顺序加工，然后到 U 形底部，再从另外一边折返回来。有时候，可以让两个(或多个)工人在 U 形单元内部同时进行工作，加工部件，提高产出率。第一个工人在 U 形的一边加工部件，可能只加工一半，然后放下部件，转到另外一边，接着在 U 形的另外一边加工并完成第二个工人留下的部件。而第二个工人加工第一个工人留下的部件，将这个部件在 U 形的一面加工完，沿着 U 形底部加工，并转到另外一面，然后将部件留在某处，等待第一个工人继续加工。U 形线模型单元(U-line Cell)的工作可以由两个工人完成，如图 6.6 所示。在这种方式下，使用多个工人可以减少每个工人需要掌握的技术种类。

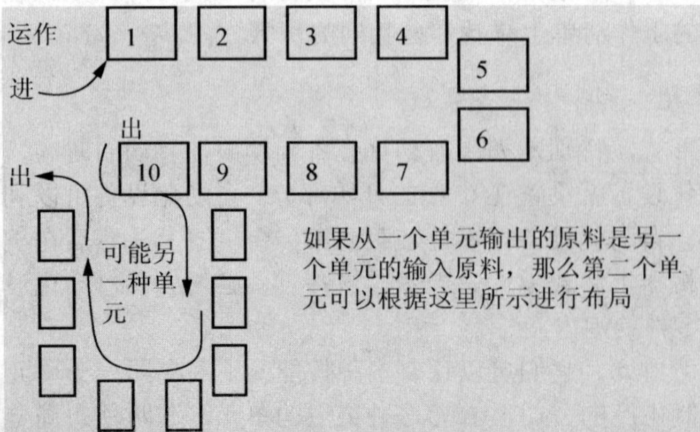

图 6.6 U 形线模型

6.3　影响布局的因素分析

进行生产设施布置方案设计时需要考虑与生产经营绩效有关的因素。与产品计划决策或设施选址决策类似，就达到预期目标而言，管理人员在决策过程中必须确定应在哪方面予以注重。生产设施布置的设计与制定是追求销售额最大化还是物料运送成本最小化？答案取决于企业所处的实际情况。在大多数情况下，这涉及对多重因素的权衡。表 6-1 列出了 4 种不同生产设施布置需要考虑的因素。

表 6-1　4 种生产设施布置系统下需要考虑的因素

生产制造企业	零售商店	仓　库	办 公 室
资本投资	资本投资	资本投资	资本投资
物料运送	便利顾客程度	灵活性	信息沟通
灵活性	灵活性	工作条件与环境	灵活性
工作条件与环境	氛围	物品储存有效期	氛围
维修	销售额		组织结构
员工工作态度			员工工作态度
生产效率			

资本投资是设施布置时需要考虑的重要因素。占地面积、设备需求和库存水平在一定程度上取决于生产设施布置是工艺专业化还是流水线生产方式。在生产批量小的情况下，工艺专业化设施布置可使设备资源的充分利用成为可能。工艺专业化设施布置则侧重于降低对设备和占地面积的需要，但存在着在制品库存增加的不利一面。总而言之，资本投资额应与预期销售收入相适应。

就物料运送的经济性而言，对于作业来往频繁的工作重心应能够相互就近布置，以利于它们之间的物料搬运和降低成本。

系统布置的灵活性在许多场合下给生产或服务、给用户都带来方便。系统布置的灵活性意味着在经历了显著的需求变更之后，生产与服务设施仍保留其所期望的状态，能够容易地适应需求的变化。需求的变化方面可来自顾客的品位、产品种类、库存占用面积、组织结构等。系统布置的灵活性一方面取决于管理者预测需求的能力，另一方面体现在能使修改和调整原有设施布置设计所需的成本最小。

除了上述因素之外，表 6-1 中列举的其他因素也是需要考虑的重要方面。在合适的系统设施布置状况下，由同一作业人员操作若干个工序可以提高工作劳动效率。由于系统设施布置不当而造成物料运送困难，则会导致停工待料的状态出现，占地面积或空间配置不合理也会给设备维修带来一定的困难。工作现场环境，包括温度、噪声干扰、安全性和氛围，都可能与系统设施布置有关。良好的办公室布置可以增强组织结构的凝聚力，零售店的布置应能够起到商品促销的作用；就仓库管理而言，先进先出的货物进出原则可能会有助于减少因物品腐烂变质或寿命期有限而造成的损耗。此外，员工的工作态度也可能因系统设施布置是否允许其工作与社会外界相容、是否体现其责任与义务相互平等、是否保护个人隐私权等而受到影响。

6.4 设施布局

6.4.1 根据产品进行布局分析

在设计一些生产线工厂(即根据产品的布局)时，不仅要设计每个部分的产品，而且流程工程师还要确定制造的所有步骤。生产的产量可能决定生产过程是否经济，而流程技术可能决定必须完成的步骤的确切次序。然后，执行任务的设备和工作站可以按它们所需的顺序摆放。例如，电子装配线上的印刷电路板(比如电视机)必须在装配电子部件之前生产好。焊接到电路板上的部件必须能够承受自动焊接所发出的热量(也许用自动化设备或自动的“电路板填充物”进行焊接)。所有这些部件的电子连接器都在同一个时间进行自动焊接，那些不能承受自动焊接所发出的高温的部件将手工焊接到电路板上。另一个例子是加工需要打孔、上螺纹和加螺钉的金属零件。需要完成以上操作的半成品按加工的顺序摆放在流水线上，一旦流水线建立，这些部件将随着流水线在恰当的地方进行加工。

在某些情况下，任务序列并不被技术所固定，生产线上一些工作站和设备可以以多种方式排列。这种情况在手工装配线运作中比较普遍，产品的生产可以以多种顺序进行。当多种方案存在时，在选择好的方法为每个工作站分配的任务上，数学模型(如后面要讲述的生产线平衡模型)是非常有用的方法。利用生产线平衡模型确定工作站和分配工作站上工作任务。

人们为工作站分配任务的时候仅仅只是根据期望任务完成的时间而进行。有时候，其他一些因素也要考虑到，不同的任务要求的技术技能可能差别非常大。因此，只有当安置职工和培训员工等问题得到解决的时候，要求不同技术的任务才可以被分配给同一个人。除了工作人员的能力存在不同以外，一些生产过程相互冲突也导致工作必须在不同的地方进行。打磨和上漆就应该在不同的地方进行。有火花产生或有火星的工作(如焊接)，就必须远离对易燃品的操作，例如使用溶剂进行清洁。生产线有时候被划分为区域，某些工作只能在某些特定的范围内完成。

除了考虑技术和物理上的因素外，还要考虑心理因素。工作人员必须要有充分的思想准备，认为他或她能够完成所分配的任务，这种思想能够让员工们意识到他们所完成工作是整个工作的一部分。

如果需求的增长超过了生产线或装配线的能力，各种情况都可能发生。如果生产线不平衡，可能会在不调整整个生产线的情况下提高能力。当服务的需求超过生产线的整体生产能力时，一些在不平衡生产线中的工作站可以进行小幅度的适应。最慢的工作站或“瓶颈”决定了生产线的最小周期时间。从对工作方法和在有限工作站中的研究中，可以发现一些减少整个生产线周期时间的方法。如果生产线是平衡的，但是需求大大超过产量，那么可以用其他的生产能力更高的生产线替换现有的生产线，或用其他设备补充现有的生产能力，弥补生产线的周期时间。

对于同时有一些人工工作站和一些机械步调的工作站的生产线来说，运行一段时间之后，整个生产线就会变得不平衡。操作人员会逐渐熟悉工作，改进工作中的一些缺点，而机器时间则保持相对的稳定，这样就产生了生产能力的不同或吞吐率的不同。

6.4.2 根据流程布置设施设备

1. 确定部门的规模

根据生产流程或功能的布局通常与提供各种产品或服务的运作联系在一起，可以通过估计典型的产品组合来决定运作设备的规模和类型。设备的选择是由那些经常生产的产品或受布局影响最大的商品的类型所决定的。

在进行了预测之后，就要考虑每个部门所需的空间。对制造企业的运作来说，每个产品或部件的生产过程都是固定的。生产每个产品或部件所需的时间要乘以每个月产品的期望产量，得到对每个部门生产时间的估计。一般来说，每月的生产时间决定了所使用的工作人员和设备的数量。当然，考虑到季节的不同和一些随机因素的变化，还必须在工作负载上留出一些富余生产能力。这种附加的能力可以弥补在报废、旷工、设备损毁以及其他情况发生时所造成的一些损失。

2. 确定部门的位置

在确定了部门的必要规模之后，就要在现有结构内(如果空间允许)或在一些新工厂的期望模式内设置功能部门。部门之间的相对位置要根据部门所需的空间、现有结构的形状和每个产品生产的一系列步骤等因素决定。某些布局结构将比另外一些更经济或更适合。这个阶段的生产布局有非常多的选择，这使得布局过程更加复杂。

为了说明可选择的布局有多种方案，如图 6.7 所示的例子。假设在一栋建筑里安排 6 个大小相同的部门(1～6)，为了简化问题，假设部门的形状都是正方形的，同时假设大楼是长方形的。有 6 个位置选择可以安排部门 1，一旦部门 1 被安排好，就有 5 个地点选择可以安排下一个部门，再下一个部门就有 4 种安排方案，如此下去。这样就有 6！(即 720)种方案可以安排这个机构，如果再增加一个部门，就有 7×720=5040 种方案，对 n 个正方形的部门进行排列的可选方案是 n！种。当然，有些排列方案是镜像对称的(从左到右与从右到左是一样的，从上到下与从下到上是一样)。但是，如果改变部门的形状和位置，选择的数量就非常有限了。你会发现在现实中，要识别和排列一定数量的部门需要花费很长的时间，除非使用一些启发式(经验式)的方法对选择进行限制。当然，在选择之前，也需要一些标准或目标，以减少需要评价的可选方案的数量。

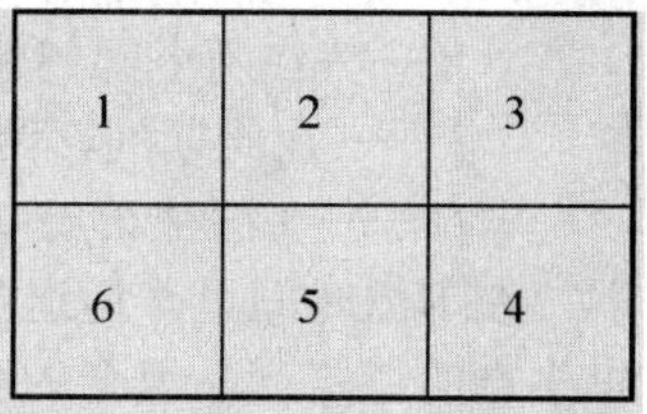

图 6.7　在长方形建筑中 6 个正方形的部门空间

3. 运输成本是布局的准则

在确定制造部门的相对位置时，尤其是当工作时，搬运大而笨重的货物成本非常大，因此在部门之间运送这些货物的成本是一个重要考虑因素。公司布局不仅影响部门之间的距离，而且还影响成本。除了搬运这些物品的成本以外，虽然存在一些其他的因素能够排除一些布局方案，但是不把这些因素列入考虑范围内，例如，一个人不会在一台不断产生震动的重型机器旁边进行精密的、高精度的操作。被列入考虑范围内的布局，要以原料运输成本为基础进行对比，才能得出期望的结果。

1) 固定流模式

一些公司在生产大多数产品时，即使它们生产的产品种类繁多，也使用相同的通用工作流模式(固定流模式，Dominated Flow Pattern)。在这种情况下，根据其他部门的位置来确定这些部门的最优位置是一个相对直接的方法。例如，一个为顾客定制雨衣、裙子、宽松上衣或类似服装的服装公司，每个订单都按接收原料的顺序进行登记，然后再按剪裁、缝制、贴商标和打包这个顺序进行制作。如果每个部门都按加工进行的顺序进行排列，原料移动的成本最小。因为运送和接受材料可能在同一个部门内，因此通常会使用U形或O形生产线，而不是直线型生产线。这种情况下可能的一种布局如图 6.8 所示。注意，加工这些货物的开始和结束的地点都在运送和接受部，货物的每次移动都是从一个部门移送到旁边的一个部门。

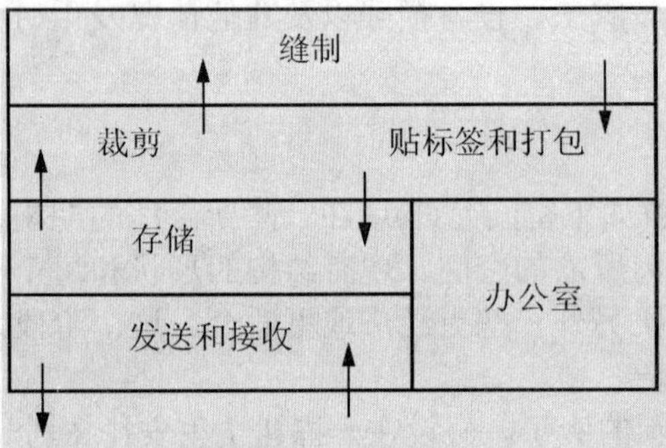

图 6.8　固定流模式的布局

2) 可变的流模式的考虑

大多数制造不同产品的公司部门之间不会只选用一种流模式。当存在多种流模式时，公司通常会力图寻找比较适合经常进行移动的部门或移动货物成本比较高的部门的布局。对于给定的布局，在一个时间段(如一个月)内两个部门之间移动货物的成本 M，可以通过以下方法进行粗略的估计：计算进行了货物移送的两个部门之间 3 个要素的乘积，如公式(6-1)所示。对每个发生了移动的部门的 M 计算总和，得到整个布局的移动总成本为

$$M=V\times W\times D \tag{6-1}$$

式中：M——在所选定的时间段内，两个特定部门之间移动物品的成本；

W——在两个部门间移动的货物的重量，用单位距离的价格来表示；

V——在此期间，两个部门之间所移动的物品的数量；

D——在这种布局中，两个部门之间的距离。

在单位时间里，运送货物的总成本可以通过计算所有部门之间运送的、公司期望在工厂里生产的特定产品组合的成本总和来得到。布局可能不会将所有产品的运送距离都最小化，但是如果布局能够将总运送量(即单位产品距离乘以运送的量)最大的那些货物的运送距离最小化，那么这就是一个好的布局。运送距离较长的可能是那些很少进行货物运送的部门，或者是运送单位距离(如 100 英尺)货物成本非常低的部门。因此，靠近优先是两个特定部门分开而产生的单位距离成本。在一些部门中，产品移动的数量与移动单位距离成本的乘积非常大，而布局的目的就是缩短这些部门之间的距离。以下用一个例子说明这个过程。

假设估计期望的产出是设备寿命的一个合理百分比。已知期望的产品组合和数量，就会知道每个部门所需的规模大小和两个部门之间单位时间(如每个月)的期望平均运送次数。表 6-2 表示了一个工厂内的 6 个部门之间的运送次数。然后，需要知道在两个部门之间移动平

均大小的货物其单位距离的移动成本(每英尺)。这些信息见表6-3。注意，表6-3所示是一个矩阵。如果成本与两个部门之间的距离成比例，只要使用矩阵中斜线以上或以下部分的数据即可。但是，通常需要移动的物体(因为每个部门中物体移动的情况不同)是不同的，并且每个部门的产品可能使用不同的方法和不同的装载数量进行移动。因此，就不能假设从部门A到部门D运送货物的成本与从部门D到部门A运送货物的成本相同。

表6-2 每个月两个部门之间运送货物的平均次数

从＼到	部门					
	A	B	C	D	E	F
A	0	217	418	61	42	180
B	216	0	52	190	61	10
C	400	114	0	95	16	20
D	16	421	62	0	41	68
E	126	71	100	315	0	50
F	42	95	83	114	390	0

表6-3 装载单位量的物体，运送每100英尺距离所需的成本 单位：美元

从＼到	部门					
	A	B	C	D	E	F
A	0	0.15	0.15	0.16	0.15	0.16
B	0.18	0	0.16	0.15	0.15	0.15
C	0.15	0.15	0	0.15	0.15	0.16
D	0.18	0.15	0.15	0	0.15	0.16
E	0.15	0.17	0.16	0.20	0	0.15
F	0.15	0.15	0.16	0.15	0.15	0

将运送货物矩阵(表6-2)中的运送次数与单位成本矩阵(表6-3)中相应格子中的成本相乘，得到的结果是表示从一个部门到另外一个部门每100英尺货物运输的费用。如果将斜线下方单方向上的运送成本，加上斜线上方反方向上的运送成本，就得到两个部门之间每100英尺货物运输的费用。

表6-4中的数据就是将表6-2和表6-3的假设数据相乘的结果。将表6-4斜线下方的数据加工到斜线上方，就可以得到每月单位距离内移动货物的成本，结果见表6-5。如果两个部门之间移送单位距离的成本都相同，就不需要表6-3和表6-4的矩阵，可以直接找出两个相邻的部门之间的移动货物的次数。因为在这个例子中，两个部门之间运送单位距离货物的成本不同，因此表6-5最小化运送成本的部门布局的基础。

表6-4 两个部门(考虑移动的方向)之间，每100英尺距离的月运送成本

从＼到	部门					
	A	B	C	D	E	F
A	0	32.6	62.7	9.8	6.3	28.8
B	38.9	0	8.3	28.5	9.2	1.5
C	60.0	17.1	0	14.3	2.4	3.2
D	2.9	63.2	9.3	0	6.2	10.9
E	18.9	12.1	16.0	63.0	0	7.5
F	6.3	14.3	13.3	17.1	58.5	0

在图 6.9 中，一些单元中带圆圈的数字表示了按降序排列的距离优先数(运输成本)。如果运输成本是唯一标准，那么：①部门 A 要靠近部门 C；②部门 B 要靠近部门 D；③部门 A 要靠近部门 B；④部门 D 要靠近部门 E；⑤部门 E 要靠近部门 F。用这些启发式算法(经验规律)作为指导，可以设计出图 6.9 所示的最终布局图。双箭头表示靠近优先。这种安排使得高度靠近优先的部门可以紧挨在一起。

表 6-5　两个部门之间，每 100 英尺距离的月运送总成本

在……之间	部　门					
和	A	B	C	D	E	F
A	0	71.5③	122.7①	12.7	25.2	35.1
B		0	25.4	91.7②	21.3	15.8
C			0	23.6	18.4	16.5
D				0	69.2④	28.0
E					0	66.0⑤
F						0

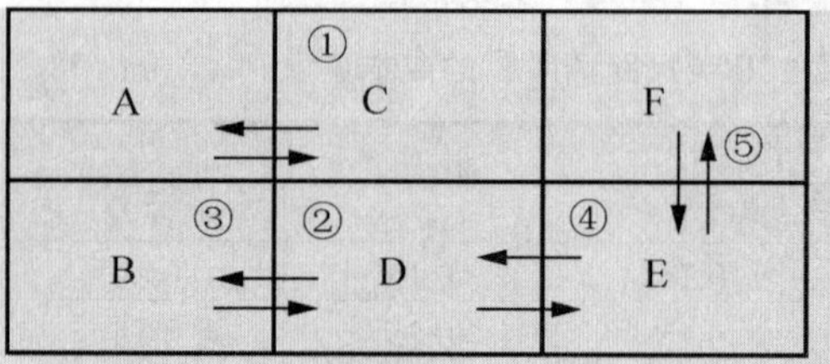

图 6.9　满足运送成本靠近优先的布局图

4. 非运输因素

除了对运输成本的考虑外，还有一些其他的因素使某两个部门必须紧挨在一起，或某个部门不能与某个部门紧挨在一起。如在医院里，要对患传染病的患者隔离护理和治疗，很明显，康复室不能远离治疗室；在工厂里，要使喷漆部(有可燃性液体)远离焊接部(有火花产生)。一些基本的常识给人们提供一些指导，避免将所有可能的布局方案都试一遍。

6.4.3　设备和工作区域在部门中的排列

如果一个部门有多个工作站和多种设备，就要考虑另外一个层次的细节问题。每个部门的布局与整体布局类似。办公室中家具和设备、服务领域里的设备以及制造部门里的设备都应该按有效的工作流模式进行布局，并且要兼顾部门里工作的类型。

用纸或木头裁出相同比例的模板，用这些模板在相同比例的工作区模型板中模拟布局设计，通常是一种非常有用的方法。在模板中移动模型，要比对实际的办公室或制造部门进行重新布局要容易得多。模型可以在模板中进行布局，代表各种实际要考虑的布局。工作流程和在一定区域的空间大小可以通过研究这些地区的物理模型而非常清楚地看见。在某个地方工作的工作人员一般都要求设计这一地方的布局，这是帮助他们完成工作的最好方式。

在动态经济中，变化是任何组织发展过程中的一部分。大众传媒、大众营销以及其他因素已经使人们在消费模式和运作方法上起了巨大的变化。工厂被设计为宽敞的开放空间，这样可以适合各种使用的需要。由于金属建筑物的灵活和经济，它已经被广泛地应用到工厂、展览室、仓库，甚至是办公室中。

知识拓展

一个定制的自动化机器单元

在明尼阿波利斯的库尔特制造公司，用自动化设备在 3 个机器工具之间移动一个 90 磅重的部件。这个部件是用来制造控制数据公司所生产的硬盘外壳的。库尔特是一个进行精加工的加工厂，有 300 名雇员，它从 1975 年开始就加工这种部件，而且每年都生产这种部件。这些年来，库尔特已经与客户形成了紧密的联系，并被客户所认可。随着生产数量的增加，库尔特制造公司使用单元制造来提高生产率。

部件的制造从一个 90 磅的铝锭开始，库尔特要将其进行抛光，抛光所去掉的厚度要在 0.0005 英寸以内，并在上面精确地打 97 个孔，其中的 70 个孔还要打上为了上螺丝的螺纹。这种半成品的加工过程对于操作人员来说非常费劲，因为他们要把原料高举过头顶。但是，如果把自动移送设备放在中间，让它在围成半圆形的设备之间移动这些部件，整个加工过程就变得非常容易。两名工人操作这个单元，另外 8 名工人负责操作一系列的制造设备。一个人负责装车，并把它们送到单元里，另外一人负责检验部件，检查螺纹或检修其他设备问题。

自动移送设备负责将部件从货车移送到第一台抛光机上，在这里有 17 个工作用的钻头在部件的 5 个面上打孔。下一步，部件就被放置到货架上，然后被送到加工中心。当部件被送到加工中心后，首先进行清洗，将表面的金属屑清洗干净，这样部件才可以在最后的操作中被精确定位。之后，部件被送到钻孔打磨机前。当整个操作完后，部件再次被清洗，并放在送出的拖车上运送给客户。

第一个抛光机和钻孔打磨机是库尔特的工程师根据客户的要求设计的。库尔特也设计整个系统的执行过程，对设备控制进行编程。这种自动化设备参与的单元减少了直接劳动。你可以看见这样有创造性的使用单元如何最小化操作间移动的距离和浪费的时间，如何减少在制品，以及如何更好地节约场地。

思考题

1．3 个经典的布局类型是什么？请给每个类型举一个例子。

2．描述 U 形单元模型是如何工作的。

3．制造企业和服务企业布局的不同之处有哪些？

4．为了给生产制造企业进行布局的优化，通常需要考虑几种因素。这些因素是什么？

5．为什么一些办公室使用开放空间，并且开阔的空间里没有永久的隔断？

6．Techno 玩具公司正考虑生产手持电子“宠物”，当玩具产生光或声的信号要求“喂食”或“走路”的时候，要通过按一些键来进行“关心”。运作管理者要安装一条装配线，每天运转 7.5 个小时，生产 500 个单位的产品。下表列出了每个人物、任务时间和先驱的要求。

工作任务	时间/秒	先　驱	工作任务	时间/秒	先　驱
A	31	无	F	40	B
B	36	A	G	12	D
C	15	A	H	16	G
D	22	A	I	30	G
E	37	B	J	21	I

(1) 通过在工作站可用时间中选择最短任务时间进行分配来平衡生产线，要求只要每个工作站的剩余可用时间可以用于分配。

(2) 通过在工作站可用时间中选择最长任务时间进行分配来平衡生产线，这种分配方式与(1)中的分配方法是否有所不同，为什么？

7. 下面这张表列出了一个吹风机生产线上工作所要求的任务、时间和先驱条件。公司要在460分钟的周期里，生产360个单位的产品。

工作任务	时间/秒	先　驱	工作任务	时间/秒	先　驱
A	0.2	—	F	0.3	C
B	0.7	—	G	0.9	D
C	0.5	—	H	0.2	F
D	0.8	A	I	0.2	H，E
E	0.7	B	J	0.4	G，I

(1) 画图来表示先驱关系，并在任务上标出时间。

(2) 进行任务分配，选择工作站适合的最长时间来平衡生产线。

8. Spruce It Up 家具厂最近希望在扩大了的200英尺×300英尺的办公楼里重新安排6个部门。部门的大小是相同的，都是100英尺×100英尺，排列在2×3的网格里。假设两个部门之间的平均移动距离就是两个部门之间中点的直线距离。相邻两个部门之间的距离是100英尺，可以计算出对角上两个部门之间的直线距离。假设对于所有的移动，单位距离成本都是相同的，这样单位成本就可以忽略不计。下面的表格是对两个部门之间每星期移动次数的估计值。

(1) 在这些相邻的部门里找出靠近优先原则首先考虑的5个相邻部门。

(2) 根据这些优先关系，试着列出可能的部门布局。

(3) 计算在这种布局下，每个星期需要移动的总次数。

(4) 把你计算的结果与其他同学计算的结果进行比较。

部　门	每星期移动次数				
	2	3	4	5	6
1	80	20	10	75	30
2	—	50	30	40	35
3	—	—	20	10	90
4	—	—	—	45	80
5	—	—	—	—	60

实训与考核

实训项目：

X-Calibre 公司最近希望在160英尺×240英尺的办公楼里重新排列6个部门。部门的大小是相同的，都是80英尺×80英尺，排列在2×3的网格里。假设两个部门之间的平均移动距离等于它们中点之间的直线距离。相邻两个部门之间的距离是80英尺，可以计算出对角上两个部门之间的直线距离。假设对于所有的移动，单位距离成本都是相同的，这样单位成本就可以忽略不计。下面的表格是对两个部门之间每星期移动次数的估计值。

部　门	每星期移动次数				
	2	3	4	5	6
1	60	200	170	30	50
2	—	50	90	40	0
3	—	—	40	20	25
4	—	—	—	100	20
5	—	—	—	—	10

(1) 在这些相邻的部门里找出靠近优先原则首先考虑的5个相邻部门。
(2) 根据这些优先关系，试着列出可能的部门布局。
(3) 计算在这种布局下，每个星期需要移动的总次数。
(4) 把你计算的结果与其他同学计算的结果进行比较。

实训考核：

考核要素	评价标准	分值/分	评分/分				
			自评(10%)	小组(20%)	教师(50%)	专家(20%)	小计(100%)
构建部门布局指标分析体系	(1) 所构建的部门之间的移动指标体系能反映部门布局中的优先原则	15					
	(2) 部门布局体现了适应性、科学性、整体性、可比性和可操作性	15					
选择部门布局分析方法	(1) 根据优先关系，分析可能的部门布局的方法选择得当，体现了优先原则与最小化运送成本的部门布局原则的结合等	20					
	(2) 正确计算指标	15					
统计指标分析	指标分析文字表述简练、正确，确实能够说明现象本质特征、现象发展变化规律等	35					
合计							
评语(主要是建议)							

第7章　工作流程设置和工作设计

学习目标

通过本章学习，学生应理解生产运作管理中关于价值的概念；能掌握流程的概念、量度及工艺流程图的使用；应学会装配线平衡的方法；能够理解有关时间的概念以及了解对时间的研究状况；应该学会岗位工作设计的方法和步骤。

工作任务描述

盈利是企业获得长期成功的基础。企业要想盈利，就要为顾客提供有价值的产品和服务。产品和服务是通过流程创造的。流程是由相关的资源组织而成的，它包括一系列活动。

请问，你将如何组织资源、安排流程以生产更有价值的产品和服务？

本章任务

(1) 通过价值属性分析确定流程组织目标、时间控制目标以及岗位工作设计目标。

(2) 根据价值目标，组织流程。

(3) 根据价值目标，合理控制时间。

(4) 根据价值目标，合理安排岗位工作设计。

工作任务实施

完成本章任务的一般步骤如下：

(1) 确定价值属性。

(2) 确定流程组织方法，并加以实施。

(3) 确定控制时间方法，并加以实施。

(4) 确定岗位工作设计方法和步骤，并加以实施。

本章工作流程设置和工作设计是以创造价值为出发点的，价值是通过流程来实现的，因此对流程进行规划、分析和改进成为运作管理的核心内容。时间也是体现价值的一个重要方面，通过对涉及活动和流程的时间加以分析研究，进而做到合理控制，也能够为企业创造价值作出贡献。岗位工作设计会影响生产运作的效率与成本，对价值的创造也能产生重要的影响。因此，对流程组织、时间和岗位设计进行分析研究并合理安排是企业实现价值的必要条件。图7.1给出了工作流程设置与工作设计的流程图。

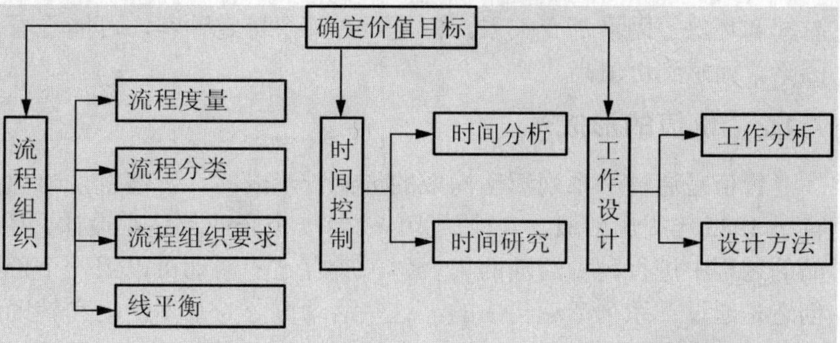

图 7.1　工作流程设置与工作设计的流程图

7.1　价　值

价值是一个耳熟能详的词语，但当人们谈到价值时，所表达的含义往往不一样，价值在不同学科里面其内涵也各不相同。因此，需要从生产管理角度界定价值的内涵。

7.1.1　价值的概念

企业作为一个营利性的经济组织，赚取利润是其经营活动的主要目标。企业的利润来源于其产品或服务的销售，只有其销售收入大于其销售成本，企业才能获得一定的利润。换句话说，企业销售收入越高、销售成本控制的越低，其利润就越高，企业发展的就越好。

企业要想扩大销售收入，就必须使其产品或服务为更多的客户接受；企业的产品或服务要想为更多客户接受，就应该为客户带来更多利益，换句话说，就应该为客户创造更多价值。因此，价值创造是企业盈利的前提。企业只有为顾客创造价值，它的产品和服务才能得到社会的承认，才能获得更多的资金用于再生产。顾客购买企业生产的产品和提供的服务的根本原因是这些产品和服务对顾客有价值。

价值是顾客对产品和服务的效用与顾客获得这种产品和服务所付出的代价的主观评判。顾客对产品和服务的效用的评判是由两方面因素决定的。一方面是产品和服务本身所具有使用价值；另一方面是顾客的主观偏好，也即顾客对这种使用价值的主观评价。

生产运作管理中讲的价值与政治经济学中讲的价值不是一个概念。根据马克思主义的价值理论，价值是一般社会劳动在商品中的凝结。按照这种观点，价值是客观的，与顾客的主观评价无关，而生产运作中所讲的价值则借鉴西方经济学的理解，是消费者对商品的主观评价。

另外，消费者在进行价值判断的时候，不仅会考虑商品或服务给自己带来的满足，还会考虑获得这种价值所付出的代价。顾客为什么要买这台电脑，而不买那台电脑，原因在于这台电脑给顾客带来的满足减去顾客买这台电脑花费的成本大于那台电脑给顾客带来的满足减去顾客所需花费的成本。

价值取决于很多因素，不仅体现在产品和服务的性能与成本方面，而且还体现在品种、时间和对环境的影响上。如果是一个新品种，或者是特定顾客特别欣赏的产品，价格虽比较贵，但综合评价的结果，顾客仍然要购买。如果两种产品的性能和价格相近，但交货期不同，顾客可能选择交货期短的产品，因为及时获得这种产品对这位顾客更有价值。如果其他因素都相同，与环境相匹配的产品就更受欢迎。产品的性能、花色等都可以归于质量范围，品种的新颖性等可以归于创新范围。因此，顾客感受的价值与产品和服务的质量、成本、创新、时间和环保等因素都有关系。但是，对某个特定顾客，可能更看重产品和服务的某一方面的因素，而感到价值高。

7.1.2 价值的形成

价值是通过一系列活动构成的价值链形成的。价值链是哈佛大学商学院教授迈克尔·波特于 1985 年提出的概念，他认为，“每一个企业都是在设计、生产、销售、发送和辅助其产品的过程中进行种种活动的集合体。所有这些活动可以用一个价值链来表明。”企业的价值创造是通过一系列活动构成的，这些活动可分为基本活动和辅助活动两类，基本活动包括内部后勤、生产作业、外部后勤、市场和销售、服务等；而辅助活动则包括采购、技术开发、人力资源管理和企业基础设施等。这些互不相同但又相互关联的生产经营活动构成了一个创造价值的动态过程，即价值链。如图 7.2 所示，从研究与开发(R&D)，经过设计、供应物流(Inbound Logistics)、生产、发送、销售物流(Outbound Logistics)，一直到售后服务，这一系列活动，每项活动可能增加价值，同时也在消耗成本。通过研究与开发，得到一种全新的产品或服务，对顾客产生价值。通过采购，其中有顾客青睐的元器件，会增加价值。生产活动本身就在形成产品和服务的质量与特色，增加价值。营销使顾客了解产品和服务，提高了顾客的认知价值。配送和售后服务给顾客提供了便利与信心，使顾客愿意出更高的价钱来购买。在这一系列活动中，各项活动创造的价值对不同的顾客是不同的，每项活动消耗的成本也不同。使每项活动创造的价值多、消耗的成本少是运作管理的任务。

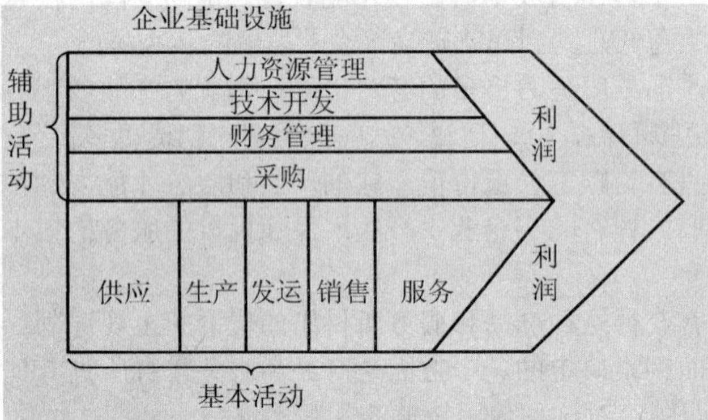

图 7.2 价值链

7.1.3 价值的属性

价值是由企业通过一系列的活动创造的，然而，企业创造的价值对于不同的顾客而言其感知程度是不一样的。比如，便利性对个体顾客一般是基本的价值属性，但对企业顾客可能是第二位的属性。即使是两个个体顾客，对便利性的感知价值也可能不相同。

1. *个体顾客的价值属性*

个体顾客的价值属性一般包括成本、质量、便利性、及时性、个性化要求、责任心和款式等要求。成本包括购买成本和使用成本。质量衡量满足顾客需要的程度，包括性能、可靠性、可维护性等。便利性是获得产品和服务的难易程度。及时性是指需要等多久才能获得所需的产品和服务。个性化要求表示是否尊重和考虑顾客特殊的要求。目前，顾客对及时性和个性化的要求越来越重视。责任心表示是否对顾客负责。款式表示产品的式样和风格是否时尚。

2. 企业顾客的价值属性

企业顾客的价值属性一般包括成本、质量、交付的可信性、柔性和响应时间等要求。成本和质量与个体顾客包括的内容相同。交付的可信性表示交付的承诺能否满足。柔性是指产品能否适应变化的任务和特殊的需要。响应时间与及时性类似，表示能够多快地提供产品和服务。

3. 价值转移模型

价值是通过一系列活动创造的，在创造的过程中，价值不断地积累并转移，从供应商到制造商，价值通过供应链网络不断增加，最后由产品和服务的提供者送达顾客。图 7.3 所示的是价值转移模型。

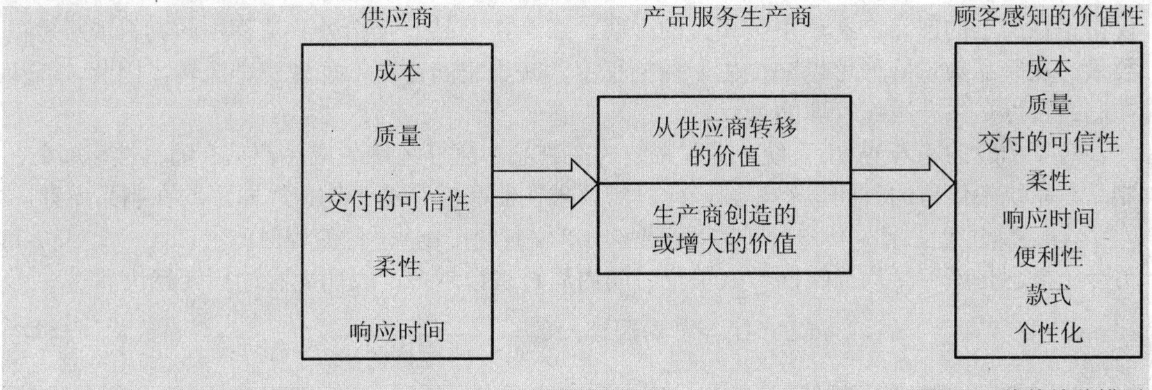

图 7.3　价值转移模型

7.2　流　　程

流程是生产运作管理中最重要的概念之一。就其本质来讲，生产运作就是流程，是从原材料变成产品和服务的流程。

7.2.1　流程的概念

无论干什么事，无论在生活、休闲还是工作中，都有一个“先做什么、接着做什么、最后做什么”的先后顺序，这就是人们生活中的流程，只是没有用“流程”这个词汇来表达而已。具体到生产运作中，产品从原材料到半成品再到成品，要经过一系列加工环节，这一系列加工环节即流程。在经过流程的各个环节，价值不断地积累并创造，同时成本也在不断升高。对流程进行合理的分析和改进，直接影响企业利润的增减，因此它是运作管理的核心内容。

做任何事情都需要资源投入，都需要借助资源的效用，包括资金、信息、精力、人员、技术等，因此对投入的资源也要善加管理，否则也难于成事。在此，对流程的认识又深入了一步，流程还包括对输入、输出的管理。流程概念运用于企业，就变成了一本本标准化的操作手册，它能够使企业成为企业界的“能人”，对企业“能办事、办好事”，对客户“会来事”，企业活得比别家企业舒畅。换而言之，它能够有效地凝聚经验、指导新人、提高工作效率、提升工作效果，最终带来企业竞争力的提升。因此可以用简单的语言来表述：流程就是一系列活动的组合，这一组合接受各种投入要素，包括信息、资金、人员和技术等，最后通过流程产生客户所期望的结果，包括产品、服务或某种决策结果。

既然产品和服务是通过流程提供的，那么流程中的一系列活动或工序都必须为顾客增加价值，不增加价值的活动应该尽量减少，以致消除。比如，在加工和服务过程中的等待是不增加价值的，应该减少和消除。

7.2.2 流程的度量

流程一般用流程时间、在制品库存和通过率(流程率)来度量。

流程时间是指加工服务对象(人或者物料)从进入生产运作系统 (如车间、医院)开始，到离开生产运作系统为止的时间间隔。流程时间是加工服务对象在加工服务系统中停留的时间，流程时间越短，对顾客和生产商越有利。因此，缩短流程时间是生产运作追求的目标之一。

在制品有广义、狭义区分，广义的概念是指正在加工和准备进一步加工的半成品，狭义仅指正在加工的产品。在这里按狭义的理解，那么在制品库存指处于流程中的物料或顾客的数量。在制品数量降低可以减少生产拥挤程度，减少空间占用，加速资金流转。因此，减少在制品数量是生产运作管理的目标之一。

对于一般的输入-输出系统，进入系统的在制品和离开系统的成品都具有随机性，每个在制品在系统中停留的时间也不相同，此时需要求在制品库存的平均值，即平均在制品库存。

$$\text{平均在制品库存}=\text{平均单位时间产出}\times\text{平均流程时间} \tag{7-1}$$

另一个概念是库存平均周转次数，单位时间内周转次数越多，表明库存的周转越快。

$$\text{库存平均周转次数}=\frac{1}{\text{平均流程时间}} \tag{7-2}$$

为了直观地描述系统输入、输出、库存和流程时间的情况，可以采用输入-输出图。输入-输出图的横坐标表示时间，纵坐标表示累计顾客(工件)数量。现举一例说明输入-输出图的含义。

【例 7-1】 经过观察，某医务室病人到达和离开的情况见表 7-1。

表 7-1 某医务室病人到达和离开的情况

病人编号	到达时间	离开时间
1	8:00	8:45
2	8:12	9:07
3	8:16	9:30
4	8:30	9:45
5	8:45	10:15
6	9:00	10:22
7	9:20	10:44
8	9:31	11:00
9	9:45	11:16
10	10:01	11:38
11	10:22	11:48
12	10:45	12:13
13	11:00	12:17
14	11:10	12:29
15	11:28	12:36

按表 7-1 提供的数据绘制输入-输出图，如图 7.4 所示。1 号病人在早上 8:00 钟到达医务室，图中按纵坐标方向增加 1；2 号病人 8:12 到达，从 8:00 到 8:12 画一条水平线，并在坐标(8:12,1)处按纵坐标方向从下往上画上一个单位长度。随后每个病人到达医务室，都照此办

理，就形成一个不规则的楼梯状折线，称为输入曲线。对于病人离开医务室的情况，用同样的办法也可以画出一条楼梯状的折线，称为输出曲线。

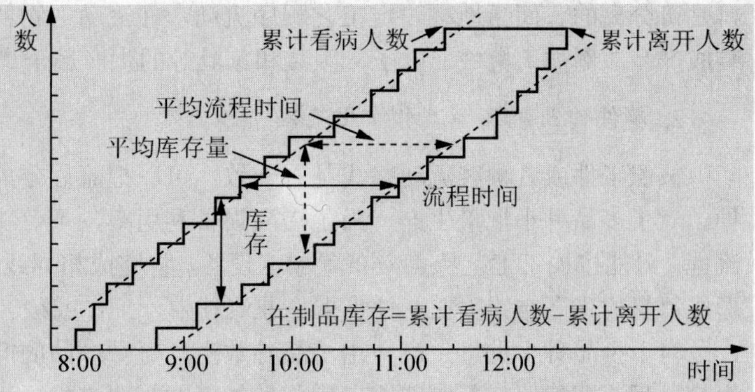

图 7.4　输入-输出图

输入曲线反映病人的输入情况，曲线最高点的纵坐标反映的是累计到达医务室的病人数，对应的横坐标反映本统计时段最后一个病人到达医务室就诊的时间；输出曲线代表病人离开医务室的情况，折线最高点的纵坐标反映累计离开医务室的病人数，对应的横坐标反映本时段最后一个病人离开医务室的时间。

两条折线水平方向的距离表示相应的病人在医务室停留的时间，即流程时间；两条折线垂直方向的距离表示某一时刻在医务室停留病人的数量(累计看病人数减去累计离开人数)，即在制品库存。

如果用一条直线近似地代表折线，如图 7.4 中虚线所示，则两条虚线的水平距离表示平均流程时间，垂直距离表示平均库存量。

输入-输出图也可以连续地绘制，连续绘制的输入-输出图适于连续工作的单位。

7.2.3　流程分析工具

进行流程分析需要用到不同的工具，包括流程图、时间功能图、价值流程图、工艺流程图和服务蓝图。

流程图是流经一个系统的信息流、观点流或部件流的图形代表，适合于快速了解整体情况，有助于理解整个系统。

时间功能图增加了宏观分析的精确度和时间要素。

工艺流程图用图形符号表明工艺流程所使用的机械设备及其相互联系的系统图，能够更详细地观察流程，它加入了增值时间、延误、距离和储存等要素。

服务蓝图是详细描画服务系统的图片或地图，服务过程中涉及的不同人员可以理解并客观使用它，而无论他的角色或个人观点如何。服务蓝图直观上同时从几个方面展示服务：描绘服务实施的过程、接待顾客的地点、顾客雇员的角色以及服务中的可见要素。它提供了一种把服务合理分块的方法，再逐一描述过程的步骤或任务、执行任务的方法和顾客能够感受到的有形展示。

7.2.4　流程的分类

1. 连续流程与离散流程

按照加工服务对象的物理状态的均质性，可以把流程分为连续流程和离散流程。连续流程是指物料均匀、连续不断地按一定工艺顺序流动，在流动中物料的形态和性能不断改变，最后形成产品。例如，化工、炼油、造纸、食品等的生产就属于连续流程。离散流程是指物料是可分离的、间断地按一定工艺顺序流动，在流动中物料的形态和性能不断改变，最后组装成产品。例如，机械、电子、服装和家具等的生产属于离散流程。

2. 单件作业流程和流水作业流程

按照工件或者顾客流动路线是否一致，可以把流程分为单件作业流程和流水作业流程两种。对于多品种小批量生产，为了提高设备利用率，不可能按照某个品种的产品来组织生产流程，只能按加工工艺特点来布置加工设备，将完成相同或相近工艺过程的设备配置在一起，形成“机群式”布置。在单件小批作业流程中，工件或顾客的移动路线不一致。

对于少品种大批量生产，由于品种数少，每种产品的产量都很大，可以按照产品来组织生产流程，即按照产品制造或者零部件加工的需要来配置机器设备，形成“流水线”布置。在流水作业流程中，工件或顾客的移动路线都一致。比如，制造业中的汽车生产装配线、服务业中的体检都是流水作业流程。

3. 推进式流程和牵引式流程

按生产驱动方式可以分为推进式(Push)流程和牵引式(Pull)流程。对于加工装配式生产，产品由许多零件构成，每个零件要经过多道工序加工，要组织这样的生产，可以采用推进式流程或者牵引式流程。

对于推进式流程，每一工作地和生产车间都按计划加工零部件，将完成情况反馈到计划部门，并将加工完的零部件送到后一道工序和下游生产车间，不管后一道工序和下游生产车间当时是否需要。物料流和信息流是分离的。

对于牵引式流程，每道工序和每个车间都按照当时的需要向前一道工序和上游车间提出要求，发出工作指令，上游工序和车间完全按这些指令进行生产。物料流和信息流是结合在一起的，形成牵引式流程。牵引式流程比推进式流程具有更小的在制品库存。

4. 工件不动的流程与工件移动的流程

按工件是否移动，可以分为工件不动的流程和工件移动的流程。工件不动的流程出现在工件难以移动的情况，如船舶、公路、桥梁、房屋和油井的建造等。对于工件不动的流程，工件维持不动，操作工人、机器设备和工具要按照生产与工程的进程来配备。由于空间有限，组织加工或施工会造成很大困难，物流也会变得十分关键和复杂。因此，只要不是由于工件本身不能移动的产品，都应逐步改为工件移动流程，如早期汽车的制造采用工件不动的流程，后来改为工件移动的流程。工件移动的流程可以使机器设备固定安装，电源、水源和气源的线路和管道容易合理布局，有利于在现场建立工作秩序，形成有序的物料流，保证安全和质量，减少操作者行走和搬运工具等无效的体力消耗，提高工作效率。

5. 成批移动流程和单件移动流程

按照工件或者顾客是单件移动还是成批移动，可以分为成批移动流程和单件移动流程，这两种流程对加工周期、等待时间、运输次数、设备利用和组织管理的影响都是不同的。

工件在加工过程中可以采用成批移动、单件移动和混合移动 3 种典型的移动方式。

1) 成批移动方式

一批零件在上道工序全部加工完毕后才整批地转移到下道工序继续加工，这就是成批移动方式。采用成批移动方式，一批零件的加工周期 T 成批为

$$T_{成批}=n\sum_{i=1}^{m}t_i \tag{7-3}$$

式中：n——零件加工批量；

t_i——第 i 工序的单件工序时间；

m——零件加工的工序数。

【例 7-2】 如图 7.5 所示，已知 n=4，t_1=8 分钟，t_2=5 分钟，t_3=15 分钟，t_4=7 分钟，则 $T_{成批}=4\times(8+5+15+7)=140$ (分钟)。

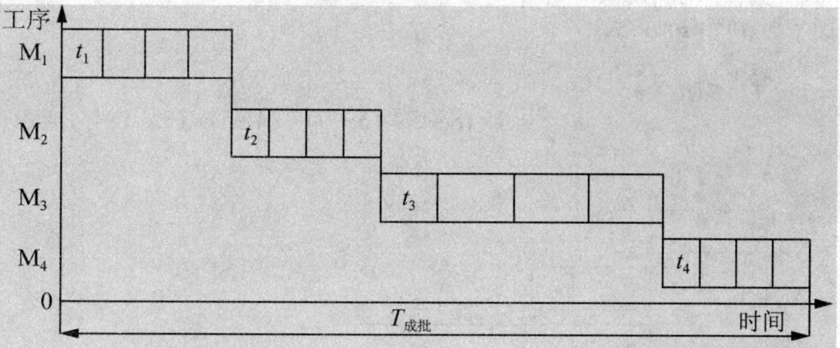

图 7.5　成批移动方式

2) 单件移动方式

每个工件在前道工序加工完毕后，立即转移到后道工序去继续加工，形成前后工序交叉作业，这就是单件移动方式。采用单件移动方式，一批零件的加工周期 T 单件为

$$T_{单件}=\sum_{i=1}^{m}t_i+(n-1)t_L \tag{7-4}$$

式中：t_L——最长的单件工序时间，其余符号同式(7-3)。

将【例 7-2】中单件工序时间代入，可求得 T 单件，如图 7.6 所示。

$$T_{单件}=(8+5+15+7)+(4-1)\times 15=80\,(分钟)$$

3) 混合移动方式

成批移动方式零件运输次数少、设备利用充分，管理简单，但加工周期长；单件移动方式加工周期短，但运输频繁，设备空闲时间多而零碎，不便利用。为了综合两者的优点，可采用混合移动方式。混合移动方式要求每道工序连续进行加工，但又要求各道工序尽可能平行地加工。具体做法如下：

当 $t_i<t_{i+1}$ 时，零件按单件移动方式转移。

当 $t_i\geqslant t_{i+1}$ 时，以第 i 工序最后一个零件的完工时间为基准，往前推移$(n-1)\times t_{i+1}$ 作为零件在第$(i+1)$工序的开始加工时间，如图 7.7 所示。

$$T_{混合}=n\sum_{i=1}^{m}t_i-(n-1)\sum_{i=1}^{m-1}\min(t_i,t_{i+1}) \tag{7-5}$$

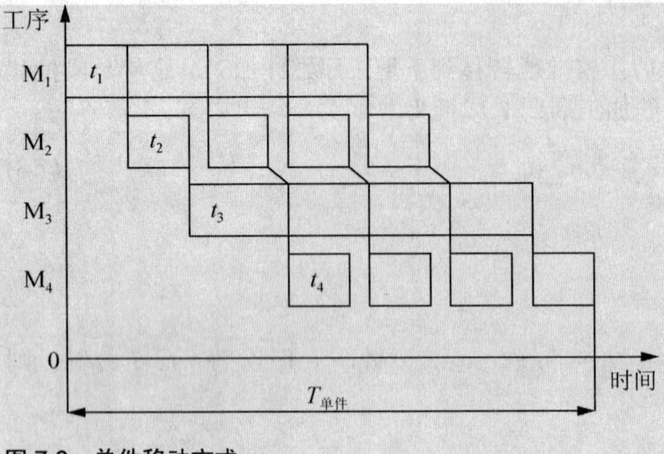

图 7.6　单件移动方式

将【例 7-2】的数值代入，得

$$T_{混合}=4\times(8+5+15+7)-(4-1)\times(5+5+7)=89\,(分钟)$$

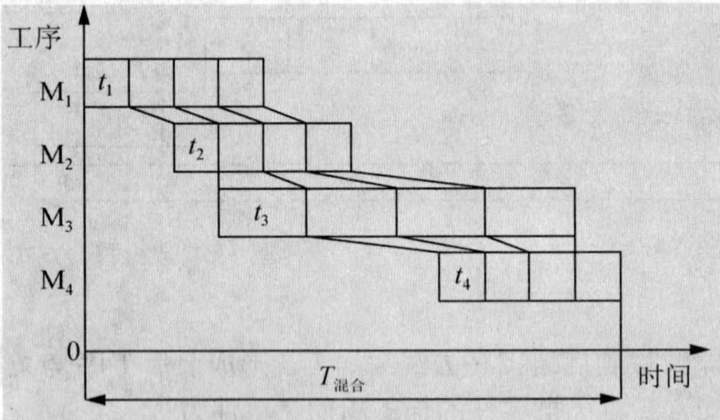

图 7.7　混合移动方式

7.2.5　组织流程的基本要求

组织流程的基本要求有两条。一是尽量减少以至消除不为顾客创造价值的活动。应该消除的时间有等待时间、搬运时间和空闲时间；需要压缩的时间包括加工时间和调整准备时间。二是同步性，或称“工序同期化”，是指组成一个流程的各个环节完成每项任务的时间相同。工序同期化的基本方法是把整个作业任务细分为许多小工序，然后将小工序组合成大工序，并使这些大工序的单件作业时间接近或等于节拍或节拍的倍数。在此基础上还要在关键工序采取措施。

例如，做一个板凳需要两个工序，一个是在加工木块，另一个是组装。那么怎么加工才比较快呢？甲：第一个人加工完一个木块，就送给下一个人组装；乙：第一个人把所有木块加工完才递给第二个人组装；丙：第一个人加工了一部分后，再送给下一个人组装。要注意的是，这个传送工程也要一个人来做。因此，甲：会把搬运工累死；乙：搬运工很闲；丙：搬运工起到了作用，而且不会出现半成品积压或组装工一直工作到忙死的境况。

在一条流水线上，个别工序干得快，整条流水线的出产速率不会加快；个别工序干得慢，整条流水线的出产速率就会同最慢的工序一样慢。因此，同步性是组织流程的基本要求。为了保证同步性，福特汽车公司曾经采用强制节拍流水线，使工人不能随意地少干或多干。

7.2.6　线平衡

线平衡或生产线平衡(Line Balancing)是指如何指派工作给工作站的决策过程，以使各个工作站负荷一样。换句话说，线平衡即是对生产的全部工序进行平均化，调整作业负荷，以使各作业时间尽可能相近的技术手段与方法，目的是消除作业间不平衡的效率损失以及生产过剩。

进行线平衡首先要根据市场需求确定生产线的出产节拍(Cycle Time)。“节拍”是指连续完成相同的两个产品(或两次服务，或两批产品)之间的间隔时间。换句话说，即指完成一个产品所需的平均时间。节拍通常只是用于定义一个流程中某一具体工序或环节的单位产出时间。如果产品必须是成批制作的，则节拍指两批产品之间的间隔时间，它是由工作站的最长作业时间决定的。

在确定出产节拍之后，要按照各项任务(活动或工序)的先后顺序约束，画出任务顺序图，并测定每项任务所需的时间。然后，在不违背任务顺序的条件下将任务进行组合，形成不同的工作站。组合的要求是各工作站的作业时间几乎相等。

进行线平衡的目标是：在给定的节拍下，使工作站数(工人数)最少；或者给定工作站数，使节拍最短。

在绘制任务顺序图后，便可对各项任务按一定规则进行组合，确定每个工作站的任务，以便能够实现预定的生产速率。这个过程包括三步：

(1) 用每天所需产量去除每天的可用生产时间，得出计划节拍。

$$\text{计划节拍}=\text{每天可用生产时间}/\text{每天所需产量} \tag{7-6}$$

计划节拍是满足外部需求量必须达到的出产速率。

(2) 计算理论上的最小工作站数。即用总作业时间除以计划节拍。如遇小数，则圆整为较大的整数。

$$\text{最小工作站数}=\sum_{i=1}^{n}\text{第}i\text{项活动所需时间}/\text{计划节拍} \tag{7-7}$$

式中：n——装配线的活动总数。

(3) 给每个工作站分配任务来使生产线平衡，使每个工作站的空闲时间最小。

在给工作站分配任务时，要考虑任务的顺序约束，并使每个工作站的作业时间尽可能接近计划节拍。每个工作站的作业时间都不能超过计划节拍，否则就不能满足外部需求。相反，如果给工作站分配任务的结果是负荷最大的工作站的作业时间小于计划节拍，这就会造成装配线的实际节拍要比计划节拍短，这就会造成有些工作站负荷不足，造成忙闲不均。

进行线平衡的方法有多种，这里仅介绍一种启发式算法——最长任务时间法。其具体步骤如下：

(1) 列出可排任务清单。

(2) 从任务清单中挑选作业时间最长的任务。若该项任务的作业时间超过计划节拍，需要将那项任务分解成更小的任务；若不超过，则继续从任务清单中挑选作业时间次长的任务。

(3) 若已挑选任务的作业时间之和不超过计划节拍，则继续这个过程；否则，挑选作业时间更短的任务，以保证工作站的作业时间不超过计划节拍。

(4) 将挑选出的活动从可排活动清单中移出，将其紧后活动加入可排活动清单。

(5) 重复步骤(1)～(4)，直至可排活动清单为空。

进行线平衡后，可以计算装配线的空闲时间 IT(Idle Time)和平衡差异 D(Balance Delay)。

$$IT = nc - \sum t_i \tag{7-8}$$

式中：IT——装配线的空闲时间；

n——工作站数；

c——装配线的出产节拍；

t_i——第 i 项工作任务所需作业时间。

当 $IT=0$ 时，达到完美的线平衡。装配线接近完美的线平衡的程度可用平衡差异 D 来表示。

$$D=IT/nc\times100\% \tag{7-9}$$

【例 7-3】 表 7-2 给出了生产玩具的任务、任务时间、紧前任务等信息。这家公司打算在一个班可用的生产时间 480 分钟内生产 400 台游戏机。

(1) 画出作业顺序图。

(2) 计算计划出产节拍。

(3) 计算最小工作站数。

(4) 采用最长活动时间法，确定各工作站的任务，计算实际节拍。

(5) 计算生产线的空闲时间和平衡差异。

表 7-2　任务时间和顺序

任　务	时间/分钟	紧前任务
A	0.5	—
B	0.6	—
C	0.6	—
D	0.8	A
E	0.7	B
F	0.3	C
G	0.3	D
H	0.1	F
I	0.2	H，E
J	0.4	G，I

解： (1) 作业顺序如图 7.8 所示。

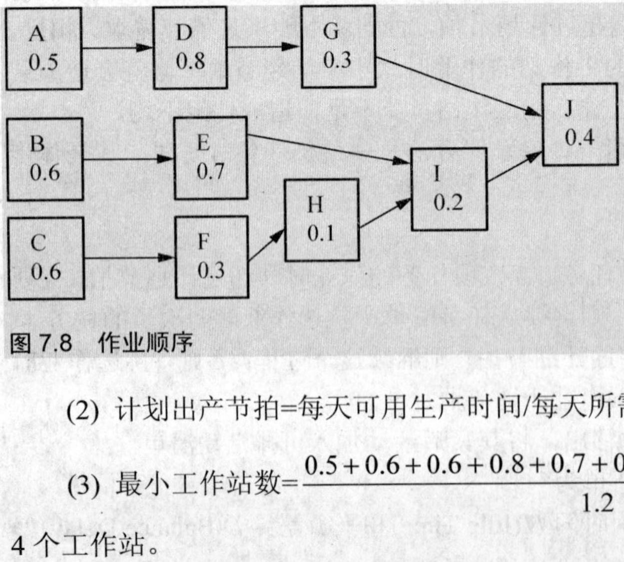

图 7.8　作业顺序

(2) 计划出产节拍=每天可用生产时间/每天所需产量=$\frac{480}{400}$=1.2(分钟/台)

(3) 最小工作站数=$\frac{0.5+0.6+0.6+0.8+0.7+0.3+0.3+0.1+0.2+0.4}{1.2}\approx3.8$，所以最少要设4 个工作站。

(4) 按作业时间最长规则安排任务，见表 7-3。

表 7-3　分配任务的求解过程

工作站	供选择列表	分配任务	时间/分钟	站内时间/分钟
Ⅰ	A，B，C	B	0.6	0.6
	A，C，E	C	0.6	1.2
Ⅱ	A，E，F	E	0.7	0.7
	A，F	A	0.5	1.2
Ⅲ	D，F	D	0.8	0.8
	F，G	F	0.3	1.1
	G，H	H	0.1	1.2
Ⅳ	G，I	G	0.3	0.3
	I	I	0.2	0.5
	J	J	0.4	0.9

得出 4 个工作站，其中Ⅰ号工作站分配的任务是 B 和 C，Ⅱ号工作站分配的任务是 E 和 A，Ⅲ号工作站分配的任务是 D、F 和 H，Ⅳ号工作站分配的任务是 G、I 和 J。工作站最长作业时间为 1.2 分钟，即生产线实际节拍为 1.2 分钟出产一台产品。

(5) 生产线空闲时间和平衡差异分别为 $IT=4\times1.2-4.5=0.3$(分钟)，$D=0.3\div4.8\times100\%=6.25\%$。

7.3　时　　间

如何充分而有效地利用时间，是人们一直关心的事情，也是生产运作管理要研究的问题。从 20 世纪初，以泰勒为代表的科学管理者们就开始了对时间的研究。可以将时间分成两类：涉及活动(作业)的时间和涉及流程的时间。这里将对与生产运作管理有关的时间概念，逐一进行阐述。

7.3.1　涉及活动的时间

1. 加工时间

加工时间(Processing Time)或称处理时间，是改变物料形态或为顾客服务的时间。例如，加工零件、组装产品所耗费的时间；教师讲课、医生看病、提供咨询等为顾客服务的时间。显然，加工时间是为服务对象增加价值的，是不能消除的。对于物的加工需要提高效率，缩短加工时间；对于为人的服务，不应盲目提高效率，有时还需要保证服务时间，如按摩。

2. 调整准备时间和转换时间

调整准备时间(Set-Up Time)是加工物料或为顾客服务之前需要花费的准备时间。具体地讲，在加工一个零件之前，需要调整机器设备，需要准备图纸、工艺文件，这些都需要花费时间。教师讲课之前需要准备相应的教材和讲义，调整电脑和投影仪；医生看病要准备血压表及其他医疗器械。这部分时间不直接增加价值，却是加工零件和提供服务所必需的，应该尽可能缩短。调整准备时间是从不工作状态到开始从事一项活动所花费的时间，而转换时间(Change-Over Time)是从从事一项活动转向从事另一项活动所花费的时间，它的内容与调整准备时间类似，只不过还包括当前从事活动的收尾工作所需花费的时间。例如，加工完一种零件之后，要加工另一种零件，先要将加工前一种零件需要的图纸、工具收拾好，拆卸相应的工艺装备，然后将随后要加工的零件所需的图纸、工具准备好，将所需的工艺装备安装好。

3. 等待时间和库存时间

等待时间(Waiting Time)是指工件加工前或者顾客得到服务前的等待时间。显然，等待时间不仅不为工件和顾客增加价值，而且增加了在制品库存，浪费了顾客的时间，降低了顾客的满意度。因此，应该尽可能减少等待时间。另外，库存也是一种等待，是为了未来需要的等待。

4. 搬运时间

搬运时间包括装卸时间(Handling Time)和运输时间(Transportation Time)，是指物料和顾客发生位移所花费的时间。搬运时间对于物料不仅不增加价值，而且常常因磕碰减少了价值。对于人，如果是从甲地到乙地，“搬运”是必要的，当然，搬运时间也应尽可能压缩，除非是旅游观光。如果搬运不是服务内容，如做手术，则应该减少。如果搬运是必需的，如生产作业中的物料搬运，则应通过统筹安排，尽量减少搬运次数和缩短搬运距离。

5. 空闲时间

空闲时间(Idle Time)是服务者等待顾客或者机器等待需加工对象所耗费的时间，它不直接影响顾客的价值，但浪费了服务者或制造商的资源。顾客等待时间和机器空闲时间往往是互相矛盾的：要减少顾客的等待时间，就需要增加服务台或者机器的数量，从而就增加了服务台或者机器的空闲时间；要减少机器或者服务台的空闲时间，往往又增加了顾客和工件的等待时间。因此，常常需要在两者之间做出权衡。

7.3.2 涉及流程的时间

1. 节拍

如前所述，生产线上相邻两个产品(零件)出产的间隔时间，就是节拍。节拍反映生产系统出产产品的速率，出产节拍越短，出产速率越快。节拍和产品的流程时间无关，产品的流程时间可能很长，但出产节拍可能很短。伞兵跳伞时，在空中停留的时间就是流程时间，前后两个伞兵着陆的时间间隔就是跳伞的节拍。

在生产线上，最长工序的加工时间决定了这条生产线的节拍。图 7.9 表示两个相同的工件经过 5 道工序加工的情形，其中第 3 道工序加工时间最长，它的加工时间就决定了这 5 道工序构成的流程的出产节拍。在其他工序上压缩加工时间，对加快流程的出产节拍没有作用。要缩短生产线的节拍，就必须压缩最长工序时间。压缩工序时间可以通过平行作业，使一项活动同时由多台机器和多个工人操作；也可以通过细划工序，使一道工序分解成多道更细的工序，由多个工人完成。将工序细化会拉长生产线，生产线拉长之后，流程时间会上升，但生产节拍会加快。

2. 生产周期

生产周期(Make Span)是针对一批生产对象而言的。对一批零件而言，生产周期就是它们的加工周期。加工周期是指从第一个工件在第一台机器上开始加工算起，到最后一个工件在最后一台机器上加工完成为止的时间间隔。当一批工件同时到达加工场所，则最长的工件流程时间就等于这批零件的加工周期。如图 7.10 所示，最长流程时间就是工件 3 的流程时间。

由于工件3和工件1同时到达车间，它的流程时间应该从工件1开始加工的时间算起，因此等于加工周期。

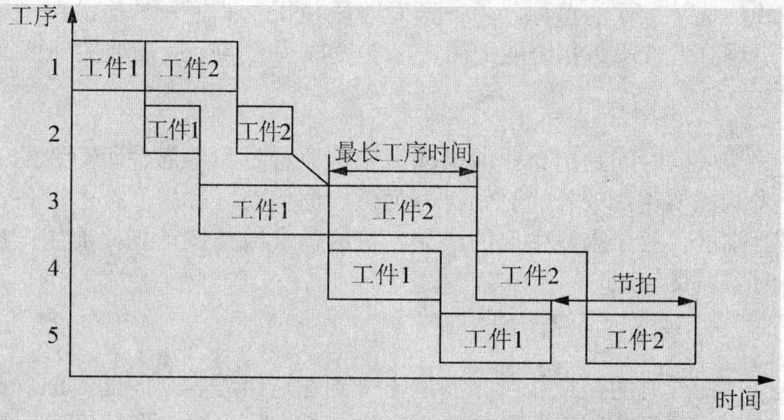

图7.9 节拍与最长工序时间的关系

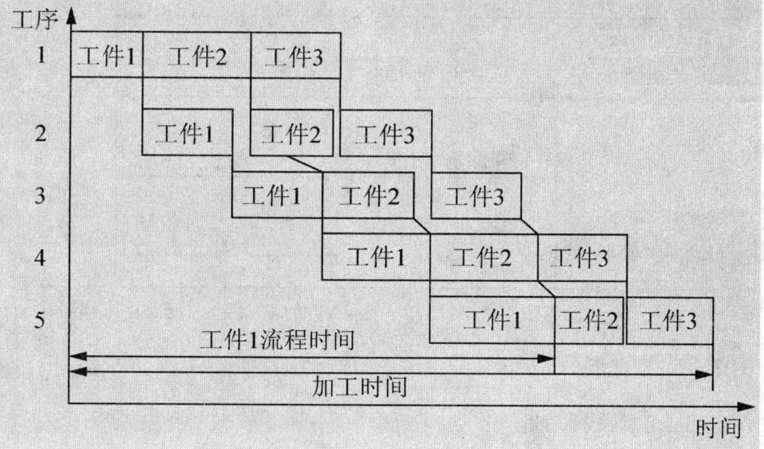

图7.10 加工周期

3. 提前期

关于提前期，不同的教科书的含义是不相同的。国外教科书讲的提前期(Lead Time，LT)实际上相当于我们讲的加工周期、装配周期或制造周期。国内较早的生产管理教科书讲的提前期是指从产品完工期限算起，需要提前多少时间开始采购、开始加工和开始装配，分别对应原材料采购提前期、零件加工提前期、产品装配提前期。为了区分，将国外教科书讲的提前期用LT表示，如图7.11所示。

4. 订单处理时间

订单处理时间是指顾客订单处理所花费的时间。包括订单确认、订单录入、制造的可行性检查、物料清单转换等活动，最后进入订单库等待投产。实际订单处理时间往往比较长，并不像人们所感觉的那样短。

5. 新产品开发时间

新产品开发时间是指企业开发新产品所需要的时间。新产品开发过程大致可以分为3个阶段：技术开发阶段、生产开发阶段和市场开发阶段，3个阶段构成新产品开发时间。技术开发阶段是指企业把新思想、新构思转变为新的产品原型或样品的过程，是对企业为开发新产品而组织相关研究人员所进行的构思创意、研制产品原型或样品，并对其进行测试、评价和筛选等工作的总称。生产开发阶段是指企业把新的产品原型或样品转换为新产品的过程。市场开发阶段是指企业把新产品转变成为市场上所需要的新商品的过程。

6. 采购时间

采购时间是指企业向供应商采购原材料和零部件所花费的时间。对于新设计的零部件的采购需要花费较长的时间，因为供应商需要进行生产技术准备，也需要采购原材料，然后进行生产。对于重复生产的产品，供应商一般是按计划提前生产出来的，或者备有库存，采购时间就比较短。

7. 配送时间

配送时间是指从产品制造出来到送达给顾客之间的时间。配送可以直接从制造厂到达用户，也可以从制造厂送到经销商的仓库，然后配送到零售商，最后送达给顾客。

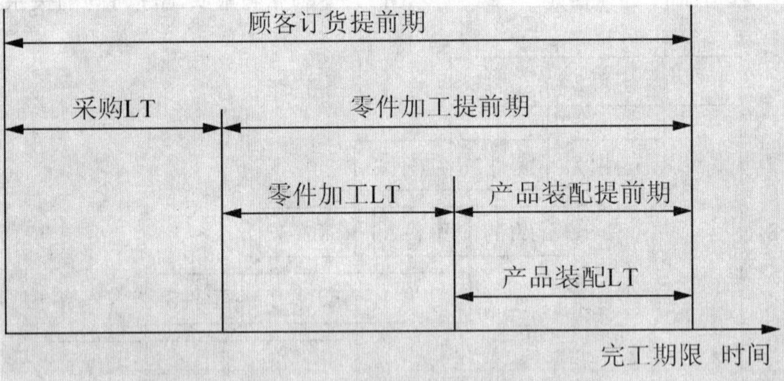

图 7.11　提前期

8. 总流程时间

综上所述，从生产运作的全过程来看，总流程时间一般包括订单处理时间、编制计划时间、产品/服务的研发和设计(包括产品/服务设计和工艺设计)时间、采购时间、制造时间和配送时间。其中，有些过程是可以且应该并行进行的，如计划、设计、采购和制造。对于不同的生产类型，有些活动是不必要的，如老产品重复生产，就基本上不需要设计时间。

7.3.3　对时间的研究

对于时间的研究由来已久，大致可以分成 4 个阶段。

(1) 缩短加工时间和出产节拍的研究。泰勒等从事的时间研究和动作研究，其实质是通过压缩加工时间(Processing Time)来提高劳动生产率。因为在当时卖方市场环境下，产品只要价格低廉就有销路。要使产品价格低廉，就需要降低成本，而要降低成本，就需要提高生产效率。在品种数少的情况下，压缩加工时间，就可以提高生产效率。然而，仅仅压缩加工时间还不能提高生产效率，通过压缩产品出产节拍可以取得更加明显的效果。在泰勒科学管理的基础上，福特通过标准化将分工理论应用到了极致，它创造了流水生产线，使每个工人从事极其简单的操作，从而加快产品出产节拍。当时，福特的流水线曾一天生产过 9109 辆 T 型车，平均不到 10 秒钟出产一台车。后来，除了压缩加工时间和加快产品出产节拍之外，人们通过改善生产计划与控制方法，如通过生产作业排序和 MRP 系统，还在缩短产品的加工周期方面取得了进展。这一阶段的基本特点是在作业层提高效率、降低成本。

(2) 缩短调整准备时间，提高机器的加工柔性。对于大批量少品种生产，调整准备时间不突出，只要能减少加工时间，就能提高生产率。随着市场需求的变化，多品种小批量生产成为主流生产类型，调整准备时间或者转换时间就变得重要起来了。为了减少加工不同零件转换所需要的时间，前苏联米特罗凡洛夫提出成组技术(Group Technology，GT)，将相似零件构成零件族，将加工属性相似的零件成组加工，从而减少机器的调整准备时间。GT是采取改进管理的方法减少调整准备时间。而美国则从硬件着手，采用数控机器(Numerical Control，NC)和柔性制造系统(Flexible Manufacture System，FMS)，通过改变编程来适应不同零件的加工，减少了调整准备时间。日本丰田汽车公司则将技术方法和组织管理相结合，实现了“三分钟换模”和“一机多用”，使加工不同零件的转换时间和加工相同零件的时间几乎一样。缩短调整准备时间就能够很快地从加工一种零件转向加工另一种零件，表明生产系统具有柔性。这一阶段对时间因素的研究已进入战术层。

(3) 缩短新产品开发周期，提高产品转换的柔性。仅仅缩短产品生产过程中物料转化的时间还不能满足市场变化的需要，品种和时间竞争的结果使新产品开发周期成为关键。为了缩短对顾客需求的响应时间，人们在新产品开发阶段采用并行工程(Concurrent Engineering，CE)，将本来是串行的活动尽可能并行地进行。另外，通过CAD/CAPP/CAM技术，使产品设计时间、工艺编制时间和加工制造时间都得到缩短。缩短新产品开发周期使企业能够很快地从生产一种产品转向生产另一种产品，提高了企业的柔性，有利于赢得基于品种和时间的竞争。这一阶段对时间的研究已经到了企业战略层。

(4) 提高产品定制的效率，缩短顾客需求响应时间。对顾客需求的及时甚至是即时响应是满足顾客个性化需求的关键。要提高对顾客需求的响应性，研究的焦点一直是缩短顾客订货提前期。在预测驱动生产的模式下，顾客订货提前期不突出，因为企业可以通过备货型生产(Make to Stock，MTS)方式及时满足顾客通用性的需求。但是，在顾客个性化需求日益突出的今天，企业只有满足顾客个性化需求才能生存。然而，要满足顾客个性化的需求，则必须实行按订单生产，而按订单生产最大的问题是顾客订货提前期过长。

为了提高对顾客需求的响应速度，企业必须对内部资源进行重组。最先提出对内部资源重组的是迈克尔·哈默和詹姆斯·钱皮，他们提出了业务流程重组(Business Process Reengineering，BPR)的概念。BPR强调以业务流程为改造对象和中心，以关心客户的需求和满意度为目标，对现有的业务流程进行根本的再思考和彻底的再设计，利用先进的制造技术、信息技术以及现代的管理手段，最大限度地实现技术上的功能集成和管理上的职能集成，以打破传统的职能型组织结构，建立全新的过程型组织结构，从而实现企业经营在成本、质量、服务和速度等方面的巨大改善。

这是一次运作管理上质的变化，以往生产管理强调的是内部资源利用效率，现在是强调对顾客的服务效率。然而，单纯考虑企业内部资源重组还不能适应基于时间竞争的需要，单个企业的资源是十分有限的，企业必须充分利用外部资源，敏捷制造(Agile Manufacturing，AM)和供应链管理(Supply Chain Management，SCM)也就应运而生。

1988年，美国国会要求美国国防部拟定一份发展制造技术的规划，国防部委托里海(Lehigh)大学亚科卡研究所负责编写，1991年完成了《21世纪制造企业战略》的报告。报告提出了以虚拟企业或动态联盟为基础的敏捷制造模式。供应链管理是指各个企业只从事最擅长的核心业务，将非核心业务尽可能外包，通过供应链的组织和协调，实现优势资源的集成，形成更强的竞争力。这一阶段对于时间的研究已经超出单个企业的范围，涉及宏观层。

从上面对时间研究状况的梳理可以看出，对时间的研究一直是围绕当时的关键部分展开的。在短缺经济环境下，价格因素最突出，主要研究压缩加工时间和出产节拍。随着消费水平的提高，品种因素突出来，主要研究缩短调整准备时间和新产品开发时间。随着顾客个性化要求的提高和时间因素的突出，企业必须及时提供定制产品，使得时间研究涉及供应链和动态联盟企业。

7.4 工作设计

岗位设计是在工作分析的信息基础上，研究和分析工作如何做以促进组织目标的实现，以及如何使员工在工作中得到满意以调动员工的工作积极性。

岗位设计又称工作设计，是指根据组织需要，并兼顾个人的需要，规定每个岗位的任务、责任、权力以及组织中与其他岗位关系的过程。它是把工作的内容、工作的资格条件和报酬结合起来，目的是满足员工和组织的需要。岗位设计问题主要是组织向其员工分配工作任务和职责的方式问题，岗位设计是否得当对于激发员工的积极性、增强员工的满意感以及提高工作绩效都有重大影响。

7.4.1 工作设计主要内容

1. 工作内容

工作内容的设计是工作设计的重点，一般包括工作广度、深度、工作的完整性、工作的自主性以及工作的反馈5个方面。

(1) 工作的广度。即工作的多样性。工作设计得过于单一，员工容易感到枯燥和厌烦，因此设计工作时，尽量使工作多样化，使员工在完成任务的过程中能进行不同的活动，保持工作的兴趣。

(2) 工作的深度。设计的工作应具有从易到难的一定层次，对员工工作的技能提出不同程度的要求，从而增加工作的挑战性，激发员工的创造力和克服困难的能力。

(3) 工作的完整性。保证工作的完整性能使员工有成就感，即使是流水作业中的一个简单程序，也要是全过程，让员工见到自己的工作成果，感受到自己工作的意义。

(4) 工作的自主性。适当的自主权力能增加员工的工作责任感，使员工感到自己受到了信任和重视。认识到自己工作的重要，使员工工作的责任心增强，工作的热情提高。

(5) 工作的反馈性。工作的反馈包括两方面的信息：一是同事及上级对自己工作意见的反馈，如对自己工作能力，工作态度的评价等；二是工作本身的反馈，如工作的质量、数量、效率等。工作反馈信息使员工对自己的工作效果有个全面的认识，能正确引导和激励员工，有利于工作的精益求精。

2. 工作职责

工作职责设计主要包括工作的责任、权力、方法以及工作中的相互沟通和协作等方面。

(1) 工作责任。工作责任设计就是员工在工作中应承担的职责及压力范围的界定，也就是工作负荷的设定。责任的界定要适度，工作负荷过低、无压力会导致员工行为轻率和低效；

工作负荷过高、压力过大又会影响员工的身心健康，会导致员工的抱怨和抵触。

(2) 工作权力。权力与责任是对应的，责任越大，权力范围越广，否则二者脱节，会影响员工的工作积极性。

(3) 工作方法。包括领导对下级的工作方法、组织和个人的工作方法设计等。工作方法的设计具有灵活性和多样性，不同性质的工作根据其工作特点的不同采取的具体方法也不同，不能千篇一律。

(4) 相互沟通。沟通是一个信息交流的过程，是整个工作流程顺利进行的信息基础，包括垂直沟通、平行沟通、斜向沟通等形式。

(5) 协作。整个组织是有机联系的整体，是由若干个相互联系、相互制约的环节构成的，每个环节的变化都会影响其他环节以及整个组织运行，因此各环节之间必须相互合作、相互制约。

3. 工作关系

组织中的工作关系表现为协作关系、监督关系等各个方面。

通过以上3个方面的工作设计，为组织的人力资源管理提供了依据，保证事(岗位)得其人、人尽其才、人事相宜；优化了人力资源配置，为员工创造更加能够发挥自身能力，提高工作效率，提供有效管理的环境保障。

7.4.2 工作设计的方法

工作设计的方法有多种，但其中心思想是工作丰富化，而工作丰富化的核心是激励的工作特征模型。

1. 工作轮换

工作轮换是属于工作设计的内容之一，指在组织的不同部门或在某一部门内部调动雇员的工作。目的在于让员工积累更多的工作经验。

2. 工作扩大化

工作扩大化的做法是扩展一项工作包括的任务和职责，但是这些工作与员工以前承担的工作内容非常相似，只是一种工作内容在水平方向上的扩展，不需要员工具备新的技能。所以，并没有改变员工工作的枯燥和单调。

3. 工作丰富化

所谓的工作丰富化，是指在工作中赋予员工更多的责任、自主权和控制权。工作丰富化与工作扩大化、工作轮换都不同，它不是水平地增加员工工作的内容，而是垂直地增加工作内容。这样员工会承担更多重的任务、更大的责任，员工有更大的自主权和更高程度的自我管理，还有对工作绩效的反馈。

7.4.3 工作设计的原则

(1) 给员工尽可能多的自主性和控制权。例如，维修部经理允许维修人员自己订购零件和保管存货。

(2) 让员工对自己的绩效做到心中有数。例如，主管与下属进行定期的绩效反馈面谈，并且建立渠道让员工了解同事和客户对自己的评估。

(3) 在一定范围内让员工自己决定工作节奏。例如，实行弹性工作时间政策。

(4) 让员工尽量负责完整的工作。例如，建立项目管理制度，使员工独立负责一个项目，从而接触一项工作的全部过程。

(5) 让员工有不断学习的机会。例如，让员工参加各种技能的培训，并进行工作轮换，丰富员工所掌握的技能。

7.4.4 影响工作设计的主要因素

一个成功有效的岗位设计必须综合考虑各种因素，即需要对工作进行周密的、有目的的计划安排，并考虑到员工的具体素质、能力及各个方面的因素，也要考虑到本单位的管理方式、劳动条件、工作环境、政策机制等因素。具体进行岗位设计时，必须考虑以下几方面的因素。

1. 员工的因素

人是组织活动中最基本的要素，员工需求的变化是岗位设计不断更新的一个重要因素。岗位设计的一个主要内容就是使员工在工作中得到最大的满足，随着文化教育和经济发展水平的提高，人们的需求层次提高了，除了一定的经济收益外，他们希望在自己的工作中得到锻炼和发展，对工作质量的要求也更高了。

只有重视员工的要求，并开发和引导其兴趣，给他们的成长和发展创造有利条件和环境，才能激发员工的工作热情，增强组织吸引力，留住人才。否则随着员工的不满意程度的增加，带来的是员工的冷漠和生产低效，以致人才流失。因此，岗位设计时，要尽可能地使工作特征与要求适合员工个人特征，使员工能在工作中发挥最大的潜力。

2. 组织的因素

岗位设计最基本的目的是为了提高组织效率，增加产出。岗位设计离不开组织对工作的要求，具体进行设计时，应注意以下几点：

(1) 岗位设计的内容应包含组织所有的生产经营活动，以保证组织生产经营总目标的顺利有效实现。

(2) 全部岗位构成的责任体系应该能够保证组织总目标的实现。

(3) 岗位设计应该能够有助于发挥员工的个人能力，提高组织效率。这就要求岗位设计时全面权衡经济效益原则和员工的职业生涯和心理上的需要，找到最佳平衡点，保证每个人满负荷工作，使组织获得组织的生产效益和员工个人满意度及安宁两方面的收益。

3. 环境因素

(1) 人力供给。岗位设计必须从现实情况出发，不能仅仅凭主观愿望，而要考虑与人力资源的实际水平相一致。例如，在我国目前人力资源素质不高的情况下，工作内容的设计应相对简单，在技术的引进上也应结合人力资源的情况，否则引进的技术没有合适的人使用，造成资源的浪费，影响组织的生产。

(2) 社会期望。社会期望是指人们希望通过工作满足些什么。不同的员工其需求层次是不同的，这就要求在岗位设计时考虑一些人性方面的东西。

在21世纪，激励越来越受到管理者的重视，因为它是对员工从事劳动的内在动机的了解和促进，从而使员工在最有效率、最富有创造力的状态下工作。岗位设计直接决定了人在其所从事的工作中干什么、怎么干，有无机动性，能否发挥其主动性、创造性，有没有可能形成良好的人际关系等。优良的岗位设计能保证员工从工作本身寻得意义与价值，可以使员工体验到工作的重要性和自己所负的责任，及时了解工作的结果，从而产生高度的内在激励作用，形成高质量的工作绩效及对工作高度的满足感，达到最佳激励水平，为充分发挥员工的主动性和积极性创造条件，组织才能形成具有持续发展的竞争力。

7.4.5 工作设计中的社会技术理论

工作设计中的社会技术理论认为在工作设计中应该把技术因素与人的行为、心理因素结合起来考虑。任何一个生产运作系统都包括两个子系统：技术子系统和社会子系统。如果只强调其中的一个而忽略另一个，就有可能导致整个系统的效率低下，因此应该把生产运作组织看作一个社会技术系统，其中包括人和设备、物料等，既然人也是投入要素，这个系统就应具有社会性。人与这些物性因素结合得好坏不仅决定着系统的经济效益，还决定着人对工作的满意程度，而后者，对于现代人来说是很重要的一个问题。因此，在工作设计中，着眼点与其说放在个人工作方式的完成方式上，不如说应该放在整个工作系统的工作方式上。也就是说，工作小组的工作方式应该比个人的工作方式更重要。

如果把生产运作组织方式、新技术的选择应用和工作设计联系起来考虑的话，还应该看到，随着新技术革命和信息时代的到来，以柔性自动化为主的生产模式正在成为主流。但是，这种模式如果没有在工作设计中的思想和方法上的深刻变革，是不可能取得成功的。为此，需要把技术引进和工作设计作为一个总体系统来研究，将技术、生产组织和人的工作方式三者相结合，强调在工作设计中注重促进人的个性的发展，注重激发人的积极性和劳动效率。这种理论实际上奠定了现在所流行的 “团队工作”方式的基础。

知识拓展

理论探究

(1) 工作专业化可能存在的优点有哪些？

① 工作要求的技能更少。

② 工人培训时间缩短。

③ 有利于出现“学习曲线效应”。

④ 因技能水平降低而导致工资水平降低。

⑤ 工作控制和生产控制更简单。

⑥ 对完成的时间和工时的要求更容易估计。

⑦ 通常能够达到更高的机械化和自动化程度。

优点表现在以下几点。

(2) 工作专业化可能存在的缺点有哪些？

① 灵活性降低。

② 工人不会对工作感到自豪。

③ 工人会觉得枯燥，甚至不满。

(3) 机械化、自动化有哪些潜在优点？

① 和工人相比，不需要休息时间、没有退休金设计或提升的要求。

② 可以使用更大的外力。

③ 可以在精确的活动中持续更长的时间。

④ 可以安装检测在人能力之外的雷达和声波。

⑤ 可以快速存储、检索、反馈、显示并传送大量的数据。

⑥ 可以在恶劣环境中作业。

阅读材料

关于价值的本质，存在多种观点。

(1) “本性说”。这种观点认为，人们赖以生活的价值是天生的，像包括真、善、美在内的人类的古老价值，以及后来的愉快、正义和欢乐等价值，都是人类本性固有的，是人的生物性质的一部分，是本能的而非后天获得的。

(2) “情感说”。这种观点认为，价值的源泉在于情感：当合理性遭遇它的限度，对开明的理性的求助不再帮助我们时，那么思维的对位形式即情感可以帮助。情感是通过人们的感觉释放的，它帮助人们感知世界和辨认价值。这里提及的价值是不能测量或计算的价值，只能通过感觉经验或感知领会，如美的价值。

(3) “抽象说”。这种观点认为，价值是抽象的信念、理想、规范、标准、关系、倾向、爱好、选择等，它看不见、摸不着，但是却时时、处处起作用，指导人的思想，支配人的行动，评价某一事物就是来源于并反映了抽象的理想价值。

(4) “奥妙说”。这种观点认为，价值是一个深奥的、微妙的概念，包容量大且含义模糊，其内涵和外延难以把握，其精神实质难以领悟。价值决不是实在，既不是物理的实在，也不是心理的实在。价值的实质在于它的有效性，而不在于它的实际的事实性。价值的最后基础在于人类的自许，在于人类对世界的冀望，在于人类对人性(包括理性和情感)的祈愿。

(5) “关系说”。这种观点认为，价值是一种关系范畴，表示客体与主体之间的相互联系。文德尔班把价值当作是一种联系和关系，并认为是诸事物之间的联系和关系，而不是专指人类与客观世界的联系和关系，即任何有联系的事物之间都可能存在价值，这样，价值就成了联系和关系的代名词，从而混淆了主体与客体的本质区别。

(6) “意义说”或“需要说”。这种观点认为，价值是一种关系范畴，表示客体对主体的意义，客体满足主体需要的关系。然而，这种观点并没有解释“意义”或“需要”本身又是什么内涵，因此这种观点只能是两个名词之间的“同义反复”，没有多少实际意义。

(7) “属性说”或“效用说”。这种观点认为，价值是指客观事物的一种有用属性。这种观点把价值等同于事物的功能属性，忽略了主体特性和介体特性对于价值的决定性作用。

(8) “主体性说”或“态度说”。这种观点认为，价值是主体根据自己的需要自觉地、有意识地赋予客体的属性，它反映了主体对客体的态度。这种观点把价值与价值的主观反映混淆起来了。

(9) “劳动量说”。这种观点认为，价值就是劳动价值，它由劳动者所付出的劳动量来决定。这种价值学说是指马克思主义经济学中指定资本化市场下交易的本质，它是一种特定范畴的价值概念。

(资料来源：百度百科，http://baike.baidu.com/)

思考题

1. 在运作管理中什么是价值？
2. 什么是流程？组织流程有哪些基本要求？
3. 举一个日常生活中的例子，说明调整准备时间的含义。
4. 流程时间和加工周期有什么关系？
5. 为什么缩短调整准备时间就意味着提高机器的柔性？
6. 已知4个工件要经5道工序加工，其工序单件时间如下表所示。

工序号	1	2	3	4	5
工序单件时间/分	4	3	7	6	5

(1) 求在混合移动方式下，这批零件的加工周期。

(2) 若工序之间的转送时间为 2 分钟，求在混合移动方式下，这批零件的加工周期。

7. 阿波罗玩具公司是一家玩具生产商，这家公司将生产一种玩具火箭，流水线上各工序的情况如下表所示。

工序	时间/秒	紧前工序	工序	时间/秒	紧前工序
A	30	—	G	25	E
B	20	—	H	6	G
C	8	A	I	16	E
D	14	A	J	20	H
E	16	B	K	12	H
F	20	B，D	L	6	J

(1) 画出作业顺序图。

(2) 假设这条流水线包括 3 个工作站，为每个工作站分配工序，使流水线的节拍最短。

(3) 流水线的空闲时间是多少？

8. 流水线上有 6 台设备，在每台设备前有 2 个单位的在制品库存，生产能力为每分钟 2 个单位，请计算完成一件产品需要的时间。

9. 车间的生产采用批次处理，每批次为 100 件。主要活动是加工和包装两项，其中每小时可以加工 200 件，而包装这 100 件的时间是 0.75 小时。为了充分利用生产能力，加工活动实行两班轮换，包装活动实行三班制，请计算完成一批产品所需要的时间。

实训与考核

实训项目：

依据调研目的和调研资料，根据工作设计的方法和原则，设计员工的工作内容、工作职责和工作关系。

实训考核：

考核要素	评价标准	分值/分	评分/分				
			自评(10%)	小组(20%)	教师(50%)	专家(20%)	小计(100%)
工作内容	工作的广度、深度、完整性是否合适，工作是否具有独立性和反馈性	40					
工作职责	工作的责任、权力、方法以及工作中的相互沟通和协作等方面是否在设计中有很好的体现	35					
工作关系	员工工作过程的协作关系和监督关系设计的是否合理	25					
合计							
评语(主要是建议)							

第三部分 预测驱动式生产运作管理

预测驱动式生产运作管理是根据对市场需求的预测来组织生产运作管理活动的，它适于具有共性需求且外部环境比较稳定的产品。具有共性需求的产品都有一定的生产批量。预测驱动式的生产运作管理比较成熟，在传统的生产运作教科书中都有阐述。

本部分包括需求预测、综合计划、库存管理、MRP 系统和 ERP 系统、作业计划与控制等章。在预测驱动式生产中，需求预测是进行生产活动的前提，综合计划是进行任务和能力平衡的结果，MRP 系统和 ERP 系统的应用是将作业计划进行细分到岗位，作业计划与控制则保证每道工序能够按时进行，从而保证零件按时完工，产品按时生产。预测驱动式生产是建立在对顾客需求的猜测上，就必然会出现成品库存。成品库存世独立需求，它的作用是提高对顾客需求的响应性，并将企业的生产系统与外界需求的波动分离，使企业实现均衡生产，同时又可以提供短期预测信息。

库存驱动式生产是按成品库存降到订货点发出订单生产，它是介于预测驱动式生产和订货驱动式生产之间的模式。当成品库存属于制造企业，它是预测驱动生产；当成品库存属于经销商，可以说它是订单驱动式生产。但是，按经销商订单生产不是真正意义上的按订单生产，因为最终顾客仍然被迫在已生产出来的产品中选择。只有按最终顾客的订单生产，才是真正意义上的按单生产。

第8章　需求预测

学习目标

(1) 应理解市场需求预测的特点与重要性、作用与局限性。

(2) 能正确掌握企业在市场中通过定性预测与定量预测的方法、原理与步骤，对市场的需求进行预测。

(3) 掌握时间序列平滑模型、时间序列分析模型与因果模型的预测原理与其应用。

(4) 熟悉预测误差测量方法和预测跟踪的问题。

工作任务描述

需求预测是企业做出决策的重要依据，也是实施企业生产运作和企业一系列活动的重要准备。通过对本章知识框架的学习，应该了解需求预测在企业中的重要应用地位与其重要作用；其方法灵活多样，基本的应用计算方法是建立在统计学与运筹学的基础之上，对企业进行的文字(定性)与数字(定量)相结合的预测，来说明企业的生产运作的具体目标与结果的。但是预测中不可避免仍存在各种误差，应控制与跟踪误差的方式，使企业的需求预测达到更准确，为企业带来利润最大化。

本章任务

(1) 根据市场需求企业进行定性预测。

(2) 根据市场需求企业进行定量预测。

(3) 时间序列平滑模型、时间序列分析模型、因果模型等预测模型。

(4) 预测误差测量方法以及预测跟踪。

工作任务实施

需求预测的基本步骤如下：

(1) 收集并分析当前消费量及其在一段时期的变化率。

(2) 按市场每个部分将消费量数据分类。

(3) 确定以往需求的决定因素，以及其对以后需求的影响。

(4) 预测这些决定因素的发展及其对需求的影响。

(5) 以一种或几种方法的组合，对这些决定因素进行判断，并预测需求。

(6) 对预测结果进行误差纠正与控制。

本章将首先介绍需求预测的基础知识，然后着重介绍几种常见的定性和定量预测方法，最后介绍需求预测监控问题。

8.1 预　　测

8.1.1 预测的内涵

“凡事预则立，不预则废”，预测是人们根据过去和现在的已知因素，有目的的运用已有的知识、经验和科学方法，对事物未来的发展趋势进行估计和判断的活动过程。预测可以看作是一种信息转化系统。这种系统是由预测者、预测方法、预测对象和预测资料组成。这一系统输入的是历史和现在的资料，输出的是预测信息，如图 8.1 所示。

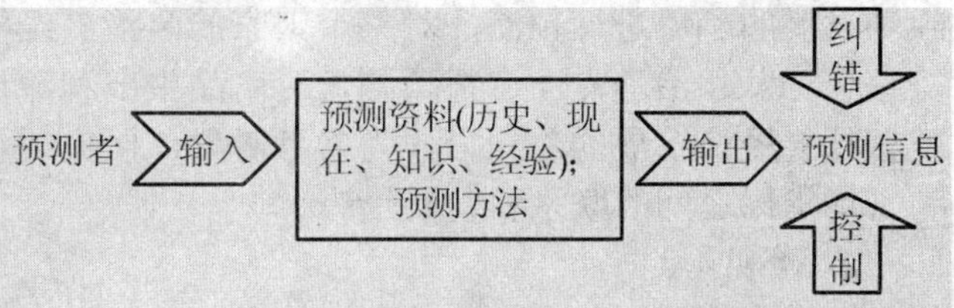

图 8.1　预测过程图

比如，企业通过对消费者的购买心理和消费习惯的分析，以及对国民收入水平、收入分配政策的研究，推断出社会的市场总消费水平，来指导产品的定价目标。尤其对于某些企业的产品，不仅要分析国内市场需求，同时要探索出口的可能，对国内和出口市场的需求同时进行预测。

预测不仅是长期的战略性决策的重要输入，而且是短期的日常企业生产经营活动的重要依据。任何组织都应当通过预测来指导自己的生产活动。比如，可口可乐公司正在根据长期战略目标，考虑下一个季度的需求预测和短期内何时进行各种促销活动。一是这些促销信息可以用来及时地更新需求预测，另外，在预测的基础上，可口可乐公司将为下一个季度制订生产计划，该计划需要额外的投资，需要雇用新劳动力或者将生产外包。可口可乐公司必须以生产计划和现有的生产能力为基础，在实际生产开始之前做出这些决策。

在组织内部，预测为企业编制各部门的计划提供了基础。显然，当各部门基于相同的预测结果开展工作时，在战略上，它们的步调应该是一致的，之间的活动是相互支持的。比如在一个生产制造企业里，人事部门雇佣适当数量的具有不同技能的员工；采购部门签订各种各样的原材料、零部件购销合同；财务部门在对销售收入和资金需求的估计基础上，决定在适当的时间以多快的速度筹措资金。这些都是以共同的预测为基础开展各自业务的。

8.1.2 预测的作用

(1) 是企业经营决策的前提。把握市场的总体动态与各种营销环境因素的变化趋势，使企业的决策者了解和掌握本企业产品在未来市场的潜在需求状况，从而使企业确定资金投向、经营方针、发展规模等战略性决策提供可靠的依据和方案。

(2) 为企业确定目标市场提供决策依据。评估市场吸引力的两大主要标准是：市场容量和市场增长。决策者需要对整个市场的容量有多大、目标市场的容量又有多大、未来一定时间内市场容量将增长到什么程度、企业未来的销售潜力如何等方面的发展趋势进行详细分析、预测和判断，只要这样才能准确地确定企业的目标市场。

(3) 是企业制定营销策略的前提。企业制定市场营销策略是以企业和市场发展变化的种种可能为背景的。企业只有在市场前景、4Ps 等方面做出准确预测，才能在相关方面制定正确的策略。

(4) 是提高企业竞争能力和经营管理水平的重要手段。在现代市场经济条件下，企业的生存和发展与市场息息相关。企业加强预测工作，就能在经营上取得主动权，掌握市场需求的动态变化，根据需求变动及时调整生产经营方向，向市场提供适销对路的产品，加速资金周转，降低流通费用，提高经济效益，从而增强企业的竞争能力。

8.1.3 预测的分类

1. 按预测对象分类

1) 宏观预测

宏观预测(macro-Forecast)是从宏观经济管理的角度，从国民经济全局出发，对整个国民经济发展的趋势进行预测，对整个国家的政治、经济、人口政策以及资源、能源、自然环境等综合开发和治理方面进行预测，对商品生产和流通总体的发展方向进行综合性的预测。以整个社会经济发展的总途径作为参考对象，研究经济活动中各个有关的总量指标、相对指标和平均指标之间的联系和发展趋势。

2) 微观预测

微观预测(micro-Forecast)是从企业角度对影响企业生产经营的市场环境以及企业生产的产品、市场占有率、经营活动进行的预测。它以单个经济单位的经济活动前景作为考察对象，研究各个单位的各项经济指标之间的联系和发展趋势。

2. 按预测时间的长短分类

1) 长期预测

长期预测(Long-Range Forecast)是指对 5 年或 5 年以上的需求前景的预测。它是企业长期发展规划、产品开发研究计划、投资计划、生产能力扩充计划的依据。长期预测一般通过对市场的调研、技术预测、经济预测、人口统计等方法，加上综合判断来完成，其结果大多是定性的描述。

2) 中期预测

中期预测(Intermediate-Range Forecast)是指对一个季度以上、5 年以下的需求前景的预测。它是制订年度生产计划、季度生产计划、销售计划、生产与库存预算、投资和现金预算的依据。中期预测可以通过集体讨论、时间序列法、回归法、经济指数相关法或组合等方法结合判断而做出。

3) 短期预测

短期预测(Short-Range Forecast)是指以日、周、旬、月为单位，对一个季度以下的需求前景的预测。它是调整生产能力、采购、安排生产作业计划等具体生产经营活动的依据。短期预测可以利用趋势外推、指数平滑等方法与判断的有机结合来进行。

3. 按预测方法分类

1) 定性预测方法

定性预测方法(Subjective or Qualitative Approach)也称主观预测方法，凭借人们的直觉或经验，对未来市场发展的一般变动方向和大致趋势所做的预测，依据是来源不同的各种主观意见。定性预测方法包括德尔菲法、部门主管集体讨论法、用户调查法、销售人员意见汇集法等(图 8.2)。

2) 定量预测方法

定量预测方法(Quantitative or Statistical Approach)又称统计预测法，其主要特点是根据调查所得的数据资料，利用数学模型，来对未来市场的需求发展变化做出“量”与“度”的测算和判定。

定性预测在定量预测方法中仍起着重要的作用，只不过与定性方法相比，各种主观因素所起的作用小一些。

定量预测方法可分为因果模型和时间序列模型。时间序列模型还可进一步细分为时间序列平滑模型和时间序列分解模型，时间序列平滑模型可以分为移动平均法和指数平滑法，移动平均法可以细分为简单移动平均法和加权移动平均法，指数平滑法又可以细分为一次指数平滑法、二次指数平滑法和三次指数平滑法等。时间序列分解模型可以分为加法模型和乘法模型，如图 8.2 所示。定量预测方法是本章的重点，但不是说定量预测比定性预测更重要。本章 8.3 节将深入讨论各种定量预测方法。

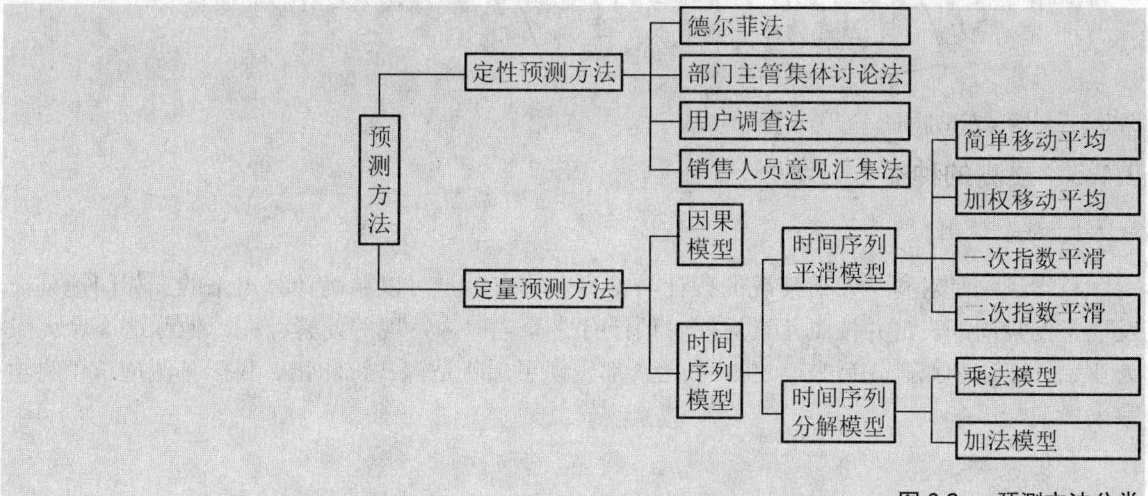

图 8.2　预测方法分类

8.1.4　影响需求预测的因素

对企业产品或服务的实际需求是市场上众多因素作用的结果。其中有些因素是企业可以影响甚至决定的，而另外一些因素则是企业无法控制的，但是综合进行分析，可以预测出市场的容量。比如，2009 年影响汽车市场需求因素有宏观经济、产业政策、消费需求以及外部约束四大因素，综合分析，预测出 2009 年中国商用车的市场增长率将会大于乘用车。在众多因素中，一般来讲，某产品或服务的需求取决于该产品或服务的市场容量以及该企业所拥有的市场份额，即市场占有率。

图 8.3 给出了影响需求的各种因素，用曲线圈起来的因素是企业努力可以控制的。这里只对其中一些主要因素进行讨论。其中，商业周期与产品的生命周期直接受市场的供给需求影响。

1. 商业周期

商业周期从复苏到高涨，到衰退，再到萧条，周而复始。不同阶段的需求不同。

2. 产品生命周期

任何成功的产品都要经历导入期、成长期、成熟期和衰退期 4 个阶段。4 个阶段对产品的需求是不同的。在导入期，顾客对产品了解得不多，需求也不大，所以销售量不会很大，但呈逐步上升趋势。到了成长期，产品需求急剧上升，一般会出现仿制品，将影响销售量上升的速度。到了成熟期，每个希望拥有某种产品的人都能买到这种产品，需求呈现最旺盛的时期，因此销售量达到最高点。到了衰退期，产品销售量下降，需求急剧下跌，若不进行更新换代或改进，产品就不会有销路。

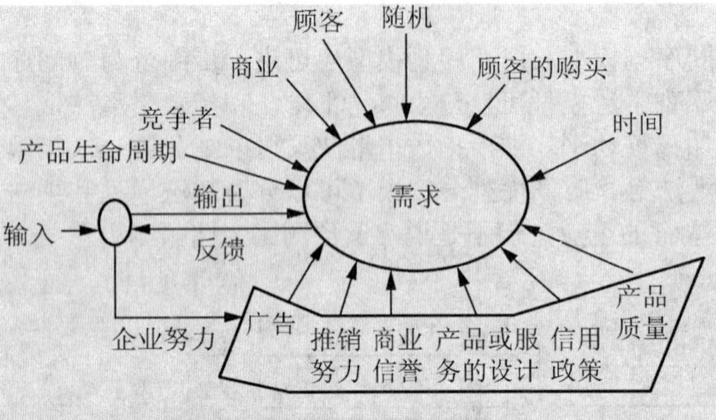

图 8.3　影响需求的因素

8.1.5　预测的种类

1. 科学预测

科学预测是对科学发展情况的预计与推测。它有时是可以精确计算出来的。如门捷列夫发现了元素周期表，并按照元素周期表预计有 3 个当时未发现的元素存在，他称这 3 个元素为亚铝、亚硼和亚硅。后来，这 3 个元素都发现了，就是镓、钪和锗。科学预测应该由科学家来做。

2. 技术预测

技术预测是对技术进步情况的预计与推测。比如：①为政府职能部门制定国家科技政策和发展战略，选择优先发展领域，确定研发资金投入等方面提供依据；②为产业技术升级和企业制定发展战略提供技术信息；③指导本国的研究开发活动，广泛吸引社会各方面的人力和资金，加大对有潜在前途技术项目的研发力度；④大力促进社会各方面的合作与交流，加强政府、研究机构、企业和高校之间的沟通能力，从而形成充满活力的技术创新网络。一方面，技术进步为很多企业提供了新的产品和原材料；另一方面也使一些企业面临着同行业或相近行业的更加激烈的竞争。因为技术进步即使不能从根本上改变一种产品，但它所引起的生产该产品的方式的变化也可能导致大量的资金节约(对使用新技术的企业而言)或浪费(对未使用新技术的企业而言)。技术预测最好由该领域的专家来进行。

3. 经济预测

政府部门以及其他一些社会组织经常就未来的经济状况发表经济预测报告。对政府部门而言，关于未来总的经济形势的估计是十分重要的，因为它是预计税收收入、就业水平、货币需求等经济指标的基础。企业可以从这些报告中获取长期的和中期的经济增长指标，以规划自己的行动。2010 年 5 月 13 号，中国经济日报副总编辑丁士在中科院预测科学研究中心与中国经济网战略合作协议签约仪式上指出：“……经济预测是完善我国市场经济体制的重要环节，在我国社会主义市场经济的健康发展中起到越来越重要的作用……”。

4. 社会预测

社会预测是对社会未来的发展状况的预计和推测，如人口预测、人们生活方式变化预测、环境状况预测等。

5. 需求预测

需求预测是指通过对消费者的购买心理和消费习惯的分析，以及对国民收入水平、收入分配政策的研究，推断出社会的市场总消费水平。输入消费者与国民的历史与现在的资料，输出预测未来的预测信息，来指导企业和市场的走向。需求预测是市场研究中最重要的一部分，也是最复杂的一部分。需求预测不仅为企业给出了其产品在未来一段时间里的需求期望水平，而且为企业的计划和控制决策提供了依据。既然企业生产的目的是向社会提供产品或服务，其生产决策无疑会在很大程度上受到需求预测的影响。其内容包括：①对某一种或几种产品潜在需求的预测；②对潜在供应的估计；③对拟设中的产品市场渗透程度的估计；④某段时间内潜在需求的定量和定性特征。除了全部和大部分供出口的产品以外，对产品的潜在需求主要以国内市场为基础进行预测。

需求预测与企业生产经营活动关系最密切，是本章讨论的重点。

8.1.6 预测的程序

为了节约企业的预测费用，提高预测效果，企业在预测过程中遵照一定的程序。预测的程序可简单叙述如下：

(1) 决定预测的目的和用途。

(2) 根据企业不同的产品及其性质分类。

(3) 决定影响各类产品需求的因素及其重要性。

(4) 搜集所有可以利用的过去和现在的资料，加以分析。

(5) 选择适当的预测方法或模型。

(6) 计算并核实初步预测结果。

(7) 考虑和设定无法预测的内外因素。

(8) 对(6)、(7)两步进行综合考虑、判断并做出结论，然后求出各类产品或地域性需求预测。

(9) 将预测结果应用于生产计划工作中。

(10) 根据实际发生的需求对预测进行监控。

对本国需求预测的基本步骤为：①收集并分析当前消费量及其在一段时期的变化率；②按市场每个部分将消费量数据分类；③确定以往需求的决定因素，以及其对以后需求的影响；④预测这些决定因素的发展及其对需求的影响；⑤以一种或几种方法的组合，对这些决定因素进行判断，并预测需求。

需要注意的是，对于某些产品不仅要分析国内市场需求，同时要探索出口的可能，对出口市场的需求进行预测。对于出口市场的评价与国内市场的评价重点有所不同。对于过去已经出口或目前开始出口的产品，首先要分析和评价以下有关数据：出口数量、单位、单价、过去或目前的输出国，以及出口产品的特点(如质量规格、使用本国或外国的商标，是否利用某一外国销售机构)。当某些进口国对机械产品和其他产品实行特定规定时，就要明确这些特定产品的特定规格。这类情报一般可以从出口部门或进口国获得。此外，还应研究一些可能进口这类产品国家的发展趋势、进口政策、海运费用和市场规模等。

8.1.7 预测中应注意的几个问题

1. 公司和供应链管理者应认识到的预测的问题

(1) 预测经常会出错，因而预测要包括预期结果和对预测结果误差的测量。比如，两个汽车交易商进行预测，A 交易商预计销售范围是 100～1900 个单位，B 预计的是 900～1000 个单位。尽管 A、B 预计的平均销售量 S 都是 1000 个单位，但由于预测准确性不同，每个交易商所采取的策略也各不相同。因此，预测误差(即需求的不确定性)必须在供应链规划中被考虑进去。

(2) 长期预测通常没有短期预测精确。原因是相对于短期预测而言，长期预测误差的标准差要大一些。日本的 7-11 公司利用这一关键特征来改善自己的经营业绩。公司建立一个补给流程，使之在数小时之内就能对顾客订单做出反应。如果商店经理在早上 10 点以前发出订单，这批货会在同一天下午 7 点以前送到。于是，这个经理就必须在实际销售之前的 12 小时之内预测出当晚的销售量。这里提前 12 小时的预测很可能比商店经理提前一周做出的预测要准确得多。

(3) 综合预测通常要比独立预测准确得多。因为综合预测相对于均值的标准差较小。例如，以小于 2%的误差预测年度国内生产总值(GDP)要容易一些。但是，以小于 2%的误差预测一家公司的年收入就要困难得多，因而相同的误差预测给定产品的需求就更加困难。这 3 种预测的区别就在于其综合性不同，国内生产总值是对多个公司综合计算的结果，公司的年收入是对若干条生产综合计算的结果。所以综合程度越高，预测相对就越准确。

2. 预测精度与成本

在选择预测方法时，显然要在成本和精度之间进行权衡。实施精确的预测方法的成本一般较高，但它能取得与实际需求偏离较小的预测值，从而使生产经营成本降低。图 8.4 说明了成本与精度之间的关系。应注意的是：第一，不存在 100%准确的预测方法，因而不要为了预测的绝对准确而白费心机；第二，就任何一个预测问题而言，存在精度比较合理的最低费用区间。

3. 预测的时间范围和更新频率

预测是基于历史、立足现在、面向未来的，从现在到未来之间的时间就是预测的时间范围。不同的预测方法有不同的时间范围，因而在选用预测方法时应特别留意这一点。另外，时间范围越大，预测结果越不准确。同时，任何一种预测方法都不可能完全适用于某一预测问题，应根据实际需求不断检验预测方法。若预测值与实际值偏离过大，则应更新预测方法。

4. 稳定性与响应性

稳定性与响应性是对预测方法的两个基本要求。稳定性是指抗拒随机干扰，反映稳定需求的能力。稳定性好的预测方法有利于消除或减少随机因素的影响，适用受随机因素影响较大的预测问题。响应性是指迅速反映需求变化的能力。响应性好的预测方法能及时跟上实际需求的变化，适用于受随机因素影响小的预测问题。良好的稳定性和响应性都是预测追求的目标，然而对于时间序列模型而言，这两个目标却是互相矛盾的。如果预测结果能及时反映实际需求的变化，它也将敏感地反映随机因素的影响。若要兼顾稳定性和响应性，则应考虑除时间以外的内外因素的影响，运用其他预测方法。

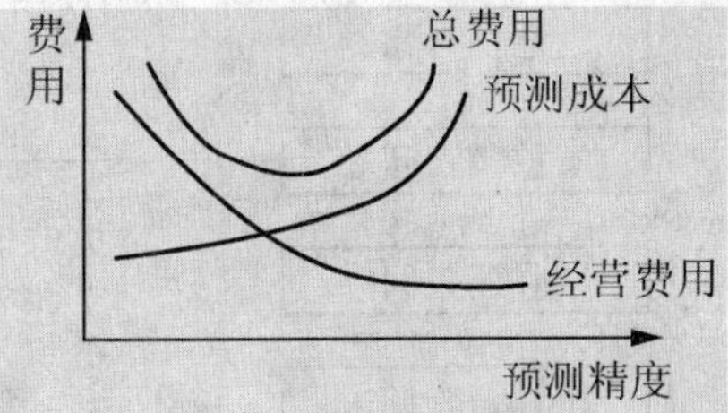

图 8.4 预测精度与成本的关系

8.2 定性预测

定性预测法是指依靠预测人员丰富的经验和知识以及综合分析能力，估计、推测、预测对象的发展前景的一种预测方法。该种方法不用或很少使用数字模型，预测结果并没有经过量化或者定量分析，所以具有不确定性。

8.2.1 定性预测法的特点

定性预测法与定量预测法有不同的特点。

(1) 两者的依据不同。定量预测法的主要依据是：根据市场现象过去和现在的表现来推断其未来的表现，或根据影响市场现象的各种主要因素的发展变化去预测市场未来的发展变化。定性预测法则是在没有或有很少市场资料的条件下，依据预测者的实践经验和分析判断能力，对市场未来的发展变化做出预测，特别注重预测者的判断分析能力。

(2) 定性预测法具有广泛的适用性。定性预测法更容易掌握，它不要求预测者具有较高的数学知识水平，容易被预测者接受。定性预测法的费用低、时效性较高，对于市场预测中费用有限或时间比较短的情况下，十分有利。若遇到市场现象的历史资料不够全面、准确、系统的情况，或遇到对新产品的生产或需求量的预测，根本无历史资料的情况，或遇到影响市场的某种或多种因素难于取得量化指标资料等情况时，采用定量预测法是不可能的，而采用定性预测法则是得心应手的。

(3) 定性预测法具有较强的灵活性。由于定性预测法比较注重预测者的实践经验和判断分析能力，在市场预测中能够充分发挥预测者的主观能动性，针对预测对象所处的一定时间、地点和条件，对市场现象进行周密细致的分析研究，充分考虑各种客观因素对市场现象已经产生的或可能产生的影响。

在市场预测的实践中，经常将两种方法结合使用，更能增加市场预测的灵活性与准确性，使市场预测更加全面、准确、及时。而市场需求预测是在营销调研的基础上，运用科学的理论和方法，对未来一定时期的市场需求量及影响需求诸多因素进行分析研究，寻找市场需求发展变化的规律，为营销管理人员提供未来市场需求的预测性信息。

8.2.2 德尔菲法

德尔菲法(Delphi Method)又称专家调查法，是 20 世纪 50 年代末期由美国为了预测“在其遭受原子弹轰炸后，可能出现的结果”而发明的一种方法。由美国兰德公司(RAND)的赫尔默和戈登发表了《长远预测研究报告》，首次将德尔菲法用于技术预测中，以后便迅速地应用于其他领域的预测。德尔菲是古希腊地名，那里有座阿波罗神殿，是一个预卜未来的神谕之地，人们借助此名，作为这种方法的名称。此法的应用过程概述如图 8.5 所示。

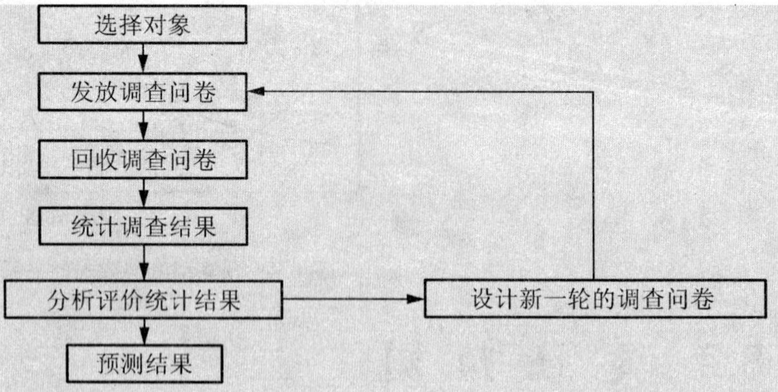

图 8.5 德尔菲法的操作过程

第一步是挑选专家，具体人数视预测课题的大小而定，一般问题需 10～50 人。在进行函询的整个过程中，自始至终由预测单位函询或派人与专家联系，不让专家互相发生联系。

专家选定之后，即可开始第一轮函询调查。一方面向专家寄去预测目标的背景材料；另一方面提出所需预测的具体项目。首轮调查，任凭专家回答，完全没有框框，专家可以以各种形式回答问题，也可以向预测单位索取更详细的统计材料。预测单位对专家的各种回答进行综合整理，把相同的事件、结论统一起来，剔除次要的、分散的事件，用准确的术语进行统一的描述。然后将结果反馈给各位专家，进行第二轮函询。

第二轮函询要求专家对所预测目标的各种有关事件发生的时间、空间、规模大小等提出具体的预测，并说明理由。预测单位对专家的意见进行处理，统计出每一事件可能发生日期的中位数，再次反馈给有关专家。

第三轮是各位专家再次得到函询综合统计报告后，对预测单位提出的综合意见和论据加以评价，修正原来的预测值，对预测目标重新进行预测。

上述步骤，一般经过三四轮，利用背对背的通信方式征询专家小组成员的预测意见。预测的主持者要求各位专家根据提供的全部预测资料提出最后的预测意见，若这些意见收敛或基本一致，即可以此为根据做出判断。

以上所述是德尔菲法的基本过程。它是在专家会议的基础上发展起来的一种预测方法。其主要优点是简明直观，预测结果可供计划人员参考，受到了计划人员的欢迎，避免了专家会议的许多弊端。在专家会议上，有的专家崇拜权威，跟着权威一边倒，不愿发表与权威不同的意见；有的专家随大流，不愿公开发表自己的见解。

德尔菲法是一种有组织的咨询，在资料不甚全或不多的情况下均可使用。德尔菲法虽有比较明显的优点，但也存在着缺点。例如，专家的选择没有明确的标准，预测结果的可靠性缺乏严格的科学分析，最后趋于一致的意见仍带有随大流的倾向。

在使用德尔菲法时必须坚持 3 条原则。第一条是匿名性。对被选择的专家要保密，不让他们彼此通气，使他们不受权威、资历等方面的影响。第二条是反馈性。一般的征询调查要进行三四轮，要给专家提供充分反馈意见的机会。第三条是收敛性。经过数轮征询后，专家们的意见相对收敛，趋向一致，若个别专家有明显的不同观点，应要求他详细说明理由。

8.2.3 部门主管集体讨论法

部门主管集体讨论法(Jury of Executives)是指由高级决策人员召集销售、生产、采购、财务、研究与开发等各部门主管开会讨论。与会人员充分发表意见，提出预测值，然后由召集人按照一定的方法，如简单平均或加权平均，对所有单个的预测值进行处理，即得预测结果。

这种方法的优点是：①简单易行；②不需要准备和统计历史资料；③汇集了各主管的经验与判断；④如果缺乏足够的历史资料，此法是一种有效的途径。

这种方法的缺点是：①由于是各主管的主观意见，故预测结果缺乏严格的科学性；②与会人员间容易相互影响；③耽误了各主管的宝贵时间；④因预测是集体讨论的结果，故无人对其正确性负责；⑤预测结果可能较难用于实际目的。

8.2.4 用户调查法

当对新产品或缺乏销售记载的产品的需求进行预测时，常常使用用户调查法(Users Expectation)。销售人员通过信函、电话或访问的方式对现实的或潜在的顾客进行调查，了解他们对与本企业产品相关的产品及其特性的期望，再考虑本企业的可能市场占有率，然后对各种信息进行综合处理，即可得到所需的预测结果。

这种方法的优点是：①预测来源于顾客期望，较好地反映了市场需求情况；②可以了解顾客对产品优缺点的看法，也可以了解一些顾客不购买这种产品的原因，有利于改进和完善产品、开发新产品以及有针对性地开展促销活动。

这种方法的缺点是：①很难获得顾客的通力合作；②顾客期望不等于实际购买，而且其期望容易发生变化；③由于对顾客知之不多，调查时需耗费较多的人力和时间。

常用的手法有：访问意见预测法、问卷调查意见预测法、用户意见预测法等。多用于工业用品和耐用消费品，适宜作短期预测。

8.2.5 销售人员意见汇集法

销售人员意见汇集法(Field Sales Force)有时也称基层意见法，通常由各地区的销售人员根据其个人的判断或与地区有关部门(人士)交换意见并判断后做出预测。企业对各地区的预测进行综合处理后即得企业范围内的预测结果。有时企业也将各地区的销售历史资料发给各销售人员作为预测的参考；有时企业的总销售部门还会根据自己的经验、历史资料、对经济形势的估计等做出预测，并与各销售人员的综合预测值进行比较，得到更加准确的预测结果。

这种方法的优点是：①预测值很容易按地区、分支机构、销售人员、产品等区分开；②由于销售人员的意见受到了重视，增加了其销售信心；③由于取样较多，预测结果较具稳定性。

这种方法的缺点是：①带有销售人员的主观偏见；②受地区局部性的影响，预测结果不容易正确；③当预测结果作为销售人员未来的销售目标时，预测值容易被低估；④当预测涉及紧俏商品时，预测值容易被高估。

8.2.6 市场因子预测法

市场因子预测法是通过分析市场因子来推算市场潜量的一种方法。市场潜量是指在某种市场营销环境下，市场需求所达到的最大数额。市场因子是市场中存在的能引起对某种产品需要的实际事物。比如，每年新成立的家庭数目就是住房需要、家电需要、家具与装修需要的市场因子。

通常把取决于产品使用者的人口数量、有支付能力的需求和产品的购买者区别开来。以婴儿用品为例，虽然婴儿用品的购买者往往是有支付能力的父母，但婴儿用品的市场潜量则取决于婴儿的人数；此外，还要了解可能引起用户实际购买数量变化的原因，如结婚率、生活质量、文化程度、人口素质、人口政策等因素引起的人口出生率，对婴儿用品的购买量的影响等。

适用于市场因子变化无异常的情况，优点是简单明了、节省费用、时效性高。

8.2.7 运用定量分析法进行定性预测

需要特别指出的是，在定性预测的方法中，并不是完全排斥或者不用定量预测的。比如，以上提到的各种方法都需要以定性预测方法为主，并辅助进行定量预测，才能更好地进行更为准确的预测结论。

例如，用德尔菲法征询专家意见一般要求在 3 轮以上，经过多次征询，每轮中专家都有自己的更加成熟与全面的结论，并能使预测意见趋于集中。但是最终仍然需要用统计分析的方法处理专家们的预测数据，最后得出最终预测值，一般采用平均数法和中位数法。

(1) 平均数法是指用专家所有预测值的平均数作为综合的预测值。公式为

$$Y=(\sum X_i)/n$$

式中：X_i——代表各位专家的预测值；

n——代表专家人数。

(2) 中位数法，用所有预测值的中位数作为最终的预测值，其位置为$(n+1)/2$。

将最后一轮专家的预测值从小到大排列，碰到重复的数值舍去。若结果为偶数，则已处于中间的两个预测结果的算术平均数为中位数；若结果为奇数，正中位置的预测意见为中位数。

【例 8-1】 某企业市场环境发生了变化，对产品明年的销售量难以确定，因而聘请 10 名专家，用德尔菲法进行预测。具体数值见表 8-1。

表 8-1 专家预测意见统计表 单位：万台

专家 意见征询	1	2	3	4	5	6	7	8	9	10
第一轮	70	80	75	52	75	45	50	60	54	63
第二轮	70	75	73	55	65	47	54	65	60	63
第三轮	70	73	70	62	72	55	58	68	63	65

解：

(1) 定性分析：从表 8-1 中不难看出，专家们在发表第二轮预测意见时，大部分专家都修改了自己的第一轮预测意见，只有编号 1 和编号为 10 的专家坚持自己第一轮的预测意见。专家们发表第三轮预测意见也是如此。经过 3 轮征询后，专家们预测值的差距在逐步缩小，在第一轮征询中，专家的最大预测值 80 万台与最小预测值相差 35 万台；第二轮征询中，专家最大预测值 75 万台与最小值 47 万台相差 28 万台；第三轮征询中，专家最大预测值 73 万台与最小预测值仅相差 18 万台。因此，采用第三轮的预测值。

(2) 若利用平均数法确定最终预测值，得

$$Y=(\sum X_i)/n=(70+73+70+62+72+55+58+68+63+65)/10=65.6(\text{万台})$$

(3) 若利用中位数法确定最终预测值。首先，将第三轮的数值，按从小到大的顺序排列：53，58，60，62，63，65，70，72，73(有两个 70，舍去 1 个)。其次，确定中位数所在的位置：$(n+1)/2=(9+1)/2=5$。那么，确定第 5 个数据为其中位数。即用此法，预测产品明年的销售量为 63 万台。

又如，【例 8-2】是以市场因子预测法为主导方式的例题，同样也是以定性预测法为主，以定量分析法为辅。

【例 8-2】 一家婴儿车生产企业，通过对若干年的销售统计分析发现：某市没出生 1000

个婴儿能销售出婴儿车 48 辆。已知本年度全市人口 200 万，人口出生率为 13‰，假定该企业产品在该市的市场占有率为 80%。预测下年度该企业婴儿车的需求量。

解： 下年度婴儿车市场需求潜量=下年度婴儿出生人数×婴儿车购买率×市场占有率
=2000000×13‰×(48÷1000)×80%≈998(辆)

8.3 定量预测

本章 8.2 节中已提到，定性预测方法具有很多优点，但预测结果的精确性常常受到一定的限制。因此，在实践中，常将定性预测与定量预测方法结合起来使用。定量预测法是根据历史资料，经过一定的数据处理，最终得出市场预测值，具体来说，是通过数学模型和统计的方法进行的预测方法。随着科学技术的发展，定量预测方法也得到了越来越广泛的应用。常用的定量预测方法主要包括时间序列预测法和因果关系预测法。

8.3.1 时间序列预测法

将某种经济统计指标的数值，按时间间隔和事件发生的先后顺序排列形成序列，再将此序列数值的变化加以延伸，进行推算，预测未来发展趋势。每天、每周或每月的销售量按时间的先后所构成的序列，是时间序列的典型例子。通常，一个时间序列可以分解成趋势、季节、周期、随机 4 种成分，如图 8.6 所示。

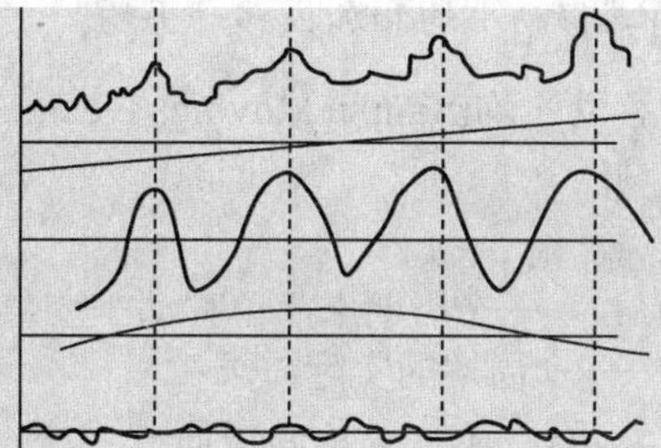

图 8.6 时间序列及其构成

1. 趋势成分

数据随着时间的变化表现出一种趋向。它按某种规则稳步地上升或下降，或停留在某一水平。一般研究长期趋势，在一个较长时期内所呈现的持续稳定的变化趋势。在经济上，其长期趋势一旦形成，总能延续一段相当长的时期。比如，股票这种敏感的经济事物，其形成的向上趋势或向下趋势有时也能延续数月。因此分析长期趋势对于正确的预测市场经济现象的未来发展具有非常重要的意义。

2. 季节成分

通常以一年为周期，在一年里按通常的频率围绕趋势做上下有规则的波动。某些季节性商品的销售一般都呈季节变动趋势，比如空调、冷饮的销售，夏季是销售旺季，冬季是销售淡季，每年均如此。

3. 周期成分

周期成分又称为循环变动成分。在较长的时间里(一年以上)围绕趋势做有规则的上下波动。这种波动常被称作经济周期，它可以没有固定的周期，一般需要数十年的数据才出这种周期。例如，经济呈现衰退、萧条、复苏和繁荣 4 个阶段，在一个较长时间内循环往复。政府宏观可以调整此类波动的幅度，但无法消除此类波动。市场现象的周期变动形成的原因是多方面的，根本上是由经济运行周期决定。

4. 随机成分

由很多不可控因素引起的、没有规则的上下波动，通常是由一些突发事件或偶然因素引起的，如战争、自然灾害、政治动乱、政策改变等。这些因素的影响是局部的、临时的、非决定性的，对经济作用的大小、方向是不确定的，变化规律不明显、难以掌握。

对于时间序列的 4 种成分，本章只讨论趋势成分和季节成分。随机成分由于无法预测故不在讨论之列，周期成分也因需要长期的历史数据而被忽略。这样做并不影响绝大多数生产经营决策的科学性，因为其时间一般都比较短成分对它们不会造成显著的影响。即使对于长期预测而言，预测也是随滚动着的时间的推移而不断修改的，因而周期成分的影响也很小。

8.3.2 时间序列平滑模型

当由于随机成分的影响而导致需求偏离平均水平时，应用时间序列平滑模型对多期观测数据平均的办法，可以有效地消除或减少随机成分的影响，以得到较好地反映平均需求水平的结果。这里将讨论简单移动平均、加权移动平均、一次指数滑法。

1. 简单移动平均和加权移动平均

简单移动平均(Simple Moving Average)值可按下式计算

$$SMA_{t+1}=\frac{1}{n}\sum_{i=t+1-n}^{t}A_i \tag{8-1}$$

式中：SMA_{t+1}——t 周期末简单移动平均值，它可作为$(t+1)$周期的预测值；

A_i——i 周期的实际需求；

n——移动平均采用的周期数。

加权移动平均(Weighted Moving Average)值可按下式计算

$$WMA_{t+1}=\frac{1}{n}\sum_{i=t+1-n}^{t}a_{i-t+n}A_i \tag{8-2}$$

式中：WMA_{t+1}——t 周期末加权移动平均值，它可作为$(t+1)$周期的预测值；

$a_1,a_2,\cdots,a_n$——实际需求的权系数；

其余符号意义同式(8-1)。

显然，若对每个时段，a 都取相同的值，即同等地对待序列中的每个值，加权移动平均预测值就变成了简单移动平均预测值。因而，简单移动平均是加权移动平均的一种特例。

【例 8-3】 某电子音响器材公司 SONY 牌单放机的逐月销售量记录见表 8-2。取 n=3 和 n=4，试用简单移动平均法进行预测。

解：当 n=3 时，式(8-1)中的 $SMA_{t+1}=(A_{t-2}+A_{t-1}+A_t)\div 3$，如预测 5 月份销售量，则

$SMA_{4+1}=(A_2+A_3+A_4)\div 3\approx 22.67$(百台)

当 n=4 时，式(8-1)中的 $SMA_{t+1}=(A_{t-3}+A_{t-2}+A_{t-1}+A_t)\div 4$，如预测 5 月份销售量，则

$SMA_{4+1}=(A_1+A_2+A_3+A_4)\div 4=21.75$(百台)

全部计算结果见表 8-2。

表 8-2　简单移动平均法预测

月　　份	实际销量/百台	n=3	n=4
1	20.00		
2	21.00		
3	26.00		
4	24.00	21.33	
5	27.00	22.67	21.75
6	26.00	24.00	26.33
7	26.00	26.33	24.75
8	26.00	26.00	26.50
9	26.00	26.00	26.75
10	28.00	26.67	26.00
11	27.00	26.33	26.25
12	29.00	27.00	26.50

从表 8-2 中可以看出，预测值同简单移动平均所选的时段长 n 有关。n 越大，对干扰的敏感性越低，预测的稳定性越好，响应性就越差。

简单移动平均法对数据不分远近，同样对待。有时，最近的数据反映了需求的趋势，用加权移动平均法更合适。加权移动平均法则弥补了简单移动平均法的不足。在【例 8-3】中，当 n=3 时，若取 a_1=0.5，a_2=1.0，a_3=1.5，则预测结果见表 8-3。

从表 8-3 所示的计算结果可以看出，若对最近的数据赋予较大的权重，则预测数据与实际数据的差别较简单移动平均法的结果要小。一般来说，a_i 和 n 的取值不同，预测值的稳定性和响应性也不一样，受随机干扰的程度也不一样。n 越大，则预测的稳定性就越好，响应性就越差；n 越小，则预测的稳定性就越差，响应性就越好。近期数据的权重越大，则预测的稳定性就越差，响应性就越好；近期数据的权重越小，则预测的稳定性就越好，响应性就越差。然而，a_i 和 n 的选择都没有固定的模式，都带有一定的经验性，究竟选用什么数值，要根据预测的实践而定。

表 8-3　加权移动平均预测

t/月	实际销量/百台	3 个月的加权移动平均预测值/百台
1	20.00	
2	21.00	
3	26.00	
4	24.00	(0.5×20+1×21+1.5×26)÷3≈23.33
5	26.00	26.17
6	27.00	24.33
7	26.00	26.83
8	26.00	26.17
9	26.00	26.67
10	28.00	26.67
11	27.00	26.83
12	29.00	27.17

2. 一次指数平滑法

一次指数平滑法(Single Exponential Smoothing)是另一种形式的加权移动平均。加权移动平均法只考虑最近的 n 个实际数据，指数平滑法则考虑所有的历史数据，只不过近期实际数据的权重大，远期实际数据的权重小。一次指数平滑平均值 SA_t 的计算公式为

$$SA_t = aT_t + (1-a)SA_{t-1} \tag{8-3}$$

若把 t 期一次指数平滑平均值 SA_t 作为 t=1 期的一次指数平滑预测值 SF_{t+1}，则一次指数平滑法的预测公式为

$$SF_{t+1} = aA_t + (1-a)SF_t \tag{8-4}$$

式中：SF_{t+1}——t+1 期一次指数平滑预测值；

A_t——t 期实际值；

a——平滑系数，表示赋予实际数据的权重($0 \leqslant a \leqslant 1$)。

式(8-4)可以改写成

$$SF_{t+1} = SF_{t+a}(A_t - SF_t) \tag{8-5}$$

因此，第(t+1)期的预测值可以看作为前 t 期实测值的指数形式的加权和。随着实测值“年龄”的增大，其权数以指数形式递减。这正是指数平滑法名称的由来。

将预测值和实际值进行比较，结果见表 8-5。由表 8-5 可以看出，用一次指数平滑法进行预测，当出现趋势时，预测值虽然可以描述实际值的变化形态，但预测值总是滞后于实际值。当实际值呈上升趋势时，预测值总是低于实际值；当实际值呈下降趋势时，预测值总是高于实际值。比较不同的平滑系数(表 8-4、表 8-5)对预测的影响，当出现趋势时，取较大的 a 得到的预测值与实际值比较接近。

表 8-4　某公司的月销售额一次指数平滑预测表(a=0.4)

月　份	实际销售额 A_t	a×上月实销额	上月预测销售额	(1−a)×上月预测销售额	本月平滑预测销售额
1	10.00				11.00
2	12.00	4.00	11.00	6.60	10.60
3	13.00	4.80	10.60	6.36	11.16
4	16.00	5.20	11.16	6.70	11.90
5	19.00	6.40	11.90	7.14	13.54
6	23.00	7.60	13.54	8.12	15.72
7	26.00	9.20	15.72	9.43	18.63
8	30.00	10.40	18.63	11.18	21.58
9	28.00	12.00	21.58	12.95	24.95
10	18.00	11.20	24.95	14.97	26.17
11	16.00	7.20	26.17	15.70	22.90
12	14.00	6.40	22.90	13.74	20.14

表 8-5　某公司的月销售额一次指数平滑预测表(a=0.7)

月　份	实际销售额 A_t	a×上月实销额	上月预测销售额	(1−a)×上月预测销售额	本月平滑预测销售额
1	10.00				11.00
2	12.00	7.00	11.00	3.30	10.30
3	13.00	8.40	10.30	3.09	11.49
4	16.00	9.10	11.40	3.45	12.55
5	19.00	11.20	12.55	3.77	14.97

续表

月　份	实际销售额 A_t	a×上月实销额	上月预测销售额	(1−a)×上月预测销售额	本月平滑预测销售额
6	23.00	13.30	14.97	4.49	17.79
7	26.00	16.10	17.79	5.34	21.44
8	30.00	18.20	21.44	6.43	24.63
9	28.00	21.00	24.63	7.39	28.39
10	18.00	19.60	28.39	8.52	28.12
11	16.00	12.60	28.12	8.44	21.04
12	14.00	11.20	21.04	6.31	17.51

综上可知，预测值依赖于平滑系数 a 的选择。一般说来，a 选得小一些，预测的稳定性就比较好；反之，其响应性就比较好。在有趋势的情况下，用一次指数平滑法预测，会出现滞后现象。面对有上升或下降趋势的需求序列时，就要采用二次指数平滑法(Double Exponential Smoothing)进行预测；对于出现趋势并有季节性波动的情况，则要用三次指数平滑法(Triple Exponential Smoothing)预测。本书不介绍二次、三次指数平滑法。

8.3.3　时间序列分解模型

实际需求值是趋势的、季节的、周期的或随机的等多种成分共同作用的结果。时间序列分解模型(Time Series Decomposition)试图从时间序列值中找出各种成分，并在对各种成分单独进行预测的基础上，综合处理各种成分的预测值，以得到最终的预测结果。

时间序列分解方法的应用基于如下假设：各种成分单独地作用于实际需求，而且过去和现在起作用的机制将持续到未来。因此，在应用该方法时要注意各种成分是否已经超过了其起作用的期限。同时，还应该分析过去出现的“转折点”情况。比如某市普通住宅每月的销售面积、每月的平均销售单价等；如房地产价格走势的预测、某类商品房销售量的预测等；又如 1973 年的石油危机对美国 1973 年以后的汽车销售记录产生了重大影响，当应用某种模型来预测今后 10 年的汽车销售量时，就应该考虑类似石油危机这样的重大事件是否会发生。

时间序列分解模型有两种形式：乘法模型(Multiplicative Model)和加法模型(Additive Model)。乘法模型比较通用，它是通过将各种成分(以比例的形式)相乘的方法来求出需求估计值的。加法模型则是将各种成分相加来预测的。对于不同的预测问题，人们常常通过观察其时间序列值的分布来选用适当的时间序列分解模型。

8.3.4　因果模型

在时间序列模型中，它将需求作为因变量，将时间作为唯一的独立变量。这种做法虽然简单，但忽略了其他影响需求的因素，如政府部门公布的各种经济指数、地方政府的规划、银行发布的各种金融方面的信息、广告费的支出、产品和服务的定价等都会对需求产生影响。因果模型则有效地克服了时间序列法的这一缺点，它通过对一些与需求(如书包)有关的先导指数(学龄儿童数)的计算，来对需求进行预测。

由于反映需求及其影响因素之间因果关系的数学模型不同，因果模型又分为回归模型、经济计量模型、投入产出模型等。

8.4 预测误差与监控

8.4.1 预测误差

由于需求受许多不确定因素的影响，不可避免地存在预测误差(Forecast Error)。所谓预测误差，是指预测值与实际值之间的差异。误差有正负之分，当预测值大于实际值时，误差为正；反之，误差为负。预测模型最好是无偏的模型(Unbiased Model)，即应用该模型时，正、负误差出现的概率大致相等。平均误差是评价预测精度(Forecast Accuracy)、计算预测误差的重要指标。它常被用来检验预测与历史数据的吻合情况，同时它也是判断预测模型能否继续使用的重要标准之一。在比较多个模型孰优孰劣时，也经常用到平均误差。

本节将介绍平均绝对偏差、平均平方误差、平均预测误差和平均绝对百分误差 4 个常用的评价指标。

1. 平均绝对偏差

平均绝对偏差(Mean Absolute Deviation，MAD)就是整个预测期内每一次预测值实际值的绝对偏差(不分正负，只考虑偏差量)的平均值。MAD 能较好地反映预测的精度，但它不容易衡量无偏性。

2. 平均平方误差

平均平方误差(Mean Square Error，MSE)就是对误差的平方和取平均值。MSE 与 MAD 相似，虽可以较好地反映预测精度，但无法衡量无偏性。

3. 平均预测误差

平均预测误差(Mean Forecast Error，MFE)是指预测误差的和的平均值。MFE 能很好地衡量预测模型的无偏性，但它不能够反映预测值偏离实际值的程度。

4. 平均绝对百分误差

平均绝对百分误差(Mean Absolute Percentage Error，MAPE)用公式表示为

$$MAPE=\left(\frac{100}{n}\right)\sum_{t=1}^{n}\left|\frac{A_t-F_t}{A_t}\right| \tag{8-6}$$

MAD、MFE、MSE、MAPE 是几种常用的衡量预测误差的指标，但任何一种指标都很难全面地评价一个预测模型，在实际应用中常常将它们结合起来使用。

表 8-6 列举了计算 MAD、MSE、MFE、MAPE 的例子。

表 8-6　MAD、MSE、MFE、MAPE 计算一览表

实际值 (A)	预测值 (F)	偏差 $(A-F)$	绝对偏差 $\|A-F\|$	平方误差 $(A-F)^2$	百分误差 $100(A-F)$	绝对百分误差 $100\left\|\frac{A-F}{A}\right\|$
120	125	−5	5	25	−4.17	4.17
130	125	+5	5	25	6.85	6.85
110	125	−15	15	225	−16.64	16.64

续表

实际值 (A)	预测值 (F)	偏差 $(A-F)$	绝对偏差 $\|A-F\|$	平方误差 $(A-F)^2$	百分误差 $100(A-F)$	绝对百分误差 $100\left\|\frac{A-F}{A}\right\|$
140	125	+15	15	225	+10.71	10.71
110	125	−15	15	225	−16.64	16.64
130	125	+5	5	25	6.85	6.85
		−10	60	750		49.86

$$MAD=\frac{60}{6}=10，MSE=\frac{750}{6}=125，MAPE=\frac{49.86}{6}=8.31，MFE=-\frac{10}{6}\approx -1.67。$$

8.4.2　预测监控

预测的一个十分重要的理论基础是一定形式的需求模式过去、现在和将来起着基本相同的作用。然而，实际情况是否如此呢？换句话说，过去起作用的预测模型现在是否仍然有效呢？这需要通过预测监控(Monitoring and Controlling Forecasts)来回答。

检验预测模型是否仍然有效的一个简单的方法是将最近的实际值与预测值进行比较，看偏差是否在可以接受的范围以内，另一种办法是应用跟踪信号(Tracking Signal，TS)。

所谓跟踪信号，是指预测误差滚动和与平均绝对偏差的比值，即

$$TS=\frac{RSFE}{MAD}=\frac{\sum_{t=1}^{n}A_t-F_t}{MAD} \tag{8-7}$$

式(8-7)中各符号意义同式(8-6)。

每当实际需求发生时，就应该计算 TS。如果预测模型仍然有效，TS 应该比较接近于零。反过来，只有当 TS 在一定范围内(图 8.7)时，才认为预测模型可以继续使用；否则，就应该重新选择预测模型。

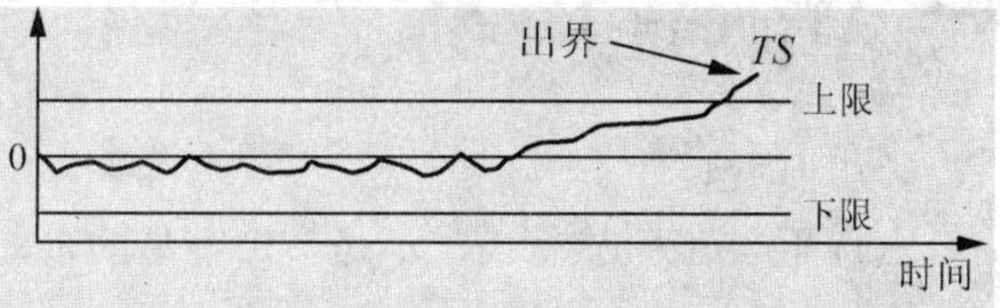

图 8.7　预测跟踪信号

8.4.3　撰写报告与结果评价

1. 评价结果，编写报告

通过计算产生的预测结果是初步的结果，这一结果还要加以多方面的评价和检验，才能最终使用。检验初步结果通常有理论检验、资料检验和专家检验。理论检验是运用经济学、市场学的理论和知识，采用逻辑分析的方法，检验预测结果的可靠性程度。资料检验是重新验证、核对预测所依赖的数据，将新补充的数据和预测初步结果与历史数据进行对比分析，检查初步结果是否合乎事物发展逻辑，符合市场发展情况。专家检验是邀请有关方面专家，对预测初步结果做出检验、评价，综合专家意见，对预测结果进行充分论证。

对预测结果进行检验之后，就可以着手准备编写预测报告了。与市场调查报告相似，预测报告也分为一般性报告和专门性报告，每次预测根据不同的要求，编写不同类型的报告。

2. 对预测结果进行事后鉴别

完成预测报告并不是预测活动的终结，下一步还要对预测结果进行追踪调查。市场预测结果是一种有科学根据的“假定”，这种“假定”毕竟仍要由市场发展的实际过程来验证，因此，预测报告完成以后，要对预测结果进行追踪，考察预测结果的准确性和误差，并分析总结原因，以便取得预测经验，不断提高预测水平。

思考题

1. 预测是一种技能还是一种科学？为什么？
2. 销售预测和需求预测的关系是什么？
3. 说明判断在预测中的作用。
4. 有哪些定性预测方法和定量预测方法？说明它们各自的特点和适用范围。
5. 预测可分为哪些类型？时间序列分析预测法一般用于哪些方面？它有哪些明显的优缺点？
6. 平滑系数对最近数据值的权重有何影响？
7. 解释预测中季节指数的作用，季节因素与周期因素有何不同？
8. 简要介绍德尔菲法，并说明该方法如何应用？
9. 下表是某汽车轮胎的月销售记录。

单位：只

月份	1	2	3	4	5	6	7	8	9	10	11	12
销售量	104	104	100	92	105	95	95	104	104	107	110	109

(1) 计算当 $SA_0=100$，$a=0.2$ 时的一次平滑指数预测值。

(2) 计算当 $SA_0=100$，$a=0.4$ 时的一次平滑指数预测值。

(3) 计算在(1)、(2)两种情况下的 *MAD* 和 *RSFE*。

实训与考核

实训项目：

(1) 预测航空旅行需求不是一件容易的事，许多因素会影响人们旅行的次数和地点。澳洲航空公司的需求预测中有许多重要的决定，最重要的就是购买飞机，澳航公司知道需要更多的飞机，但问题是究竟需要多少呢？每架波音 747-400 型飞机大约需要 1.35 亿美元，多订几架，费用就不得了。另外，如果澳航公司过高地预测了需求，哪怕只是百分之几，费用负担也是不得了的；若低估其需求，就会失去盈利的机会，使愿意乘坐澳洲航空公司的旅客失望，结果会造成长远的销售和声誉上的战略性的损失。而事实上，澳洲航空公司能发展到今天的程度，有许多航班都是建立在准确的需求预测的基础上的。

(2) 澳洲航空近日公布了 2009—2010 年度上半期(7～12 月)的业绩预测，据此，税前利润可达 5000 万～1.5 亿澳元，将实现由上年度下半期(1～6 月)的亏损转向赢利。业内人士分析指出，这主要得益于国内经济形势的好转、航空需求的恢复以及旗下廉航捷星航空公司的业绩增长。此外，该公司订购的 5 架空客 A380 型飞机已于近期交付，为此，澳洲航空将从 2010 年 3 月末开始，连续 1 年提升国内航线运力，增加坐席 34 万个以上。

澳洲航空这次公布的盈利预测虽然远低于上年度同期的 2.88 亿澳元，但是与上年度下半期的亏损 1.07 亿澳元相比，已有相当的改善。公司股票价格也因此连日走高。

澳洲航空集团总体的客运量也在恢复，2009 年 11 月的客运量达 348 万人，比 2008 年同月增加了 9.7%。捷星航空国际航线的客运量数同比剧增 129.8%，澳洲航空国际航线的客运量同比则减少了 22.6%。

澳洲航空首席执行官(CEO)乔伊斯表示，国内航空需求的快速恢复，是提升运力增加坐席的大好时机。据称，该公司从 2010 年 3 月 29 日开始，阿德莱德—墨尔本、布里斯班—悉尼、布里斯班—汤斯维尔、墨尔本—珀斯、悉尼—艾尔斯等航线总计将增加 19 个往返航班。此外，执飞布里斯班—墨尔本、布里斯班—凯恩斯航线的飞机将由波音 737 型升级为波音 767 型，以此增加航班的坐席。

澳洲航空相当于平均客运量的销售额，2009 年 11 月国际、国内航线虽然分别减少了 8.9% 和 23.2%，但是与 10 月国内航线减少 10.2%、国际航线减少 24.2%相比，业绩大有改善。

业内分析人士指出，澳洲航空对本年度的业绩进行预测尚属首次。令人感到欣慰的是，航空市场最糟糕的时期也许已经过去，现在正在向好的方向发展。

澳洲航空新闻发言人爱波斯坦表示，尽管预测的业绩数据可观，但是经济总体和业界的运输能力都有大幅波动的可能。燃油价格和汇率变动等因素都有可能影响到旅客航空需求的增加。

澳洲航空这次虽然没有公布对全年度业绩的预测，但是高盛 JB 威尔的预测税前利润为 4.7 亿澳元，净利润为 3.28 亿澳元。

(资料来源：中国民航新闻信息网，http://www.traveldaily.cn/)

项目讨论：依据目前所拥有的资料，确定和构建统计指标分析体系，选择统计分析方法，计算有关指标，进行个别指标、综合指标的评价与分析并预测澳航的航空需求情况。

实训考核：

考核要素	评价标准	分值/分	评分/分				
			自评(10%)	小组(20%)	教师(50%)	专家(20%)	小计(100%)
构建预测指标分析体系	(1) 所构建的指标体系能反映预测分析的主题内容	15					
	(2) 指标体系体现了适应性、科学性、整体性、可比性和可操作性	15					
选择预测分析方法	(1) 分析方法选择得当，体现了定性与定量结合、微观因素与宏观因素结合、平均指标与标志变异指标结合等	20					
	(2) 正确计算指标	15					
预测因素分析	指标分析文字表述简练、正确，确实能够说明现象本质特征、现象发展变化规律等	35					
合计							
评语(主要是建议)							

第9章　综合计划

学习目标

通过对本章的学习，学生应理解企业计划和生产运作计划的层次、不同层次计划的特点；掌握制订计划的一般步骤和滚动式计划编制方法；理解生产能力、代表产品和假定产品的概念；掌握应对非均匀需求的策略和运用反复试验法对综合计划进行优化，备货型生产企业年度生产计划的制订方法，服务业综合计划的制订方法；掌握收入管理的有关概念和方法。

工作任务描述

经过本章知识学习，学生在理解企业计划和生产运作计划的基本内容的基础上，熟悉企业企业计划和生产运作计划之间的关系；理解生产能力、代表产品和假定产品的概念；根据应对非均匀需求的策略和运用反复试验法对综合计划进行优化；实施备货型生产企业年度计划的制订，了解服务业综合计划的制订，用收入管理的理念指导资源约束下企业运营计划的制订。

问题：选择一家备货型非均匀需求的生产企业，搜集其相关的资料，分析企业所处的内外部环境，制订该企业的综合计划。

本章任务

(1) 理解企业计划和生产运作计划的基本内容。

(2) 熟悉企业计划和生产运作计划的关系以及生产能力的概念。

(3) 掌握收入管理的内容。

(4) 能运用非均匀需求的策略和运用反复试验法对综合计划进行优化，制定备货型生产企业和服务企业的综合计划。

工作任务实施

按照以下步骤为一家啤酒生产企业制订综合计划。

(1) 确定工作目标和任务。

(2) 设置工作路径，选择工作方法和步骤。

(3) 实施调研，并搜集和整理调研资料。

(4) 分析调研资料，制订综合计划。

根据你所选择的企业，实施本章的工作任务，制订企业的综合计划。图 9.1 展示了实施本章工作任务的工作流程。

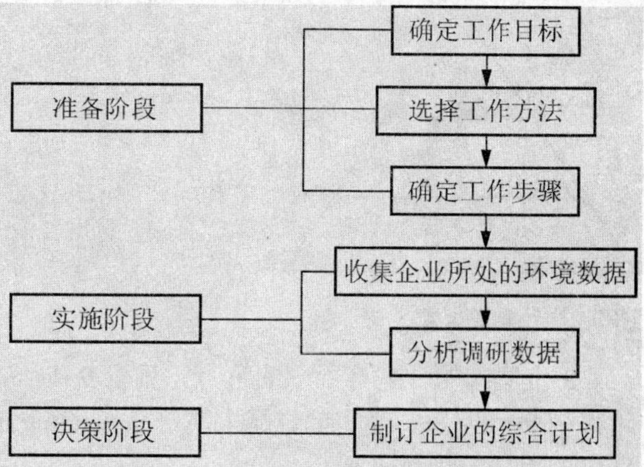

图 9.1 企业生产运作策略选择任务实施流程

综合计划是一种中期计划，计划期通常为 3～18 个月，包括对库存水平、生产量、转包和员工数量的安排。编制综合计划是运作管理人员的一项重要职责，是组织高效生产的关键。根据综合计划，可以进一步编制更为详细的产品出产计划，而产品出产计划还可以进一步分解，成为物料需求计划(Material Requirements Planning，MRP)和作业排序的基础。

计划是管理的首要职能。没有计划，企业内一切活动都会陷入混乱。在一个好的计划指导下，水平一般的下属也会做出成效；在一个差的计划指导下，能力很强的下属也会把工作弄糟。现代工业生产是社会化大生产，企业内部分工十分精细，协作非常紧密，任何一部分生产活动都离不开其他部门而单独进行。因此，需要统一的计划来指挥企业各部门的活动。企业里没有计划，好比一个交响乐队没有乐曲，是无法进行任何生产经营活动的。

本章介绍了计划管理的一般概念：生产能力、综合计划、备货型生产企业年度产计划和服务业综合计划的制订方法和收入管理。

9.1 计划管理的概念

按照计划来管理企业的生产经营活动，叫做计划管理。计划管理是一个过程，通常包括编制计划、执行计划、检查计划完成情况和拟订改进措施 4 个阶段。计划管理包括企业生产经营活动的各个方面，如生产、技术、劳资、供应、销售、设备、财务和成本等。计划管理不仅仅是计划部门的工作，所有其他部门和车间也都要通过这 4 个阶段来实行计划管理。

9.1.1 企业计划的层次

企业里有各种各样的计划，这些计划是分层次的，一般可以分成战略层计划、战术层计划与作业层计划 3 个层次，如图 9.2 所示。

战略层计划涉及产品发展方向、生产发展规模、技术发展水平和新生产设施的建造等，涉及企业资源的获取，如研发计划、新产品计划和投资计划等。

战术层计划是确定在现有资源条件下所从事的生产经营活动应该达到的目标，如产量、品种、产值和利润。如综合生产计划、销售计划、产品出产计划和人员招聘计划等。

作业层计划是确定日常的生产经营活动的安排，如生产作业计划、采购计划和工作分配等。

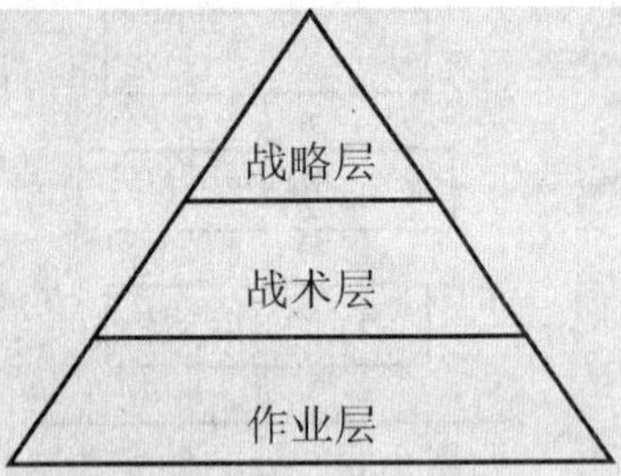

图 9.2 计划的层次

3 个层次的计划有不同的特点，见表 9-1。从表中可以看出，从战略层到作业层，计划期越来越短，计划的时间单位越来越细，覆盖的空间范围越来越小，计划内容越来越详细，计划中的不确定性越来越小。

表 9-1 不同层次计划的特点

	战略层计划	战术层计划	作业层计划
计划期	长(≥5 年)	中(1 年)	短(月、旬、周)
计划的时间单位	粗(年)	中(月、季)	细(工作日、班次、小时、分)
空间范围	企业、公司	工厂	车间、工段、班组
详细程度	高度综合	综合	详细
不确定性	高	中	低
管理层次	企业高层领导	中层，部门领导	低层，车间领导
特点	涉及资源获取	资源利用	日常活动处理

9.1.2 生产计划的层次与计划指标体系

1. 生产计划的层次

生产计划是一种战术性计划，包括综合生产计划、产品出产计划(Master Production Schedule)和生产作业计划(Production Schedule)。综合生产计划以假定产品作为计划对象。产品出产计划以具体产品和工矿配件作为计划的对象，具体产品和配件都是企业向市场所提供的具体物品。生产作业计划是产品出产计划的执行计划，是指挥企业内部生产活动的计划。对于大型加工装配式企业，生产作业计划一般分成厂级生产作业计划和车间级生产作业计划两级。厂级生产作业计划的对象为原材料、毛坯和零件，从产品结构的角度来看，也可称作零件级作业计划。车间级生产作业计划的计划对象为工序，故也可称为工序级生产作业计划。表 9-2 列出了生产计划的层次及特征。

表 9-2 生产计划的层次及特征

	计划层	执行层	操作层
计划的形式及种类	综合生产计划 产品出产计划	零部件(毛坯)投入出产计划、原材料(外购件)需求计划等	双日(或周)生产作业计划、关键机床加工计划等
计划对象	产品(假定产品、代表产品、具体产品)、工矿配件	零件(自制件、外购件、外协件)、毛坯、原材料	工序
编制计划的基础数据	产品生产周期、成品库存	产品结构、加工制造提前期、零件、原材料、毛坯库存	加工路线、加工时间、在制品库存

续表

	计划层	执行层	操作层
计划编制部门	经营计划处(科)	生产处(科)	车间计划科(组)
计划期	1年	1月～1季	双日、周、旬
计划的时间单位	季(细到月)	旬、周、日	工作日、小时、分
计划的空间范围	全厂	车间及有关部门	工段、班组、工作地
采用的优化方法举例	线性规划、运输问题算法、搜索决策法则(SDR)、线性决策法则(LDR)	MRP、批量算法	各种作业排序方法

2. 生产计划指标体系

(1) 品种指标。品种是企业在计划期内出产的产品名、型号、规格和种类数，它涉及“生产什么”的决策。确定品种指标是编制生产计划的首要问题，关系到企业的生存和发展。

(2) 产量指标。产量是企业在计划期内出产的合格产品的数量，它涉及“生产多少”的决策，关系到企业能获得多少利润。产量可以台、件、吨表示。对于品种、规格很多的系列产品，也可用主要技术参数计量，如拖拉机用马力、电动机用千瓦等。

(3) 质量指标。质量是企业在计划期内产品质量应达到的水平，常采用统计指标来衡量，如一等品率、合格品率、废品率、返修率等。

(4) 产值指标。产值是用货币表示的产量指标，能综合反映企业生产经营活动成果，以便不同行业比较。根据具体内容与作用不同，分为商品产值、总产值与净产值3种。

商品产值是企业在计划期内出产的可供销售的产品价值。商品产值的内容包括：用本企业自备的原材料生产的成品和半成品的价值；用外单位来料加工的产品加工价值；工业劳务的价值。只有完成商品产值指标，才能保证流动资金正常周转。

总产值是企业在计划期内完成的以货币计算的生产活动总成果的数量。总产值包括：商品产值；期末、期初在制品价值的差额；订货者来料加工的材料价值。总产值一般按不变价格计算。

净产值是企业在计划期内通过生产活动新创造的价值。由于扣除了部门间重复计算，它能反映计划期内为社会提供的国民收入。净产值指标算法有两种：生产法和分配法。按生产法：净产值=工资总额+福利基金+税金+利润+属于国民收入初次分配的其他支出。

(5) 出产期指标。出产期是为了保证按期交货确定的产品出产期限。正确地确定出产期很重要，因为出产期太紧，保证不了按期交货，会给用户带来损失，也会给企业信誉带来损失；出产期太松，不利于争取顾客，还会造成生产能力浪费。

对于MTO企业，确定交货期和产品价格是主要的决策；对于MTS企业，主要是确定品种和产量。

9.1.3　制订计划的一般步骤及滚动式计划

1. 制订计划的一般步骤

制订计划的一般步骤如图9.3所示。

图9.3　制订计划的一般步骤

“确定目标”要根据上期计划执行的结果，目标要尽可能具体，如利润指标、市场占有率等。

“评估当前条件”是要弄清楚现状与目标有多大差距。当前条件包括外部环境与内部条件。外部环境主要包括市场情况、原料、燃料、动力、工具等供应情况，以及协作关系情况。内部条件包括设备状况、工人状况、劳动状况、新产品研制及生产技术准备状况、各种物资库存情况及在制品占用量等。

“预测未来环境及条件”是根据国内外各种政治因素、经济因素、社会因素和技术因素综合作用的结果，预测未来，把握现状将如何变化，找出达到目标的有利因素及不利因素。

“确定计划方案”包括拟定多个可实现目标的可行计划方案，并从中按一定的标准，选择一个计划方案。

“实施计划，评价结果”是检查目标是否达到，如未达到，分析是什么原因、需采取什么措施、是否需修改计划等。

2. 滚动式计划的编制方法

编制滚动式计划是一种编制计划的新方法，这种方法可以用于编制各种计划。

按编制滚动计划的方法，整个计划期被分为几个时间段，其中第一个时间段的计划为执行计划，后几个时间段的计划为预计计划。执行计划较具体，要求按计划实施；预计计划比较粗略。每经过一个时间段，根据执行计划的实施情况以及企业内、外条件的变化，对原来的预计计划做出调整与修改，原预计计划中的第一个时间段的计划变成了执行计划。比如，2005 年编制 5 年计划，计划期从 2006—2010 年，共 5 年。若将 5 年分成 5 个时间段，则 2006 年的计划为执行计划，其余 4 年的计划均为预计计划。当 2006 年的计划实施之后，又根据当时的条件编制 2007—2011 年计划，其中 2007 年的计划为执行计划，2008—2011 年的计划为预计计划，依此类推。修订计划的间隔时间称为滚动期，它通常等于执行计划的计划期，如图 9.4 所示。

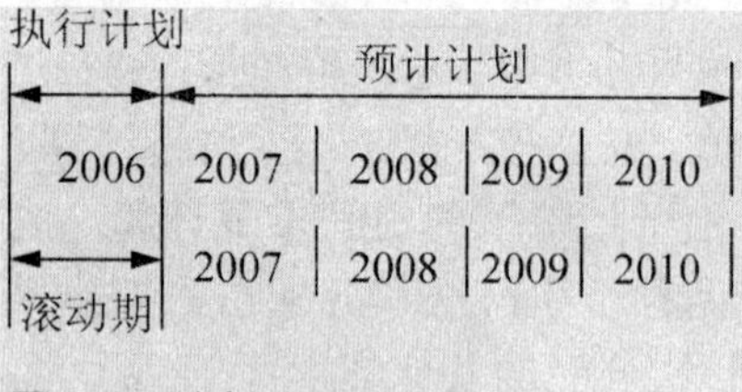

图 9.4　编制滚动计划示例

滚动计划方法有以下优点：

(1) 计划的严肃性和应变性都得到保证。因执行计划与编制计划的时间接近，内、外条件不会发生很大变化，可以基本保证完成，体现了计划的严肃性；预计计划允许修改，体现了应变性。如果不是采用滚动式计划方法，第一期实施的结果出现偏差，以后各期计划如不做出调整，就会流于形式。

(2) 提高了计划的连续性。逐年滚动，自然形成新的 5 年计划。

9.2　能力计划与处理非均匀需求的策略

9.2.1　生产运作能力

生产能力是指企业的设施在一定时期(年、季、月)内，在先进合理的技术组织条件下所能生产一定种类产品的最大数量。对于流程式生产，生产能力是一个准确而清晰的概念。如某化肥厂年产 30 万吨合成氨，这是设备的能力和实际运行时间决定的。对于加工装配式生产，生产能力则是一个模糊的概念。不同的产品组合，表现出的生产能力是不一样的。若大量生产、品种单一，可用具体产品数表示生产能力；若大批生产、品种数少，可用代表产品数表示生产能力；对于多品种、中小批量生产，则只能以假定产品的产量来表示生产能力。在纯服务运作中，能力直接与劳动力数量相关。

生产能力有设计能力、查定能力和现实能力之分。设计能力是建厂或扩建后应该达到的最大年产量；查定能力是原设计能力已不能反映实际情况，重新调查核实的生产能力；现实能力为计划年度实际可达到的生产能力，是编制年度生产计划的数据。国外有的人将生产能力分成固定能力和可调整能力两种，前者指固定资产所表示的能力，是生产能力的上限；后者是指以劳动力数量和每天工作时间和班次所表示的能力。这种划分不仅适合制造业，而且更适合于服务业。

1. *代表产品与假定产品*

代表产品是结构与工艺有代表性，且产量与劳动量乘积最大的产品。在多品种生产企业里，产品的结构、工艺、劳动量差别很大，难以确定代表产品，这时可采用假定产品。假定产品是按各种具体产品工作量比重构成的一种实际上不存在的产品。

设 t_{pj} 为假定产品在 j 机床加工的台时定额，n_i 为具体产品的计划年产量，t_{ij} 为 i 产品在 j 机床加工的单位产品台时定额，则 $t_{pj}=\sum_i \frac{n_i}{N}t_{ij}$，$N$ 为各种产品年产量总和。

设有 A、B、C 和 D 四种产品，其计划年产量和各产品的单位产品台时定额见表 9-3。现以产品 C 为代表产品，将各产品的计划年产量折算成代表产品产量。

表 9-3 代表产品和假定产品

产品	计划年产量	单位产品台时定额	折换成代表产品 C 的产量	折换成假定产品的产量
A	50	20	25	27
B	100	30	75	82
C	125	40	125	136
D	25	80	50	55
合计	300		275	300

A：$50\times\frac{20}{40}=25$(台)；B：$100\times\frac{30}{40}=75$(台)；D：$25\times\frac{80}{40}=50$(台)。即按工作量可将 50 台产品 A 折算成 25 台代表产品 C，将 100 台产品 B 折算成 75 台代表产品 C，可将 25 台产品 D 折算成 50 台代表产品 C。这样，A、B、C、D 四种产品共 300 台，折算成代表产品 25+75+125+50=275(台)。

现以表 9-3 所示的产品组合为对象，计算假定产品。首先，计算假定产品的台时定额为 $t_{pj}=(50\times20+100\times30+125\times40+25\times80)\div300\approx36.67$(台时)。

然后，将各产品的计划产量折合成假定产品的产量，即

A：$50\times\frac{20}{36.67}\approx27$(台)；B：$100\times\frac{30}{36.67}\approx82$(台)；C：$125\times\frac{40}{36.67}\approx136$(台)；D：$25\times\frac{80}{36.67}\approx55$(台)。

按假定产品得出的产品年产量为 27+82+136+55=300，与具体产品得出的年产量之和相等，这不是巧合，因为

$$\frac{\sum n_i t_{ij}}{t_{ij}}=\frac{\sum n_i t_{ij}}{\frac{\sum n_i t_{ij}}{N}}=N$$

于是，只要知道各种具体产品的年产量之和，就能知道假定产品的年产量。

在采用自上而下的生产计划编制方法时，先用假定产品(如电视机厂的“电视机”，不涉及具体型号，则为假定产品)进行优化，然后将优化的结果换算成具体产品的产量。换算时只要将假定产品的产量乘以权数 $\frac{n_i}{N}$。

采用假定产品需要知道各种产品的计划年产量和单位产品台时定额。

2. 生产能力计划

生产能力与生产任务平衡包括 3 个方面内容：将生产任务与生产能力进行比较，按比较的结果采取措施，计算生产能力利用指标。

比较生产任务与生产能力有两种方法：用产品数和用台时数，后者用得较多。对于单品种生产企业，可用具体产品数进行比较。

$$设备生产能力=\frac{设备年有效工作小时数}{单位产品台时定额}$$

$$设备年有效工作小时数=全年工作日数\times每天工作小时数\times(1-设备停修率)$$

取最小的设备生产能力(台数)作为生产线或企业的生产能力，将其与计划年产产量比较。对于多品种生产，可用代表产品或假定产品，但计算较复杂，不如用台时数计算方便。

$$j\ 设备生产任务=\sum n_i t_{ij}(1+r_i)$$

式中：r_i——i 产品补废台时损失系数，由统计确定。

将 j 设备年有效工作小时数与 j 设备生产任务台时数比较，可知能力是否够。需说明的是，这是一种能力与任务总量上的比较。由于需求不均匀，即使总量上平衡，某段时间内负荷仍可能超过能力。总量平衡还有一个问题是，无论作业计划安排得如何好，机床的空闲总是不可避免的。因此，在实际应用时，有的企业将能力再打一个折扣，如任务量达到能力的 90%，就算平衡了。

当任务能力不平衡时，一种方法是增加能力，如加班加点；另一种方法是减少、调整任务或转包一部分任务给其他企业。

生产能力利用指标有多种，其中有代表性的是生产能力综合利用系数，它等于生产任务与生产能力之比。

3. 服务能力计划

由于服务不能储存，服务能力计划对时间和空间的依赖性更强；服务设施必须接近顾客。因此，扩大服务能力一般需要经过创业期(在一个地区提供单项服务)、服务地点合理化期、成长期、成熟期。

9.2.2 处理非均匀需求的策略

编制综合生产计划需要解决的一个基本问题是如何处理能力与需求的关系。市场需求的起伏和波动是绝对的，而企业能力又是相对稳定的，要解决这个矛盾，既要研究处理非均匀需求的策略，又要研究影响需求的策略。处理非均匀需求有 3 种纯策略：改变库存水平、改变生产速率和改变工人数量。

1. 改变库存水平

改变库存水平就是通过库存来调节生产，而维持生产率和工人数量不变。如图 9.5 所示，当需求不足时，由于生产率不变，库存量就会上升；当需求过大时，将消耗库存来满足需要，库存就会减少。这种策略可以不必按最高生产负荷配备生产能力，节约了固定资产投资，是处理非均匀需求常用的策略。成品库存好比是水库，可以蓄水和供水，既防旱又防涝，保证水位正常。但是，通过改变库存水平来适应市场的波动，会产生维持库存费；同时，库存也破坏了生产的准时性。对纯劳务性生产，不能采用这种策略，纯劳务性生产只能通过价格折扣等方式来转移需求，使负荷高峰比较平缓。

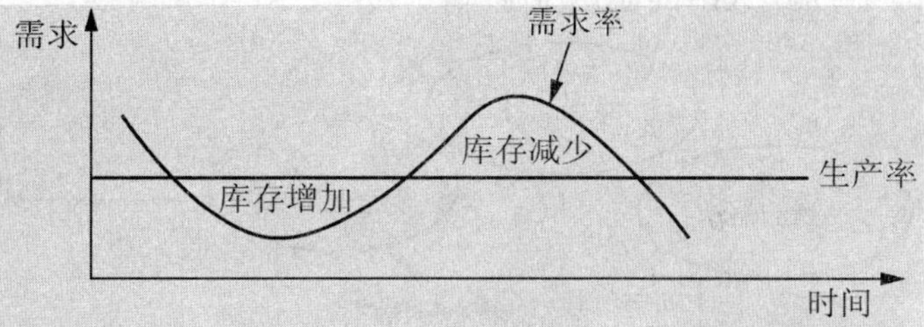

图 9.5　通过改变库存水平来吸收需求波动

2. 改变生产速率

改变生产速率就是要使生产速率与需求速率匹配。需要多少就生产多少，这是准时生产制所采用的策略，它可以消除库存。忙时加班加点，闲时把工人调到其他生产单元或做清理工作。当任务超出太多时，可以采取转包或变制造为购买的办法。这种策略引起的问题是生产不均衡，同时会多付加班费。

3. 改变工人数量

在需求量大时多雇工人，在需求量小时裁减工人。这种做法在服务业常用，但不一定永远可行。对技术要求高的工种一般不能采取这种策略，因为技术工人不是随时可以雇到的。另外，工人队伍不稳定会引起产品质量下降和引起一系列的管理问题。

以上 3 种纯策略可以任意组合成混合策略。比如，可以将改变工人的数量与改变库存水平结合起来。混合策略一般要比纯策略效果好。

9.2.3　影响需求的策略

1. 直接影响需求策略

当需求低迷时，可以通过广告、促销、人员推销和降价等措施，来刺激需求。航空公司和宾馆都在周末和淡季提供价格折扣，电话公司降低在夜间的通话费率，冬季空调器最便宜，都是刺激需求的例子。然而，即使是进行了广告和促销活动，安排了专门的销售人员并采取了降价措施，可能仍然不能使需求水平和生产能力一直保持一致。

2. 暂缓交货策略

暂缓交货(Back Ordering)是指企业已经承接的产品或服务订单，由于种种原因需要延迟交货。如果顾客愿意等待，而且企业的信誉和订单不会受到任何损失，那么暂缓交货不失为一种可行的策略，但很多公司采用暂缓交货的策略，结果却常常造成失售。究竟采用什么样的策略，可以通过反复试验法确定。

9.3 生产大纲的制定

9.3.1 生产大纲的制定过程

生产大纲的制定过程有：①确定每段时间的需求；②确定每段时间的能力，包括正常工作时间、超时工作时间和转包；③明确对安全库存、人工流动等方面的政策；④确定正常工作、加班、转包等的费用；⑤提出备选计划，并计算费用；⑥选择满意的计划方案。

生产大纲的制定流程如图 9.6 所示。

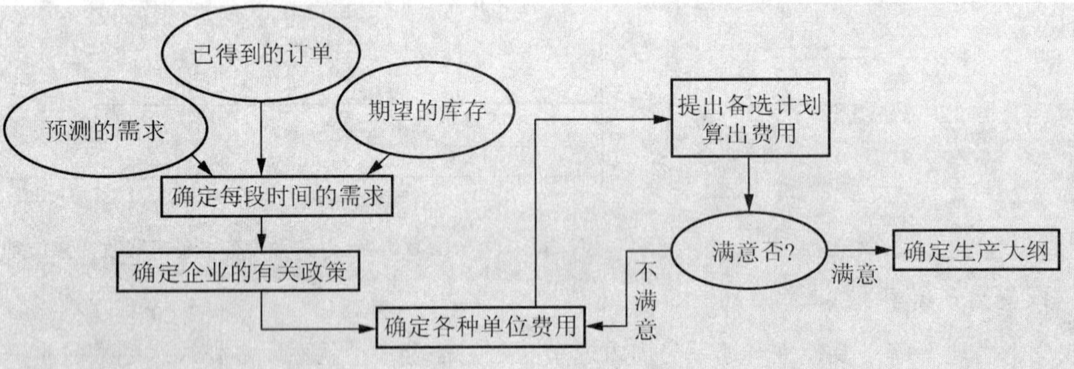

图 9.6 生产大纲的制定流程

9.3.2 生产大纲的编制方法

在生产大纲制定方法上可以采用反复试验法，即通过仅改变工人人数策略、仅改变库存水平的策略和混合策略反复试验，得出成本最小的生产大纲。

反复试验法又称“试错法”，可能是在管理实践中应用最广的方法。面对复杂的管理对象，人们很难找到最优化的方法来处理，于是通过直觉和经验得出一种方法。将这种方法用于实践，取得经验，发现问题，对方法做出改进，再用于实践……如此反复。虽然不一定能得到最优解，但是一定可以得到可行的且令人满意的结果。在制订生产计划中，也可采用反复试验法。下面将以一个例子说明如何应用反复试验法。[①]

某公司将预测的市场需求转化为生产需求，见表 9-4。该产品每件需 20 小时加工，工人每天工作 8 小时。招收工人需广告费、考试费和培养费，折合雇一个人需 300 元，裁减一个工人需付解雇费 200 元。假设生产中无废品和返工。为了应付需求波动，有 1000 件产品作为安全库存。单位维持库存费为 6 元/(件・月)。设每年的需求类型相同，因此在计划年度开始时的工人数等于计划年度结束时的工人数。相应地，库存量也近似相等。现比较以下不同的策略下的费用。

表 9-4 预测的需求量

月份	预计月生产需求量/件	累计需求量/件	每月正常工作日数/天	累计正常工作日数/天
4	1600	1600	21	21
5	1400	3000	22	43
6	1200	4200	22	65

① 本例摘自 James B. Dilworth 编 *Production and Operations Management*. Random House, Inc.

续表

月份	预计月生产需求量/件	累计需求量/件	每月正常工作日数/天	累计正常工作日数/天
7	1000	5200	21	86
8	1500	6700	23	109
9	2000	8700	21	130
10	2500	11200	21	151
11	2500	13700	20	171
12	3000	16700	20	191
1	3000	19700	20	211
2	2500	22200	19	230
3	2000	24200	22	252

1. 仅改变工人的数量

采取这种纯策略需假定随时可以雇到工人，这种策略见表 9-5。

表 9-5 仅改变工人数量的策略

(1) 月份	(2) 预计生产月需求量/件	(3) 所需生产时间 20×(2)	(4) 月生产天数	(5) 每人每月生产小时 8×(4)	(6) 需工人 (3)/(5)	(7) 月初增加工人数	(8) 月初裁剪工人数	(9) 变更费 300×(7)或200×(8)
4	1600	32000	21	168	190		37	7400
5	1400	28000	22	176	159		31	6200
6	1200	24000	22	176	136		23	4600
7	1000	20000	21	168	119		17	3400
8	1500	30000	23	184	163	44		13200
9	2000	40000	21	168	238	75		22500
10	2500	50000	21	168	298	60		18000
11	2500	50000	20	160	313	15		4500
12	3000	60000	20	160	375	62		18600
1	3000	60000	20	160	375			0
2	2500	50000	19	152	329		46	9200
3	2000	40000	22	176	227		102	20400

维持 1000 件安全库存需 1000×6×12=72000(元)，总费用=128000+72000=200000(元)。

2. 仅改变库存水平

这种策略需允许晚交货。由于 252 天内需生产 24200 件产品，则平均每个工作日生产 96.03 件，需 97.03×20=1940.6(小时)，每天需工人 1940.6÷8≈242.6(人)。取 243 人，则每天平均生产 243×8÷20=97.2(件)产品。仅改变库存水平的策略见表 9-6，总费用为 209253 元。

表 9-6 仅改变库存水平的策略

(1) 月份	(2) 累计生产天数	(3) 累计产量 (2)×97.4	(4) 累计生产需求/件	(5) 月末库存 (3)-(4)+1000/件	(6) 维持库存费(月初库存量+月末库存量)/2/元
4	21	2024	1600	1424	7272
5	43	4145	3000	2145	10707
6	65	6266	4200	3066	15633
7	86	8290	5200	4090	21468
8	109	10508	6700	4808	26694
9	130	12532	8700	4832	28920
10	151	14556	11200	4356	27564

续表

(1) 月份	(2) 累计生产天数	(3) 累计产量 (2)×97.4	(4) 累计生产需求/件	(5) 月末库存 (3)-(4)+1000/件	(6) 维持库存费(月初库存量+月末库存量)/2/元
11	171	16484	13700	3784	24420
12	191	18412	16700	2712	19488
1	211	20340	19700	1640	13056
2	230	22172	22200	972	7836
3	252	24293	24200	1093	6195
合计					209253

3. 一种混合策略

混合策略可以多种多样，这里仅讲一种(表 9-7)。考虑到需求的变化，在前一段时间采取相对低的均匀生产率，在后一段时间采取相对高的均匀生产率。4 月初需生产 1600 件，每天需生产 76.19 件。设前一段时间采用每天 80 件的生产率，则每天需 80×20/8=200(人)。生产到 8 月底，累计 109 天生产了 109×80=8720(件)。在余下 252-109=143(天)内要生产 24200-8720=15480(件)产品，平均每天生产 15480÷143≈108.25(件)，需 108.25×20÷8≈270.6(人)，取 271 人。因此，9 月初要雇 71 人，每天可生产 271×8÷20=108.4(件)产品，年末再裁减 71 人。这种混合策略的总费用为 179275 元。

表 9-7 一种混合策略

(1) 月份	(2) 累计生产天数	(3) 生产率	(4) 累计产量/件	(5) 累计需求/件	(6) 月末库存 (4)-(5)+1000	(7) 维持库存费/元	(8) 变更工人数费用/元
4	21	80	1680	1600	1080	6240	
5	43	80	3440	3000	1440	7560	
6	65	80	5200	4200	2000	10320	
7	86	80	6880	5200	2680	14040	
8	109	80	8720	6700	3020	17100	
9	130	108.4	10996	8700	3296	18948	71×30=21300
10	151	108.4	13273	11200	3073	19107	
11	171	108.4	15441	13700	2741	17442	
12	191	108.4	17609	16700	1909	13950	
1	211	108.4	19777	19700	1077	8958	
2	230	108.4	21836	22200	636	5139	
3	252	108.4	24221	24200	1021	4971	71×200=14200
合计						143775	35500

反复试验法不能保证获得最优策略，但可以不断改善所采取的策略，读者还可改变混合策略来减少总费用。

9.3.3 服务综合计划的制订

服务业的公司制订综合计划更加强调需求管理的作用。在实际工作中，编制银行、卡车运输企业以及快餐店的综合计划，可能要比制造企业的综合计划容易一些。在服务业中，控制劳动力成本是关键。要控制劳动力成本需要考虑以下几方面：

(1) 仔细地安排工作时间，以便对顾客需求做出快速响应。

(2) 需要某种形式的临时劳动力资源，以便需求出现意外情况时可以增加或减少人员数量。

(3) 提高员工服务技能的柔性，以便让员工可以在不同岗位从事工作。

(4) 让每个员工的产出数量或者工作时间保持一定的柔性，以便满足更多的需求。

服务业综合计划的主要考虑对象就是人员安排。例如，以下情况：

(1) 房地产和汽车销售公司或部门将多余的人员安排在一起进行相互学习。

(2) 警察局和消防队有明文规定，可以要求倒班人员在紧急情况下返回工作岗位。当紧急情况持续下去时，警察局或消防队人员可能就得延长工作时间，安排更多的工作班次。

(3) 当销售出乎意料的清淡时，餐厅和零售商店会让员工提前下班。

(4) 当消费者排起长队等候结算时，超级市场的售货员也会充当出纳员来加快结算过程。

(5) 当餐厅出现拥挤时，富有经验的招待人员会加快步伐，提高工作效率。

编制综合计划的方法根据服务内容的不同而有所不同。这里介绍5种不同的情况。

1. 餐饮

需求高度变化的公司，例如，一些餐厅，编制综合计划是为了：①使产出速率均衡；②确定合适的员工数量。通常企业会在销售淡季建立少许库存，然后在需求旺季消耗库存，而更多的需求变动则通过改变员工数量来适应。由于这种情形和制造业非常相似，因此传统制造业制订综合计划的方法也可以适用于服务业。但有一点值得注意，像餐饮和水果行业，哪怕只有一点库存，也容易引起腐烂变质。另外，相应时间单位也可能大大小于制造业，例如，快餐厅的需求淡旺时期的区别可能只能用小时来衡量，而“产品”也只能存储10分钟左右。

2. 医院

医院在资金分配、人员分配和满足患者就医需求等方面也需要制订综合计划。例如，利用移动平均来预测患者就医数量，并据此估算病床需要量和人员需要量。由于综合计划集中于人员安排，因此医院的医护人员调配具有较大的灵活性。

3. 小型公司的国内连锁店

随着小型公司国内连锁店的不断出现，例如，殡仪馆、快速加油站、照片冲洗/打印中心和计算机中心等，如何协调综合计划和每个分店自己的计划便成为一个值得考虑的问题。如果可以通过某些促销手段来影响需求，那么产品销售和原材料采购便可以集中计划。这种制订综合计划的方法比较好，因为它有助于减少采购和广告费用，并能够管理每个独立销售店的资金流。

4. 其他服务企业

大多数其他服务公司，像财务公司、运输公司以及很多通信公司和娱乐公司，它们提供的都是无形产品。这些公司的综合计划主要是安排人力资源和进行需求管理，其目标是既能够平衡需求高峰，又能够在需求低谷时期充分发挥劳动力资源的作用。

5. 航空业

航空公司和汽车旅馆有着独特的综合计划。例如，某航空公司的总部位于美国纽约，在亚特兰大和达拉斯有两个调度中心，在全国各地的机场有150处办公室。该公司的综合计划包括：①每个调度中心的航班进出数量；②所有航线的航班数量；③所有航班的乘客数量；④每个调度中心和每个机场所需的空勤人员与地勤人员的数量。

这种计划要比单一服务地点的综合计划复杂得多，也比包括一系列独立服务地点的计划要复杂。航空公司的计划还包括确定不同级别的座位。进行这种分配的方法或技术称为收益管理，或收入管理，这是后面章节将要介绍的内容。

9.4 产品出产计划的编制

备货型生产企业编制年度生产计划的核心内容是确定品种和产量，因为有了品种和产量就可以计算产值。备货型生产无交货期设置问题，因为顾客可直接从成品库提货。大批和中批生产一般是备货型生产。

9.4.1 品种与产量的确定

1. 品种的确定

对于大量大批生产，品种数很少，而且既然是大量大批生产，所生产的产品品种一定是市场需求量很大的产品。因此，没有品种选择问题。对于多品种批量生产，则有品种选择问题，确定生产什么品种是十分重要的决策。

确定品种可以采取象限法和收入利润顺序法。象限法是美国波士顿顾问中心提出的方法，该法是按“市场引力”和“企业实力”两大类因素对产品进行评价，确定对不同产品所应采取的策略，然后从整个企业考虑，确定最佳产品组合方案。这里不作详细介绍。

收入利润顺序法是将生产的多种产品按销售收入和利润排序，并将其绘在收入利润图上。一般来说，销售收入高的产品，利润也高，即产品应在对角线上，对于处于对角线上方的产品，说明其利润比正常的少，要分析是由于销售价格低造成的，还是由成本高引起的。反之，处于对角线下方的产品，利润比正常的高，可能是由于成本较低所致。可以考虑增加销售量，以增加销售收入。

2. 产量的确定

品种确定之后，确定每个品种的产量可以采用线性规划方法。利用线性规划，可求得在一组资源约束下(生产能力、原材料、动力等)，各种产品的产量，使利润最大。线性规划可用单纯形法求解。关于单纯形法，运筹学中已有详细介绍，本书不再赘述。

9.4.2 编制产品出产计划

确定了产品品种与产量之后，再安排产品的出产时间，就得到了产品出产计划。需要说明的是预测的需求并不一定等于生产需求，因为生产出来的产品还需经过包装、发运，才能到批发商手中，然后又从批发商到零售商，最后才能到顾客手中。因此，生产必须提前一段时间进行，才能满足市场需求。另外，因能力所限，生产并不一定要满足所有的需求。

按前面讲的处理非均匀需求的策略，可以编制产品出产计划。由于不同的生产类型有不同的特点，在编制产品出产计划的方法上也有一定差别。

1. 对于大量大批生产企业

由于其品种数很少、产量大、生产的重复程度高，大量大批生产是典型的备货型生产，其生产的直接目标是补充成品库存。采用改变库存水平的策略较好，这样可以通过成品库将市场与生产系统隔开，使生产率均匀，保证生产的节奏性。

有3种方式分配各季、各月的产量，如下所述：

(1) 均匀分配方式。将全年计划产量按平均日产量分配给各月。这种方式适用于需求稳定、生产自动化程度较高的情况。

(2) 均匀递增分配方式。将全年计划产量按劳动生产率每季(或每月)平均增长率，分配到各月生产。这种方式适用于需求逐步增加、企业劳动生产率稳步提高的情况。

(3) 抛物线递增分配方式。将全年产量按开始增长较快、以后逐渐缓慢的递增方式安排各月任务。

2. 成批生产企业

由于品种较多，各种产品产量多少相差较大，不能采用大量大批生产企业的方式安排生产。具体方法有以下几种：

(1) 对于订有合同的产品，要按合同规定的数量与交货期安排，以减少库存。

(2) 对于产量大、季节性需求变动小的产品，可按“细水长流”方式安排。

(3) 对于产量小的产品，要权衡库存费用与生产准备费用，确定投产批量，做到经济合理。

(4) 同一系列不同规格的产品，当产量较少时，尽可能安排在同一时期内生产，这样可以集中组织通用件的生产。

9.5 收入管理

收入管理最初称收益管理，是在不同时期，对具有不同需求的顾客采取不同的产品或服务定价，以产生最大收入或收益的综合计划策略。收益管理的历史可以追溯到20世纪70年代末80年代初美国政府放弃对机票的定价权，转而让航空公司自己去定价。这时，收益管理系统发挥了重大作用。美国航空公司售票系统允许各航空公司根据市场需求情况实时更改各自的票价，变更飞行航线。系统根据实际的订票量和需求量，实时调接机票价格，使得航空公司能够最大限度地获取利润。10年前，美国大型航空公司70%～80%的利润自来这个系统。

美国航空公司在收入管理上的成功吸引了很多其他行业的公司也采用这种理念，旅馆、歌剧院、租车公司纷纷采用收入管理，取得了可观的收入。

实施收入管理的公司通过预测市场需求，针对细分市场进行差别性定价，优化资源配置，实现“将座位按不同的票价适时地卖给不同的旅客”的理念，在成本不变的情况下使收入机会最大化，并同时将机会成本和风险降到最低。

公司实行收入管理具有下列特点：①产品或服务可以在消费前进行销售；②需求变化比较大；③企业生产或服务能力相对固定；④市场可以进行细分；⑤变动成本比较低，而固定成本比较高。

现对收入管理进行举例说明。

某酒店拥有100间客房，以前该酒店对每间客房收取一样的费用，每晚150美元。每间客房的变动费用很低，估计每间客房每晚只需要15美元，包括打扫清洁、使用空调，以及肥皂、洗发香波等的消耗费用。客房的平均出售率为50%。目前客房收费情况如图9.7所示。采用单一价格的净销售额是每晚6750美元。

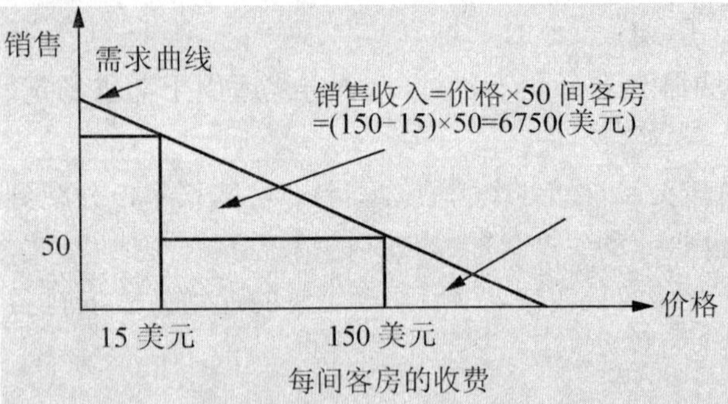

图 9.7　一种价格下的酒店收入

其实，讲阔气的客人原本愿意每晚支付高于 150 美元的价格，讲实惠的客人则愿意支付低于 150 美元。

图 9.8 显示该酒店设置了两种房价。据估计 100 美元一间的客房每晚可以销售约 30 间，而 200 美元一间的客房每晚也可以销售 30 间。现在总的收入是 8100 美元(其中，100 美元的房价带来 2550 美元，200 美元的房价带来 5550 美元)，比设置一种价格的收入高 8100−6750=1350(美元)。

从数学上分析，设置更多的价格档次，可以带来更多的收入。但实际上，应该考虑下面 3 点：

(1) 不同层次的价格必须可行，顾客感到公平合理。

(2) 做好资源使用的预测工作并预计所需时间。例如，需要安排多少经济舱的座位，顾客会为能看到海景的房间支付多高价格。

(3) 应对需求变化。这意味着在提供更多服务内容时需要管理更多的服务，也意味着需要调整价格结构，还可能意味着因为预测的不完美需要应对新出现的情况。

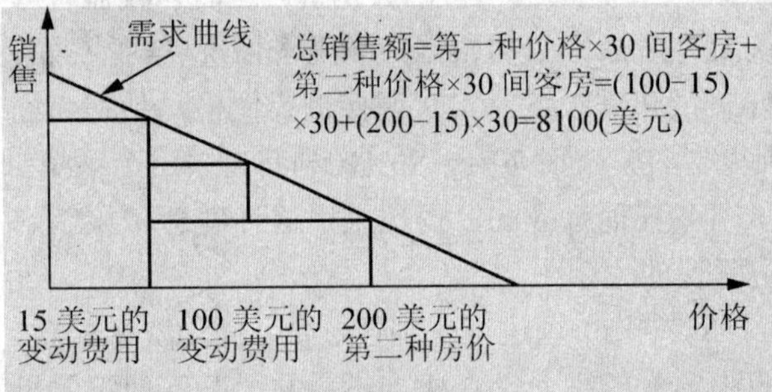

图 9.8　两种价格的酒店收入

思考题

1．试分析企业计划和生产运作计划之间的关系。
2．利用所学的知识分析确定企业能力计划的步骤。
3．阐述非均匀性需求企业生产大纲的制定。
4．阐述酒店服务业综合计划的制订需要考虑哪些因素。
5．分析啤酒生产企业产品出产计划的制订。
6．如何利用收入管理的理念对中高档餐饮进行管理？

实训与考核

实训项目：

某家电企业的综合计划制订。以小组(6 位同学为一组)为单位，寻找一家家电制造企业，依据所学的内容分析所查阅的材料，为企业做出生产大纲和产品出产计划(以报告形式)。然后以小组为单位进行汇报、讨论、评比。

实训考核：

考核要素	评价标准	分值/分	评分/分				
			自评(10%)	小组(20%)	教师(50%)	专家(20%)	小计(100%)
材料的查找与分析	(1) 材料收集齐备，具有一定的分析价值	15					
	(2) 资料体系和分析方法体现了适用性、科学性和可操作性	10					
制定出企业的生产大纲	生产大纲得当、全面，能体现企业计划和运营管理的实质	30					
制订出产品出产计划	能准确地提出切实可行的产品出产计划	30					
团队优势	团队合作、协调、成员参与度、作业绩效等	15					
合计							
评语(主要是建议)							

第10章 库存管理

学习目标

(1) 学生能够理解库存的概念、构成和功能。

(2) 运用独立需求库存和相关需求库存的知识实施决策。

(3) 运用多周期库存管理模型对物料库存实施管理。

(4) 理解经济生产批量的概念，并运用此知识实施经济生产批量计算与决策。

(5) 理解订货点和服务水平之间的关系，并通过不同的订货点控制服务水平和成本。

(6) 理解安全库存的概念，并能够应用安全库存的概念事实库存管理与控制决策。

工作任务描述

在市场中，从供应商、制造商、批发商到零售商，每个环节都存在库存。通过学习本章可知，库存用于应付各种各样的不确定性，如需求变化、订货提前期、货物运输情况，生产时间等，为了保证市场的正常运行，必须保有一定数量的库存，使库存经常处于合理水平，防止超储积压或不足，满足生产与销售的需要，减少资金占用，使库存总成本最低，以提高企业竞争力。

本章任务

通过本章知识的学习，使学生在掌握和理解库存及库存管理与控制的基础上，能够在生产运作与管理的过程中，利用独立需求和相关需求的理念，管理和控制好原材料、零部件、在制品和成品库存。

工作任务实施

实施本章任务的步骤如下：

(1) 识别企业所有库存物料(包括原材料、零部件、在制品和成品)的种类和需求与供给状况。

(2) 根据物料的需求与供给状况进行分类。

(3) 依据物料分类制订出库存管理与控制计划。

(4) 按照库存挂历与控制计划实施管理，并在管理过程中不断纠偏。

(5) 对库存管理与控制的经验进行总结归纳。

10.1　独立需求库存与相关需求库存

在讨论独立需求库存和相关需求库存问题之前，有必要对库存的概念进行探讨。什么是库存以及其功能是什么？为什么要进行库存控制？独立需求库存控制的中心问题是什么？怎样实施独立需求库存控制？相关需求库存与独立需求库存的区别与联系？本章在介绍库存的概念、作用及对待库存的不同态度之后，将阐述处理不同库存问题的模型与方法。

10.1.1　库存概述

1. 物料流

在学习库存之前，首先需要了解什么是“物流料”。大多数生产运作过程都伴随着物料流动；从各种原材料供应商到消费者的合理有效的物料流不仅能满足消费者的需求，而且有利于提高企业的利润。

众所周知，任何企业都不是孤立地存在于市场之中的，它必定与周围的企业或其他机构发生联系。这种联系是通过物料流、信息流、人员流和资金流来实现的。企业的物料流不是封闭的，而是开放的。比如说，机械厂的原材料主要是各种钢材，其产品主要是各种机械设备。对机械厂而言，从钢材到机械设备之间要经过一系列物料转换，物料转换的过程构成了企业内部的物料流。这一物料流从内部看起来是有头有尾的，是封闭的。然而，各种钢材是钢铁厂的产品，钢铁通过矿石冶炼而成，而开采矿石又需各种机械。这样，物料流将各种不同的企业联系在一起，形成一个复杂的“供需”。从宏观上考虑，封闭的、单一的物料流是不存在的。相反，各种错综复杂的流构成的网络却遍布于各行各业。每个企业的物料流都只是这个大网络中的一小部分。

图 10.1 所示为一典型的、经过简化的生产企业的物料流。企业要按计划生产产品，首先要采购各种原材料。原材料进厂之后，可能直接进入生产现场，被各种及其设备加工，也可能进入原材料仓库存放起来，供以后生产用。原材料投入生产之后，变成各种在制品。不论在制品是处于不断运动状态，还是处于停顿状态，它们都构成在制品库存。物料在生产过程中不断加工，最终形成产品。产品一时销售不出去，就形成成品库存。由此可见，企业有 3 项主要库存：原材料库存、在制品库存和成品库存。这三部分库存占用企业的绝大部分流动资金。因此，若能有效地控制这三部分库存，将大大减少资金占用，提高资金周转速度，从而提高企业的经营效益。

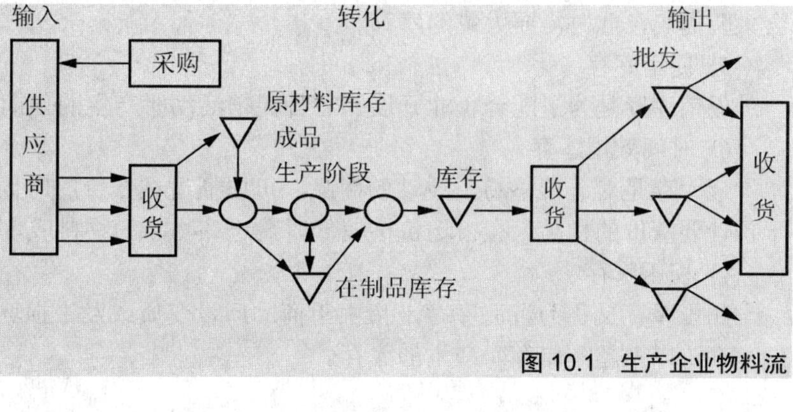

图 10.1　生产企业物料流

2. 库存含义

“库存”(Inventory)，也叫做“存储”或“储备”，它无论对制造业还是对服务业都十分重要。传统意义的库存是指存放在仓库中的物品，指像蓄水池中的水一样的暂时派不上用场的备用品。库存是仓储的最基本功能，除了进行传统意义上的商品储存保管外，还具有整合需求与供给、维持物流系统中各项活动顺畅进行的功能。

库存以原材料、在制品、半成品、成品的形式存在于供应链的各个环节。由于库存费用，一般情况下，占到了库存物品价值的 20%～40%，所以各企业非常重视库存管理和库存量，库存问题日益成为企业降低成本和提高服务水平的重点。

库存是既有利又有弊的。库存一方面占用了大量的资金，减少了企业利润，甚至导致企业亏损。另一方面它能防止短缺，提高对顾客需求的响应性，并有效地缓解供需矛盾，使生产尽可能均衡地进行。它有时还有“居奇”的投机功能，为企业盈利。

3. 库存种类

1) 循环库存

循环库存是由于销售或生产过程中的库存补充而产生的库存。这种库存是为了满足确定情况下的需求。目的是为了衔接供需，缓冲供需时间上的矛盾，保障供需双方的经营活动都能顺利进行。这种库存的补充是按照一定的数量界限或时间间隔反复地进行。

2) 安全库存

安全库存由于需求或供应的不确定性而产生的库存。安全库存(Safety Stock，SS)也称安全存储量，又称保险库存，是指为了防止不确定性因素(如大量突发性订货、交货期突然延期、临时用量增加、交货误期等特殊原因)而预计的、在循环库存之外额外保有的一种保险储备量，这种保险储备量就是缓冲库存。其原则是：①不缺料导致停产(保证物流的畅通)；②在保证生产的基础上做最少量的库存；③不呆料。

3) 加工库存和在途库存

加工库存是指流通加工或等待加工而处于暂时储存状态的商品。在途库存又称中专库存，是指尚未达到目的地、正处于运输状态或等待状态而出现在运输工具中的物品。物品在加工以及运输途中形成库存的原因主要是由于加工和运输需要时间，而不是为工厂或客户服务。

4) 季节性库存

此种库存是为了满足一个销售高峰季节中出现的需求大幅度增加而建立的库存，或是对季节性生产的商品在出产的季节大量收藏储备所建立的库存。比如，夏季对于空调的销售量会大幅提高，此时需要大量的库存。

5) 促销库存

促销库存是为了配合企业开展的各种促销活动所产生的预期销售增加而建立的库存。

6) 时间效用库存

该库存是对于价格易于波动的商品，可以通过在低价的时候大量购进而实现节约，或对于预计要涨价的物品，在市场价格较低时购进该物品的物料成本而建立的一种库存。

7) 积压库存

积压库存又称为沉淀库存，指由于商品质量变质或发生损坏，或因没有市场需求而滞销的库存，以及超额储存而产生的库存。

4. 库存的功能

现在社会生活中，商品的流通并不是始终处于运动状态的，作为储存的表现形式的库存是商品流通的暂时停止，是商品运输的必要条件，没有商品储存就不会有商品流通，库存在商品流通过程中功能主要体现在以下几点：

(1) 调节供求差异，保证生产、生活和经营活动的正常进行。为了达到此种功能，就必须保持一定的库存水平来平衡供求关系、生产与消费关系，缓冲供需之间的矛盾，以保证企业生产、经营活动的正常进行。

(2) 稳定生产经营规模，获取规模经济效益。一方面，在采购过程中，批量采购可以分摊降低订货费用；另一方面，在生产过程中，采取批量生产加工的方式，可以分摊降低生产成本。

(3) 缓冲不确定性因素的影响，缩短订货提前期，加快市场反应速度。在企业生产经营过程中，由于一些主、客观因素(如预测、计划不准确，生产事故和运输故障等)，作业失误往往是难以完全避免的，这时候一定得保证一定的库存，就可以缓冲由于作业失误可能造成的损失，确保生产经营活动的顺利进行，增强企业对客户和市场需求的快速反应能力。

(4) 降低物流成本。对生产企业而言，保持合理的原材料和生产成品库存，可以消耗或避免因上游供应商原材料供应不及时而需要进行紧急订货所增加的物流成本，也可以消除或避免下游销售商由于销售波动进行临时订货而增加的物流成本。

10.1.2　独立需求库存与相关需求库存

所谓独立需求，是指需求变化独立于人们的主观控制能力之外，因而其数量与出现的概率是随机的、不确定的、模糊的。当对某项物料的需求，在数量上和时间上与对其他物料的需求无关，只取决于市场和顾客的需求，则称这种需求为独立需求。例如，对成品或维修件的需求就是独立需求。 而相关需求对一种物料的需求，在数量上和时间上直接依赖于对其他物料的需求，它的需求数量和需求时间与其他的变量存在一定的相互关系，可以通过一定的数学关系推算得出。

对于一个相对独立的企业而言，其产品是独立的需求变量，因为其需求的数量与需求时间对于作为系统控制主体——企业管理者而言，一般是无法预先精确确定的，只能通过一定的预测方法得出。而生产过程中的在制品以及需要的原材料，则可以通过产品的结构关系和一定的生产比例关系准确确定。

来自用户的对企业产品和服务的需求称为独立需求。独立需求最明显的特征是需求的对象和数量不确定，只能通过预测方法粗略地估计。相反，把企业内部物料转化各环节之间所发生的需求称为相关需求。相关需求也称为非独立需求，它可以根据对最终产品的独立需求准确地计算出来。比如，某汽车制造厂年产汽车 30 万辆，这是通过预测市场对该产品的独立需求来确定的。一旦 30 万辆汽车的生产任务确定之后，对构成该种汽车的零部件和原材料的数量和需要时间是可以通过计算精确地得到的。对零部件和原材料的需求就是相关需求。相关需求可以是垂直方向的，也可以是水平方向的。产品与其零部件之间垂直相关，与其附件和包装物之间则水平相关。

独立需求库存问题和相关需求库存问题是两类不同的库存问题。另外，相关需求和独立需求都是多周期需求，对于单周期需求，是不必考虑相关与独立的。企业里成品库存的控制问题属于独立需求库存问题，在制品库存和原材料库存控制问题属于相关需求库存问题。

独立需求的库存控制与相关需求的库存控制原理是不相同的。独立需求对一定的库存控制系统来说，是一种外生变量(Exogenous Variable)，相关需求则是控制系统的内生变量(Endogenous Variable)。不管是独立需求库存控制还是相关需求库存控制，都要回答这些问题：

(1) 如何优化库存成本？

(2) 怎样平衡生产与销售计划，来满足一定的交货要求？

(3) 怎样避免浪费、避免不必要的库存？

(4) 怎样避免需求损失和利润损失？

库存控制系统有输出、输入、约束和运行机制 4 个方面。库存控制系统的输出和输入都是各种资源。与生产系统不同，在库存控制系统下没有资源形态的转化。输入是为了保证系统的输出(对用户的供给)。约束条件包括库存资金的约束、空间约束等。运行机制包括控制哪些参数以及如何控制。一般情况下，在输出端，独立需求不可控；在输入端，库存系统向外发出订货的提前期也不可控。它们都是随机变量，可以控制的一般是何时发出订货(订货点)和一次订多少(订货量)两个参数。库存控制系统正是通过控制订货点和订货量来满足外界需求并使总库存费用最低。归根结底，库存控制要解决 3 个主要问题：①确定库存检查周期；②确定订货量；③确定订货点(何时订货)。

10.2　经济订货批量

根据对物品需求的重复次数可将物品分为单周期需求与多周期需求。所谓单周期需求，是指仅仅发生在比较短的一段时间内的，或物品库存时间不可能太长的需求。多周期需求则是指在足够长的时间里对某种物品的重复的、连续的需求，其库存需要不断地补充。与单周期需求相比，多周期需求问题普遍得多。

单周期需求出现在两种情况下：①偶尔发生的某种物品的需求；②经常发生的某种生命周期短的物品的不定量的需求。第一种情况如由奥运会组委会发行的奥运会纪念章、年历、新年贺卡、外国的圣诞树、中国的月饼等。第二种情况如那些易腐物品(如鲜鱼)或其他生命周期短的、易过时的商品(如日报和期刊)等，必须一次进货、一次处理完毕，不能维持长期库存。

对单周期需求物品的库存控制问题称为单周期库存问题，对多周期需求物品的库存控制问题称为多周期库存问题。库存问题的基本模型包括单周期库存基本模型和多周期库存基本模型。

对于多周期库存模型，将重点讨论经济订货批量模型、经济生产批量模型和价格折扣模型。在介绍这些模型之前，先要对与库存有关的费用进行分析。只有在对费用分析的基础上，才能有明确的优化方向。

1. 与库存有关的费用

有两种费用，一种随着库存量的增加而增加；另一种随着库存量的增加而减少。正是这两种费用相互作用的结果，才有了最佳订货批量。

1) 随库存量增加而增加的费用

(1) 资金的成本。库存的资源本身有价值，占用了资金。这些资金本可以用于其他活动来创造新的价值，库存使这部分资金闲置起来，造成机会损失。资金成本是维持库存物品本身所必需的花费。

(2) 仓储空间费用。要维持库存必须建造仓库、配备物料搬运设备，还有供暖、照明、修理、管理人员和操作人员等开支。这是维持仓储空间的费用。

(3) 物品变质和陈旧。在闲置过程中，物品会发生变质和陈旧，如金属生锈、药品过时、油漆褪色、鲜货变质等，这又会造成一部分损失。

(4) 税收和保险。某些国家会收库存税，库存像其他资产一样要投保，需付保险费。

以上费用都随着库存的增加而增加。如果只存在随着库存量增加而增加的费用，则库存量越少越好，但也存在随着库存量增加而减少的费用，使得库存量既不能太低，也不能太高。

2) 随库存量增加而减少的费用

(1) 订货费。订货费与发出订单活动和收货活动有关，包括评判要价、谈判、准备订单、通信、收货检查等，它一般与订货次数有关，而与一次订多少无关。一次多订货，分摊在每项物资上的订货费就少。

(2) 调整准备费(Setup Cost)。在生产过程中，工人加工零件一般需要准备图纸、工艺和工具，需要调整机床、安装工艺装备。这些活动都需要时间和费用。如果花费一次调整准备费，多加工一些零件，则分摊在每个零件上的调整准备费就少。但扩大加工批量会增加库存。

(3) 购买费和加工费。采购或加工的批量大，可能会有价格折扣。

(4) 生产管理费。加工批量大，为每批工件做出安排的工作量就会少。

(5) 缺货损失费。缺货会降低消费者购买的满意度和对品牌的忠诚度，损失掉产品潜在销售机会和利润，导致在市场竞争中处于不利地位。批量大则发生缺货的情况就少，缺货损失就少。

3) 库存总费用

计算库存总费用一般以年为时间单位。归纳起来，年库存费用包括以下 4 项：

(1) 年维持库存费，或称年库存持有费，以 C_H 表示。顾名思义，是维持库存所必需的费用，包括资金成本、仓库及设备折旧、税收、保险和陈旧化损失等。这部分费用与物品价值和平均库存量有关。

(2) 年补充订货费(Reorder Cost)，以 C_R 表示。与全年发生的订货次数有关，一般与一次订多少无关。

(3) 年购买费(加工费)(Purchasing Cost)，以 C_P 表示。与价格和订货数量有关。

(4) 年缺货损失费(Shortage Cost)，以 C_S 表示。它反映失去销售机会带来的损失、信誉损失以及影响生产造成的损失。它与缺货多少、缺货次数有关。

若以 C_T 表示年库存总费用，则

$$C_T=C_H+C_R+C_P+C_S \tag{10-1}$$

对库存进行优化的目标就是要使 C_T 最小。

2. 经济订货批量模型

经济订货批量(Economic Order Quantity，EOQ)模型最早是由福特・W・哈里斯于 1915 年提出的。该模型有如下假设条件：

(1) 外部对库存系统的需求率已知，需求率均匀且为常量。年需求量以 D 表示，单位时间需求率以 d 表示，由于需求率均匀，D 与 d 是相同的。

(2) 一次订货量无最大、最小限制。

(3) 采购、运输均无价格折扣。

(4) 订货提前期已知，且为常量。

(5) 订货费与订货批量无关。

(6) 维持库存费是库存量的线性函数。

(7) 不允许缺货。

(8) 补充率为无限大，全部订货一次交付。

(9) 采用同定量系统。

在以上假设条件下，库存量的变化如图 10.2 所示。从图 10.2 可以看出，系统的最大库存量为 Q，最小库存量为 0，不存在缺货。库存按值为 D 的固定需求率减少。当库存量降到订货点 ROP 时，就按固定订货量 Q 发出订货。经过一固定的订货提前期(Lead Time，LT)，新的一批订货到达(订货刚好在库存变为 0 时到达)，库存量立即达到 Q。显然，平均库存量为 $Q/2$。

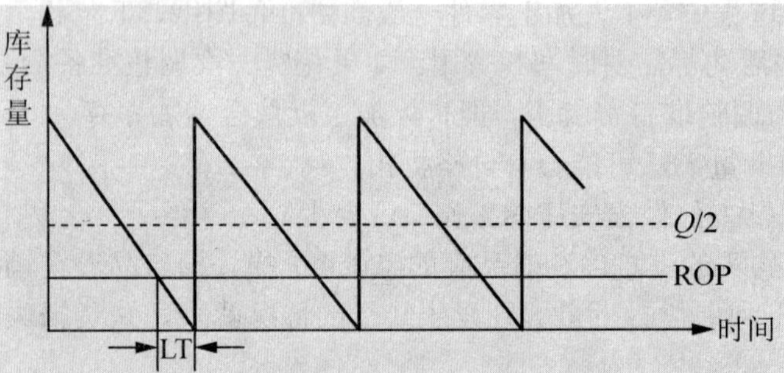

图 10.2　经济订货批量假设下的库存量变化

在 EOQ 模型的假设条件下，式(10-1)式中 C_S 为 0，C_P 与订货批量大小无关，为常量。因此

$$C_T=C_H+C_R+C_P=H(Q/2)+S(D/Q)+pD \tag{10-2}$$

年维持库存费 C_H 随订货批量 Q 的增加而增加，是 Q 的线性函数；年订货费 C_R 与 Q 的变化呈反比，随 Q 的增加而下降。不计年采购费用 C_P，总费用 C_T 曲线为 C_H 曲线与 C_R 曲线的叠加。C_H 曲线与 C_R 曲线有一个交点，其对应的订货批量就是最佳订货批量，如图 10.3 所示。为了求出经济订货批量，将式(10-2)对 Q 求导，并令一阶导数为 0，可得

$$Q^*=EOQ=\sqrt{\frac{2DS}{H}}$$

式中：S——一次订货费或调整准备费；

H——单位维持库存费，$H=ph$，p 为单价，h 为资金效果系数；

D——年需求量；

Q^*——最佳订货批量，或称为经济订货批量。

订货点 ROP 可按下式计算，得

$$ROP=D\cdot(LT)$$

在最佳订货批量下，有

$$C_R+C_H=S\frac{D}{Q^*}=\frac{DS}{\sqrt{\frac{2DS}{H}}}+\frac{H}{2}\sqrt{\frac{2DS}{H}}=\sqrt{2DSH} \tag{10-3}$$

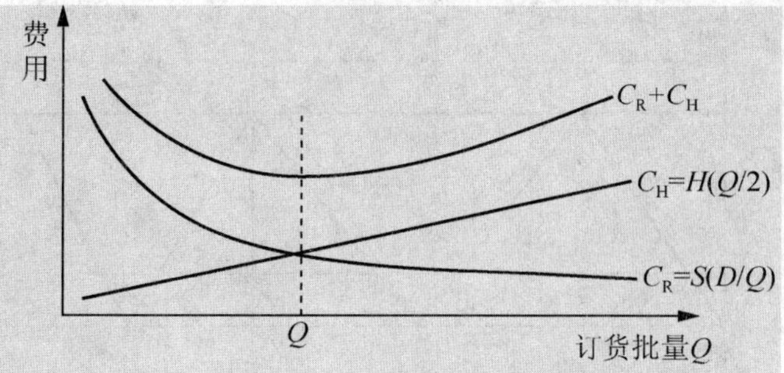

图 10.3 年费用曲线

从式(10-3)可以看出，经济订货批量随单位订货费 S 增加而增加，随单位维持库存费 H 增加而减少。因此，价格昂贵的物品订货批量小，难采购的物品一次订货批量要大一些。这些都与人们的常识一致。

【例 10-1】 S 公司以单价 10 元每年购入某种产品 8000 件。每次订货费用为 30 元，资金年利息率为 12%，单位维持库存费按所库存货物价值的 18%计算。若每次订货的提前期为两周，试求经济订货批量、最低年总成本、年订购次数和订货点。

解：这是一个直接利用 EOQ 公式的问题。显然，p=10 元/件，D=8000 件/年，S=30 元，LT=2 周。H 则由两部分组成，一是资金利息，二是仓储费用，即 $H=10\times12\%+10\times18\%=3$ 元/(件·年)。

因此 $EOQ=\sqrt{\dfrac{2DS}{H}}=400$(单位)

最低年总费用为 $C_T=pD+(D/Q)S+(Q/2)H=8000\times10+(8000/400)\times30+(400/2)\times3=81200$(元)

年订货次数为 $n=D/EOQ=8000/400=20$

订货点为 $ROP=(D/52)\cdot(LT)=(8000/52)\times2\approx307.7$(单位)

3. 经济生产批量模型

对 EOQ 假设整批订货在一定时刻同时到达，补充率为无限大。当然，这种假设不符合企业生产过程的实际。一般来说，在进行某种产品生产时，成品是逐渐生产出来的。也就是说，当生产率大于需求率时，库存是逐渐增加的，不是一瞬间上去的。要使库存不致无限增加，当库存达到一定量时，应该停止生产一段时间。由于生产系统调整准备时间的存在，在补充成品库存的生产中，也有一个一次生产多少最经济的问题，这就是经济生产批量问题。经济生产批量(Economic Production Lot，EPL)模型，又称经济生产量(Economic Production Quantity，EPQ)模型，其假设条件除与经济订货批量模型第(8)条假设不一样之外，其余都相同。

图 10.4 描述了在经济生产批量模型下库存量随时间变化的过程。生产在库存为 0 时开始进行，经过生产时间 t_p 结束，由于生产率 p 大于需求率 D，库存将以 $p-D$ 的速率上升。经过时间 t_p，库存达到 I_{max}。生产停止后，库存按需求率 D 下降。当库存减少到 0 时，又开始了新一轮生产。Q 是在 t_p 时间内的生产量，Q 又是一个补充周期 T 内消耗的量。

图 10.4 中，p——生产率(单位时间产量)；D——需求率(单位时间出库量)，$D<p$；t_p——生产的时间；I_{max}——最大库存量；Q——生产批量；ROP——订货点；LT——生产提前期。

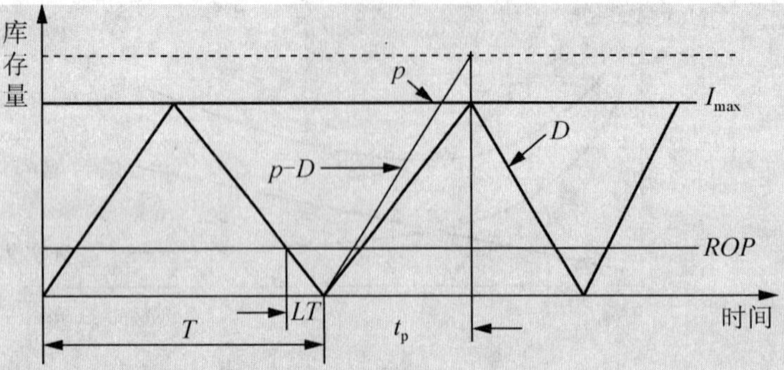

图 10.4　经济生产批量模型假设下的库存量变化

在 EPL 模型的假设条件下，式(10-1)中的 C_S 为 0，C_P 与订货批量大小无关，为常量。与 EOQ 模型不同的是，由于补充率不是无限大，这里平均库存量不是 $Q/2$，而是 $I_{max}/2$。于是

$$C_T = C_H + C_R + C_P = H\left(\frac{I_{max}}{2}\right) + S(D/Q) + PD$$

问题现在归结为求 I_{max}。由图 10.4 可以看出

$$I_{max} = t_p(p - D)$$

由 $Q=pt_p$ 可以得出 $t_p=Q/p$。所以

$$C_T = H\left(1 - \frac{D}{p}\right)\frac{Q}{2} + \frac{SD}{Q} + Dp \tag{10-4}$$

可以得出

$$EPL = \sqrt{\frac{2DS}{H\left(1 - \frac{D}{p}\right)}} \tag{10-5}$$

【例 10-2】 根据预测，市场每年对某公司生产的产品的需求量为 20000 台，一年按 250 个工作日计算。生产率为每天 100 台，生产提前期为 4 天。单位产品的生产成本为 50 元，单位产品的年维持库存费为 10 元，每次生产的生产准备费用为 20 元。试求经济生产批量 *EPL*、年生产次数、订货点和最低年总费用。

解：这是一个典型的 *EPL* 问题，将各变量取相应的单位，代入相应的公式即可求解。

$d = \frac{D}{N} = \frac{20000}{250} = 80$（台/日）

$EPL = \sqrt{\frac{2DS}{H\left(1 - \frac{D}{p}\right)}} = \sqrt{\frac{2 \times 20000 \times 20}{10 \times \left(1 - \frac{80}{100}\right)}} \approx 632$

年生产次数为 $n = \frac{D}{EPL} = \frac{20000}{632} \approx 31.6$

订货点为 $ROP = d \cdot (\mathrm{LT}) = 80 \times 4 = 320$（台）

最低年库存费用为 $C_T = H\left(1 - \frac{D}{p}\right)\frac{Q}{2} + S\left(\frac{D}{Q}\right) + pD = 10 \times \left(1 - \frac{80}{100}\right) \times \frac{632}{2} + 20 \times \frac{20000}{632} + 50 \times 20000 \approx 1001265$（元）

EPL 模型比 EOQ 模型更具一般性，EOQ 模型可以看做 EPL 模型的一个特例。当生产率

p 趋于无限大时，EPL 公式就同 EOQ 公式一样。

EPL 模型对分析问题十分有用。由 *EPL* 公式可知，一次生产准备费 S 越大，则经济生产批量越大；单位维持库存费 H 越大，则经济生产批量越小。在机械行业，毛坯的生产批量通常大于零件的加工批量，是因为毛坯生产的准备工作比零件加工的准备工作复杂，而零件本身的价值又比毛坯高，从而单位维持库存费较高。

4. 价格折扣模型

为了刺激需求，诱发更大的购买行为，供应商往往在顾客的采购批量大于某一值时提供优惠的价格，这就是价格折扣。图 10.5 表示有两种数量折扣的情况。当采购批量小于 Q_1 时，单价为 P_1；当采购批量大于或等于 Q_1 而小于 Q_2 时，单价为 P_2；当采购批量大于或等于 Q_2 时，单价为 P_3。且 $P_3<P_2<P_1$。

价格折扣对于供应厂家是有利的。如果生产批量大，则生产成本低，销售量扩大可以占领市场，获取更大利润。价格折扣对用户是否有利，要作具体分析。在有价格折扣的情况下，由于每次订购量大，订货次数减少，年订货费用会降低。但订购量大会使库存增加，从而使维持库存费增加。按数量折扣订货的优点是单价较低，年订购成本较低，较少发生缺货，装运成本较低，而且能比较有效地对付价格上涨。其缺点是库存最大、储存费用高、存货周转较慢且容易陈旧。接不接受价格折扣需要通过价格折扣模型计算才能决定。

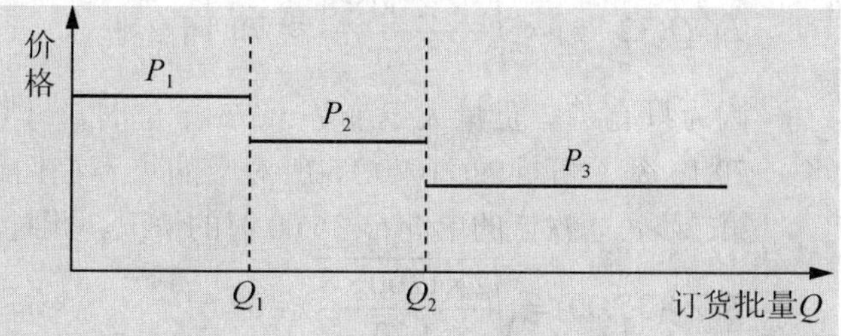

图 10.5 有数量折扣的价格曲线

价格折扣模型的假设条件仅有一条与 EOQ 模型假设条件不一样，即允许有价格折扣。由于有价格折扣时，物资的单价不再是固定的了，因而传统的 *EOQ* 公式不能简单地套用。图 10.6 所示为有两个折扣点的价格折扣模型的费用。年订货费 C_R 与价格折扣无关，曲线与 EOQ 模型的一样。年维持库存费 C_H 和年购买费 C_P 都与物资的单价有关。因此，费用曲线是一条不连续的折线，3 条曲线的叠加构成的总费用曲线也是一条不连续的曲线。但是，不论怎样变化，最经济的订货批量仍然是总费用曲线 C_T 上最低点所对应的数量。由于价格折扣模型的总费用曲线不连续，所以成本最低点或者是曲线斜率(也即一阶导数)为零的点，或者是曲线的中断点。求有价格折扣的最优订货批量可按下面步骤进行：

(1) 取最低价格代入基本 *EOQ* 公式求出最佳订货批量 Q^0。若 Q^0 可行(即所求的点在曲线 C_T 上)，Q^0 即为最优订货批量，停止；否则，转步骤(2)。

(2) 取次低价格代入基本 *EOQ* 公式求出 Q^0。如果 Q^0 可行，计算订货量为 Q^0 时的总费用和所有大于 Q^0 的数量折扣点(曲线中断点)所对应的总费用，取其中最小总费用所对应的数量即为最优订货批量，停止。

(3) 如果 Q^0 不可行，重复步骤(2)，直到找到一个可行的 *EOQ* 为止。

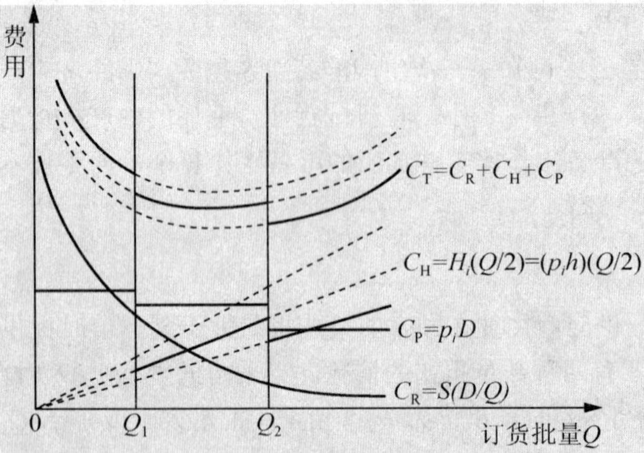

图 10.6　有两个折扣点的价格折扣模型的费用

【例 10-3】 A 公司每年要购入 120 台某产品。供应商的条件是：①订货量大于或等于 75 单位时，单价为 32.50 元；②订货量小于 75 单位时，单价为 35.00 元。每次订货的费用为 8.00 元；单位产品的年库存维持费用为单价的 12%。试求最优订货量。

解： 这是一个典型的数量折扣问题，可按这类问题的一般求解步骤求解。

第一步，当 C=32.50 时，H=32.50×12%=3.90，S=8.00，D=1200，则

$$EOQ(32.50)=\sqrt{\frac{2\times1200\times8}{3.90}}\approx70.16$$

因为只有当订货量大于或等于 75 单位时，才可能享受单价为 32.50 元的优惠价格也就是说，70.16 是不可行的(即 70.16 所对应的点不在曲线 C_T 的实线上)。

第二步，求次低的单价 C=35.00 时的情况。此时，H=35.00×12%=4.20，S=8.00，D=1200，则

$$EOQ(35.00)=\sqrt{\frac{2\times1200\times8}{4.20}}\approx67.61$$

当单价为 35.00 元时，经济订货批量取 68 单位，这与供应商的条件是不矛盾的，因而 68 单位为可行的订货量。在这里，订货量大于 68 的数量折扣点只有一个，即 75 单位。因此应该分别计算订货量为 68 单位和 75 单位时的总成本 $C_T(68)$和 $C_T(75)$。

$$C_T(68)=\frac{68}{2}\times4.20+\frac{1200}{68}\times8+1200\times35.00\approx42283.98\ (元)$$

$$C_T(75)=\frac{75}{2}\times3.90+\frac{1200}{75}\times8+1200\times32.50=39274.25\ (元)$$

由于 $C_T(75)<C_T(68)$，所以最优订货批量应为 75 单位。

10.3　再订货水平的确定

关于何时再订货和订货多少的问题，一家艺术品商店做出了不错的回答。这家公司开发出一种计算机化的现金登记系统，它把款项打在现金收入记录机上，并记录了它的 120 家商店 8000～40000 种编码产品每次销售的情况。每天晚上，公司总部的主机会自动传送信息给每台信息登记机，调回商品销售的清单。每个星期，总部的计算机会清点每家商店的产品销售，将它从每个分店的存货总量中扣除，把它与最小的和最大的存货水平相比较。在每周清

点的日子里，再补充商品正在运往分店的，使管理者不必费时进行日常记录，避免了将有价值的商店空间用来存储商品。据估计，这一集中存货系统使每个分店每销售 1 美元产品的销售成本减少到 50 美分，而行业平均销货成本要比它多 10 美分。

高层次的存货管理者对于所有低层次存货的用户的需求、存货和计划的再订货有清醒的认识。通常情况下，企业进行再订货水平，通常用需求预测的方式来进行确定。但是在再订货点存货模型中，用户需求却是随机的，无法精确地预测。而需求率和订货提前期的随机变化都被预设的安全库存(本章 10.4 节中详细讲述)所吸收。

10.3.1 随机型库存问题

在前面的讨论中，需求率和订货提前期都被视为确定的，这只是一种理想情况。在现实生活中，需求率和提前期都是随机变量。需求率和提前期中有一个为随机变量的库存控制问题，就是随机型库存问题。假设条件包括以下几点：

(1) 需求率 d 和提前期 LT 为已知分布的随机变量，且在不同的补充周期，这种分布不变。

(2) 补充率无限大，全部订货一次同时交付。

(3) 允许晚交货，即供应过程中允许缺货，但一旦到货，所欠货必须补上。

(4) 年平均需求量为 D。

(5) 已知一次订货费为 S，单位维持库存费为 H，单位缺货损失费为 C_S。

(6) 无价格折扣。

按照以上假设条件，库存量的变化如图 10.7 所示。

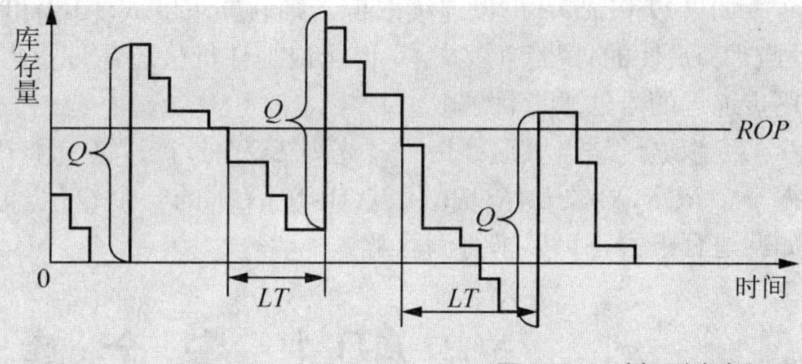

图 10.7 随机型库存问题

10.3.2 固定量系统下订货量和订货点的确定

确定固定量系统下订货量和订货点的目标仍然是使总库存费用最少，随机型库存问题与确定性库存问题的最大差别在于它允许缺货，因此必须考虑缺货损失费。由式(10-1)可知 $C_T=C_H+C_R+C_P+C_S$。由于没有价格折扣，C_P 为常量，可不考虑，则

$$C_T = C_H + C_R + C_S = \frac{SD}{Q} + HE_I + c_S E_S(ROP)\frac{D}{Q} \tag{10-6}$$

式中：C_T——库存相关费用；

E_I——各周期库存量的期望值；

$E_S(ROP)$——订货点 ROP 下各周期缺货量的期望值；

c_S——单位缺货损失费；

其余符号意义同前。

由于库存量降到订货点就发出订货，缺货只是在提前期内发生，因此

$$E_{\mathrm{S}}(ROP)=\sum_{y>ROP}(y-ROP)p(y) \tag{10-7}$$

式中：$p(y)$——提前期内需求的分布律。

$$E_{\mathrm{I}}=\frac{Q}{2}+ROP-D_{\mathrm{E}} \tag{10-8}$$

式中：D_{E}——提前期内需求的期望值。

于是

$$C_{\mathrm{T}}=\frac{SD}{Q}+H\left(\frac{Q}{2}+ROP-D_{\mathrm{E}}\right)+c_{\mathrm{S}}\frac{D}{Q}[\sum_{y>ROP}(y-ROP)p(y)]$$

欲求最佳的订货量 Q^0 和最佳订货点$(ROP)^0$，可通过对 Q 和 ROP 求一阶偏导数，并令其等于零。通过对订货点 ROP 求偏导数，得出，$H-c_{\mathrm{S}}\dfrac{D}{Q}[\sum_{y>ROP}(y-ROP)p(y)]=0$。

$$\sum_{y>ROP}p(y)=p(D_{\mathrm{L}}>ROP^*)=1-p(D_{\mathrm{L}}\leqslant ROP^*)=\frac{HQ}{c_{\mathrm{S}}D} \tag{10-9}$$

通过对订货批量 Q 求偏导数，得出

$$\frac{HQ^2}{2}=SD+c_{\mathrm{S}}DE_{\mathrm{S}}(ROP)$$

$$Q^*=\sqrt{\frac{2D(S+c_{\mathrm{S}}E_{\mathrm{S}}(ROP))}{H}} \tag{10-10}$$

如果 Q 和 ROP 可以连续取值，则联立求解式(10-9)和式(10-10)便可以求出最优的订货批量 Q^0 和最优的订货点$(ROP)^0$。但无论是订货量还是订货点，都只能取离散值。因此，只能用逐步逼近的方法求近优解。

逐步逼近法可以这样进行：先用 EOQ 公式计算一个 Q，然后将该 Q 值代入式(10-9)，求得一个 ROP，再求 $E_{\mathrm{S}}(ROP)$，用式(10-10)又求的一个 Q 值，再代入式(10-9)求得另一个 ROP……如此进行下去，可以求得满意解。

10.4 安全库存

前述求最佳订货量和订货点的方法十分复杂，难以在生产实际中应用。加之实际数据并不一定很准确，用精确的方法处理不精确的数据，其结果还是不精确。因此，有必要研究简单易行并足够准确的求订货量和订货点的近似方法。

对于订货量，可以直接用 EOQ 公式计算。对于订货点，可以采用经验方法确定，也可以通过确定安全库存或服务水平的办法来计算。经验办法比较粗糙，比如，手头库存是提前期内需求的 2 倍(或 1.5 倍、1.2 倍)时，就提出订货。通过安全库存或服务水平来计算则比较精确。

1. 安全库存与订货点

安全库存(Safety Stock，SS)如已确定，就可以按下式来计算订货点

$$ROP=SS+D_{\mathrm{E}} \tag{10-11}$$

式中：SS——安全库存；

D_E——提前期内需求的期望值。

在随机型库存系统中，需求率和订货提前期的随机变化都被预设的安全库存所吸收。安全库存是一种额外持有的库存，它作为一种缓冲器，用来补偿在订货提前期内实际需求量超过期望需求量或实际提前期超过期望提前期所产生的需求。图 10.8 表示提前期内需求近似服从正态分布的情况。图中左边阴影部分面积表示不发生缺货的概率，可以作为库存系统的服务水平；右边阴影部分面积表示发生缺货的概率。

从图 10.8 可以看出，如果没有安全库存，缺货的概率可达到 50%。安全库存对公司的成本有双重影响：降低缺货损失费，提高了服务水平(Service Level，SL)，却又增加维持库存费用。但是，即使有安全库存存在，仍不能保证顾客的每一次需求都能得到满足，因此缺货是不可避免的。

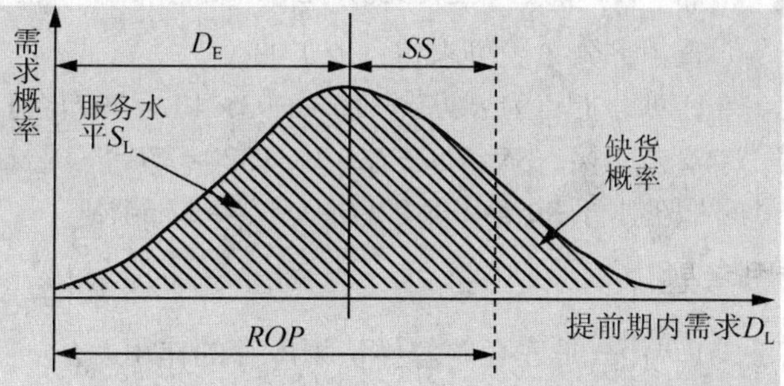

图 10.8　提前期内需求的概率分布

2．服务水平

服务水平是衡量随机型库存系统的一个重要指标，它关系到库存系统的竞争能力。有很多种衡量服务水平的方法。

(1) 整个周期供货的数量/整个周期的需求量。

(2) 提前期内供货的数量/提前期的需求量。

(3) 顾客订货得到完全满足的次数/订货发生的总次数。

(4) 不发生缺货的补充周期数/总补充周期数。

(5) 手头有货可供的时间/总服务时间。

取提前期内需求 D_L，不超过订货点 ROP 的概率作为服务水平，即

$$SL = p(D_L \leqslant ROP) \tag{10-12}$$

3．订货点与服务水平的关系

在服务水平比较低时，将服务水平提高同样比例，订货点增加幅度(安全库存增加幅度)小(L_1)；在服务水平比较高时，将服务水平提高同样比例，订货点增加幅度(安全库存增加幅度)大(L_2)，$L_2 > L_1$。这就是说，在服务水平较低时，稍稍增加一点安全库存，服务水平提高的效果很明显。但是，当服务水平增加到比较高的水平(如 90%)时，再提高服务水平需要大幅度增加安全库存。服务水平越高，安全库存量越大，所花的代价也就越大，但服务水平过低又将失去顾客，减少利润。因而，确定适当的服务水平十分重要。

对于提前期内需求符合正态分布的情形，式(10-11)可以改写成

$$RL = D_E + Z\sigma_L \tag{10-13}$$

式中：Z——提前期内需求量的标准差。

对于提前期内各单位时间内需求分布相互独立的情况，有

$$\sigma_L = \sqrt{(LT)\sigma_P^2} \tag{10-14}$$

式中：LT——提前期所含时间单位数；

σ_P——提前期内各单位时间需求量的标准差。

【例10-4】 根据历年资料，可知某公司在提前期内需求呈正态分布，提前期平均销售A产品320台，其标准差为40台。订货提前期1周，单位订货费是14元，单位维持库存费用是每台每年1.68元，缺货成本是每台2元。试确定该公司的库存策略。

解：利用有关公式，该公司订货批量为527台。最优服务水平下的缺货概率为

$$P(DL)^* = \frac{HQ}{c_S D} = \frac{1.68\times527}{2\times320\times52} \approx 0.0266$$

查正态分布表可求得：Z=1.93

计算订货点为 $ROP = 320 + 1.93\times40 \approx 397$(台)

安全库存：$SS=ROP-D_E=397-320=77$(台)

服务水平：$SL=1-0.0266=0.9734=97.34\%$

思考题

1．什么是库存？怎样认识库存的作用？

2．不同种类的库存问题各有什么特点？

3．哪些费用随库存量增加而上升，哪些费用随库存量增加而减少？

4．3种库存控制系统典型的控制机制是什么？

5．EOQ模型有哪些假设条件？它如何在生产实际中应用？

6．某种时令产品在适销季节到来前一个月，批发单价为16.25元，零售时单价为26.95元，如果该时令产品销售完了，当时是不能补充的。过时卖不出去的产品单价为14.95元，根据往年情况，该产品需求分布率如下表所示。

需求 d/打	6	7	8	9	10	11	12	13	14	15
分布率 $p(D=d)$	0.03	0.05	0.07	0.15	0.20	0.20	0.15	0.07	0.05	0.03

求使期望利润最大的订货量。

7．四达设备公司每年要按单价4.00元购入54000套轴承组合。单位维持库存费为每年每套轴承9.00元，每次订货费用为2000元。试求经济订货批量和年订货次数。

8．某自行车公司计划下年度生产特种轮胎40000只。生产率为每天200只，一年按250天计算。一次生产准备费用为200.00元，提前期为5天。单位生产费用为15.00元，单位维持库存费为11.50元。试求经济生产批量和订货点。

9．某公司每年需用某元件3000单位，每次订购的固定成本为250.00元，单位维持库存费为货物价值的25%。现有3个货源可供选择：①不论订购多少单价都为8.00元；②订购量必须大于或等于600单位，单价8.50元；③订货起点为800单位，单价8.00元。试确定该公司的订货策略，并计算年最低库存费用。

10．某汽车配件供应商每3个月以批量为500盒购买一次垫圈。每盒价格为12.50元，每次订货费为15.00元，单位维持库存费为单价的20%。试以经济效益为标准评价其订货策略。

11．某公司经销 Y 产品，Y 的单位成本为 60.00 元，日平均销售量为 5 件，单位维持库存费为单价的 25%，订货费用为每次 450.00 元，订货提前期为 20 天。Y 的年需求量为 1500 件，每件的缺货损失为 50.00 元。订货提前期内的需求信息如下表所示。

需求量	70	80	90	100	110	120
出现次数	3	3	4	80	6	4

试确定订货批量、安全库存和订货点。

12．若习题 11 中所给的分布服从均值为 100、方差为 5 的正态分布。试求安全库存和订货点。

13．LOUIS 公司每年要按单价 4.00 元购入 C 零件 36000 个。每次订货费用为 90.00 元，订货提前期为 5 天，每年按 250 天计算，单位维持库存费为单价的 25%。试求经济订货间隔期、最高库存水平和最低年总成本。

实训与考核

实训项目：

从台湾到昆山，沪士电子从台湾楠梓电子股份有限公司脱胎而来，1992 年在江苏昆山注册成立，2002 年底由台商独资企业改制成为外商投资股份制公司，主要生产 2～28 层贯孔的印刷线路板，是国内最大的 PCB 生产厂商之一。

PCB 产业的特性是生产期较长、品种繁多，所以在发展的过程中，沪士电子非常重视信息化建设，先后上了 ERP、HR 等系统，但是随着交货期、备料时间越来越短，2003 年初沪士电子开始感觉到了来自客户端的压力和不满。“一方面我们的产品线很广，所用的材料也多，信息不畅就导致一些特殊物料未备货；另一方面我们是采用“按单定制”以客户为导向的做法，而不是以市场为导向，因此即使我们有很多的库存，也经常会发生由于备料与客户需求不同而断料的情况，非常痛苦。”谈到公司遇到的问题，沪士电子企划处副理王翔不禁摇了摇头。另外，沪士的供货商有上百家，主要分布在国外，他们无法知道自己在沪士的存货状况，与沪士的协同也非常困难，由于备货过多也常有抱怨。

沪士电子非常急切地想要改变目前这种状况，因为年底的旺季马上要到来了。对于沪士这样的企业来说，上述状况如果不改变，成本增加、客户积怨带来的损失将很难计算。经过一段时间的接触，2003 年 7 月中旬沪士电子选用了明基逐鹿的 SRM 开始实施，预计到 9 月中旬就可完成整个项目，9 月底开始运行使用。明基逐鹿通过调查发现沪士的问题主要集中在 3 个方面：企业的物流控制方面销售、生管、物控 3 个部门信息不沟通；备料周期过长；和供应商之间还有一定距离。

针对第一个方面的问题，明基逐鹿认为，一般企业的操作流程应该是销售将客户的需求和预测报给生产管理部门，生产管理部门简称生管部门确定一定周期内需要生产什么、生产多少，之后再协调物控部门准备物料。而沪士电子目前通常跳过了作为产销协调的生管部门，直接由销售和物控联系，造成流程紊乱、沟通不畅。明基逐鹿开出的药方是将销售端整理的资料放到 SRM 系统上，这样生管和物控部门都可以看到相关信息。同时系统会自动将相关消息发手机短信或者 E-mail 给生管部门，以便生管及时做出协调处理。同样，生管的处理意见也会发布在系统上，销售和物控就可以及时看到并对工作做出调整。调整后，销售、生管、物控 3 个部门由独立变为协同，就不会发生由于备错料而缺货的现象。

目前沪士的备货周期基本上是 8 周，略高于同行。明基逐鹿负责此项目的顾问分析说，沪士的做法的瓶颈在于没有对备料情况进行细分：比如有一个 8 周的单子，沪士就会先看库存，对于所缺的物料一次性备足。而事实上沪士的生产周期是 2 周，采购只需要 2～3 天。这种做法的问题是通常客户可能第 8 周要的货比较多，第 8 周的订单只需要在第 5 周备货就可以了，而沪士却在第 1 周就把第 8 周的货物给备足了。这样无形中库存压力大、备货周期也长。对此问题，明基逐鹿的解决之道是把备货的时间切细，现在沪士电子只要踩着时间点备货采购就可以了，这样同一时间的库存大大缩小，周转起来也很快。

沪士电子与供货商的沟通不畅则主要体现在供应商与沪士有一定的距离，供货商不知道自己在沪士的库存有多少，具体物料的数量有多少、什么时候需要补给等问题都不透明。明基逐鹿对症下药，把供应商需要知道的相关信息放到网上并且及时更改，这样供货商就可以 24 小时查询相关信息。沪士电子与供货商的距离也由此拉近。

据介绍，整个沪士电子 SRM 的实施过程由 6 部分组成，目前已经实施到了第 4 步——系统调整。沪士电子王翔介绍说，在调研的过程中，明基逐鹿的顾问和沪士的相关人员做了多次的磨合和沟通，了解其实际的作业流程、协作关系和存在的工作难点；在整理后，找出问题所在点，并提出优化方案；然后将优化方案同沪士的业务、生产、采购等相关人员进行讨论，分析可行性，这才定出了最后的方案。明基逐鹿表示，上 SRM 项目对企业的 E 化程度有一定的要求，即最好上过 ERP，不然可能很难接受 SRM 的管理理念，即便勉强接受了，人员素质可能也很难跟得上。

实施的过程主要为以下几个步骤。

(1) 调研分析：了解现有流程及存在的工作难点。

(2) 需求分析：分析客户的业务流程并一同讨论优化处理方案。

(3) 系统分析及设计：按需求分析的结果对现有系统进行分析，列出 GAP，并做分析和设计。

(4) 系统调整：调整原有系统，使之能够符合客户需求。

(5) 试运行：包括系统安装，培训，试用等。

(6) 正式上线：正式切换，进行正常使用。

沪士电子今后的生产流程示意图：

客户需求→销售部门→生产部门→物控部门→供应商→按单定制

实施后的预期效果会完成两大循环。

(1) 沪士内部的信息快速循环，能够让业务、生产、资材之间充分协作，提升作业效率。

(2) 资材同供应商之间的信息快速循环，供应商能够快速知道沪士需求状况并可进行生产调整，及时交付；而即使不能满足沪士，沪士也可以早做准备，进行采购调整或者生产调整。

除此以外，通过信息化的手段，加快内部作业效率，减少人为出错率，采用先进的管理思想和精确管理，预计将库存减少到原先的 1/3；供应商也可以通过网络随时了解到自己在沪士的库存状况及沪士的送货安排；沪士也可以通过系统来加快供应链的协作效率，能够快速发现异常状况并进行处理。

(资料来源：http://www.cioage.com/，作者范萍)

项目讨论：沪士在管理库存上成功与否？并分别指出其优缺点。

实训考核：

考核要素	评价标准	分值/分	评分/分				
			自评(10%)	小组(20%)	教师(50%)	专家(20%)	小计(100%)
构建并分析库存体系	(1) 所构建的库存体系能反映管理的主题内容	15					
	(2) 库存管理体现了适应性、科学性、整体性和可操作性	15					
选择库存管理方法	(1) 分析库存管理选择得当，体现了单项周期或多项周期库存管理的结合等	20					
	(2) 正确计算指标，成功与否	15					
库存管理分析	指标分析文字表述简练、正确，确实能够说明现象本质特征、现象发展变化规律等	35					
合计							
评语(主要是建议)							

第 11 章　MRP 系统与 ERP 系统

学习目标

(1) 理解 MRP 系统的基本思想。
(2) 熟悉 MRP 系统，掌握 MRP 系统的处理逻辑。
(3) 懂得 MRPⅡ、DRP 和 ERP 系统的联系与区别。
(4) 了解 MRP 系统及 ERP 系统实施中的问题。

工作任务描述

通过对本章知识框架的学习，学生应了解 MRP 的基础知识，熟悉管理信息系统的发展历程，掌握 MRP、MRPⅡ、ERP 的基本思想。在熟悉信息系统的目标、内容和管理方法的基础上，能够利用信息系统软件对生产运作的整个过程进行管理和控制。

本章任务

(1) 理解 MRP 系统的基本思想。
(2) 熟悉 MRP 系统的基本构成及实施时应注意的问题。
(3) 熟悉并理解 MRP 其他扩展系统的原理及思想。

工作任务实施

MRP 系统实施的一般步骤如下:
(1) 需求调研。
(2) 业务分析。
(3) 业务蓝图设计。
(4) 业务原型模拟。
(5) 业务流程重组。
(6) 业务流程优化。
(7) 系统配置实施。
(8) 系统运行评估。
(9) 系统推广上线。
(10) 系统验收。
(11) 持续优化。

可见，仅仅了解 MRP 的原理和方法还是不够的，必须深入了解企业的实际需求，企业的基本业务流程。在此基础上，按照本章学习的理念来分析、设计、使用和维护信息系统。企业信息系统有很多实施方法，都有各自特点，不过一般都包括 4 个基本步骤:

(1) 了解现有模式并分析(实施调研)。
(2) 对业务流程进行改进和优化(业务设计)。
(3) 应用系统实现(产品实施)。
(4) 项目验收与后续优化方案(验收和后续支持)。

11.1 MRP 系统的基本思想

物料需求计划(Material Requirements Planning，MRP)是 20 世纪 60 年代发展起来的一种计算物料需求量和需求时间的系统。所谓“物料”，泛指原材料、在制品、外购件以及产品。最初，它只是一种需求计算器，是开环的，没有信息反馈，也谈不上控制。后来，从供应商和生产现场取得了信息反馈，形成了闭环 MRP(Closedloop MRP)系统，这时的 MRP 才成为生产计划与控制系统。

MRP 具有广泛的适用性。它不仅适用于多品种、中小批量生产，而且适用于大量大批生产；不仅适用于制造企业，而且适用于某些非制造企业。不过，MRP 的长处在多品种、中小批量生产的加工装配式企业得到了最有效的发挥。

11.1.1 MRP 的基本思想

在生产过程中，物料不断地改变其形态和性质。从原材料逐步转变为产品，企业很大一部分流动资金被物料占用，同时，企业的固定资金主要为设备所占有。因此，管好设备和物料对于提高企业的经济效益有举足轻重的作用。

是以物料为中心来组织生产，还是以设备为中心来组织生产，代表了两种不同的指导思想。以物料为中心组织生产体现了为顾客服务的宗旨。物料的最终形态是产品，它是顾客所需要的东西，物料的转化最终是为了提供使顾客满意的产品。因此，围绕物料转化组织生产是按需定产思想的体现。以设备为中心组织生产，即有什么样的设备生产什么样的产品，是以产定销思想的体现。以物料为中心来组织生产要求一切制造资源围绕物料转化。要生产什么样的产品决定了需要什么样的设备和工具，决定需要什么样的人员。以物料为中心可以把企业内各种活动有目的地组织起来。以设备或其他制造资源为中心组织生产，则会陷入盲目性，比如导致追求所有设备的满负荷，追求每个人每时每刻必须有活干。

既然最终是要按期给顾客提供合格的产品，在围绕物料转化组织生产的过程中，上道工序应该按下道工序的要求进行生产，前一生产阶段应该为后一生产阶段服务，而不是相反。MRP 的基本思想正是围绕物料转化组织制造资源，实现按需要准时生产。

如前所述，物质资料的生产是将原材料转化为产品的过程。对于加工装配式生产来说，如果确定了产品出产数量和出产时间，就可按产品的结构确定产品的所有零件和部件的数量，并可按各种零件和部件的生产周期，反推出它们的出产时间和投入时间。物料在转化的过程中，需要不同的制造资源(机器设备、场地、工具、工艺装备、人力和资金等)，有了各种物料的投入、出产时间和数量，就可以确定对这些制造资源的需要数量和需要时间，这样就可以围绕物料的转化过程来组织制造资源，实现按需要准时生产。

按照 MRP 的基本思想，从产品销售到原材料采购，从自制零件的加工到外协零件的供应，从工具和工艺装备的准备到设备维修，从人员的安排到资金的筹措与运用，都要围绕 MRP 的基本思想进行，从而形成一整套新的方法体系，它涉及企业的每一个部门、每一项活动。因此，可以说 MRP 是一种新的生产方式。MRP 的出现是电子计算机应用于生产管理的结果。

11.1.2 为什么要围绕物料转化组织准时生产

为什么要按后一生产阶段、后一道工序的要求组织准时生产呢？因为准时生产是最经济的，它既消除了误期完工，又消除了提前完工。误期完工影响生产进度，是很容易被认识到的。那么，提前完工好不好呢？很多人认为提前完工好，是应该支持与鼓励的。其实，提前完工和误期完工一样，浪费了资源，也影响了生产，是应该否定的。

假设一台产品由 A、B 两部分零件构成，按现有生产能力。这两部分零件都可以在预定完工期内加工出来。但是，由于没有按生产作业计划的要求进行，造成 A 部分零件提前完工，而 B 部分零件还没有加工完，产品不能装配。已完工的 A 部分零件必须库存一段时间，造成资金积压和一连串的浪费，如要修建库房、安排保管人员等。不仅如此，由于 A 部分零件提前完工，必然占用设备和人工，致使加工 B 部分零件的生产能力不足。如果不加班，B 部分零件就会误期完工，这样 A 部分零件还要增加一段库存时间。外协、外购零件如果按预定完工期到达，则也需库存一段时间才能用于装配。如果对 B 部分零件安排加班生产，保证按预定完工期完工，则要支付加班费。

由此可知，过量生产是有害的。过量生产不仅长期积压某些零件，而且影响了急需零件的生产。很多企业只注意考核工人完成的工作量，鼓励超额完成任务，不注意他们是否按计划完成任务，造成严重的过量生产，也造成了严重的零件短缺。人们常常感叹，不该加工的加工出来，该加工的没有加工出来，零件的积压与短缺并存。这正是鼓励“提前”与“超额”带来的后果。

不仅部分零件提前完工不好，其实，全部零件提前完工同样不好。提早完成若不能提早交货，则要放入成品库存放起来，成品积压是更大的浪费。若能提早交货，虽不影响制造厂的利益，却增加了用户的负担。因为没有到需要的时候，产品必然要存放起来。

11.1.3 为什么能够围绕物料转化组织准时生产

对产品和某些维修使用的零部件的需求来自企业外部，是独立需求，而对原材料、毛坯、零件、部件的需求来自制造过程，是相关需求。正是制造过程中的相关需求使得 MRP 能“围绕物料转化组织准时生产”。

对一种产品或零部件的需求，若与对其他产品或零部件的需求无关，则对这种产品或零部件的需求为独立需求。相反，对某些产品项目的需求，若取决于对另一些产品项目的需求，则对这种产品项目的需求为相关需求。独立需求来自企业外部，需要通过预测和顾客订货来确定；相关需求发生在制造过程中，可以通过计算得到。

从库存系统的观点来看，可以把制造过程看做从成品到原材料的一系列订货过程。要装配产品，必须向其前一阶段发出订货，提出需要什么样的零部件、需要多少、何时需要；同样，要加工零件，必须向前一阶段发出订货，提出需要什么样的毛坯、需要多少、何时需要；要制造毛坯，就需要对原材料订货。当然，对这个过程还可以做更细的划分，如毛坯要经过若干道工序加工才能制成零件。在加工过程中，后道工序也向前道工序提出订货。这样在制造过程中形成了一系列的“供方”与 “需方”。供方按需方的要求进行生产，最终保证外部顾客的需要。在制造过程中，需方的要求不可以任意改变，它完全取决于产品的结构、工艺和生产提前期，因而是可以预见的。于是，可以用生产作业计划的形式来规定每一个生产阶段、每一道工序在什么时间，生产什么和生产多少。这就是 MRP 能够实现按需要准时生产的原因。在本章后面的叙述中，不论是对自制件还是对外购件，都采用“订货”和“交货”这些名词，读者要注意其实际含义。

11.2　MRP 系统

11.2.1　MRP 在生产经营系统中的地位和作用

企业的最高层领导确定企业的经营战略与目标，确定全面安排本企业生产经营活动的企业经营计划。然后，根据预测及工厂当前资源条件确定年度和季度生产计划。在确定生产计划的过程中，要进行任务与能力平衡，这种平衡是粗略的，是以假定产品或代表产品为计划单位核算的。

将生产计划细化到具体产品，明确每种产品的出产数量与出产时间，就得到产品出产预计划。确定产品出产预计划时，要进行粗略能力平衡，然后变成产品出产计划。MRP 中的产品出产计划与我国企业通常的产品出产计划是有区别的，后者一般以月为计划的时间单位，MRP 以周为时间单位。MRP 中的产品出产计划，国外一般称为主生产作业计划(Master Production Schedule，MPS)，是 MRP 系统的主要输入。这里说的 MRP 系统，指的是仅涉及物料需求的基本 MRP 系统，它是 MRP 的核心部分。除了产品出产计划之外，MRP 系统的另外两项输入为产品结构文件和库存状态文件。

经过 MRP 程序的处理，将产品出产计划转化为自制件投入出产计划和外购件需求计划。自制件投入出产计划是一种生产作业计划，它规定了构成产品的每个零件的投入和出产的时间及数量，使各个生产阶段互相衔接，准时地进行。外购件的需求计划规定了每种外购零部件和原材料的需要时间及数量。图 11.1 展示了 MRP 在生产经营系统中的地位和作用。

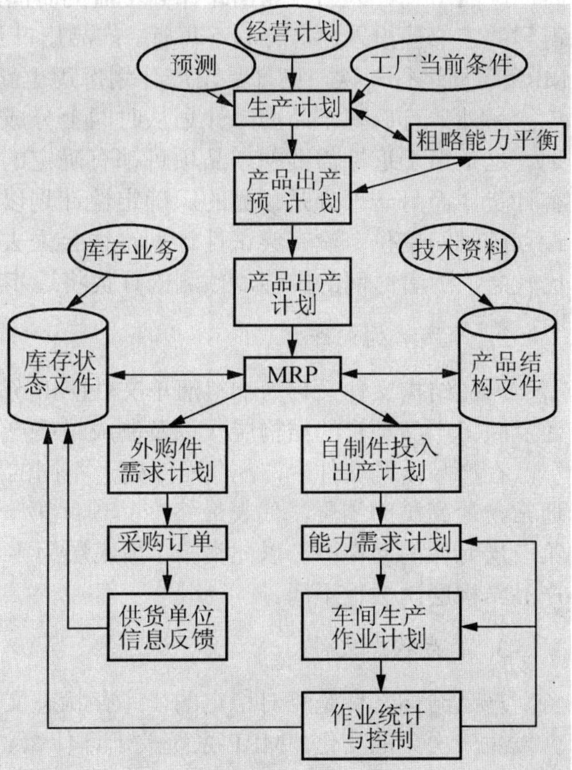

图 11.1　MRP 在生产经营系统中的地位和作用

由自制件投入出产计划可计算出对每一工作地的能力需求，从而得出能力需求计划。如果生产能力得不到充分利用或者负荷超过能力，则可采取调节办法，如加班加点、调整人力与设备、转外协等。如果调整行不通，则将信息反馈到编制产品出产计划模块，对该计划做出调整。当任务与能力基本平衡后，各车间可按自制件投入出产计划编制车间生产作业计划。车间生产作业计划的实施情况要通过车间作业统计得到。由统计发现实际与计划的偏离，通过修改计划或采用调度方法纠正偏离，实行生产控制；从实际生产中得到的反馈信息可用来调整车间生产作业计划与能力需求计划，从而使计划具有应变性。

按照外购件需求计划，按时向供货单位提出订货。提出订货后，不断从供货单得到信息，连同生产过程中零部件的完工信息，一起输送到库存状态文件中。

11.2.2 MRP 的输入

1. 产品出产计划

产品出产计划是 MRP 的主要输入，它是 MRP 运行的驱动力量。产品出产计划中所列的是最终产品项，它可以是一台完整的产品，也可以是一个完整的部件，甚至是零件。总之，是企业向外界提供的东西。

产品出产计划中规定的出产数量可以是总需要量，也可以是净需要量。如果是总需要量，则需扣除现有库存量，才能得到需要生产的数量；如果是净需要量，则说明已扣除现有库存量，可按此计算对下层元件的总需要量。一般来说，在产品出产计划中列出的为净需要量，即需生产的数量。于是，顾客订货或预测得出的总需要量不能直接列入产品出产计划，而要扣除现有库存量，算出净需要量。

产品出产计划的计划期即计划覆盖的时间范围，一定要比最长的产品生产周期长，否则，得到的零部件投入出产计划不可行。产品出产计划的滚动期应该同 MRP 的运行周期一致，若 MRP 每周运行一次，则产品出产计划每周更新一次。

另外，可以把产品出产计划从时间上分成两部分，近期为确定性计划，远期为尝试性计划。这是由于近期需要的产品项目都有确定的顾客订货，而远期需要的产品，只有部分是顾客订货，而另一部分是预测的。确定性计划以周为计划的时间单位，尝试性计划可以以月为计划的时间单位。没有尝试性计划往往会失去顾客，因为很多顾客订货较迟，而交货又要求比较急。随着时间的推移，预测的订货将逐步落实到具体顾客身上。

2. 产品结构文件

产品结构文件又称为物料清单文件(Bill of Materials，BOM)，它不只是所有元件的清单，还反映了产品项目的结构层次以及制成最终产品的各个阶段的先后顺序。

在产品结构文件中，各个元件处于不同的层次，每一层次表示制造最终产品的一个阶段。通常，最高层为零层，代表最终产品项；第一层代表组成最终产品项的元件；第二层为组成第一层元件的元件……以此类推，最底层为零件和原材料。各种产品由于结构复杂程度不同，产品结构层次数也不同。

3. 库存状态文件

产品结构文件是相对稳定的，库存状态文件却处于不断变动之中。MRP 每运行一次，它就发生一次大的变化。MRP 系统关于订什么、订多少、何时发出订货等重要信息，都存贮在库存状态文件中。库存状态文件包含每一个元件的记录。其中，时间是这样规定的：现有量为一周结束时的数量，总需要量、预计到货量、净需要量和计划发出定货量均为一周开始时的数量。根据实际需要，每个数据项都可以做更细的划分，如预计到货量可以细分成不同的来源，现有量可以按不同的库房列出。

总需要量是由上层元件的计划发出订货量决定的。预计到货量为已发出的订货或开始生产的元件的预计到货或预计完成的数量。现有量为相应时间的当前库存量。

第一种计算净需要量的逻辑为：如果不进行补充，则

$$\text{期初现有量}+\text{预计到货量}-\text{总需要量}=\text{期末现有量} \tag{11-1}$$

期末现有量如果为负值，说明尚有部分需要量得不到满足，这部分就是净需要量。显然，前周期末现有量等于后周期初现有量。

在逐周计算净需要量时，期末现有量第一次出现负值的周期的净需要量就等于该周期末现有量的绝对值，随后各周的净需要量为前后周现有量的差。各周期末负值现有量的绝对值，表示累计的净需要量。

第二种计算净需要量的逻辑为

$$\text{总需要量}-\text{预计到货量}-\text{现有量}=\text{净需要量} \tag{11-2}$$

现有量应为计划期开始时的现有库存数。当计算结果为负值时，净需要量为零。

两种计算方法的结果是一致的。第二种方法比较直观，第一种方法数据存储效率较高，不仅反映了现有量的状态，而且反映了净需求。

如果考虑安全库存量和经济批量，相应的计算稍复杂一些。

11.2.3 MRP 的输出

MRP 系统可以提供多种不同内容与形式的输出，其中主要是各种生产和库存控制用的计划和报告。现将主要输出列举如下。

(1) 零部件投入出产计划。零部件投入出产计划规定了每个零件和部件的投入数量和投入时间、出产数量和出产时间。

如果一个零件要经过几个车间加工，则要将零部件投入出产计划分解成“分车间零部件投入出产计划”。分车间零部件投入出产计划规定了每个车间一定时间内投入零件的种类、数量及时间，出产零件的种类、数量及时间。

(2) 原材料需求计划。规定了每个零件所需的原材料的种类、需要数量及需要时间，并按原材料品种、型号、规格汇总，以便供应部门组织供料。

(3) 互转件计划。规定了互转零件的种类、数量、转出车间和转出时间、转入车间和转入时间。

(4) 库存状态记录。提供各种零部件，外购件及原材料的库存状态数据，随时供查询。

(5) 工艺装备机器设备需求计划。提供每种零件不同工序所需的工艺装备和机器设备的编号、种类、数量及需要时间。

(6) 计划将要发出的订货。

(7) 已发出订货的调整，包括改变交货期、取消和暂停某些订货等。

(8) 零部件完成情况统计，外购件及原材料到货情况统计。

(9) 对生产及库存费用进行预算的报告。

(10) 交货期模拟报告。

(11) 优先权计划。

11.2.4 MRP 的处理过程

进行 MRP 处理的关键是找出上层元件(父项)和下层元件(子项)之间的联系。这种联系就是：按父项的计划发出订货量来计算子项的总需要量，并保持时间上的一致。

要提高 MRP 的处理效率，可采用自顶向下、逐层处理的方法。按照这种方法先处理所有产品的零层，然后处理第 1 层……一直到最低层，而不是逐个产品自顶向下地处理。这样做的好处是每一项目只需检索处理一次，效率较高。为此，需要对每个元素编一个低层码，按低层码编制有助于逐层处理。

在多个产品的情况下，有的元件为几个产品或几个上层元件所共有，有的元件直接提供给顾客(如维修需要的备件)。这样，同一个元件就有多个需求源。在计算该元件的总需要量时就必须考虑多个需求源。

11.3 MRP 系统的扩展

20 世纪 80 年代发展起来的制造资源计划(Manufacturing Resource Planning，MRPⅡ)，不仅涉及物料，而且涉及生产能力和一切制造资源，是一种资源协调系统。它代表了一种新的生产管理思想，是一种新的组织生产的方式。MRP 包含在 MRPⅡ中。如不特别说明，本章将用 MRP 泛指物料需求计划与制造资源计划，读者可根据实际内容区分具体指哪一部分。

20 世纪 90 年代初由美国的加特纳企业(Garter Group Inc.)首先提出企业资源计划(Enterprise Resource Planning，ERP)的概念，ERP 实际上将单个企业的系统扩展到整个供应链，它已经成为企业和供应链管理的有效工具。

11.3.1 从 MRP 到 MRPⅡ

制造资源计划即 MRPⅡ，并不是一种与 MRP 完全不同的新技术，而是在 MRP 的基础上发展起来的一种新的生产方式。

MRP 可以将产品出产计划变成零部件投入出产计划和外购件、原材料的需求计划。但是，只知道各种物料的需要量和需要时间是不够的，如果不具备足够的生产能力，计划将会落空。考虑生产能力，从内部必然涉及车间层的管理，从外部必然涉及采购。单靠 MRP 不够了，这就从 MRP 发展到闭环 MRP。

闭环 MRP 的“闭环”实际有双重含义。一方面，它不单纯考虑物料需求计划，还将与之有关的能力需求、车间生产作业计划和采购等方面考虑进去，使整个问题形成“闭环”；另一方面是按控制论的观点，计划制订与实施之后，需要取得反馈信息，以便修改计划与实行控制，这样又形成“闭环”。

在 MRP 出现之前，人们常常在没有物料需求计划的条件下，谈论对生产能力的需求，使得对生产能力的需求建立在一种粗糙的估算上。这样得出的能力需求计划是不准确的。与对物料的需求一样，对生产能力的需求也有时间性，即在什么时候，需要什么类型的设备，需多少能力工时。如果不考虑时间性，则无法准确判断生产能力是否能满足生产任务的要求。可能从总量上讲，能力工时不少于任务工时，但在某一特定时间内，能力可能不够，也可能有富余。只有得出了物料需求计划，才能准确地确定对能力的需求计划。同样，单纯谈论车间生产作业控制，而不管各个零部件的计划完工期限是否有效，也是没有意义的。要使每个零部件的计划完工期限有效，也需要 MRP 提供准确的零部件计划出产时间。采购更是这样，没有 MRP 提供的原材料及外购件需求计划，采购将是盲目的。

在没有 MRP 之前，各种生产经营活动都是孤立进行的，也只能是孤立进行的，因为没有人能够及时做出如此准确的物料需求计划。有了 MRP，才使企业内各项活动建立在更自觉的基础上，使盲目性造成的浪费减到最小。

然而，企业里其他活动单向地从 MRP 取得信息是不够的。MRP 必须从车间、供应部门和设备部门得到信息及反馈信息，才能得出切实可行的物料需求计划。正是在这一方面，闭环 MRP 将 MRP 向前推进了一步。把生产活动与财务活动联系到一起，是从闭环 MRP 向 MRP Ⅱ迈出的关键一步。MRP Ⅱ实际是整个企业的系统，它包括整个生产经营活动：销售、生产、库存、生产作业计划与控制等。图 11.2 所示为 MRP Ⅱ的结构。

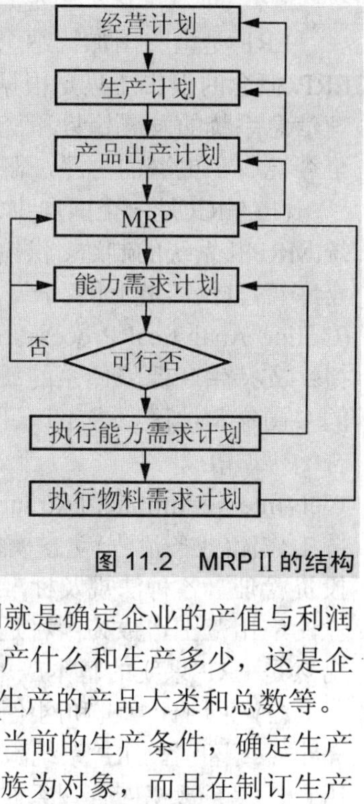

图 11.2　MRP Ⅱ的结构

从图 11.2 可以看出，经营计划是 MRP Ⅱ的起始点。经营计划就是确定企业的产值与利润指标，而要实现一定的产值和利润，必须按照市场的需求决定生产什么和生产多少，这是企业生产经营活动的一个最基本的决策。但经营计划一般只列出要生产的产品大类和总数等。

按经营计划确定的产值和利润指标，并根据市场预测和企业当前的生产条件，确定生产计划。生产计划也是确定生产什么和生产多少，但它一般以产品族为对象，而且在制订生产计划时要进行粗略能力平衡。编制生产计划不仅要考虑市场需求，而且要考虑企业的生产能力；不仅要考虑生产能力，而且要考虑企业当前条件，如当前原材料、毛坯和零部件库存、设备、人员状况等。按现有的生产能力和当前条件，若不能满足经营计划的要求，则将信息反馈到经营计划，使之做出相应的调整。

接着按生产计划确定产品出产计划。产品出产计划以具体产品为对象，它规定每种具体产品的出产时间与数量，是组织生产的依据，同时也是销售的依据。因此，它是企业内生产活动和经销活动的结合点。

产品出产计划必须切实可行，它是 MRP 的一项关键输入。若不可行，必然导致 MRP 运行失败。当生产能力不够，以致通过有限的调整生产能力的方法仍不能消除这种不足时，零部件就不能按 MRP 给出的完工期限完工。这时要将信息反馈到生产计划，使之做出调整。

MRP 输出的零部件投入出产计划实际上可以作为车间的“生产计划”，它规定了车间的生产任务，规定了车间“产品”(各种零部件)的完工期限与数量，因而可以作为对车间生产实行控制的标准和车间编制生产作业计划的依据。

车间生产作业计划要规定每个工作地每天的工作任务，使 MRP 输出的零部件投入出产计划落实到每一道工序。编制车间生产作业计划要依据每个零件的加工路线和每道工序的工时定额，要在满足加工路线的条件下，保证安排到每台机床上的任务不发生冲突，同时保证每个零件按期完工。这是一个十分困难的问题，它需要运用排序的理论与方法。

由于对各种物料都有确定的时间要求，因而对加工这些物料所需的机器设备、工具、工艺装备、场地和工人也有时间要求，进而对一些后勤部门，如食堂、医院、澡堂等也有确定的时间要求，使企业内一切活动都围绕物料转化准时进行。这就是 MRPⅡ。MRPⅡ不再是生产部门的 MRP 了，它是整个企业的 MRP。

11.3.2 从 MRPⅡ到 ERP

ERP 是由美国加特纳企业(Gartner Group Inc.)在 20 世纪 90 年代初首先提出的，那时的 ERP 概念的报告还只是根据计算机技术的发展和供需链管理，推论各类制造业在信息时代管理信息系统的发展趋势和变革；当时，Internet 的应用还没有广泛普及。随着实践和发展，ERP 至今已有了更深的内涵，概括起来主要有 3 个方面特点，也是 ERP 同 MRPⅡ的主要区别。

(1) ERP 是一个面向供需链管理(Supply Chain Management)的管理信息集成。ERP 除了传统 MRPⅡ系统的制造、供销、财务功能外，在功能上还增加了支持物料流通体系的运输管理、仓库管理(供需链上供、产、需各个环节之间都有运输和仓储的管理问题)；支持在线分析处理(Online Analytical Processing，OLAP)、售后服务及质量反馈，实时准确地掌握市场需求的脉搏；支持生产保障体系的质量管理、实验室管理、设备维修和备品备件管理；支持跨国经营的多国家和地区、多工厂、多语种、多币制需求；支持多种生产类型或混合型制造企业，汇合了离散型生产、流水作业生产和流程型生产的特点；支持远程通信、Web/Internet/Intranet/Extranet、电子商务(E-commerce、E-business)、电子数据交换(EDI)；支持工作流(业务流程)动态模型变化与信息处理程序命令的集成。此外，还支持企业资本运行和投资管理、各种法规及标准管理等。事实上，当前一些 ERP 软件的功能已经远远超出了制造业的应用范围，成为一种适应性强、具有广泛应用意义的企业管理信息系统。但是，制造业仍然是 ERP 系统的基本应用对象。

(2) 采用计算机和网络通信技术的最新成就。网络通信技术的应用是 ERP 同 MRPⅡ的又一个主要区别。ERP 系统除了已经普遍采用的诸如图形用户界面技术(GUI)、SQL 结构化查询语言、关系数据库管理系统(RDBMS)、面向对象技术(OOT)、第四代语言/计算机辅助软件工程、客户机/服务器和分布式数据处理系统等技术之外，还要实现更为开放的不同平台互操作，采用适用于网络技术的编程软件，加强了用户自定义的灵活性和可配置性功能，以适应不同行业用户的需要。网络通信技术的应用使 ERP 系统得以实现供需链管理的信息集成。

(3) ERP 系统同企业业务流程重组(Business Process Reengineering，BPR)是密切相关的。信息技术的发展加快了信息传递速度和实时性，扩大了业务的覆盖面和信息的交换量，为企业进行信息的实时处理、做出相应的决策提供了极其有利的条件。为了使企业的业务流程能够预见并响应环境的变化，企业的内外业务流程必须保持信息的敏捷通畅。正如局限于企业内部的信息系统是不可能实时掌握瞬息万变的全球市场动态一样，多层次臃肿的组织机构也必然无法迅速实时地对市场动态变化做出有效的反应。因此，为了提高企业供需链管理的竞争优势，必然会带来企业业务流程、信息流程和组织机构的改革。这个改革已不限于企业内部，而是把供需链上的供需双方合作伙伴包罗进来，系统考虑整个供需链的业务流程。ERP 系统应用程序使用的技术和操作必须能够随着企业业务流程的变化而相应地调整。只有这样才能把传统 MRPⅡ系统对环境变化的“应变性”(Active)上升为 ERP 系统通过网络信息对内外环境变化的“能动性”(Proactive)。BPR 的概念和应用已经从企业内部扩展到企业与需求市场和供应市场整个供需链的业务流程和组织机构的重组。

ERP 侧重于各种管理信息的集成，而 CIMS(计算机集成制造系统)侧重于技术信息的集成，它们之间在内容上有重叠但又是互补的关系。制造业是否实现 ERP 系统，什么时候实现，取决于企业的性质、规模以及发展和经营战略的需要。但是不论如何，都应从 ERP 的高度来进行企业信息化建设的长远规划。作为制造业信息化建设的第一步，从实施 MRPⅡ入手，仍然是绝大多数企业必要和可行的方案。

11.3.3 分配需求计划(DRP)系统

MRP 的逻辑和形式可以应用到服务领域，这种应用的典型例子就是分配需求计划(Distribution Requirements Planning，DRP)。企业生产的产品发送到批发商，再通过零售商送到用户手中。物资部门和商业部门一般都有分层次的销售网点，下层零售点由上一层供货，最上层直接向生产企业订货，最低层零售点直接将物品卖给顾客。这些供应网点形成了一个多级分配网络(Multilevel Distribution Network，MDN)。

1. DRP 的处理逻辑

虽然最低层网点的需求属于独立需求，但它们之间的需求关系也可以用类似 MRP 的逻辑处理。多级分配网络的每一个网点的每一种物品的需求和库存情况都可以用一个表来表示。表中有 3 项：预计总需求量、现有量和计划发出订货量。最低层网点的预计总需求量由各网点根据以往的销售情况预测确定，其余网点的预计总需求量可按下级网点的计划发出订货量计算。与 MRP 不同，DRP 中库存现有量包括预计到货量，它可按下式计算

$$\text{下期现有量}=\text{上期现有量}-\text{预计需求量}+\text{预计到货量} \tag{11-3}$$

每个服务网点对每项库存物品都设置了安全库存量。发出订货的条件是，预计的现有量到达规定的安全库存量以下。计划发出订货量可以按实际需要多少就提出多少，也可按确定的最佳订货批量或最小订货批量订货。订货需要按提前期提早一段时间发出。上一层网点的预计需求量是根据下一层网点的计划发出订货量确定的，并在时段上保持一致。

2. DRP 与 MRP 的异同

1) 相同点

(1) DRP 和 MRP 都是按时段的订货点(Time Phased Order Point，TPOP)方法，TPOP 的准时性比一般订货点方法好得多。

(2) DRP 和 MRP 都采用固定提前期。

(3) DRP 和 MRP 都假设能力无限。

2) 不同点

(1) MRP 处理的是生产过程的物料流问题，其形态在不断变化。如若干不同零件装配成一台产品，计划的对象不断发生变化。DRP 处理的是流通领域的物料流，其形态并不改变，计划对象无论在最低层的服务网点，还是最高层的批发部门，都是不变的。

(2) MRP 是从总体(产品)出发，按产品结构文件，自上而下地处理到部分(零部件、原材料)；DRP 是从局部(最低层服务网点)出发，按分配网络，自下而上地处理到全局(如全国服务中心)。

知识拓展

ERP的风险及其预防

企业的条件无论多优越，所做的准备无论多充分，实施的风险仍然存在。在ERP系统的实施周期中，各种影响因素随时都可能发生变化。如何有效地管理和控制风险是保证ERP系统实施成功的重要环节之一。

通常人们在考虑失败的因素时，一般着重于对实施过程中众多因素的分析，而往往忽视项目启动前和实施完成后ERP系统潜在的风险。对于ERP项目而言，风险存在于项目的全过程，包括项目规划、项目预准备、实施过程和系统运行。归纳起来，ERP项目的风险主要有以下几方面：

(1) 缺乏规划或规划不合理。

(2) 项目预准备不充分，表现为硬件选型及ERP软件选择错误。

(3) 实施过程控制不严格，阶段成果未达标。

(4) 设计流程缺乏有效的控制环节。

(5) 实施效果未做评估或评估不合理。

(6) 系统安全设计不完善，存在系统被非法入侵的隐患。

(7) 灾难防范措施不当或不完整，容易造成系统崩溃。

具体介绍如下：

(1) 战略规划。企业是否存在一个5年的IT系统规划？随着社会的信息化，IT系统对于企业不仅是工具，更是技术手段。ERP作为IT系统的重要组成部分，服务于企业的长期规划，是长期规划的手段和保证。ERP的目标源于IT系统规划，是评价ERP系统成败的基本标准，应依据IT系统规划，明确ERP系统的实施范围和实施内容。

(2) 项目预准备。确定硬件及网络方案、选择ERP系统和评估咨询合作伙伴是该阶段的3项主要任务，也是ERP系统实施的三大要素。硬件及网络方案直接影响系统的性能、运行的可靠性和稳定性；ERP系统功能的强弱决定企业需求的满足程度；咨询合作伙伴的工作能力和经验决定实施过程的质量及实施成效。

(3) 项目实施控制。在ERP系统实施中，通常采用项目管理技术对实施过程进行控制和管理。有效的实施控制表现在科学的实施计划、明确的阶段成果和严格的成果审核。不仅如此，有效的控制还表现在积极地协调和通畅的信息传递渠道。实施ERP的组织机构包括：指导委员会、项目经理、外部咨询顾问、IT部门、职能部门的实施小组和职能部门的最终用户。部门之间协调和交流得好坏决定实施过程的工作质量和工作效率。目前，在企业缺乏合适的项目经理的条件下，这一风险尤其明显和严重。

(4) 业务流程控制。企业业务流程重组是在项目实施的设计阶段完成的。流程中的控制和监督环节保证ERP在正式运行后，各项业务处于有效的控制之中，避免企业遭受人为损失。设计控制环节时，要兼顾控制和效率，过多的控制环节和业务流程冗余势必降低工作效率，而控制环节不足又会有业务失控的风险。

(5) 项目实施效果。虽然项目评估是ERP实施过程的最后一个环节。但这并不意味着项目评估不重要。相反，项目评估的结果是ERP实施效果的直接反映。正确地评价实施成果，离不开清晰的实施目标、客观的评价标准和科学的评价方法。目前普遍存在着忽视项目评估的问题。忽视项目评估将带来实施小组不关心实施成果这一隐患。这正是ERP项目的巨大风险所在。

(6) 系统安全管理。系统安全包括：操作系统授权、网络设备权限、应用系统功能权限、数据访问权限、病毒的预防、非法入侵的监督、数据更改的追踪、数据的安全备份与存档、主机房的安全管理规章、系统管理员的监督等。目前，企业中熟练掌握计算机技术的人员较少，计算机接入Internet的也不多。因此，在实施ERP系统时，普遍存在着不重视系统安全的现象。诸如：用户不注意口令保密、超级用户授权多人等。缺乏安全意识的直接后果是系统在安全设计上存在着漏洞和缺陷。近年来，不断有报章披露银行或企业计算机系统被非法入侵的消息，这给企业敲响了警钟。

(7) 意外事故或灾难。水灾、火灾、地震等不可抗拒的自然灾害会给 ERP 系统带来毁灭性的打击。企业正式启用 ERP 系统后，这种破坏将直接造成业务交易的中断，给企业带来不可估量的损失。未雨绸缪的策略和应对措施是降低这一风险的良方。如，建立远程备份和恢复机制；在计算机系统不能正常工作的情况下，恢复手工处理业务的步骤和措施。

思考题

1．MRP 的基本思想是什么？为什么需要且能够围绕物料转化组织准时生产？
2．MRP 系统有哪些输入和输出？MRP 系统的处理过程如何？为什么要采用低层码？
3．MRPⅡ与 MRP 的区别是什么？
4．设计 MRP 系统涉及哪些问题的决策？
5．MRP、DRP 和 ERP 的区别是什么？

实训与考核

实训项目：

阜新橡胶有限责任企业是国家大型二类综合橡胶加工企业，企业下设 8 个子企业、3 个分企业、8 个分厂，现有总资产 3.2 亿元，职工 2000 人，综合经济实力在全国同行业名列前茅，1998 年被辽宁省政府列为全省 60 家重点支持企业之一。

1．需求分析与企业目标

随着企业管理水平的提高和企业之间竞争的激烈，企业迫切需要提高计算机应用水平，以此来带动企业管理水平的提高。为此，企业决定应用 CIMS 的集成思想，对现有的计算机系统进行改造，为企业成为全国一流的企业目标奠定坚实的基础。企业成立了由总经理周久才任主任、常务副总经理耿贵泉任副主任的 CIMS 推广应用领导小组，于 1997 年初开始实施 CIMS 系统。目标是通过集成技术实现信息、功能、技术、人才的合理有效集成，最终实现功能强、性能优良、信息资源共享、效益显著的 CIMS 系统，为企业生产管理、经营决策科学化、工程设计现代化、生产过程自动化提供技术支持。阜橡企业 CIMS 系统共包括管理信息系统和制造自动化两个部分。

2．软件选型

在管理信息系统的软件选型中，结合企业的实际，决定购买以 MRPⅡ思想为核心的商品化软件。通过现场考察，比较国内和国外 MRPⅡ商品化软件，最终选择了北京利玛信息技术有限企业的 CAPMS/95 MRPⅡ商品化软件，共购买其制造数据管理、库存管理、销售管理、供应管理、主生产计划、物料需求管理、粗能力管理、细能力管理、应收账管理、应付账管理、财务总账管理、固定资产管理、成本管理、设备管理、厂长综合查询、生产作业管理、生产计划管理、质量管理 18 个模块。因为该软件总结中国制造业多年管理信息系统应用情况，结合最先进的计算机技术，是一个真正的企业资源计划系统，而且适应国情，二次修改、开发方便，易于学习，而且有着比较好的性能价格比，适合企业应用。制造自动化系统主要完成对 3 条硫化机生产线的生产过程自动监测与控制，软件部分由企业自行开发、研制。

3．系统实施过程

在项目软件的实施中，采取了以点带面、逐个实施的原则，在管理软件实施过程中，首先实施的是财务总账、固定资产子系统。从财务处建账到凭证微机处理到最终实现财务报表自动生成，经过和财务处人员的紧密配合，这两个子系统于 1997 年 10 月开始试运行，经过近 10 个月的人机并行，经严格测试数据和手工记账完全保持一致，经辽宁省财政厅和阜新市财政局的审批，企业财务处于 1998 年 8 月取得了辽宁省计算机替代手工记账许可证并已甩账。财务电算化在企业的应用大大提高了现代化管理水平，为其他子系统的顺利实施起到了积极的促进作用。

在财务总账实施后，企业又先后实施了库存管理子系统、固定资产管理子系统、设备管理子系统、人事管理子系统、主生产计划、销售管理、车间作业、成本管理等子系统。在这些子系统的实施过程中，结合企业的实际特点，在利玛企业技术人员的大力支持下，企业对软件做了大量修改，使之更适合企业实际，发挥更大的作用。这些软件在企业的应用，极大提高了企业的现代化管理水平，使企业管理迈上了一个新台阶。

在制造化分系统的研制、实施过程中，企业微机人员采用最新的 PINTIUM 工控机、ADIM 系列模块，软件平台采用 Windows 95 操作系统，应用软件采用 Visual Basic 语言编制，自己开发了密炼机微机监控系统、4000T 硫化机微机监控系统、6400T 硫化机微机监控系统、全塑带微机监控系统，同时该系统已经通过光缆与企业服务器连接，实现了各生产工艺段与上位机的信息传递，达到与工厂信息、功能、技术的集成。实现了生产控制和生产管理的双向功能，提高了产品质量，取得了可观的经济效益。

4．企业实施 CIMS 取得的效益

企业 CIMS 项目于 2000 年 10 月通过了辽宁省 CIMS 专家组的评审、验收，在辽宁省通过验收的 10 户企业中取得了第二名的好成绩。取得了科技部颁发的 CIMS 示范企业荣誉称号，是同行业中唯一通过 CIMS 项目验收的企业。

通过实施 CIMS 项目，企业改善了资金运用状况，减少了库存损耗，加快了资金周转，极大地提高了企业的现代化管理水平，锻炼和培养了一批懂管理、会微机的复合型人才，取得了可观的经济效益和社会效益，为企业进一步的发展打下了良好的基础。

项目讨论：

(1) 企业信息化改造实施过程有何特点？

(2) 企业 MRP II 系统的应用目标是什么，包括哪些功能？

(3) 企业实施 MRP II 系统成功的原因是什么？

(4) 结合本章内容，该企业未来还可以在哪些方面对现有信息系统加以完善和改进？

实训考核：

考核要素	评价标准	分值/分	评分/分				
			自评(10%)	小组(20%)	教师(50%)	专家(20%)	小计(100%)
企业信息化情况简介	(1) 准确表述企业信息化改造的目标及特点	20					
	(2) 分析企业的需求及信息系统应实现的功能	20					
企业信息化实施过程及成功原因分析	分析内容得当、全面，能体现企业信息化推进的实质	40					
分析信息系统存在的问题，并形成解决问题的措施	能准确地分析企业信息系统存在的不足，并能提出切实可行的改进措施	20					
合计							
评语(主要是建议)							

第 12 章　作业计划与控制

学习目标

通过本章学习，学生应熟悉排序和作业计划的相关名词术语，学会计算流水作业排序问题的最长流程时间；能够运用 Johnson 算法、Palmer 法、关键工件法以及 CDS 法求解流水作业排序问题；能够掌握能动作业计划和无延迟作业计划的构成方法，了解 3 类启发式方法(优先调度法则、随机抽样法、概率调度法)；熟悉几种优先派工法则；熟悉不同生产类型生产控制的特点，了解用“漏斗模型”进行生产控制的方法。

工作任务描述

通过 MRP 可以确定各车间的零部件投入出产计划，将全厂性的生产计划变成各车间的生产任务。各车间要完成既定的生产任务，还必须将零部件投入出产计划转化成车间生产作业计划，将车间的生产任务变成各个班组、各个工作地的任务。只有将计划安排到工作地，任务才算真正落到实处。每个工作地生产作业计划的完成，保证了车间生产作业计划的完成，从而保证了厂级生产作业计划的完成；厂级生产作业计划的完成，又保证了全厂生产计划的完成。但是，单靠计划和作业计划并不能保证生产任务的按期完成，还必须实行生产控制。

请问，每个工作地生产作业计划如何完成？为保证生产任务按期完成，如何实行生产控制？

本章任务

(1) 学会计算流水作业排序问题的最长流程时间。

(2) 掌握解决流水作业排序问题的几种方法。

(3) 掌握能动作业计划和无延迟作业计划的生成。

(4) 掌握不同类型生产控制的特点。

工作任务实施

作业计划与控制的一般步骤如下：

(1) 确定机器、工件和目标函数的特征以确定排序问题。

(2) 针对具体的排序问题，用相应的排序方法加以解决。

(3) 对上述作业活动进行生产控制。

本章作业计划与控制主要解决班组、工作地作业计划的制订与实施控制等方面的问题。作业与计划控制工作是相互衔接的，确定排序问题的类型是找到最佳排序方法的前提，确定最佳排序方法是作业计划的主要内容，为保证作业计划顺利实施还需在计划实施过程中进行生产控制。图 12.1 给出了作业计划与控制流程图。

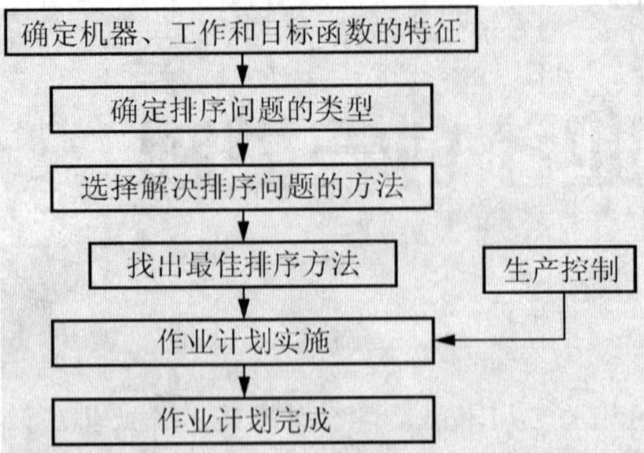

图 12.1　作业计划与控制流程图

12.1　排序问题的相关概念

在生产作业管理中，组织零件加工的合理顺序，不仅是单纯的生产加工问题，而且具有十分重要的经济意义。要解决零件加工的排序问题，首先应对相关概念予以掌握。

12.1.1　相关名词

在生产作业管理中，常用到“编制作业计划”、“排序”、“派工”、“控制”和“赶工”这些名词。

编制作业计划是生产计划工作的继续，是企业年度生产计划的具体执行计划。它是协调企业日常生产活动的中心环节。它根据年度生产计划规定的产品品种、数量及大致的交货期的要求对每个生产单位，在每个具体时期内的生产任务做出详细规定，使年度生产计划得到落实。编制作业计划不仅包括确定工件的加工顺序，还包括确定机器加工每个工件的开始时间和完成时间。

排序即确定工件在机器上的加工顺序。所以，编制作业计划不仅包括排序，还包括确定机器加工每个工件的开始时间和完成时间。不过通常情况下都是按最早可能开(完)工时间来编排作业计划的，因此工件的加工顺序确定之后，作业计划也就确定了。所以，人们常常不加区别地使用“排序”与“编制作业计划”这两个术语。

派工即按作业计划的要求，将具体生产任务安排到具体的机床上加工；赶工是在实际进度已落后于计划进度时采取的行动，两者都属于“调度”范围。调度是指实行控制所采取的行动。需要注意的是，编制作业计划是在加工制造发生之前的活动，而调度是在加工制造发生之后的活动，它是以作业计划为依据的一种现场指挥。

另外，本书将使用“机器”、“工件”、“加工顺序”和“加工路线”等术语来描述各种不同的排序问题，但这些术语已不限于本来的含义。这里所说的“机器”表示“服务者”，可以是工厂里的各种机床，也可以是维修工人；可以是轮船要停靠的码头，也可以是电子计算机的中央处理单元、存储器和输入、输出单元。工件则代表“服务对象”，它可以是单个零件，也可以是一批相同的零件。

加工路线是由工件加工的工艺过程决定的，它是工件加工在技术上的约束。假定有 n 个工件要经过 m 台机器加工。比如，某工件要经过车、铣、钻、磨的路线加工，可以用 M_1，

M_2，…，M_n来表示。一般地，可用M_1，M_2，…，M_n表示加工路线。加工顺序则表示每台机器加工 n 个工件的先后顺序，这是排序要解决的问题。

12.1.2 假设条件与符号说明

为了便于研究排序问题，须提出以下假设条件。

(1) 一个工件不能同时在几台不同的机器上加工。

(2) 工件在加工过程中采取单件移动方式，即当上一道工序完工后，立即送下道工序加工。

(3) 不允许中断。一个工件一旦开始加工，必须一直进行到完工，不得中途停止插入其他工件。

(4) 每道工序只在一台机器上完成。

(5) 工件数、机器数和加工时间已知，加工时间与加工顺序无关。

(6) 每台机器同时只能加工一个工件。

在下面的讨论中，如不作特别说明，下面对有关符号进行说明都是遵循以上假设条件的。

J_i——工件 i，i=1,2,…,n。

M_j——机器 j，j=1,2,…,m。

p_{ij}——J_i 在 M_j 上的加工时间，J_i 的总加工时间为 $P_i=\sum p_{ij}$。

W_{ij}——J_i 在 M_j 上加工前的等待时间，$W_i=\sum w_{ij}$。

r_i——J_i 的到达时间，指 J_i 从外部进入车间，可以开始加工的最早时间。

d_i——J_i 的完工期限。

C_i——J_i 的完工时间，$C_i=r_i+\sum(w_{ij}+p_{ij})=r_i+W_i+P_i$。

$C_{\max}$——最长完工时间，$C_{\max}=\max\{C_i\}$。

F_i——J_i 的流程时间，即工件在车间的实际停留时间，$F_i=C_i-r_i=W_i+P_i$。

$F_{\max}$——最长流程时间，$F_{\max}=\max\{F_i\}$。

L_i——工件的延迟时间。$L_i=C_i-d_i$。

当 $L_i>0$(正延迟)时，说明 J_i 的实际完工时间超过了完工期限；当 $L_i<0$(负延迟)时，说明 J_i 提前完工；当 $L_i=0$(零延迟)时，J_i 按期完工。

$L_{\max}$——最长延迟时间，$L_{\max}=\max\{L_i\}$。

12.1.3 排序问题的分类和表示法

排序问题有不同的分类方法，最常用的分类方法是按机器、工件和目标函数的特征分类。按机器的种类和数量不同，可以分成单台机器的排序问题和多台机器的排序问题。对于多台机器的排序问题，按工件加工路线的特征，可以分成单件作业 (Job-shop)排序问题和流水作业(Flow-shop)排序问题。工件的加工路线不同，是单件作业排序问题的基本特征；而所有工件的加工路线完全相同，则是流水作业排序问题的基本特征。

按工件到达车间的情况不同，可以分成静态的排序问题和动态的排序问题。当进行排序时，所有工件都已到达，可以一次对它们进行排序，这是静态的排序问题；若工件是陆续到达，要随时安排它们的加工顺序，这是动态的排序问题。

按目标函数的性质不同，也可划分不同的排序问题。譬如，同是单台机器的排序，目标是使平均流程时间最短和目标是使误期完工工件数最少，实质上是两种不同的排序问题。按目标函数的情况，还可以划分为单目标排序问题与多目标排序问题。以往研究的排序问题大都属于单目标排序问题，而对多目标排序问题的研究则很少。

另外，按参数的性质，可以划分为确定型排序问题和随机型排序问题。所谓确定型排序问题，是指加工时间和其他有关参数是已知确定的量；而随机型排序问题的加工时间和有关参数为随机变量。这两种排序问题的解法本质上不同。

由机器、工件和目标函数的不同特征以及其他因素上的差别，构成了多种多样的排序问题。本章只讨论几种有代表性的排序问题。对于本章要讨论的排序问题，将用 Conway 等提出的方法来表示。这个方法只用 4 个参数就可以表示大多数不同的排序问题。4 参数表示法为

$$n/m/\mathrm{A}/B$$

其中：n——工件数；

m——机器数；

A——车间类型(在 A 的位置若标以 F，则代表流水作业排序问题；若标以 P，则表示流水作业排列排序问题；若标以 G，则表示一般单件作业排序问题；$m=1$，则 A 处为空白。因为对于单台机器的排序问题来说，无所谓加工路线问题，当然也就谈不上是流水作业还是单件作业的问题了)；

B——目标函数，通常是使其值最小。

有了这 4 个符号，就可以简明地表示不同的排序问题。例如，$n/3/\mathrm{P}/C_{\max}$ 表示 n 个工件经 3 台机器加工的流水作业排列排序问题，目标函数是使最长完工时间 $C_{\max}$ 最短。

12.2 流水作业排序问题

流水作业排序问题的基本特征是每个工件的加工路线都一致。在流水生产线上造不同的零件，遇到的就是流水作业排序问题。这里讲的加工路线一致，是指工件流向一致，并不要求每个工件必须经过加工路线上每台机器加工。如果某些工件不经某些机器加工，则设相应的加工时间为零。

一般来说，对于流水作业排序问题，工件在不同机器上的加工顺序不尽一致。本节要讨论的是一种特殊情况，即所有工件在各台机器上的加工顺序都相同的情形，这就是排列排序问题。流水作业排列排序问题常被称作“同顺序”排序问题。对一般情形，排列排序问题的最优解不一定是相应的流水作业排序问题的最优解，但一般是比较好的解；对于仅有 2 台和 3 台机器的特殊情况，排列排序问题下的最优解一定是相应的流水作业排序问题的最优解。本节只讨论排列排序问题。

12.2.1 最长流程时间 $F_{\max}$ 的计算

本节所讨论的是 $n/m/\mathrm{P}/F_{\max}$ 问题，目标函数是使最长流程时间最短。最长流程时间又称作加工周期，它是指从第一个工件在第一台机器开始加工时算起，到最后一个工件在最后一台机器上完成加工时为止所经过的时间。由于假设所有工件的到达时间都为 0($r_i=0, i=1,2,\cdots,n$)，所以 $F_{\max}$ 等于排在末位加工的工件在车间的停留时间，也等于一批工件的最长完工时间 $C_{\max}$。

设 n 个工件的加工顺序为 $S=(s_1, s_2, \cdots, s_n)$，其中 s 为排第 i 位加工的工件的代号。以 C_{ks_i} 表示工件 s_i 在机器 M_k 上的完工时间，P_{ks_i} 表示工件 s_i 在 M_k 上的加工时间，$k=1,2,\cdots,m$；$i=1,2,\cdots,n$，

则 C_k 可按以下公式计算

$$C_{1_{s_i}} = C_{1_{s_{i-1}}} + P_{1_{s_i}}$$

$$C_{k_{s_i}} = \max\left\{C_{(k-1)_{s_i}}, C_{k_{s_{i-1}}}\right\} + P_{k_{s_i}} \tag{12-1}$$

式中：$k=2,3,\cdots,m$；$i=1,2,\cdots,n$。

当 $r_i=0, i=1,2,\cdots,n$ 时，

$$F_{\max} = C_m \tag{12-2}$$

式(12-1)是一个递推公式。当由式(12-1)得出 $C_{m_{s_i}}$ 时，$F_{\max}$ 就求得了。

在熟悉以上计算公式之后，可直接在加工时间矩阵上从左向右计算完工时间。下面以一例进行说明。

【例 12-1】 有一个 6/4/P/$F_{\max}$ 问题，其加工时间见表 12-1。当按顺序 $S=(5,1,4,2,6,3)$加工时，求 $F_{\max}$。

表 12-1　加工时间矩阵

i	1	2	3	4	5	6
p_{i1}	4	2	3	1	4	2
p_{i2}	4	5	6	7	4	5
p_{i3}	5	8	7	5	5	5
p_{i4}	4	2	4	3	3	1

解： 按顺序 $S=(5,1,4,2,6,3)$列出加工时间矩阵，见表 12-2。按式(12-1)进行递推，将每个工件的完工时间标在其加工时间的右上角。对于第一行、第一列，只需把加工时间的数值作为完工时间标在加工时间的右上角。对于第一行的其他元素，只需从左到右依次将前一列右上角的数字加上计算列的加工时间，将结果填在计算列加工时间的右上角。对于从第二行到第 m 行，第一列的算法相同。只要把上一行右上角的数字和本行的加工时间相加，将结果填在本行加工时间的右上角；从第 2 列到第 n 列，则要从本行前一列右上角和本列上一行的右上角数字中取大者，再和本列加工时间相加，将结果填在本列加工时间的右上角。这样计算下去，最后一行的最后一列右上角数字，即为 C_m，也是 $F_{\max}$，计算结果见表 12-2。本例中 $F_{\max}=48$。

表 12-2　顺序 S 下的加工时间矩阵

i	5	1	4	2	6	3
p_{i1}	4^{4}	4^{8}	1^{9}	2^{11}	2^{13}	3^{16}
p_{i2}	4^{8}	4^{12}	7^{19}	5^{24}	5^{29}	6^{25}
p_{i3}	5^{13}	5^{18}	5^{24}	8^{32}	5^{37}	7^{44}
p_{i4}	3^{16}	4^{22}	3^{27}	2^{34}	1^{38}	4^{48}

12.2.2　$n/2/F/F_{\max}$ 问题的最优算法

对于 $n/2/F/F_{\max}$ 问题，约翰逊(S.M.Johnson)于 1954 年提出了一个有效算法，那就是著名的 Johnson 算法。为了叙述方便，以 a_i 表示 J_i 在 M_1 上的加工时间，以 b_i 表示 J_i 在 M_2 上的加工时间。每个工件都按 $M_1 \to M_2$ 的路线加工。Johnson 算法建立在 Johnson 法则的基础之上。Johnson 法则为，如果

$$\min(a_i, b_j) < \min(a_j, b_i) \tag{12-3}$$

则 J_i 应该排在 J_j 之前。如果中间为等号，则工件 i 既可排在工件 j 之前，也可以排在它之后。

按式(12-3)可以确定每两个工件的相对位置，从而可以得到 n 个工件的完整的顺序。但是，这样做比较麻烦。事实上，按 Johnson 法则可以得出比较简单的求解步骤，称这些步骤为 Johnson 算法。Johnson 算法描述如下：

(1) 从加工时间矩阵中找出最短的加工时间。

(2) 若最短的加工时间出现在 M_1 上，则对应的工件尽可能往前排；若最短加工时间出现在 M_2 上，则对应工件尽可能往后排。然后，从加工时间矩阵中划去已排序工件的加工时间。若最短加工时间有多个，则任挑一个。

(3) 若所有工件都已排序，停止；否则，转步骤(1)。

【例 12-2】 求表 12-3 所示的 $5/2/F/F_{max}$ 问题的最优解。

表 12-3 加工时间矩阵

i	1	2	3	4	5
a_i	5	1	8	5	3
b_i	7	2	2	4	7

解：应用 Johnson 算法，从加工时间矩阵中找出最短加工时间为 1 个时间单位，它出现在 M_1 上。所以，相应的工件(工件 2)应尽可能往前排，即将工件 2 排在第 1 位。划去工件 2 的加工时间，余下加工时间中最小者为 2，它出现在 M_2 上，相应的工件(工件 3)应尽可能往后排，于是排到最后一位。划去工件 3 的加工时间，继续按 Johnson 算法安排余下工件的加工顺序。求解过程可简单表示如下：

将工件 2 排第 1 位	2				
将工件 3 排第 5 位	2				3
将工件 5 排第 2 位	2	5			3
将工件 4 排第 4 位	2	5		4	3
将工件 1 排第 3 位	2	5	1	4	3

最优加工顺序为 S=(2,5,1,4,3)，求得最优顺序下的 F_{max}=24。

可以把 Johnson 算法做些改变，改变后的算法按以下步骤进行：

(1) 将所有 $a_i \leq b_i$ 的工件按 a_i 值不减的顺序排成一个序列 A。

(2) 将所有 $a_i > b_i$ 的工件按 b_i 值不增的顺序排成一个序列 B。

(3) 将 A 放到 B 之前，就构成了最优加工顺序。

按改进后的算法对【例 12-2】求解，见表 12-4。序列 A 为(2,5,1)，序列 B 为(4,3)，构成最优顺序为(2,5,1,4,3)，与 Johnson 算法结果一致。

表 12-4 改进算法

i	1	2	3	4	5
a_i	⑤	①	8	5	③
b_i	7	2	②	④	7
i	2	5	1	4	3
a_i	①	③	⑤	5	8
b_i	2	7	7	④	②

当从应用 Johnson 法则求得的最优顺序中任意去掉一些工件时，余下的工件仍构成最优顺序。如对【例 12-2】的最优顺序(2,5,1,4,3)，若去掉一些工件，得到的顺序(5,1,4,3)、(2,4,3)、(2,1,4)等仍为余下工件的最优顺序。但是，工件的加工顺序不能颠倒，否则不一定是最优顺序。同时还要指出，Johnson 法则只是一个充分条件，不是必要条件。不符合这个法则的加工顺序，也可能是最优顺序。

12.2.3　一般 $n/m/\mathrm{P}/F_{\max}$ 问题的启发式算法

前面介绍了两台机器的流水车间排序问题，但对于 3 台机器的流水车间排序问题，则只有几种特殊类型的问题找到了有效算法。对于一般的流水车间排序问题，可以用分支定界法。用分支定界法可以保证得到一般 $n/m/\mathrm{P}/F_{\max}$ 问题的最优解，但对于实际生产中规模较大的问题，计算量相当大，以致连计算机也无法求解。另外，求得最优解的目的是减少作业时间以降低成本，但如果为求最优解所付出的成本高于最优解所带来的好处的话，求最优解则变成了一种得不偿失的做法了。

因此，为了解决生产实际中的排序问题，人们提出了各种启发式算法，以便以较小的计算量得到足够好的结果，因而十分实用。下面介绍求一般 $n/m/\mathrm{P}/F_{\max}$ 问题近优解(Near Optimal Solution)的启发计算法。

1. Palmer 法

1965 年，帕尔姆(D.S.Palmer)提出按斜度指标排列工件的启发式算法，称为 Palmer 法。工件的斜度指标可按下式计算

$$\lambda_i=\sum_{k=1}^{m}\left[k-\frac{m+1}{2}\right]p_{ik}\ (k=1,2,\cdots,n) \tag{10-4}$$

式中：m——机器数；

p_{ik}——工件 i 在 M_k 上的加工时间。

按照各工件 λ 不增的顺序排列工件，可得出令人满意的顺序。

【例 12-3】　有一个 $4/3/\mathrm{F}/F_{\max}$ 问题，其加工时间见表 12-5，用 Palmer 法求解。

表 12-5　加工时间矩阵

i	1	2	3	4
p_{i1}	2	1	5	3
p_{i2}	8	4	2	9
p_{i3}	4	6	3	7

解：计算 λ_i。

对于本例，式(12-4)变成

$$\lambda_i=\sum_{k=1}^{3}\left[k-\frac{3+1}{2}\right]p_{ik}\ (k=1,2,3) \tag{12-5}$$

$$\lambda_i=-p_{i1}+p_{i3}$$

于是有

λ_1=−2+4=2

λ_2=−1+6=5

$\lambda_3=-5+3=-2$

$\lambda_4=-3+7=4$

按λ不增的顺序排列工件，得到加工顺序(2,4,1,3)，这个顺序得到的 F'_{max}=29。如果得到的排序有多个，则须计算每个顺序的 F_{max} 值，再通过比较得出最佳加工顺序。

2. 关键工件法

关键工件法是华中科技大学陈荣秋教授 1983 年提出的一个启发式算法，其步骤如下：

(1) 计算每个工件的总加工时间 $P_i=\sum_{j=1}^{m}p_{ij}$，找出加工时间最长的工件 C，将其作为关键工件。

(2) 对于余下的工件，若 $p_{i1}\leqslant p_{im}$，则按 p_{i1} 不减的顺序排成一个序列 S_a；若 $p_{i1}>p_{im}$，则按 p_{im} 不增的顺序排列成一个序列 S_b。

(3) 顺序(S_a,C,S_b)即为所求顺序。

下面用关键工件法求【例 12-3】的近优解。求 P_i (i=1,2,3,4)，见表 12-6。总加工时间最长的为 4 号工件， $p_{i1}\leqslant p_{i3}$ 的工件为 1 和 2，按 p_{i1} 不减的顺序排成 S_a=(2,1)。

$p_{i1}>p_{i3}$ 的工件为 3 号工件，S_b=(3)，这样得到的加工顺序为(2,1,4,3)，可以求得 F_{max}=33，对本例是非最优顺序。在这里需要再次强调，启发式算法得出的顺序并不一定是最优顺序，不同的启发式算法得出的顺序也可能不一样。

表 12-6 用关键工件法求解

i	1	2	3	4
p_{i1}	2	1	5	3
p_{i2}	8	4	2	9
p_{i3}	4	6	3	7
P_i	14	11	10	19

3. CDS 法

Campbell-Dudek-Smith 三人提出了一个启发式算法，简称 CDS 法。他们把 Johnson 算法用于一般的 $n/m/P/F_{max}$ 问题，得到(m−1)个加工顺序，取其中优者。

具体做法是，对加工时间 $\sum_{k=1}^{i}p_{ik}$ 和 $\sum_{k=m+1-l}^{m}p_{ik}$ [l=1,2,…,(m−1)]，用 Johnson 算法求(m−1)次加工顺序，取其中最好的结果。

现在，对【例 12-3】用 CDS 法求解。

首先，求 $\sum_{k=1}^{i}p_{ik}$ 和 $\sum_{k=m+1-l}^{m}p_{ik}$ (l=1,2)，结果见表 12-7。

表 12-7 用 CDS 法求解

i		1	2	3	4
l=1	p_{i1}	2	1	5	3
	p_{i3}	4	6	3	7
l=2	$p_{i1}+p_{i2}$	10	5	7	12
	$p_{i2}+p_{i3}$	12	10	5	16

当 l=1 时，按 Johnson 算法得到加工顺序(2,1,4,3)；当 l=2 时，得到加工顺序(2,1,4,3)。对于顺序(2,1,4,3)，相应的 F_{max}=32。如果当 l 取不同值所得的顺序不一样，则计算每个顺序的 F_{max} 值，通过比较找出最佳顺序。

12.3　单件作业排序问题

单件作业的排序问题是最一般的排序问题，也是最复杂的一种排序问题。尽管问题本身容易表述，也容易看到所需要的是什么，但是朝着求解的方向作任何推进都是极端困难的。本节就此问题介绍匈牙利算法和几种启发式算法。

12.3.1　任务分配问题

任务分配问题是在加权二分图中寻找最大(或最小)加权匹配的问题。把零件分配给工人或机器加工，将区域分配给销售人员，将出故障的机器分配给维修小组等问题，都属于任务分配问题。求解任务分配问题的目标是使任务与资源得到最佳匹配。用线性规划模型可以求出最优任务和资源分配。

【例 12-4】 有 4 个零件可以分配给 4 台机器加工，其所需加工时间如图 12.2 所示。即零件 1 分配给机器 1 加工，需要 9 个时间单位；分配给机器 2 加工，需要 7 个时间单位；分配给机器 3 加工，需要 3 个时间单位；分配给机器 4 加工，需要 5 个时间单位；等等。

如果有 n 个零件要分配给 n 台机器加工，则有 $n!$ 种不同的分配方案，难以找到最优解。但是，通过匈牙利算法可以较方便地找到最优分配方案。

	M_1	M_2	M_3	M_4
J_1	9	7	3	5
J_2	7	8	12	11
J_3	4	6	8	7
J_4	6	11	13	10

图 12.2　零件加工的分配问题

匈牙利算法的步骤如下：

(1) 从加工时间(费用)矩阵每一行所有元素减去该行最小的元素，使每行至少出现一个零元素。

(2) 从实施第(1)步得到的矩阵中的每一列所有元素减去该列最小的元素，使每列至少出现一个零元素。

(3) 从实施第(2)步得到的矩阵中，画出能覆盖尽可能多的零元素的直线，如果线条数等于矩阵的行数，则已找到最优矩阵，转第(6)步；否则，转第(4)步。

(4) 从矩阵中未被线条穿过的元素中减去这些元素中的最小数，并将这个最小数加到直线交叉的元素上，其余元素不变。

(5) 重复步骤(3)和步骤(4)，直到获得最优矩阵。

(6) 从仅有一个零元素的行或列开始，找出零元素对应的分配方案，每行和每列仅能确定一个元素，最后使每行和每列都有一个零元素。零元素对应的就是最优分配方案。

本例求解过程如图 12.3 所示。

	M_1	M_2	M_3	M_4	每行最小数
J_1	9	7	3	5	3
J_2	7	8	12	11	7
J_3	4	6	8	7	4
J_4	6	11	13	10	6

(a)

	M_1	M_2	M_3	M_4
J_1	9	7	3	5
J_2	7	8	12	11
J_3	4	6	8	7
J_4	6	11	13	10
每列最小数	4	6	3	5

(b)

	M_1	M_2	M_3	M_4
J_1	6	3	0	0
J_2	0	0	5	2
J_3	0	1	4	1
J_4	0	4	7	2

(c)

	M_1	M_2	M_3	M_4
J_1	7	3	0	0
J_2	1	0	5	2
J_3	0	1	3	0
J_4	0	3	6	1

(d)

	M_1	M_2	M_3	M_4
J_1	6	3	0	0
J_2	0	0	5	2
J_3	0	1	4	1
J_4	0	4	7	2

(e)

	M_1	M_2	M_3	M_4
J_1	7	3	(0)	0
J_2	1	(0)	5	2
J_3	0	1	3	(0)
J_4	(0)	3	6	1

(f)

图 12.3　用匈牙利法求分配问题最优解过程

图 12.3(a)列出了矩阵中每行的最小数；图 12.3(b)所示为按第(1)步得到的矩阵，并列出每列的最小数；图 12.3(c)所示为第(2)步的结果；对图 12.3(c)实行第(3)步，发现用 3 条直线就能覆盖所有零元素，则转第(4)步；未被直线覆盖的最小元素为 1，将未被直线覆盖的元素均减 1，将交叉点 6 和 0 均加 1，得图 12.3(d)；对图 12.3(d)实行第(3)步，得到图 12.3(e)，发现用 4 条(等于矩阵的行数)直线才能覆盖所有零元素，能够找出最优分配。图 12.3(f)的结果是零件 1 由机器 M_3 加工，零件 2 由机器 M_2 加工，零件 3 由机器 M_4 加工，零件 4 由机器 M_1 加工，可使总加工时间最少。

12.3.2　问题的描述

对于一般单件作业的排序问题，每个工件都有其独特的加工路线，工件没有一定的流向。对于流水作业的排序问题，第 S 道工序永远在 M_s 上加工，没有必要将工序号与机器号分开。对于一般单件作业排序问题，要描述一道工序，要用 3 个参数：i,j 和 k。i 表示工件代号，j 表示工序号，k 表示完成工件 z 的第 j 道工序的机器的代号。因此，可以用(i,j,k)来表示工件 i 的第 j 道工序是在机器 k 上进行的这样一件事。于是，可以用加工描述矩阵的形式来描述所有工件的加工。

加工描述矩阵 D 的每一行描述一个工件的加工，每一列的工序序号相同。例如，加工描述矩阵

$$D=\begin{pmatrix} 1,1,1 & 1,2,3 & 1,3,2 \\ 2,1,3 & 2,2,1 & 2,3,2 \end{pmatrix}$$

第一行描述工件 1 的加工，第二行描述工件 2 的加工。它表明，工件 1 的第 1 道工序在 M_1 上进行，第 2 道工序在 M_3 上进行，第 3 道工序在 M_2 上进行；工件 2 的第 1 道工序在 M_3 上进行，第 2 道工序在 M_1 上进行，第 3 道工序在 M_2 上进行。

12.3.3　一般 $n/m/G/F_{max}$ 问题的启发式算法

对于一般的 $n/m/G/F_{max}$ 问题，可以用分支定界法或整数规划法求最优解。但它们都是无效算法，不能应用到生产实际中。启发式方法是求解一般单件车间排序问题使用最多的方法。在介绍 3 类启发式方法之前，先要阐述两种十分重要的作业计划及其构成方法。

1. 两种作业计划的构成

在可行的加工顺序下，可以做出无数种作业计划。其中，各工序都按最早可能开(完)工时间安排的作业计划称为半能动作业计划(Semi-Active Schedule)；任何一台机器的每段空闲时间都不足以加工一道可加工工序的半能动作业计划，称为能动作业计划(Active Schedule)。无延迟作业计划(Non-Delay Schedule)是指没有任何延迟出现的能动作业计划。所谓“延迟”，是指有工件等待加工时，机器出现空闲，即使这段空闲时间不足以完成一道工序。

能动作业计划和无延迟作业计划在研究一般单件作业排序问题时有重要作用。下面先介绍它们的生成方法。为此，先作一些符号说明。

每安排一道工序称为一“步”，设

$\{S_t\}$——t 步之前已排序工序构成的部分作业计划；

$\{O_t\}$——第 t 步可以排序的工序的集合；

T_k——$\{O_t\}$中工序 O_k 的最早可能开工时间；

T'_k——$\{O_t\}$中工序 O_k 的最早可能完工时间。

1) 能动作业计划的构成步骤

(1) 设 t=1，$\{S_1\}$为空集，$\{O_1\}$为各工件第一道工序的集合。

(2) 求 $T^*=\min\{T'_k\}$，并求出 T^* 出现的机器 M^*。如果 M^* 有多台，则任选一台。

(3) 从$\{O_t\}$中挑出满足以下两个条件的工序 O_j：需要机器 M^* 加工，且 $T_j < T^*$。

(4) 将确定的工序 O_j 放入$\{S_t\}$，从$\{O_t\}$中消去 O_j，并将 O_j 的紧后工序放入$\{O_t\}$，使 t=t+1。

(5) 若还有未安排的工序，转步骤(2)；否则，停止。

【例 12-5】 有一个 $2/3/G/F_{max}$ 问题，其加工描述矩阵 D 和加工时间矩阵 T 分别为

$$D=\begin{pmatrix} 1,1,1 & 1,2,3 & 1,3,2 \\ 2,1,3 & 2,2,1 & 2,3,2 \end{pmatrix},\quad T=\begin{pmatrix} 2 & 4 & 1 \\ 3 & 4 & 5 \end{pmatrix}$$

试构成一个能动作业计划。

解：求解过程见表 12-8。

当 t=1，$\{O_1\}$为 2 个工件的第 1 道工序的集合，$\{O_1\}$={(1,1,1),(2,1,3)}，它们的最早可

能开工时间是零，工序(1,1,1)的最早完工时间为 2，工序(2,1,3)的最早完工时间是 3。因此，T^*=2。T^* 出现在 M_1 上，M_1 上仅有一道可排序的工序(1,1,1)。所以，首先安排(1,1,1)，当(1,1,1)确定之后，其紧后工序(1,2,3)就进入$\{O_2\}$。其后排法相同。当 t=3 时，M^* 有 2 个，这时任取其中一个。按表 12-8 中得出的能动作业计划如图 12.4 所示。

按以上步骤可以求出所有能动作业计划。当 t=2 时，也可以安排工序(1,2,3)，因为该工序也需经机器 M_3 加工，而且最早可能开工时间小于 T^*。同样，当 t=5 时，可以先安排工序(2,3,2)。这样，可以得出所有的能动作业计划，从中可以找出最优的作业计划。

表 12-8　能动作业计划的构成

t	$\{O_t\}$	T_k	T'_k	T^*	M^*	O_j
1	1,1,1 2,1,3	0 0	2 3	2	M_1	1,1,1
2	1,2,3 2,1,3	2 0	6 3	3	M_3	2,1,3
3	1,2,3 2,2,1	3 3	7 7	7	M_3 M_1	1,2,3
4	1,3,2 2,2,1	7 3	8 7	7	M_1	2,2,1
5	1,3,2 2,3,2	7 7	8 12	8	M_2	1,3,2
6	2,3,2	8	13	13	M_2	2,3,2

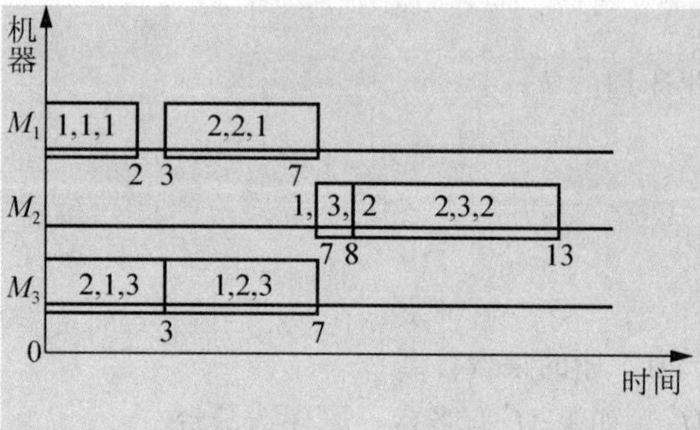

图 12.4　能动作业计划

2) 无延迟作业计划的构成步骤

(1) 设 t=1，$\{S_1\}$为空集，$\{O_1\}$为各工件第一道工序的集合。

(2) 求 $T^*=\min\{T_k\}$，并求出 T^* 出现的机器 M^*。如果 M^* 有多台，则任选一台。

(3) 从$\{O_t\}$中挑出满足以下两个条件的工序 O_j：需要机器 M^* 加工，且 $T_j=T^*$。

(4) 将确定的工序 O_j 放入$\{S_t\}$，从$\{O_t\}$中消去 O_j，并将 O_j 的紧后工序放入$\{O_t\}$，使 t=t+1。

(5) 若还有未安排的工序，转步骤(2)；否则，停止。

下面对【例 12-5】构成无延迟计划，其求解过程见表 12-9，得出的无延迟计划如图 12.5 所示。同样，按以上步骤可以求出所有的无延迟作业计划。

表 12-9　无延迟计划的构成

T	$\{O_t\}$	T_k	T'_k	T^*	M^*	O_j
1	1,1,1 2,1,3	0 0	2 3	0 0	M_1 M_3	1,1,1
2	1,2,3 2,1,3	2 0	6 3	 0	 M_3	 2,1,3
3	1,2,3 2,2,1	3 3	7 7	3 3	M_3 M_1	1,2,3
4	1,3,2 2,2,1	7 3	8 7	 3	 M_1	 2,2,1
5	1,3,2 2,3,2	7 7	8 12	7 7	M_2 M_2	 2,3,2
6	1,3,2	12	13	12	M_2	1,3,2

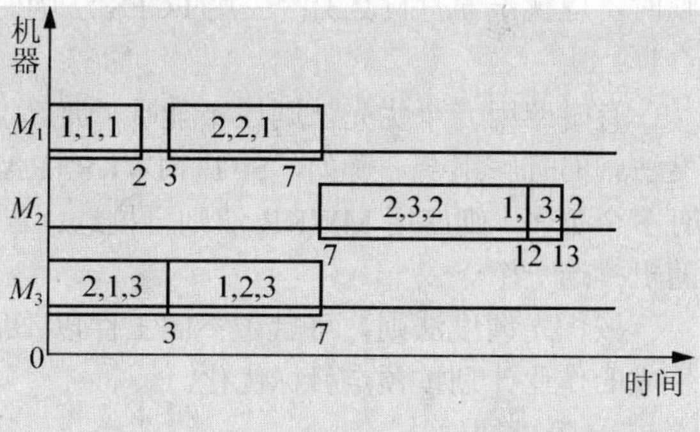

图 12.5　无延迟作业计划

2. 三类启发式算法

1) 优先调度法则

在介绍能动作业计划与无延迟作业计划的构成步骤时，其中第(3)步的两个条件一般都有多个工序可以满足。按什么样的准则来选择可安排的工序，对作业计划的优劣有很大影响。为了得到所希望的作业计划，人们提出了很多优先调度法则，按优先调度法则挑选工序比随意挑选一道工序的方法更能符合计划编制者的要求，同时又不必列出所有可能的作业计划，从而计算量小。

迄今，人们已提出了 100 多个优先调度法则，其中主要有以下 8 个：

(1) SPT(Shortest Processing Time)法则，优先选择加工时间最短的工序。

(2) FCFS(First Come First Served)法则，优先选择排队等待的工序中最早进入的工件。

(3) EDD(Earliest Due Date)法则，优先选择完工期限最早的工件。

(4) MWKR(Most Work Remaining)法则，优先选择余下加工时间最长的工件。

(5) LWKR(Least Work Remaining)法则，优先选择余下加工时间最短的工件。

(6) MOPNR(Most Operations Remaining)法则，优先选择余下工序数最多的工件。

(7) SCR(Smallest Critical Ratio)法则，优先选择临界比最小的工件。临界比(CR)为到件允许停留时间与工件剩余工序加工时间之比。

(8) RANDOM 法则，随机地挑一个工件。

按 SPT 法则可有效缩短流程时间，提高设备利用率，降低在制品占用量。FCFS 法则来自排队论，它对工件较公平。EDD 法则可使工件最大延误时间最小。SCR 法则也是保证工件延误最少的法则。MWKR 法则使不同工作量的工件的完工时间尽量接近。LWKR 法则使工作量小的工件尽快完成。MOPNR 法则与 MWKR 法则类似，只不过主要考虑工件在不同机器上的转运排队时间。

在应用优先调度法则时，只要将构成能动作业计划的第(3)步修改为：对于$\{O_t\}$中需要M^*加工，且$T_j < T^*$的工序，按预定的优先调度法则确定一个进入$\{S_t\}$的工序。将构成无延迟作业计划的第(3)步修改为：对于$\{O_t\}$中需要M^*加工，且$T_j = T^*$的工序，按预定的优先调度法则确定一个进入$\{S_t\}$的工序。一般来说，以构成无延迟作业计划的步骤为基础的启发式算法比以构成能动作业计划的步骤为基础的启发算法的效果要好。

现在对表 12-8 的第二步(t=2)应用优先调度法则来挑选工序。当应用 SPT 法则时，应挑选工序(2,1,3)；应用 MWKR 法则或 MOPNR 法则时，也应挑选工序(2,1,3)；而应用 LWKR 法则时，应挑选工序(1,2,3)；应用 FCFS 法则时，应挑选工序(2,1,3)，因为(2,1,3)比(1,2,3)早进入$\{O_t\}$。

有时应用一个优先法则还不能唯一地确定一道应挑选的工序。这时，就需要多个优先调度法则的有序组合。譬如，SPT+MWKR+RANDOM 表示：首先按 SPT 法则挑选工序；若还有多个工序，则应用 MWKR 法则再挑选；若仍有多个工序满足条件，则应用 RANDOM 法则随机挑选一个。

按优先调度法则，可赋予不同工件以不同的优先权。按工件的优先权进行调度，可以使生成的作业计划按预定目标优化。

2) 随机抽样法

用穷举法或分支定界法求一般单件车间排序问题的最优解，实际上比较了全部能动作业计划；用优先调度法则求近优解，则只选择了一种作业计划。

随机抽样法介乎这两者之间。它从全部能动作业计划或无延迟作业计划之中抽样，得出多个作业计划，从中选优。应用随机抽样法，实际上是对同一个问题多次运用 RANDOM 法则来决定要挑选的工序，从而得到多个作业计划。这种方法不一定能得到最优作业计划，但可以得到较满意的作业计划，而且计算量比分支定界法小得多。随机抽样法比用优先调度法则得到的结果一般要好一些，因为“多放几枪”一般比“只放一枪”的命中率要高，但计算量比后者要大。

显然，随机抽样法的效果与样本大小有关。样本越大，获取较好解的可能性越大，但花费的时间也越多，而且，随机抽样法与母体有关。经验证明，无论是以$F_{\max}$还是以F为目标函数，从无延迟作业计划母体中抽样所得到的结果比从能动作业计划母体中抽样所得到的结果要好。

3) 概率调度法

随机抽样法是从k个可供选择的工序中以等概率方式挑选，每个工序被挑选的概率为$1/k$，这种方法没有考虑不同工序的特点，具有一定盲目性。

如果用优先调度法则中的一些法则对随机抽样产生影响，则可得到更好的效果。比如可以给不同的工序按某一优先调度法则分配不同的挑选概率，这样就可以得到多个作业计划以供比较。例如，在构成无延迟作业计划的第(3)步有 3 道工序 A、B 和 C 可挑选，这 3 道工序所需的时间分别为 3、4 和 7。如果按 RANDOM 法则，每道工序被挑选上的概率都是 1/3；如果按 SPT 法则，则只能挑选工序 A，不可能产生多个作业计划。现按目标函数的要求，选择了 SPT 法则。按概率调度法，将这 3 道工序按加工时间从小到大排列，然后给每道工序从大到小分配一个被挑选的概率，比如 A、B 和 C 的挑选概率分别为 7/14、4/14 和 3/14。这样，既保证了 SPT 法则可以起作用，又可产生多个作业计划以供挑选。

试验表明，概率调度法比随机抽样法更为有效。

12.4　生产作业控制

12.4.1　实行生产作业控制的原因和条件

生产计划和生产作业计划都是在生产活动发生之前制订的，尽管制订计划时充分考虑了现有的生产能力，但计划在实施过程中由于以下原因，往往造成实施情况与计划要求偏离。

(1) 加工时间估计不精确。对于单件小批量生产类型，很多任务都是第一次碰到，很难将每道工序的加工时间估计得很精确，进而作业计划也很难做到精确，实施中就会出现偏离计划的情况。

(2) 随机因素的影响。即使加工时间的估计是精确的，但由于一些随机因素的影响也会产生计划偏离现象。如工人的劳动态度和劳动技能的差别、人员缺勤、设备故障、原材料的差异等，这些都会造成实际进度与计划要求不一致。

(3) 加工路线的多样性。调度人员选择加工路线时往往有多种选择，不同的加工路线会造成完成时间的偏离。

(4) 企业环境的动态性。新任务的出现、关键岗位的职工跳槽、物资不能按时到达、停电等都会使得实际生产难以按计划进行。

当实际情况与计划发生偏离时，就要采取措施，要么使实际进度符合计划要求，要么修改计划使之适应新的情况。这就是生产控制问题。

实施生产控制有 3 个条件：

(1) 要有一个标准。标准就是生产计划和生产作业计划。没有标准就无法衡量实际情况是否发生偏离。生产计划规定的产品出产期、MRP 系统生成的零部件投入出产计划、通过排序方法得出的车间生产作业计划，都是实行生产控制的标准。

(2) 要取得实际生产进度与计划偏离的信息。控制离不开信息，只有取得实际生产进度偏离计划的信息，才知道两者发生了不一致。计算机辅助生产管理信息系统能有效地提供实际生产与计划偏离的信息。通过生产作业统计模块，每天都可以取得各个零部件的实际加工进度和每台机床负荷情况的信息。

(3) 要能采取纠正偏差的行动。纠正偏差是通过调度来实行的。

12.4.2　不同生产类型生产控制的特点

第 1 章已经对不同生产类型的特征进行了介绍，这里，从物料流、库存、设备和工人几个方面进行比较，以利于了解不同生产类型生产控制的特点，见表 12-10。

表 12-10 不同生产类型的典型特点

特　　点	单件小批生产	大量大批生产
零件的流动	没有主要的流动路线	单一的流动路线
瓶颈	经常变动	稳定
设备	通用设备，有柔性	高效专用设备
调整准备费用	低	高
工人操作	多	少
工人工作的范围	宽	窄
工作节奏的控制	由工人自己和工长	由机器和工艺过程
在制品库存	高	低
产品库存	很少	较高
供应商	经常变化	稳定
编制作业计划	不确定性高，变化大	不确定性低，变化小

1. 单件小批生产

单件小批生产是在接受单件或小批量订货后才开始组织生产的。因此，产品品种千差万别，零件种类繁多。每一种零件都有其特定的加工路线，各种零件都在不同的机器前面排队等待加工。各个工作地之间没有固定的联系，在加工某个特殊零件时，相关的两个工作地之间才发生联系，该零件加工完成之后，这种联系就结束了。这样就造成了这种生产方式作业计划复杂、实施难度大、控制较困难，为此需要专门的部门来进行控制。

工件的生产提前期可以分成以下 5 个部分，如图 12.6 所示。

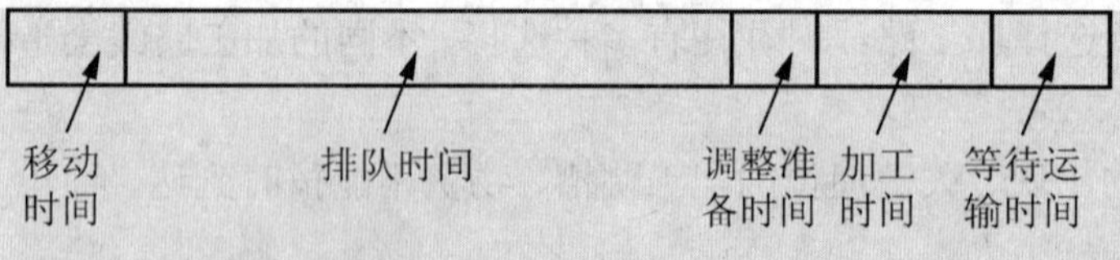

图 12.6 零件加工提前期的构成

(1) 移动时间。为从上道工序加工完成后转送到本工序途中所需的时间。这个时间取决于运输工具和运输距离，是相对稳定的。

(2) 排队时间。由于本工序可能有很多工件等待加工，新到的工件都需排队等待一段时间才能加工。单个工件的排队时间取决于该工件排队的优先权，所有工件的平均排队时间取决于计划调度的水平。

(3) 调整准备时间。为加工本工件需做的调整准备所花的时间。它与技术和现场组织管理水平都有关。

(4) 加工时间。按设计和工艺加工，改变物料形态所花的时间。加工时间取决于所采用的加工技术和工人的熟练程度。

(5) 等待运输时间。加工完毕，等待转下一道工序所花的时间。它与计划调度工作有关。

对于单件小批生产，排队时间是主要的，它占工件加工提前期的 80%～95%。排队时间越长，在制品库存就越高。控制排队时间实际是控制排队的队长问题。因此，如何控制排队的队长是生产控制要解决的主要问题。对于队长问题，可以通过输入/输出控制加以解决。

2. 大量大批生产

大量大批生产的产品是标准化的，通常采用流水线或自动线的组织方式生产。在流水线或自动线上，每个工件的加工顺序都是确定的，工件在加工过程中没有排队现象，没有派工问题，也无优先权问题。因此，控制问题比较简单，主要通过改变工作班次、调整工作时间和工人数来控制产量。但是，在组织混流生产时，由于产品型号、规格、花色的变化，也要加强计划性，使生产均衡。

知识拓展

如何利用“漏斗模型”进行生产控制？

所谓“漏斗”，是为了方便地研究生产系统而作出的一种形象化描述。一台机床、一个班组、一个车间，乃至一个工厂，都可以看作是一个“漏斗”。作为“漏斗”的输入，可以是上道工序转来的加工任务，也可以是来自用户的订货；作为“漏斗”的输出，可以是某工序完成的加工任务，也可以是工厂制成的产品。而“漏斗”中的液体，则表示累积的任务或在制品，液体的量则表示在制品量，如图 12.7 所示。

1. 输入/输出图

图 12.7 左部的漏斗的开口的大小表示生产能力，液面高低表示累积任务量的大小。图 12.7 右部为输入/输出图。该图包括输入曲线和输出曲线，它们分别描述工件的到达情况和完成情况。横坐标为时间，通常以工作日为单位；纵坐标为工作负荷，通常以小时表示。曲线的垂直段表示某天到达或完成的一个或多个工件所包含的工作量；水平段表示相邻两个到达或完成的任务之间的时间间隔。如果运输时间不变，输入曲线与上道工序的输出曲线相对应。输入曲线和输出曲线表示在一定观察期内任务到达的累计情况和任务完成的累计情况，它们可以从过去任何一天开始构造到现在。两条曲线任一时刻垂直方向的距离表示该时刻在制品占用量(以工作量表示)，两条曲线的水平距离表示相应工作任务在该工作地停留的时间(按 FIFO 规则)。

2. 基本公式

对于单台机器的情况，可以按泊松输入、负指数分布、单服务台的等待制(M/M/1)系统来描述。

平均队长 $L=\dfrac{\lambda}{\mu-\lambda}$

平均队列队长 $L_g=\dfrac{\lambda^2}{\mu(\mu-\lambda)}$

平均通过时间 $T=\dfrac{1}{\mu-\lambda}$

平均等待时间 $T_W=\dfrac{\lambda}{\mu(\mu-\lambda)}$

上式中：λ——平均到达率(单位时间到达工件的平均数)；
μ——平均完工率(单位时间完成的平均工件数)；
$\mu>\lambda$。

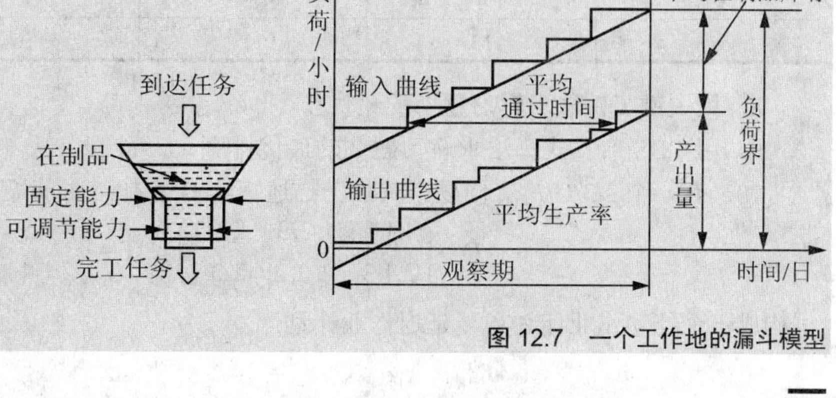

图 12.7　一个工作地的漏斗模型

平均等待时间等于工件的平均在制品占用量(以时间为单位表示)，平均队长等于平均在制品库存。

在一段较长的时间(如数周)内，如果工况稳定，输入曲线和输出曲线可以近似地由两条平行直线来表示，其斜率等于平均在制品库存/平均通过时间。这时，下式成立

$$\text{平均通过时间}=\text{平均在制品库存}/\text{单位时间平均产量} \tag{12-6}$$

3. 控制规则

按照式(12-6)，可以采用4个简单的规则来调整输入、输出、在制品库存和通过时间。

(1) 若希望保持在制品库存稳定，就要使单位时间内的平均输入等于平均输出。

(2) 若希望改变在制品库存量，可暂时增加或减少输入。增加输入，在制品量将上升；减少输入，在制品量将下降。

(3) 若希望平均通过时间在所控制的范围内，则适当调整平均在制品库存与单位时间平均产量的比例。

(4) 要使各个工件的平均通过时间稳定，就采用FIFO规则安排各工件的加工顺序。

思考题

1．说明排序、编制作业计划、派工、赶工、调度、控制等术语的含义及其相互关系。

2．生产中的在制品对企业经济效益有何影响？如何控制在制品的占用量？

3．试解释加工路线和加工顺序。

4．说明能动作业计划和无延迟作业计划的含义及相互关系。

5．说明书中几种优先派工准则的含义及其应用。

6．有5件任务都需要两步操作(先1后2)来完成，下表给出了相应的加工时间。

任　务	操作1所需时间/小时	操作2所需时间/小时
A	2.8	1.2
B	2.0	2.3
C	1.2	1.5
D	3.0	2.6
E	3.4	1.6

(1) 根据Johnson算法安排工作顺序。

(2) 用甘特图表示出任务的进行情况。

7．有一个$4/3/P/F_{\max}$问题，其加工时间如下表所示，用Palmer法求解。

i	1	2	3	4
p_{i1}	1	2	6	3
p_{i2}	8	4	2	9
p_{i3}	4	5	8	2
p_i	13	11	16	14

8．用关键工件法求解习题7的最优排序。

9．用CDS启发式算法求解习题7的最优排序。

10．有一个$2/3/G/F_{\max}$问题，其加工描述矩阵D和加工时间矩阵T分别为

$$D=\begin{pmatrix}1,1,1 & 1,2,3 & 1,3,2\\ 2,1,3 & 2,2,2 & 2,3,1\end{pmatrix},\quad T=\begin{pmatrix}3 & 5 & 2\\ 2 & 4 & 3\end{pmatrix}$$

试构成一个能动作业计划和无延迟作业计划。

实训与考核

实训项目：

依据调研目的分别对流水作业和单件作业进行调研，依据流水作业调研资料，采用不同的启发式算法，对加工工件进行排序；依据单件作业调研资料，生成能动作业计划和无延迟作业计划。

实训考核：

考核要素	评价标准	分值/分	评分/分				
			自评(10%)	小组(20%)	教师(50%)	专家(20%)	小计(100%)
流水作业工件排序问题	(1) Palmer 法运用是否准确	20					
	(2) 关键工件法运用是否准确	20					
	(3) CDS 法运用是否准确	20					
单件作业作业计划及构成方法	(1) 能动作业计划求解步骤与结果是否正确	20					
	(2) 无延迟作业计划求解步骤与结果是否正确	20					
合计							
评语(主要是建议)							

第四部分　订单驱动式生产运作管理

订单驱动式生产运作管理是以顾客的订单为依据，按用户特定要求进行的生产运作活动。订单驱动完全避免了盲目生产，避免了成品库存积压的风险，在当今急剧变化的时代将得到进一步的推广。订单驱动式生产的产品的品种、型号规格和花色以及服务的内容、规范完全符合顾客的要求。对于订单式生产，产品一旦生产出来，就可以直接发送给顾客，因此不必维持成品库存，也不一定经过分销渠道销售。

订单驱动式生产在很早就出现了，电站锅炉、船舶等大型产品的生产就属于订单驱动式生产。这些产品的专用性强，大都是非标准的，因此它们的大部分零部件由这些产品的企业自己加工完成，一般称之为订货型生产(MTO)。订货型生产的备货、订货分离点一般在研发活动和设计活动之间，属于按订单设计。另外，工程项目也属于订单驱动，它是一种特殊的单件生产，也是按照订单设计的。因此，研究订单驱动式生产运作管理，必然涉及产品和服务的设计。

近年来，由于顾客个性化需求的增强，在传统的备货型大量大批生产领域，如汽车、家电、计算机等标准化产品，也开始按订单生产(BTO)。按订单生产的备货、订货分离点一般在零件加工和产品装配之间，属于按订单装配(ATO)。由于零部件加工批量大，大多数零部件由外部采购。准时生产是一种库存驱动式生产，由于它是经销商按库存驱动的，因此也将归于订单驱动式生产，在本部分介绍。

本部分包括产品和服务设计、项目管理、准时生产和精细生产、大量定制4章的内容。

第 13 章　产品和服务设计

学习目标

(1) 学生应该理解产品和服务开发的重要性，掌握产品与服务设计的内容，并能清楚地认识到新产品开发过程中可能遇到的问题。

(2) 了解产品选择的意义和处于不同生命周期的产品应该采取的策略，理解产品的价值分析。

(3) 掌握产品和服务设计过程，包括产品构思、产品开发、产品设计、产品定义和服务设计。

工作任务描述

通过前面的学习，你已经能够预测企业的产品需求，合理安排企业的生产流程，并能够制订出科学的生产计划，然而要赢得顾客的信任和忠诚，仅仅靠这些还是远远不够的。企业的目标是获得利润最大化，要获得利润就必须能够抓住顾客，要想抓住顾客就必须有好的产品和服务，也就是说获得利润的根本就是要有好的产品和服务。顾客需要的产品是能够满足需求的产品，是使用方便的产品，而且顾客在购买产品之后还需要贴心的服务，这就需要考虑如何选择生产的产品，如何进行产品设计和服务设计。

那么要解决这些问题，应该如进行产品和服务设计呢？

本章任务

(1) 根据产品设计的方法，选择合适的产品。

(2) 根据服务系统设计矩阵，选择合适的服务。

工作任务实施

产品设计过程：首先进行产品构思，根据产品构思进行产品开发，组织项目开发小组，根据企业的实际情况选择合适的产品设计方法，包括稳健设计、模块设计、计算机辅助设计(CAD)、计算机辅助制造(CAM)、虚拟现实技术、价值分析和环保设计。

根据服务系统设计矩阵(图 13.1)，选择合适企业实际的服务方法。

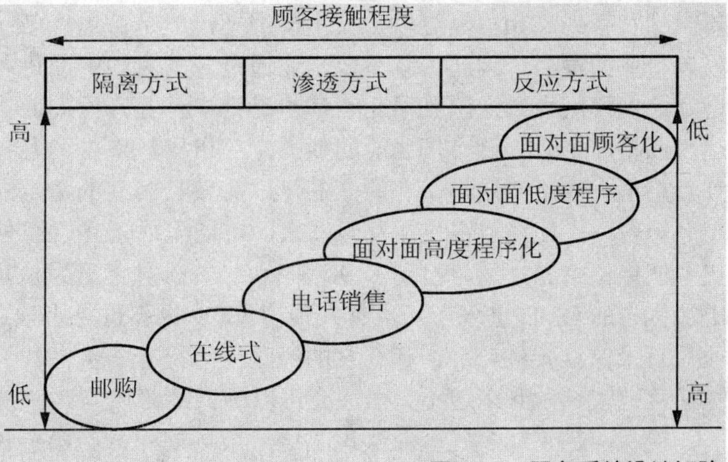

图 13.1　服务系统设计矩阵

13.1　产品与服务设计概述

13.1.1　新产品和服务设计的重要性

顾客个性化需求的日益突出、技术飞速的进步、竞争的白热化使研究与开发新产品越来越紧迫，产品和服务的设计越来越重要。产品和服务设计是企业生存与发展的需要，也是订货型生产和项目进行的第一阶段。

随着全球经济一体化的进程，许多企业在市场竞争中都要面对越来越多的来自国外对手的竞争。先进的计算机技术、通信技术、贸易壁垒的持续降低、运输业的不断发展都是使市场竞争越来越激烈的因素。全球激烈的竞争、全球化信息网络的形成使得消费者希望市场能够不断地推出新产品和服务，而且这些新产品和服务的市场比以前更快地走向成熟，从而，使得这些产品更快地走向商品化，同时，边际利润更快地下降。飞速发展的科学技术缩短了产品的生命周期，影响了产品和服务的生产和服务流程，计算机辅助设计(CAD)与计算机辅助制造(CAM)使企业大大缩短了产品的开发和制造周期，自动化技术对生产流程产生巨大影响，机器人的应用降低了劳动力成本，提高了产品质量。于是，企业面临着前所未有的开发新产品和服务及相应的生产和交付流程的巨大压力。

1. 巩固和扩大市场份额

随着新技术的发展和市场竞争的白热化，产品的生命周期开始变得越来越短。一个产品、一种型号在市场上畅销几年的时代一去不复返了。因此，企业必须审时度势，不失时机地更新产品并快速地推向市场，才能在全球化市场竞争环境中更具有竞争力。研究表明，市场先入者凭借先入为主的优势占有市场份额，相对于从竞争对手中抢夺市场份额要容易得多。

在市场上，谁开发产品快，谁就掌握市场的主动权，就能在竞争中处于有利地位；反之，则处于不利地位，面临丧失市场的危险。如今天的个人电脑制造企业，如果新产品延迟 6～8 个月推出，就将会丧失 50%～70%的市场份额。

2. 开拓新的经营领域

开发新产品、打开新的经营领域是企业竞争力的要素之一，企业在单一产品方向上开发新产品和系列产品虽然可以扩大生产规模，但是，单一产品的市场容量毕竟有限，这样就会限制企业的发展。因此，就需要企业通过开发新的产品进入新的领域，寻求新的发展空间。世界上规模巨大的跨国公司几乎都涉足许多行业，不如此难以形成规模。开拓新的经营领域还可以提高企业抵御市场风险的能力。在市场经济中，各种商品的发展程度是不平衡的，并且具有很大的不确定性，有的产品可以有较长时间的稳定的需求，而有的产品的市场需求却十分短暂。比如，电视机在发明以来，市场需求旺盛、经久不衰；而录像机在 20 世纪 80 年代中期走俏中国市场，但到了 90 年代，VCD 技术开发成功，大有取代录像机之势，当性能更加优越的 DVD 进入市场，有人预言 VCD 也不过是一项过渡产品。可以想象，如果一个企业只有录像机一种产品，那么它的经营风险是非常大的。开发新的产品、进入新的领域、拓宽经营范围、做到东边不亮西边亮可以降低经营风险。

现在，越来越多的企业认识了这一市场规律，当第一种产品取得了稳定的市场份额后，立即开发第二种、第三种产品进入新的领域，既求得新的发展空间，扩大经营规模，又增强了抗风险的能力。

3. 快速响应竞争

如果拥有快速使新产品进入市场的资源能力，即使竞争对手意想不到地突然宣布新产品进入了市场，企业快速地做出适当反应，至少可以减少作为市场晚入者所处的不利地位而带来的竞争劣势。

4. 有利于企业创立行业标准

对于创新型的产品来说，先进入市场的企业可以享有制定本行业标准的特权。这样的做法等于为竞争对手制造了进入壁垒，延迟业内竞争的到来。例如，微软公司凭借着 Windows 视窗操作系统先入为主的优势，已经成功地成为操作系统软件的行业标准。

13.1.2 产品与服务设计的内容

1. 新产品的类型

企业的产品开发就是指开发新产品。所谓新产品，就是指在产品性能、结构、材质、用途或技术性能等一方面或几方面具有先进性或独创性的产品。先进性是指运用了新原理、新结构、新技术、新材料产生的先进性，或是由已有技术、经验技术和改进技术综合产生的先进性。独创性是指运用新技术、新结构、新材料所产生的全新产品，或在某一市场范围内属于全新产品。

新产品按照其与现有产品相比的创新程度技术特性可以分为以下 3 类：派生产品、换代产品和创新产品。

1) 派生产品

派生产品(Derivative Product)主要指对现有产品采用各种改进技术，使产品在功能、性能、质量、外观、型号有一定改进和提高的产品，如增加电视机的遥控功能、增加电风扇的定时功能。派生产品是创新程度最小的一类产品，只需在新产品设计和制造流程中进行改动，所需投入的资源较少，是对现有产品的补充和延伸。派生产品对企业的重要性在于能确保企业近期的现金流。通过不断改进和延伸现有产品线，可以使企业在短期内保持市场份额。一般情况下，企业能够快速地将派生产品推向市场。

有时企业对产品设计稍微进行改动就会大大影响产品的生产流程，因此，企业是否需要推出派生产品，必须全面考虑到产品与生产流程的相互影响。

2) 换代产品

换代产品(Next-generation Product)主要是指产品的基本原理不变，部分地采用了新技术、新材料、新的元器件，使性能有重大突破的产品，如计算机问世 50 年来，已从电子管、晶体管、集成电路进入到大规模集成电路的第四代产品，目前正在研制第五代具有人工智能的新产品。换代新产品的技术或经济指标往往有显著提高，具有新的用途，可以带给顾客更新的解决方案，拓宽产品族，延长产品族的生命周期，保持市场活力。例如，英特尔公司通过不断更替的换代产品保证了利润的持续增长，从 286、386、486、Pentium、PentiumⅡ、PentiumⅢ到 PentiumⅣ微处理器，每一种换代产品都向顾客表明“英特尔的技术突飞猛进”。又如汽车行业中主要的车型变化也是产品更新换代的例证，福特公司 1964 年推出第一代野马(Mustang)后，对这一车型进行改进而不断推出新的换代产品。

换代产品保证了企业利润的持续增长，而利润的增长又为产品更新换代提供了所需要的投资，从而保证了顾客对换代产品的持续的忠诚。

3) 创新产品

创新产品(Breakthrough Product)主要指采用科学技术的新发明所生产的产品，一般具有新原理、新结构、新技术、新材料等特征。与现有的产品比较，在某些方面没有任何共同之处，有独创性。创新产品往往是一种科学技术的突破而形成的，如汽车、飞机、计算机、半导体、电视机、化学纤维和青霉素等，都是在某个时代开发出的创新产品。

如果能够将创新产品成功地推向市场，企业将成为创新产品的市场先入者，获得先入为主的优势。例如，IBM 公司于 1981 年推出了世界上第一台电脑(IBM 5150)，日本东芝公司于 1985 年推出了世界上第一台笔记本电脑以及摩托罗拉公司于 1973 年推出了第一部手机。这些新产品深刻地改变了人们的生活和工作方式。

在创新产品的开发中，管理层必须意识到开发重大流程的重要性，创新产品对企业保持持续的竞争力是相当重要的，因为随着竞争的加剧以及环境和技术发展的巨大压力，企业现有产品总会过时的。因此，创新产品不仅能够使企业在现有市场上获得成功，也能够在新的市场中获得成功，从而创造更长远的未来优势。

2. 新产品开发面临的问题

目前，新产品开发面临着费用高、成功率低、风险大和回报下降等压力，随着产品生命周期的不断缩短，这种压力越来越大。

斯蒂文斯(Stevens)和伯雷(Burley)调查统计后提出：3000 个新产品的原始想法，只有 1 个能成功。阿尔巴拉在总结以往研究的基础上指出，新产品开发的死亡率为 98.2%。在初期的项目中只有 2%可以进入市场，其他都是半途而废。对在美国和欧洲的文献中查到的失败事例进行研究的结果是：大约 25%的工业新产品与开发者的愿望相去甚远，同时 30%～35%的消费品也遭到了同样的命运。杜邦公司估计，一种适销对路产品的产生可能需要考虑 250 多种想法。公司要不断地进行产品的选择、定义和设计工作，要经历数百次失败才能产生一种能够盈利的产品，必须能够接受风险并且承受失败。

新产品失败可归纳为 3 个关键原因：第一，没有潜在的用户和需求，新产品是按照设计人员的想象开发出来的；第二，新产品与当前的需求不匹配，要么不能满足需求，要么功能过剩；第三，在营销方面，特别是在将产品介绍给顾客的相互沟通方面的工作不得力。归根结底，新产品开发成功首先必须满足技术与市场匹配的原则。新产品诞生的一个基本条件是特定的技术以一种特定的方式表现出来，即它对人类的需求产生了新满足，或在更高的层次上实现了这种满足。因此，了解和确定人们的需求，将这种需求用技术实现，提高产品在研究和开发过程中的管理水平，是新产品开发的关键。

13.2 产品的选择

产品选择是指选择要为消费者或客户提供的产品或服务。一旦公司选定了引入的新产品或服务，就必须对它们进行定义，然后对产品进行设计，确定怎样实现这些功能。

产品选择不仅对公司的战略是至关重要的，而且也会对组织的运作产生重大影响。例如，通用汽车公司的操纵杆就是一个产品设计在质量和效率方面发挥重要作用的极好例子。新的操纵杆有一个更加简单的设计，使得组成部分比原有产品减少 30%。新设计的结果是：装配时间只是原有操纵杆的 1/3，但新操纵杆质量比原有的高 7 倍。另一个好处是，新生产线上机器的生产成本比原有生产线节约 1/3。

13.2.1 产品生命周期

新产品和人一样，当它面世后，会经历一个从生长到衰亡的过程，最后会被淘汰。产品的生命周期一般划分为 4 个阶段，即导入期、成长期、成熟期和衰退期。

不同产品的生命周期相差很大。可能只有几小时，如报纸；可能有几个月，如时装；也可能有几年，如唱片；还可能有几十年，甚至更长，如轮胎。

图 13.2 显示了产品生命周期的 4 个阶段以及在产品生命周期内产品销售收入、现金流和利润之间的关系。需要说明的是，通常在产品开发时期都会存在负的现金流，当产品获得成功时，这些损失可以得到弥补。最终，这种成功的产品可以在衰退期来临之前产生利润，否则，利润就是非常短暂的。由此看来，市场对新产品的需求总是持续不断的。

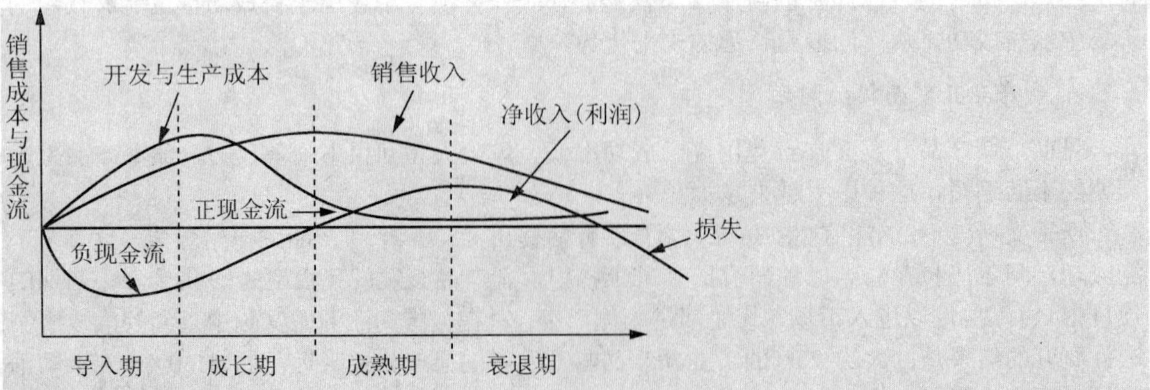

图 13.2 产品生命周期、销售、成本与利润

13.2.2 产品生命周期的策略

不管生命周期的长短如何，都要设计一个有助于新产品成功引入市场的机制。在不同阶段，对产品的需求是不一样的。

企业不仅要开发新产品，还要有针对新产品和现有产品的策略。对产品的定期检查是必要的，因为当产品处于生命周期的不同阶段时，产品策略也会随之改变。因此，公司需要识别产品或产品组合以及它们处于生命周期的哪个阶段。当产品沿整个生命周期移动时，有不同的策略可供选择。

(1) 导入期。在导入期，顾客对产品不太了解，产品销量少、促销费用高、制造成本高、销售利润很低甚至为负值。根据这一阶段的特点，企业应努力做到：投入市场的产品要有针对性；进入市场的时机要合适；设法把销售力量直接投向最有可能的购买者，使市场尽快接受该产品，以缩短介绍期，更快地进入成长期。

(2) 成长期。随着设计的改进，产品更加可靠、更加成熟，成本逐渐降低，顾客对产品和服务的了解不断加深，产品需求逐渐增加。在成长期，产品设计开始定型，所以企业需要对生产能力进行预估。为适应产品需求的增长而增加生产能力或提高现有的生产能力或许是必不可少的。

(3) 成熟期。当产品处于成熟期时，产品的销售量增长缓慢，逐步达到最高峰，然后缓慢下降；产品的销售利润也从成长期的最高点开始下降；市场竞争非常激烈，各种品牌、各种款式的同类产品不断出现。对成熟期的产品，宜采取主动出击的策略，使成熟期延长，或使产品生命周期出现再循环。为获取更多盈利和维护市场份额，改进成本控制、减少变化以及削减产品线可能是有效或必要的。

(4) 衰退期。产品处于衰退期时，产品销售量急剧下降；企业从这种产品中获得的利润很低甚至为零；大量的竞争者退出市场；消费者的消费习惯已发生改变等。面对处于衰退期的产品，企业需要进行认真的研究分析，决定采取什么策略、在什么时间退出市场。

表 13-1 给出了企业战略、生产运作策略与产品生命周期的关系。

表 13-1　企业战略和生产运作策略与产品生命周期的关系

	产品生命周期各阶段的运作特点与注重方面			
	市场导入期	成长期	成熟期	衰退期
企业战略	研究开发是关键； 是扩大市场份额的有利时机	市场营销是关键； 调整价格； 提高质量； 树立产品形象； 强化市场能力	低成本变得更关键； 能扩大市场份额； 采用促销方式	成本控制是关键
生产运作策略	产品设计与开发是关键； 产品和工艺过程设计改动频繁； 生产能力富余； 处于试生产阶段； 人员技能要求高； 生产成本较高； 产品规格有限； 设计改进迅速	销售预测是关键； 重视产品与工艺流程可靠性； 选择与提高产品竞争优势； 增加生产能力； 开始批量化生产； 提高经销能力	产品趋于标准化； 产品更新速度减缓； 达到最佳市场能力； 生产过程趋于稳定； 人员技能要求不高； 大批量生产； 改进生产作业； 降低生产成本	产品差异化小； 使成本最低； 行业生产能力过剩； 停止生产非盈利性产品； 生产能力消减

13.2.3　产品价值分析

应该选择那些最具前景的产品，并将资源投放在关键的少数产品而不是那些无价值的多数产品上。产品价值分析是指按照每种产品对公司的价值贡献的大小对产品进行排序，列出每种产品全年的价值贡献。产品价值分析报告可以使管理者对每种产品策略进行评价。这些产品策略包括通过提高售价或降低成本来增加现金流，通过改进质量和降低成本(价格)加强市场渗透，或者通过改进生产工艺降低成本。

价值分析报告能够表明哪种产品应该停止生产；价值分析报告使得管理层将注意力集中在每种产品的战略性方向上。

13.3 产品和服务的设计过程

13.3.1 产品构思

新产品开发过程始于产品构思，产品构思是新产品开发的 3 种动力驱使的结果。

(1) 需求的拉动。通过与用户的交流，倾听用户的心声，听取他们对改进产品的建议，以此挖掘新产品创意。许多重要的产品创意甚至产品原型都是源于用户而不是生产者。这种产品往往都是由一些“领先型用户”开发的，他们是那些大大超前于市场趋势，且其需求也远超过普通用户需求的公司、组织或个人。对于订单驱动式生产，通过需求拉动产生新产品的构思是主要的。

(2) 技术的推动。将研究出来的新技术应用于新产品开发，由技术成果推动新产品的开发。技术的发展使从手提电脑到移动电话、人造心脏等一切都成为现实。

(3) 竞争的驱动。竞争对手之间往往像两个超级大国搞军备竞赛一样，总是害怕竞争对手研发出更新的产品和服务。于是，通过研究竞争对手的产品和服务，激发出新设计以及对现有产品进行改进的构想，使企业能够开发出优于竞争对手的产品。对于预测驱动式生产，通过技术推动和竞争驱动产生新产品的构思是主要的。

13.3.2 产品开发

1. 产品开发系统

产品开发系统不仅有助于保证产品开发的成功，而且有助于决定公司未来的发展。产品开发系统说明了产品开发经历几个阶段。在这个系统内，产品的选择要经历一系列的步骤，每一步都有筛选和评定标准，且提供反馈给先前的步骤。

产品开发不仅依赖于公司其他部门的支持，而且依赖于对从产品设计到维修的所有管理活动的整合。一种产品即便可能拥有市场份额、节约成本并盈利，但由于实际上难以生产，其结果也可能遭遇失败。

2. 质量功能展开

质量功能展开(Quality Function Deployment，QFD)是一种将顾客愿望引入产品设计流程的一种结构性方法。它利用从营销、设计、制造等部门人员组成的交叉职能 QFD 团队，从质量保证的角度出发，通过一定的市场调查方法获取顾客需求，并采用矩阵图解法对顾客需求的实现过程分解到产品设计的各个过程和各职能部门中去，通过协调各部门的工作以保证最终产品质量，使得设计和制造的产品能真正满足顾客的需求。

以一家造纸企业改进其印刷用纸的设计为例说明。通过对商业印刷商(顾客)的调查与走访，该企业明确了印刷商对纸张的两个重要的要求，即“纸张不易撕碎”和“防墨汁渗透度”，顾客的要求确定之后，根据这些要求对于顾客的相对重要的程度，分别给予它们权重。然后，请顾客过去与其竞争者的产品进行比较与排序，这个过程有助于企业确定对顾客重要的产品特征和衡量产品与其他企业产品的相对关系，最终结果是更好地理解与关注那些需要改进的产品特征。

3. 产品开发的组织

美国企业组织产品开发的传统方式是将不同职能的相关部门组织起来。这些部门包括进行必要研究的研发部、设计产品的工程部、进行工艺设计的生产工程部，最后是生产产品的生产部。这种方式的明显优势是各个部门都有明确而具体的职责，但缺陷是缺乏有效的沟通。在这个过程中，下游部门难以理解上游部门提供的理念、想法和设计，最终用户对这种产品的看法是什么也不清楚。第二种方式是选派一位产品经理到产品开发系统和相关组织中去为这种产品提供“支持”。第三种方式是在美国使用的最好的产品开发方法，即团队的使用。这样的团队有很多种，如产品开发团队、可制造性设计团队和价值工程团队等。

日本企业没有将组织细分为研发、工程、生产等部门，从而回避了新组织的团队问题。其实，日本企业团队的活动就在同一个组织内，团队活动与日本式的群体努力和团队协作是一致的。与大多数西方国家相比，日本的文化和管理模式更加注重协作。因此，日本人认为使用“团队”来提供必要的交流和协调是多余的。

产品开发团队的任务是负责将产品的市场需求转化为成功的产品。这样的团队常常包含了来自营销、生产、采购、质量保证和现场服务等各领域的代表，许多团队也包含来自卖方的代表。研究表明，不管努力从事产品开发的团队的正规性如何，团队合作的成功更取决于一个开放的、高度参与的工作环境，这种环境容许那些有潜在能力的人员作出贡献。产品开发团队的目标是使团队开发的产品或服务获得成功，这种成功包括了产品或服务的可销售性、可制造性和可使用性。团队使得并行工程得以实施，团队方式是美国领导型组织从事产品开发的主要结构形式。

4. 可制造性与价值工程

可制造性与价值工程活动涉及产品开发过程中的研究、开发、设计和生产阶段的设计和产品规格的改进。除了快速、明显地降低成本外，可制造性与价值工程的设计还可以为公司带来其他好处。这些好处包括：①降低产品的复杂性；②使零部件标准化；③提高产品的功能；④改进工作设计，提高工作安全性；⑤提高产品的可维修性和可使用性；⑥稳健设计。

对运作管理来讲，可制造性与价值工程活动可能是最好的降低成本的方法。这些活动可以通过达到功能标准来提高产品的价值，而这些标准对满足用户需求来说是必要的。如果对价值工程项目进行有效的管理，那么公司可以在保证质量不下降的情况下使成本降低15%～70%。实际上，产品设计对所有的运作成本都会产生影响。因此，在产品付诸生产之前的产品开发过程中，公司需要确保对产品设计进行一次彻底的评估。

13.3.3　产品设计

企业除了要开发一套有效的系统和组织进行产品开发以外，还要使用几种重要的技术进行产品设计。

1. 稳健设计

稳健设计又音译成鲁棒设计，是指即使生产或装配过程中存在微小的变化，会对产品造成不利影响的一种产品设计。例如，美国电话电报公司(AT&T)开发出一种用于放大语音信号的集成电路，这种集成电路可以应用于很多产品。像最初设计的那样，为避免信号强度的变化，这种电路在生产时必须非常精确。因为在生产流程中需要严格的质量控制，所以生产这样的一条电路所需的成本很高。但是，在对设计进行测试并分析后，AT&T 的工程师认识到，如果电路对于微小的变化，与之相关联的成本并不发生变化，则电路对生产变化的敏感性将会大大降低。结果是该公司在质量方面改进了 40%。

2. 模块设计

使用容易分割的组件来设计产品就是模块设计。模块设计为生产和营销提供了灵活性。生产部门通常发现模块化很有帮助，因为它使产品开发、生产和其后的更改变得更加容易。营销部门也喜欢产品的模块化，因为它增加了满足用户方式的灵活性。例如，所有优质高保真度的立体音响都是以这种方式进行生产和销售的。模块化提供的产品定制方式使得用户可以根据他们自己的偏好进行组合和装配，这也是哈雷·戴维森公司采用的生产方式。在该公司，差别细微的发动机、底盘、汽箱和悬浮系统被组装成各种各样的摩托车。据估计，许多汽车制造商通过组装模块生产出了从未重复的汽车。同样的模块化概念还应用于从飞机制造公司到快餐餐馆在内的许多产业。空中客车公司(Airbus)使用同样的机翼模件能够制造出几种不同型号的飞机，就像麦当劳和汉堡王(Burger King)使用少量模块(乳酪、莴苣、小圆面包、酱、泡菜、肉馅饼和炸薯条等)可以制作出多种食物一样。

3. 计算机辅助设计

计算机辅助设计(Computer Aided Design，CAD)是指使用计算机交互式地设计产品和准备工程文档。虽然 CAD 软件的种类和使用范围很广，但大多数软件仍用于画图和三维动画，目前，CAD 的使用范围正在迅速扩展。CAD 软件可以使设计者通过缩短产品的开发周期而节约时间和金钱。CAD 软件能够使设计人员快速、容易地对复杂的设计进行操作、分析和修改，还可以使最后决策之前对大量备选方案评价成为可能。CAD 软件可以使更快的产品开发、更好的产品、准确无误的信息流传送到公司的其他部门，有助于公司各部门在设计阶段就参与进来，以改进设计和降低成本，因为大多数产品的成本都是在设计阶段确定的。CAD 的一种发展形式是制造与装配设计(DFMA)软件，该软件集中于生产装配中的设计效果。在产品生产出来之前，设计者就可以检查产品设计的综合效果。例如，DFMA 允许汽车设计师检查变速器在生产线上是怎样被安置到汽车内的，即使这时变速器和汽车仍然处于设计阶段。

CAD 的第二种发展形式是 3D 实物造型，这种技术对建立缩小的原型尤其有帮助。3D 实物造型使用一些合成材料的薄层来快速建立评估模型。这种技术可以避免冗长和正式的生产流程而加速产品开发过程。

一些 CAD 系统已经通过电子商务转移到了因特网上。在因特网上，这些软件可以将计算机化的设计和采购、外包、生产以及长期维护联系起来。这种转移为产品的快速发展和“大量定制”提供了支持。运用因特网上的 CAD 系统，用户就可以进入供应商的设计信息库并进行产品设计上的改变。然后，供应商的软件可以自动制图，更新材料清单，并为供应商的生产流程提供指导。结果是，定制产品可以以更快的速度和更低廉的价格进行生产。

CAD 技术以数字化的电子产品设计信息为基础。事实证明这种数字化信息具有非常重要的特性，所以相关的交换标准已被开发出来，称之为产品数据交换标准(Standard for the Exchange of Product Model Data，STEP)。STEP 使生产商可以以一种标准格式表达 3D 产品信息，因此生产商可以在国际进行信息交换，这样，在地域上分散的生产商就可以将设计、制造和支撑过程集成起来。

4. 计算机辅助制造

计算机辅助制造(Computer Aided Manufacturing，CAM)是指使用专业化的计算机程序对生产设备进行指引和控制。当 CAD 信息被转译成 CAM 指令时，这两种技术的结合就是 CAD/CAM。CAD/CAM 的优势有以下几点：

(1) 保证产品质量。CAD 使得设计者可以对更多的选择、潜在问题与威胁情况进行调查。

(2) 缩短设计时间。设计阶段的缩短不仅可以降低公司的成本，还可以使企业对市场更快地做出响应。

(3) 降低生产成本。存货的减少、改善作业计划、更高效地使用人力资源以及更加快速地实施设计变更，都可以达到降低成本的目的。

(4) 提高数据库的可获性。产品数据的准确与统一使得公司的每个员工在操作时都可以使用同样的信息，导致成本大幅度降低。

(5) 提供新的生产能力范围。例如，以三维方式旋转和勾画物体对象，查核清算情况，连接零件和附件，提高数控机床的使用率，所有这些都能够提高公司的生产能力。CAD/CAM 不仅为公司消除了大量的烦琐工作，还使得设计者集中思考有概念性和想象力方面的问题。

5. 虚拟现实技术

虚拟现实是用图像代替实物进行交流的一种视觉形式，但仍然允许与用户进行互动。虚拟现实技术的操作基础是计算机辅助设计。一旦设计信息被输入 CAD 系统，该信息就可以以电子化数字形式为其他用户所使用。例如，通用汽车公司创建“虚拟汽车”的方式是：使用固定在顶棚的录像放映机在小而裸露的室内地板上投射立体图像，在戴上一副特殊的眼镜后，设计者和用户就可以看到一个三维模型，模型会显示新的汽车设计里面的状况。虚拟现实技术也被用来开发从餐馆到游乐园的任何事物的 3D 设备布置设计。采用虚拟现实技术，在设计阶段对汽车、餐馆等产品设计做改动所花费的成本比产品更改成本要低得多。与丰田和通用汽车公司一样，世界各地的许多公司都在使用这些设计技术来加速产品开发、降低成本以及改进产品。

6. 价值分析

价值工程集中于生产前的设计改良，而与之相关的技术即价值分析，则发生在生产过程中，并且当新产品比较成功时才使用价值分析技术。价值分析技术寻求的是能够生产更好的产品或致使产品生产更加经济的产品改良方法。价值分析的优势和使用的技术与价值工程是相同的，但是因为价值分析发生在产品的生产过程中，所以价值分析的实施需要一些微小的改变。

7. 环保设计

地球的资源是有限的，优秀的生产运作管理者能够在保护资源的同时，使公司的生产成本降低。在整个产品生命周期，从设计到生产再到报废，都可以而且应该对资源进行保护。例如，在设计阶段，杜邦公司将聚酯薄膜设计得更加结实、细薄，所以生产所使用的材料更少，且成本更低。此外，因为这种薄膜使用效果更好，用户愿意为它支付更多的价钱。在生产阶段，必治妥-施贵宝(Bristol-Meyers Squibb)公司通过开发一种称为环境 2000 的污染防治项目而对环境问题做出响应。这个项目在产品生命周期的所有阶段都考虑了环境、健康和安全问题。Ban Roll-On 是研发的首批产品之一，公司用更小的纸盒对该产品进行重新包装，使得包装所使用的再循环纸板减少了600吨，相应地，这种产品在货架的存放空间也减少了55%。因此，公司的这种做法不仅可以防治污染，而且可以降低产品的储存营运成本。在报废阶段，汽车产业做得非常成功，每年可以回收超过 75%的材料，原因是在设计阶段就考虑了产品回收。德国的宝马汽车公司通过在设计阶段引进环保设计，成功地解决了衰退期问题。现在，公司的设计包括可再循环利用的塑料构件，这种工作与 ISO 14000 标准提出的环保问题是一致的。

在产品和流程设计上，企业可以从以下几个方面努力，以体现绿色制造的思想。

(1) 使产品可以再循环利用。作为“绿色运动”方面的领航者，德国已经通过了一项包装条例，要求啤酒制造商使用可再循环利用的啤酒瓶。

(2) 使用可再循环利用的材料。美国 3M 公司 Scotch-Brite 牌肥皂擦洗垫在设计时使用可循环利用的塑料，由塑料回收公司回收塑料制的公园长凳及其他产品，3M 公司再将这些回收的塑料制成肥皂擦洗垫。

(3) 使用危害较小的原材料。与大多数印刷企业一样，美国标准注册公司已经开始使用可以减少空气和水污染的、以大豆为原料的墨水来代替对环境有危害的墨水。

(4) 使用更轻的零部件。汽车行业通过不断扩大对铝和塑料零部件的使用来降低产品的重量。虽然材料的改变可能会提高汽车的成本，但是公司可以通过提高汽车行驶的里程数而使汽车变得更加环保。

(5) 使用更少的能源。当汽车工业为提高行驶里程数而对汽车进行再设计时，通用电气公司也在对新一代的冰箱进行重新设计，此种冰箱在整个产品生命周期内的耗电量将大大减少。

(6) 使用更少的材料。大多数公司的材料耗费发生在工厂的生产和产品包装过程中。索尼半导体工厂的一个员工团队在硅片蚀刻过程中将化学药品的使用量减少了 50%；波士顿的公园广场饭店通过在浴室安装泵式分配器而不再使用肥皂盒和香波瓶，每年可以减少使用 100 万个塑料盒。

绿色制造受到公众的赞赏，它不仅可以节约金钱、原材料，而且还能够为保护人们居住的环境作出贡献。

13.3.4 产品定义和生产文档

1. 产品定义

选定了需引入的新产品或服务后，就必须对它们进行定义。首先根据功能对产品或服务进行定义，然后对产品进行设计。公司确定怎样实现这些功能，就产品应该怎样达到它的功能目标而言，通常有很多种选择。例如，当生产闹钟时，为便于制造、保证质量和被市场接受，在设计如颜色、尺寸、开关位置方面可能有非常大的差别。只有在将产品进行定义、设计以及用文档化的形式规定下来后，公司的设备、布置形式和人力资源才能确定下来。因此，每个组织都需要使用文档来定义产品。这对所有生产都是适用的，从肉馅饼、奶酪、计算机到医疗过程，无一例外。例如，麦当劳公司对用来做炸薯条的土豆有 60 项详细规定。

大多数制造产品及其零部件是通过绘图的形式进行定义的，这种绘图通常被称作工程图。工程图对零部件的维度、公差、材料和光洁度进行说明。工程图是物料清单中的一项，物料清单(BOM)列出了零部件、其特征描述以及为完成一个产品所需的零部件数量，工程图阐明了怎样在物料清单上列明物料项目。

在食品服务行业中，物料清单体现在部分控制标准上。在更复杂的产品中，物料清单被列在包含它们的其他物料清单上。通过这种方法，子部件(配件)就变成了更高一级部件(母物料清单)的一部分，后者形成最终的产品。产品除了由书面说明、文档或物料清单定义外，也可以使用其他方法来定义。例如，像化学药品、油漆、石油这样的产品可以使用配方或比率来定义，可以描述这些产品是怎样生产的。电影是用剧本来定义的，而保险行业的规定是保险责任的范围由法律合同来定义。

2. 生产文档

一旦完成产品选择和设计，产品的生产就要由各种各样的文档来提供支持。这里简要地对其中的一些文档进行介绍。

装配图简明地展示了产品的部件分解图。装配图通常是一张三维图，即等角投影图，它勾画出了零部件的相对位置以说明装配零部件的方法。

装配程序图以图解的形式展示产品是怎样进行装配的。装配程序图中列出自制或购买的零部件或二者的组装件。装配程序图指明了零部件安装成子部件以及最终产品的生产点。

工艺路线图描述了产品生产的各道工序。零部件的工艺路线图会列明物料所需的每道工序。当工艺路线图包括具体的操作方法和工时标准时，通常称作流程图。

工作指令是对一个特定项目所作的指定数量的命令，通常是指定的计划安排。在餐厅里，服务员所记录的菜单就是一个工作指令；在医院或者工厂里，工作指令是一份更正式的文档，它为从药品存货中选取各种药品或从物料清单中选取各种零部件、完成各种功能，以及选派人员完成这些功能，提供授权。

工程变更通知对产品定义或文档如工程图或物料清单的某些方面进行了变更。对生产周期很长的复杂产品，这些变化可能非常大。设计上的这种动态变化促进了一门被称作配置管理的学科的发展。

配置管理涉及的是产品定义、控制和文档化方面的问题。配置管理是指这样一个系统，即使用此系统，可以准确地将产品的已计划过的和处于变化之中的零部件识别出来，且可以维持控制和对变化做出解释说明。

13.3.5　服务设计

1. 现代服务理念

我国加入世界贸易组织，中国企业最早提出的“质量第一，用户至上”、“用户是上帝”的口号，已开始向“一切为用户服务、以顾客为中心”的理念转变。企业经营者意识到产品生产全过程质量的重要性，没有过硬的产品质量，就没有市场、没有用户。在现代市场营销中，特别值得学习和借鉴的海尔集团、科龙、格力等名牌企业率先实施现代服务理念，以适应市场经济发展的要求，赢得了市场、明白了何谓企业营销服务。

现代服务理念是顾客、是(应该是)企业所有决策可行动的着眼点。这一理念可用服务三角形形象地表示出来，如图 13.3 所示。顾客是所有要素(服务策略、服务系统和服务人员)的中心，因此，可以说，服务企业是为了服务于顾客而存在，而服务系统和服务人员的存在是为了服务过程的实施。

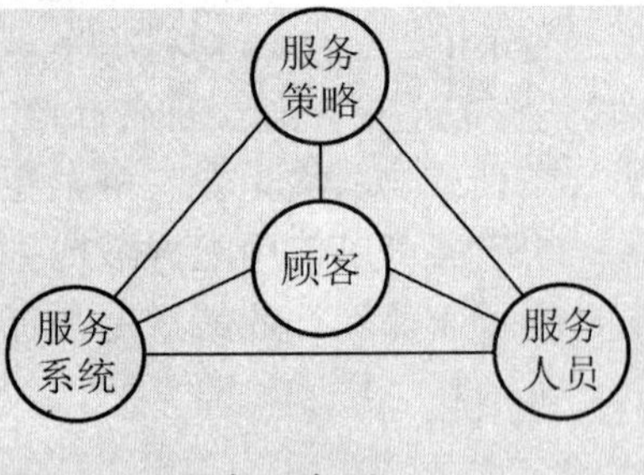

图 13.3 服务三角形

2. 服务设计与产品设计的区别

(1) 服务设计比产品设计更注重不可触摸因素，如思维的清晰程度、气氛等。

(2) 服务的创造与传递是同时的，所以，员工培训、流程设计及与顾客的关系特别重要。

(3) 服务不能储存，限制了其柔性，并使服务能力设计很重要。

(4) 服务的流程设计中，特别强调与顾客的接触，给服务设计增加了难度。

(5) 对于较容易进入和退出的服务业，其服务设计必须考虑创新和成本效果。

(6) 便利性是服务设计的一个主要因素，选址非常重要。

(7) 服务设计更强调销售机会。

总之，与顾客的接触程度越高，服务设计与产品设计的差异就越大。

3. 服务系统设计的要求

(1) 服务系统的一致性要求。这意味着服务系统的每一个子系统都要与企业的运作核心相一致。

(2) 服务系统的便利性要求。这意味着顾客要很容易地与系统进行交流。

(3) 服务系统的稳定性要求。这意味着服务系统能够有效地应付需求和可用资源的变化。

(4) 服务系统的结构化要求。这意味着服务系统具有结构化的特点。

4. 服务设计的方法

由于服务设计常常是独一无二的，因为服务产品的设计和交付过程都需要客户的参与和互动。当客户参与设计过程的时候，服务供应商会提供一系列的服务菜单，客户可以在这些菜单中进行选择，从这点上来讲，客户甚至可以参与服务的设计过程。有关设计的详细说明可以采用合同形式，或者采用照片进行描述形容，例如，整容手术或发型设计。与此类似，服务的交付中也可能会涉及客户，或者设计和交付中都会涉及客户，在后一种情形下，产品设计的挑战性最大。

不过，就像物品一样，服务的大部分成本和服务质量都可以在设计阶段确定下来。同样与有形产品类似的是，服务性公司可以使用许多技术来降低成本并改善服务。

(1) 在产品设计时公司可以尽可能使服务的定制推迟到服务过程中去。理发厅就是这样运作的：虽然洗发和冲洗以低成本的标准化方式进行，但是染色和定型要等到最后才做。大多数餐厅也采用同样的方式。

(2) 使产品模块化，以便服务定制时可以采用不同的模块。这种策略允许模块以固定的、标准的实体形式进行设计。在生产和服务领域都可以使用产品设计的模块化方法。正像模块化设计使你能够买到你想要的那种哈雷·戴维森摩托车或者一部高保真立体音响一样，模块化也会让你购买到混合搭配的餐饮、衣服和保险服务。与此类似，投资组合也可以以模块化的形式集中到一起。当然，学校课程是使用模块化方法定制服务的另一个例子。

(3) 把服务划分成一些较小的部分，并且确保这些较小部分可以以自动化方式进行操作，或者尽量减少与客户的互动性服务。例如，通过使用自动柜员机(ATM)分离现金核对活动，银行已经设计出了一种既能改善客户服务又能降低成本的产品，这种方法是非常有效的。同样，航空公司正在采取无票式服务。由于航空公司制作一张单程票要花费 15～30 美元，所以无票系统每年可以为航空公司节省 10 亿美元。成本的降低和机场排队情况的减少提高了客户满意度，提供了一种双赢的产品设计。

(4) 使服务设计集中在所谓的关键时刻(Moment of Truth)上。北欧航空公司(Scandinavian Air-ways，SAS)前总裁简·卡尔松(Jan Carlson)认为，在服务业中，当供应商和客户之间存在重要关系时，就会存在关键时刻。在这一瞬间，客户对服务的满意度就被确定。关键时刻就是对客户预期进行诠释、提高和降低的决定性时刻。这一刻可能就如一个微笑一样简单，或是使收银员将注意力转向你而不是与相邻柜台的收银员高谈阔论。当你在麦当劳里点菜时、当你理发时或注册学习大学课程时，关键时刻都可能出现。

服务文档总是采用明确的工作指南的形式，以详细说明关键时刻会发生什么事情。例如，不管银行的支票、储蓄、信托、贷款和抵押等产品设计得多么好，如果关键时刻没做好，客户实际获得的产品就可能很差。

5. 服务系统设计矩阵

服务系统设计的一个重要内容就是使服务系统与顾客需求相适应。服务流程的成功与失败与服务方式的选择有直接关系，即什么样的需求特征，应该有什么样的服务方式，图 13.1 的服务系统矩阵已经给出了 6 种服务方式的选择。

设计矩阵上端表示顾客与服务接触的程度；隔离方式表示顾客与系统完全分离或很少接触，顾客接触程度很低；渗透方式表示与顾客接触是利用电话或面对面沟通；反应方式接收又要回应顾客的要求。

服务设计矩阵的左端表示市场定位的一种逻辑，即顾客接触程度越高，销售机会也就越大；右端表示随着顾客对服务系统参与程度的增加，服务效率变化的情况。顾客参与程度越高，对系统效率影响就越大。

知识拓展

理论探究

质量屋是质量功能展开使用的工具之一。质量屋是用来界定用户需求和产品(或服务)之间关系的一种图示方法。只有通过严格的方式对这种关系进行界定，运作管理者才能构建出适合用户需求特征的产品和流程。质量屋的构建有 6 个基本步骤：

(1) 确定用户的需求。

(2) 确定产品或服务满足用户需求的方式，包括确定产品的特性、特征或属性，并说明这些特点是怎样满足用户需求的。

(3) 将用户需求与这些方式联系起来，通过建立矩阵来说明这种关系。

(4) 明确公司的运行方式间存在的关系。公司怎样将这些方式联系起来？

(5) 使用重要性评分。使用用户的重要性评分和权重考虑矩阵中所示的关系，计算重要性评分。

(6) 对竞争者的产品进行评价。竞争者的产品满足用户需求的程度如何？

阅读材料

丰田汽车公司正在加速发展。这个日本巨人花费 10 亿美元的资金来购买硬件、软件和服务，以便更进一步地缩短新车的设计时间。对于一个在汽车行业内设计开发速度最快的公司来说，公司未来的发展是至关重要的。作为世界上最好的汽车公司之一，丰田刚刚又提升了行业标准。

丰田试图在汽车生产的每个方面都进行建模，从产品样式、零部件、生产线顺序，一直到工厂自身的设计。软件CAD/CAM的能力使得丰田的设计师们可以彼此之间或者与全世界范围内的设计供应商们协作起来。新的软件不仅能够测试零部件和组件设计的“可制造性”，而且可以在汽车下了装配线后对零部件安装状况进行数字化测试。最后，公司还可以使用该系统进行整个工厂的数字化建模，详解生产流程的每一步：使用哪种工具、补给和零部件以及在哪里使用，在每个集结点需要多少人，以及确定他们将做的事情。

丰田使用的软件是达梭特系统公司(Dassault Systems S.A.)开发的 3D 产品生命周期管理(Product Life Cycle Management，PLM)系统软件。除 PLM 之外，该软件包还包括设计合作和生产支持应用系统。该软件产品将丰田公司在25个国家的56个工厂和它的1000个附加的供应商都连接到了一起。

(资料来源：Jay Keizer, Barry Render.Operations Management. 7th Edition. New Jersey: Pearson Education,2005.)

思考题

1．讨论产品开发在企业战略中的重要地位。
2．讨论新产品开发的重要性。
3．研究产品开发过程对产品成本的影响，并讨论科学和合理地组织产品开发过程的重要性。
4．产品设计是怎样进行的，如何进行产品设计方案的技术经济分析？
5．试述缩短产品开发设计周期的重要意义。
6．服务设计与产品设计有何区别？

实训与考核

实训项目：

为班级制作一种生活实用产品。依据产品开发的步骤，组织产品开发项目小组，讨论产品开发的项目，选择产品设计的方法，并进行新产品使用效果分析。最后进行比较，选出最好、最实用的产品，并投入到班级使用中。

实训考核：

考核要素	评价标准	分值/分	评分/分				
			自评(10%)	小组(20%)	教师(50%)	专家(20%)	小计(100%)
产品选择	选择的产品是否具有实用性	15					
项目小组组织	(1) 小组分工是否明确	15					
	(2) 小组是否具有团队精神	10					
产品开发方法的选择	(1) 选择的方法正确、可行	25					
	(2) 产品开发方法操作是否正确	20					
实用效果分析	制作的产品是否具备一定的实用功能，是否能够满足班级需要	15					
合计							
评语(主要是建议)							

第 14 章 项目管理

学习目标

(1) 学生应理解项目、项目管理的定义，树立项目管理理念，并能在工作生活中加以应用；了解网络计划方法的产生。

(2) 熟悉项目管理的内容；熟悉网络计划方法的优点、箭线型网络图的构成、箭线型网络图的规则。

(3) 掌握网络计划方法的步骤、箭线型网络图的绘制、网络时间参数的计算以及关键路线的确定方法；能够熟练掌握时间-资源优化和时间-成本优化的步骤和方法，并寻求最优解。

工作任务描述

通过对本章知识框架的学习，可以了解到项目是一种一次性的工作，属于单件生产，是一种特殊的生产运作类型，但是项目又不同于一般的单件生产。重点和重大项目对国民经济发展有重要意义，它投资大、周期长、牵涉面广、管理复杂。本章主要从项目计划管理的角度，说明网络计划方法，如何通过网络计划方法达到以低的费用、短的工期完成高质量的项目。

本章任务

(1) 根据对项目和项目管理的含义理解，熟悉项目管理的理念和内容。

(2) 能够进行项目任务分解，分析确定各种活动之间的先后关系，绘制网络图。

(3) 熟练掌握项目活动时间估算，确定关键路径，并进行网络计划优化。

工作任务实施

项目管理包括立项、建设和运行 3 个阶段的管理。本章主要解决项目建设阶段的管理，建设阶段包括项目的规划、确定作业计划和控制决策。项目规划是中、高层管理部门的职能，要确定项目任务书下达给具体承担项目实施任务的有关部门。项目作业计划主要运用到了网络计划方法，首先要将项目分解为各项活动，然后确定活动的先后顺序，给出每项活动的时间、活动的开始和完工时间，并将活动分配到具体部门或个人。项目控制则是在项目实施中监督每项活动的进度、成本和质量水平。如果发现实际结果与计划要求不一致，则必须采取纠正措施，确保每项活动都能按计划要求进行。图 14.1 给出了网络计划方法流程图。

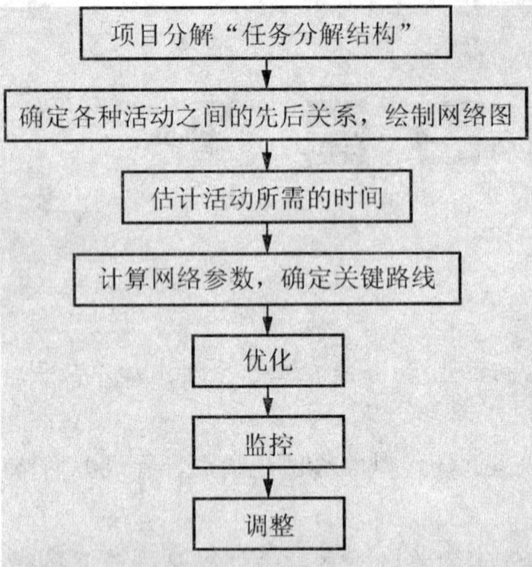

图 14.1 网络计划方法流程图

14.1 项目管理概述

14.1.1 项目的定义

对于项目(Project)，相信每个人都不陌生。随着近几年中国经济的快速发展，尤其是城市化进程的加快，人们熟悉的事件和新闻几乎都与项目有着紧密的联系。比如，滨海新区开发开放中，天津积极引资引智的欧洲空客 A320 飞机组装线的投资项目；北京与天津之间的津京城际铁路项目；京沪高速铁路项目以及某高校的体育场馆建设项目；等等。由这些项目投射到人们脑海里的画面，更多的是建筑、地产等需要大兴土木的工程。实际上，项目的范畴比以上人们能够看到的这些土木工程要广泛得多。日常的生产生活中，实际也能够看到项目的影子，例如，学校系部的网站建设、学校运动会的组织召开、某品牌饮料的校园推广活动以及每年开学之初移动、联通等运营商在大学校园的促销计划等。

基于以上例证，不难归纳出对于项目的一般理解，其特点概括如下：

(1) 所有的这些活动有一个基本的进度安排和一个固定的完成期限，有开始时间和活动完成的截止时间，不会无期限地进行下去。

(2) 任何一个活动都伴随着一个目标或目的，而且在完成目标或目的后，原有的活动就不再进行。

(3) 所有活动的完成都依赖于不同专业背景或不同知识层次的人员参加，从而确保工作目标的完成。

通常人们把他们进行的任何工作都叫做项目，而事实上项目有其特殊的定义。如果将要完成的一组任务或者工作不符合这一严格定义，那它就不能被叫做项目。这也是开展项目管理研究的前提，本章所有的论述和方法都是在这一前提下展开的。“项目”是一系列独特的、复杂的并相互关联的活动，这些活动有着一个明确目标或者目的，并且必须在特定的时间、预算内，依据规范完成。因此，项目是具有明确生命周期的一次性任务，需要多种知识、技术的配合和部门的协调，据此可以将项目定义为：在规定时间内，由专门组织起来的人员运用多种知识共同完成的，有明确目标的一次性工作。

项目具有时限性，需要多种学科知识综合，工作跨越多个部门，项目成员来自不同的组织，项目的发展具有高度的风险和不确定性，项目的一次性特点决定了很少有经验可以借鉴，这些因素决定了项目管理是一项极其复杂的工作。项目的立项、论证、设计、施工、投产、运行以及后期的评价都是一个动态的系统工程。项目管理的方法应该是定性与定量相结合的综合集成方法，并尽可能地将定性认识上升到定量分析。项目管理得好，可以带来巨大的节约；管理得不好，就会造成惊人的浪费，甚至失败。

14.1.2　项目管理的定义

与项目的概念相对应，项目管理可以说是在一系列项目活动中应用一系列知识、技能、工具和技术，以满足或超过利益相关者对项目的需求。项目管理解决的是在冲突中寻求平衡，这些冲突的主要表现如下：

(1) 范围、时间、成本和质量的冲突。项目周期的缩短可能会引发成本的上升和质量的下降，而同样为了压缩成本，质量也可能会直接受到影响等。

(2) 不同需求和期望的项目人员之间的冲突。

(3) 明确表示出来的需求和未明确表达要求之间的冲突。

实际上，项目管理就是为了平衡以上冲突，而实现项目目标。因此，从实践活动的层面上看，所谓项目管理，是为了保证项目按照规定的时间、成本和质量要求，对项目进行计划、组织、领导和控制的一种系统管理方法。

在具体的实践中，考虑得较多的冲突是第一类冲突。项目管理的成功通常受到 4 个因素的制约：项目范围、成本、进度和客户满意度。项目范围是为了满足客户的要求，成功达到项目的目标而必须做的所有工作。项目范围包括项目的最终产品或服务以及实现该产品或服务所需做的各项具体工作。项目范围既包括项目计划中明确规定的工作，也包括为使客户满意而做的辅助性工作，如卫生清理，环境美化等。项目成本是客户同意为一个可接受的项目交付物(有形产品或所提供的服务)所付出的款项。项目成本以预算为基础，包括将用于支付项目人员的薪金、原材料费用、设备和工具的租金，以及支付负责执行某些项目任务的分包商和咨询商的费用等。例如，对一场大型的生日晚会，预算可能包括鲜花、乐队、蛋糕、司仪和摄影师等的费用。项目进度计划是使每项活动开始和结束时间具体化的进度计划。依据客户与项目组约定的工期，来安排项目的各个阶段的具体完成时间，计划应当包括所有工作任务、相关成本和必要的完成项目所需要的时间估计。良好的进度计划可以防止问题的产生，当问题产生时，将问题对项目的影响降至最低，这对保证项目的成功是很有必要的。项目管理的重要职责是确保客户满意，即项目成果要满足项目开始时所制定的认定标准和要求。

14.1.3　项目管理的内容

1. 立项阶段

立项阶段是整个项目管理的初始阶段，它关系到项目要不要上的问题。忽视立项管理，造成大量重复建设，导致经济结构不合理，这种情况在我国并不少见。大型项目的立项管理属于国民经济建设宏观决策管理，对国民经济发展具有战略意义。为了做到立项正确，需要进行可行性研究，充分听取各方面专家的意见，进行科学决策。大型工程项目前期总体方案论证是大型项目立项决策的依据，也是工程建设的重要依据，对工程的成败影响极大。总体方案论证不仅需要对工程本身进行论证，而且需要全面分析影响工程的外部环境条件和工程对环境的影响的各个方面，预测未来可能发生的各种情况。论证不充分，不要急于决策。

2. 建设阶段

建设阶段是工程实施的重要阶段，不同性质的项目有不同的建设目标和条件。建设阶段包括项目的规划、确定作业计划和控制决策。项目规划主要涉及确定项目总体目标、资源需要量、项目组织形式、项目经理人选等问题。项目规划是中、高层管理部门的职能，通常以项目任务书形式下达给具体承担项目实施任务的有关部门。项目作业计划根据项目任务书对整个项目做出更为具体和详细的进度安排。在做出进度安排时，首先要将项目分解为各项活动，然后确定活动的先后顺序，给出每项活动的时间、活动的开始和完工时间，并将活动分配到具体部门或个人。项目控制则是在项目实施中监督每项活动的进度、成本和质量水平。如果发现实际结果与计划要求不一致，则必须采取纠正措施，确保每项活动都能按计划要求进行。本章主要介绍项目建设阶段的管理。

3. 运行阶段

运行阶段不仅要求能维持正常的生产，而且需要改造和更新。否则，经过一段时间后，产品老化、落后，缺乏竞争力，企业也缺乏自身发展的能力。

14.2 网络计划方法

14.2.1 网络计划方法的产生

网络计划方法是项目计划管理的重要方法。网络计划方法起源于美国。从 1956 年起，美国就有一些数学家和工程师开始探讨这方面的问题。1957 年，美国杜邦化学公司首次采用了一种新的计划管理方法，即关键路线法(Critical Path Method，CPM)，第一年就节约了一百多万美元，相当于该公司用于研究开发 CPM 所花费用的 5 倍以上。1958 年，美国海军武器局特别规划室在研制北极星导弹潜艇时，应用了被称为计划评审技术(Program Evaluation and Review Technique，PERT)的计划方法，使北极星导弹潜艇比预定计划提前两年完成。统计资料表明，在不增加人力、物力、财力的既定条件下，采用 PERT 可以使进度提前 15%～20%，成本节约 10%～15%。网络计划方法在我国各类大型工程项目的管理中已经得到普遍应用。航天工程在型号研制和大型试验中较早地采用了网络计划方法，取得了很好的效果；宝钢建设、第 11 届亚运会等工程也应用了网络计划方法，并在许多方面有所创新。

CPM 和 PERT 是独立发展起来的计划方法，在具体做法上有些不同。CPM 假定每一活动的时间是确定的，而 PERT 的活动时间基于概率估计；CPM 不仅考虑活动时间，还考虑活动费用及费用和时间的权衡，而 PERT 则较少考虑费用问题；CPM 采用节点型网络图，PERT 采用箭线型网络图。但两者所依据的基本原理基本相同，都是通过网络形式表达某个项目计划中各项具体活动的逻辑关系，现在人们就将其合称为网络计划技术。

网络图是由若干个圆圈和箭线组成的网状图，它能表示一项工程或一项生产任务中各个工作环节或各道工序的先后关系和所需时间。网络图有两种形式：一种以箭线表示活动(或称为作业、任务、工序)，称为箭线型网络图；另一种以圆圈表示活动，称为节点型网络图。箭线型网络图又称为双代号网络图，因为它不仅需要一种代号在箭线上表示活动，还需要一种代号在圆圈上表示事件。每一条箭线的箭头和箭尾各有一圆圈，分别代表箭头事件和箭尾事件。圆圈上有编号，可以用一条箭线的箭头事件和箭尾事件的两个号码表示这项活动，如

图 14.2(a)所示。节点型网络图用圆圈表示活动，用箭线表示活动之间的关系，它又称为单代号网络图，因为它只需要一个代号就可以表示。单代号网络图如图 14.2(b)所示。

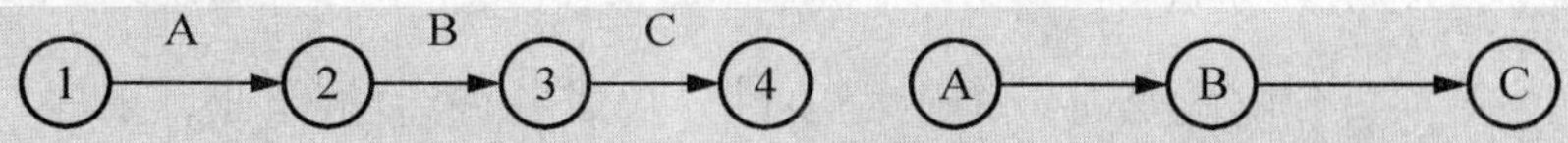

(a) 双代号网络网　　　　(b) 单代号网络图

图 14.2　双代号网络图和单代号网络图

箭线型网络图可以用箭线的长度形象地表示活动所持续的时间，因而深受管理人员和工程技术人员的欢迎。本书主要介绍箭线型网络图。

14.2.2　网络计划方法的优点

网络计划方法是继 20 世纪初甘特(Henry Gantt)发明甘特图以来，在计划工具上的最大进步。甘特图法是传统的作业计划方法。图 14.3 所示为用甘特图表示制造某一专用设备的各项活动的进度安排，图中用线条标出了各项活动的延续时间和起、止时间。从图 14.3 中还可看出，活动 A(产品设计活动)、B(工艺编制活动)、D(工艺装备制造活动)、E(零件加工活动)、F(产品装配活动)是顺序关系，即前一项活动完成后，后一项活动才能开始。而活动 B 和 C(采购活动)是并行关系，它们可以同时进行。用网络图表示该专用设备制造进度计划如图 14.4 所示，其中字母后的数字为活动的持续时间。

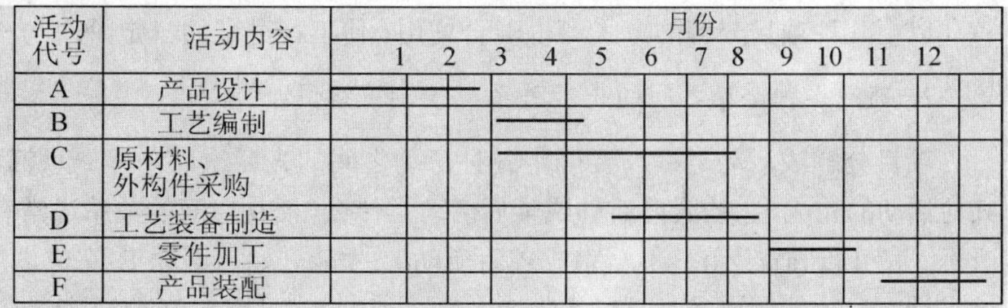

图 14.3　用甘特图表示进度计划

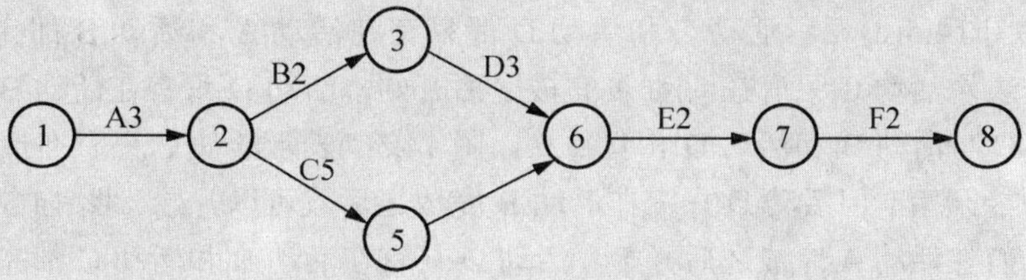

图 14.4　用网络图表示进度计划

将甘特图与网络图进行比较，可以看出，网络图有以下优点：

(1) 通过网络图，可使整个项目及其各个组成部分一目了然。

(2) 可足够准确地估计项目的完成时间，并指明哪些活动一定要按期完成。

(3) 使参加项目的各单位和有关人员了解他们各自工作及其在项目中的地位和作用。

(4) 便于跟踪项目进度，抓住关键环节。

(5) 可简化管理，使领导者的注意力集中到可能出问题的活动上。

14.2.3 应用网络计划方法的步骤

1. 项目分解

项目分解就是将一个工程项目分解成各种活动(作业、工序、任务)。在进行项目分解时，可采用“任务分解结构”(Work Breakdown Structure，WBS)。WBS 类似于产品结构，它将整个项目分解成任务包(Work Package)，再将任务包分解成主要成分，最后再分解成具体活动。WBS 有助于管理人员确定所要做的工作，便于管理人员编制预算和作业计划。

在把一个项目分解之前，必须确定分解的详细程度。项目分解的详细程度按需要决定。给上级领导使用的网络计划较粗略，项目可分解成一些较大的活动，如设计、制造、安装等，这样做的目的是便于他们从总体上把握进度。给具体施工单位使用的网络计划较细，项目可分解成一些较细的活动，如挖地基、浇灌水泥等，这样便于具体应用。

一般可以从以下几个角度进行项目分解：

(1) 按项目的结构层次分解，如建设火电站需要制造锅炉、汽轮机、发电机以及辅机；制造锅炉需要制造水冷壁、汽包、空气预热器等；而制造水冷壁需要对钢管进行加工。

(2) 按项目的承担单位或部门分解，如设计、施工、验收等。

(3) 按工程的发展阶段分解，如分成论证、设计、试制等。

(4) 按专业或工种分解，如机械、电气、装配、焊接等。

以上几种项目分解的方式可以混合使用，使工程进展的一定阶段与一定的部门发生联系。

2. 确定各种活动之间的先后关系，绘制网络图

项目分解成活动之后，要确定各种活动之间的先后次序，即一项活动的进行是否取决于其他活动的完成，它的紧前活动或紧后活动是什么。活动之间的关系通常有以下几种，如图 14.5 所示。图 14.5(a)表示活动 A 完成之后活动 B 才能开始，活动 B 完成之后活动 C 才能开始，如设计之后才能制造产品，产品制造之后才能安装。图 14.4(b)表示活动 B 和活动 C 都只有在活动 A 完成之后开始。图 14.5(c)表示活动 C 只有在活动 A 和活动 B 都完成之后才能开始。图 14.5(d)表示活动 C 和活动 D 都只有在活动 A 和活动 B 都完成之后才能开始。图 14.5(e)表示活动 C 只有在活动 A 完成之后开始，活动 D 只有在活动 B 完成之后开始，但活动 A 和 C 与活动 B 和活动 D 相互独立。图 14.5(f)表示活动 C 只有在活动 A 和活动 B 都完成之后才能开始，但活动 D 只需在活动 B 完成之后就可以开始。图 14.5(g)表示活动 B 和活动 C 都只有在活动 A 完成之后开始，活动 D 只有在活动 B 和活动 C 都完成之后开始。

网络图的绘制方法将在下面讨论。

3. 估计活动所需的时间

活动所需的时间是指在一定的技术组织条件下，为完成一项任务或一道工序所需要的时间，是一项活动的延续时间。活动时间以 $t(i,j)$表示，其时间单位可以是小时、日、周、月等，可按具体工作性质及项目的复杂程度以及网络图使用对象而定。

根据活动性质的不同，活动时间有两种估计方法。

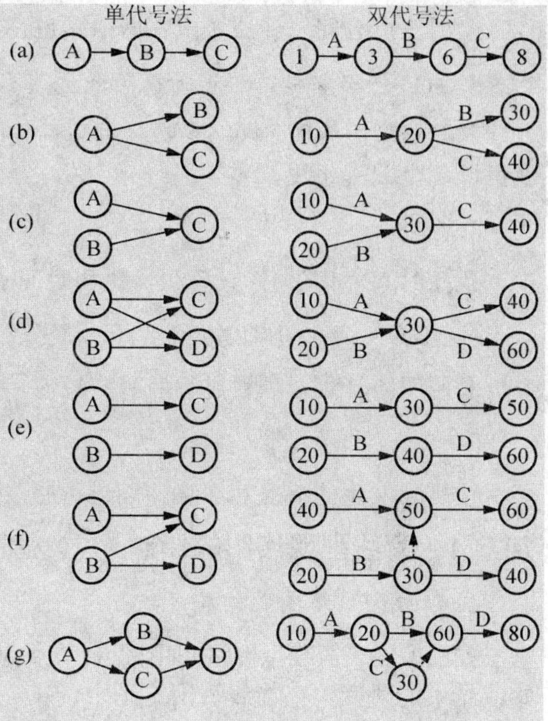

图 14.5　活动之间的典型关系

1) 单一时间估计法

单一时间估计法是指对各种活动的时间仅确定一个时间值。这种方法适用于有同类活动或类似活动时间作参考的情况，如过去进行过、偶然性因素的影响又较小的活动。采用单一时间估计法做出的网络图也称为确定型网络图。

2) 三点时间估计法

三点时间估计法是对活动时间预估 3 个时间值，然后求出可能完成的平均值。这 3 个时间值如下所述。

(1) 最乐观时间(Optimistic Time)。指在最有利的条件下顺利完成一项活动所需要的时间，常以 a 表示。

(2) 最可能时间(Most Likely Time)。指在正常情况下完成一项活动所需要的时间，常以 m 表示。

(3) 最悲观时间(Pessimistic Time)。指在最不利的条件下完成一项活动所需要的时间，常以 b 表示。

三点时间估计法常用于带探索性的工程项目。如原子弹工程，其中有很多工作任务是从未做过的，需要研究、试验，这些工作任务所需的时间也很难估计，只能由一些专家估计最乐观的时间、最悲观的时间和最可能的时间，然后对这 3 种时间进行加权平均。计算活动平均时间的公式为

$$t(i,j)=\frac{a+4m+b}{6} \tag{14-1}$$

其方差

$$\sigma^2=\left[\frac{b-a}{6}\right]^2 \tag{14-2}$$

采用三点时间估计法做出的网络图也称为随机型网络图。

4. 计算网络参数，确定关键路线

对箭线型网络图，网络参数包括事件的时间参数和活动的时间参数。求出时间参数之后，就可以确定关键路线。

5. 优化

包括时间优化、时间-资源优化和时间-费用优化。

6. 监控

利用网络计划对项目进行监视和控制，以保证项目按期完成。

7. 调整

按实际发生的情况对网络计划进行必要的调整。

14.2.4 箭线型网络图的绘制

1. 箭线型网络图的构成

如前所述，箭线型网络图用圆圈(节点)表示事件，用箭线表示活动。事件表示一项活动开始或结束的瞬间。在箭线型网络图中，某一节点用圆圈及圆圈内的数字表示。如果一个节点只有箭线发出，没有箭线引入，即只表示某些活动的开始时刻，而不表示任何活动的结束瞬间，则该结点称为起始节点。相反，如果一个节点只有箭线引入而没有箭线引出，即只与箭头相连，则只表示某些活动的结束时刻，而不表示任何活动的开始瞬间，这样的节点称为终止节点。介于起始节点与终止节点之间的节点都是中间节点。中间节点连接着先行活动箭线的箭头和后续活动箭线的箭尾。因此，中间节点的时间状态既表示先行活动的结束时刻，又表示后续活动的开始时刻。

既不需要消耗时间也不需要消耗其他资源的活动称为虚活动。虚活动是为了准确而清楚地表达各项活动之间的关系而引入的，一般用虚箭线表示。虚活动在实际工作中并不存在，但在箭线型网络图中却有着重要作用。图 14.5(f)和(g)中都有虚活动，虚活动是箭线型网络图中所独有的，节点型网络图不需要虚活动或虚箭线。

观察图 14.4，从中可以发现，从网络图的起始节点出发，顺箭线方向经过一系列节点和箭线，到网络图的终止节点有若干条路，每一条路都称为一条路线。例如，A—C—E—F 就是一条路线。路线上各项活动延续时间之和称为该路线的长度，其中最长的路线称为关键路线，图 14.4 中的关键路线为 A—B—D—E—F。

2. 绘制箭线型网络图的规则

(1) 网络图中不允许出现循环。网络图中的箭线必须从左至右排列，不能出现回路。图 14.6 所示为出现循环的示例。

图 14.6 循环

(2) 两个节点之间只允许有一条箭线相连。否则，当用节点编号标识某项活动时，就会出现混乱。要消除这样的现象，就必须引入虚活动。图 14.7(a)所示为不正确的画法，图 14.7(b)所示为正确的画法。

图 14.7 两节点之间箭线的画法

(3) 箭头事件的编号必须大于箭尾事件的编号。编号可以不连续，而且最好是跳跃式的，以便调整。通常用 i 表示箭尾事件，用 j 表示箭头事件，$j>i$。

(4) 一个完整的网络图必须有也只能有一个起始节点和一个终止节点。起始节点表示项目的开始，终止节点表示项目的结束。在本书中，起始节点的编号为 1，终止节点的编号为 n。按惯例，起始节点放在图的左边，终止节点放在图的右边。图 14.8 所示的情形是不允许的。

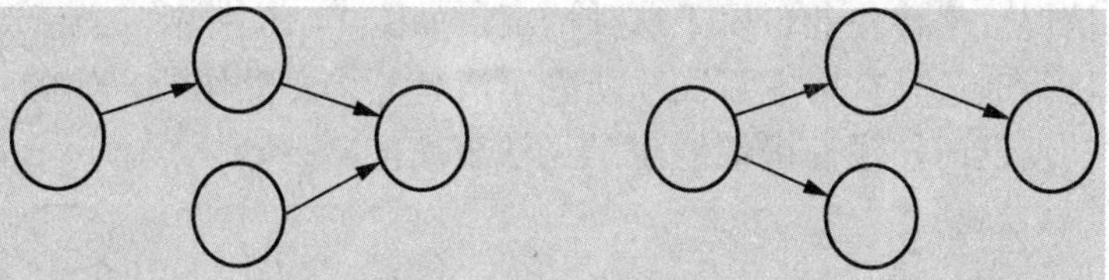

图 14.8 完整网络图的不正确画法

3. 网络图的绘制

任务分解之后，根据在任务分解中确定的活动之间的关系，列出活动清单。在列活动清单时，可以采用紧前活动或紧后活动作为表示活动先后关系的依据。表 14-1 所示为某机械厂开发计算机管理信息系统项目的活动清单。现以表 14-1 中的资料为例说明网络图的绘制方法。

表 14-1 某机械厂管理信息系统开发活动清单

活动代号	活动描述	紧后活动	活动所需时间/周
A	系统分析和总体设计	B,C	3
B	输入/输出设计	D	4
C	模块 I 详细设计	E,F	6
D	输入/输出程序设计	G,I,K	8
E	模块 I 程序设计	G,I,K	8
F	模块 II 详细设计	H	5
G	输入/输出和模块 I 测试	J	3
H	模块 II 程序设计	I,K	6
I	模块 II 测试	J	3
J	系统总调试	L	5
K	文档编写	无	8
L	系统测试	无	3

根据活动清单中规定的活动之间的关系，将活动代号栏中所有的活动逐项地画在网络图上。按惯例，绘制网络图应该从左至右进行。起始节点画在最左边，表示项目的开始。然后，

从活动代号栏中找出紧后活动栏中没有出现的活动，即它(们)是项目开始时就可以进行的活动。这样，从起始节点发出的箭线就表示这个(些)活动。画出最早能开始的活动之后，就要找出其紧后活动，再将表示其紧后活动的箭线画在紧后。按这样的方式进行下去，直到没有紧后活动的活动为止。没有紧后活动的活动所对应的箭线汇集在终止节点上。草图绘出后，将序号标在节点上，将活动代号和时间标在箭线上。要根据网络图绘制规则，逐项活动进行检查，去掉不必要的虚活动。然后，按要求画出正规的网络图，如图 14.9 所示。

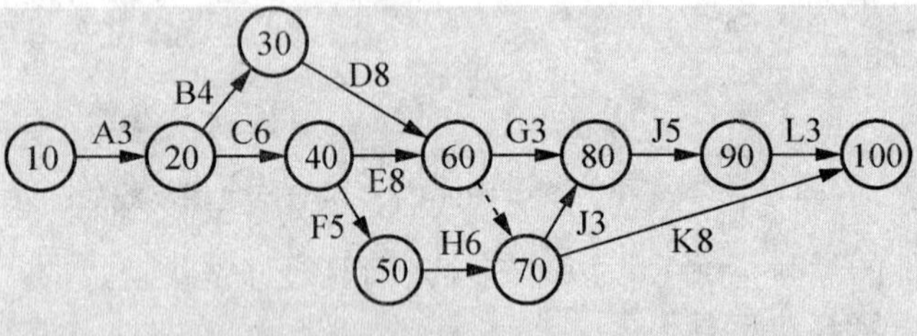

图 14.9　某机械厂管理信息系统开发网络图

绘图的关键在虚箭线的画法。以下 3 种情况都需要虚箭线才能表示清楚。①活动完成后，同时有几项活动可以进行，且这几项活动都完成后，后续活动才能开始，图 14.5(g)就是这种情况。平行作业也属于这种情况，如图 14.10 所示，当活动 B 被分成 B1、B2 和 B3 可以同时进行时，只有用虚箭线才能表示清楚。②交叉作业，如图 14.11 所示。③当出现图 14.12 所示的情况时，没有虚箭线也是无法表达的。

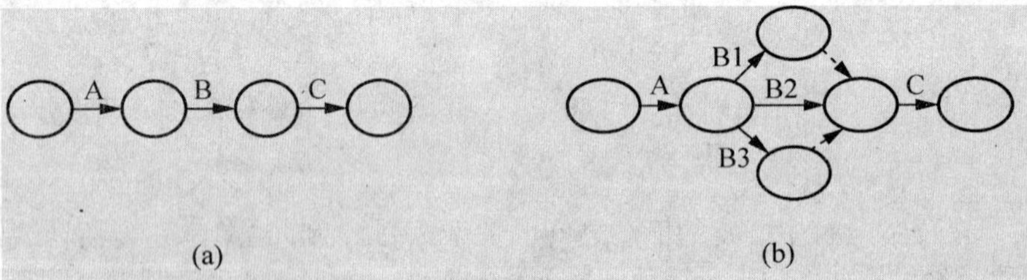

图 14.10　平行作业

图 14.11　交叉作业

活动	紧后活动
A	C,D
B	C

(a)

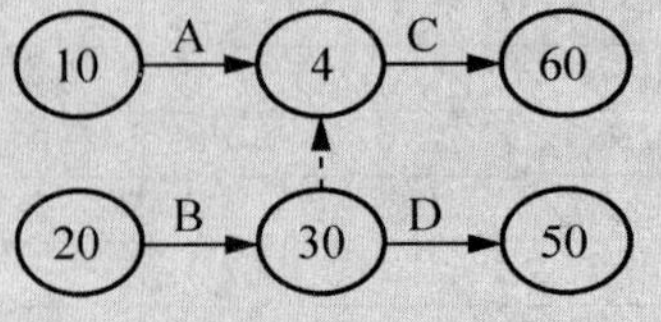

(b)

图 14.12　出现虚箭线的第三种情况

14.3　网络时间参数

14.3.1　事件时间参数计算

事件时间是一个瞬时的概念，在时间轴上是一个点，它包括事件最早可能发生时间、事件最迟必须发生时间和事件时差。在网络图中，节点与事件对应。起始节点表示项目开始事件，这一事件的发生表示项目最早可以进行的活动开始；终止节点表示项目完成事件，这一事件的发生表示最后进行的活动完成。中间节点表示终止在该节点的箭线所代表的活动完成和从该节点发出的箭线所代表的活动开始这一事件。

1. 事件最早可能发生时间

事件最早可能发生时间(Early Time，ET)是指从相应节点发出的箭线所代表的活动可能开始的最早时间，或相应节点接受的箭线所代表的活动可能完成的最早时间。事件最早可能发生时间从网络图的起始节点开始，按节点编号顺向计算，直到网络图的终止节点为止。一般假定网络图的起始节点最早开始时间为零，即 $ET(1)=0$。其余节点最早可能发生时间可按下式计算

$$ET(j)=\max\{ET(i)+t(i,j)\} \tag{14-3}$$

式中，i 和 j 分别代表箭尾事件和箭头事件；$t(i,j)$为活动(i,j)所需时间。

2. 事件最迟必须发生时间

事件最迟必须发生时间(Late Time，LT)是指从相应节点接受的箭线所代表的活动完成的最迟时间或相应节点发出的箭线所代表的活动开始的最迟时间。节点最迟必须发生时间的计算从网络图的终止节点开始，按节点编号逆向计算，直到网络图的起始节点为止。由于事件本身不消耗时间，所以网络终止节点的最迟必须发生时间可以等于它的最早可能发生时间，即 $LT(n)=ET(n)$。其余节点最迟必须发生时间可按下式计算(符号意义同前)

$$LT(i)=\min\{LT(j)-t(i,j)\} \tag{14-4}$$

3. 事件时差

事件时差[$S(i)$]按下式计算

$$S(i)=LT(i)-ET(i) \tag{14-5}$$

4. 关键路线

从起始节点到终止节点顺序地将所有事件时差为零的节点连接起来的路线。

图 14.9 所示的网络图事件时间参数计算如下：

(1) 先计算事件的最早可能发生时间。

设 ET(10)=0，则

$ET(20)=ET(10)+t(10,20)=0+3=3$

$ET(30)=ET(20)+t(20,30)=3+4=7$

$ET(40)=ET(20)+t(20,40)=3+6=9$

$ET(50)=ET(40)+t(40,50)=9+5=14$

$ET(60)=\max[ET(30)+t(30,60),ET(40)+t(40,60)]=\max(7+8,9+8)=17$

$ET(70)=\max[ET(60)+t(60,70),ET(50)+t(50,70)]=\max(17+0,14+6)=20$

按这样的方式可将其余事件的最早可能发生时间计算出来，得到 $ET(100)=31$。

(2) 然后计算事件最迟必须发生时间。

设 $LT(100)=ET(100)=31$，则

$LT(90)=LT(100)-t(90,100)=31-3=28$

$LT(80)=LT(90)-t(80,90)=28-5=23$

$LT(70)=\min[LT(100)-t(70,100),LT(80)-t(70,80)]=\min(31-8,23-3)=20$

$LT(60)=\min[LT(80)-t(60,80),LT(70)-t(60,70)]=\min(23-3,20-0)=20$

按同样的方式可将其余事件的最迟必须发生时间计算出来。

事件时差的计算按式(14-5)进行。计算结果见表 14-2。

表 14-2　事件时间参数计算表

事件 i	10	20	30	40	50	60	70	80	90	100
$ET(i)$	0	3	7	9	14	17	20	23	28	31
$LT(i)$	0	3	12	9	14	20	20	23	28	31
$S(i)$	0	0	5	0	0	3	0	0	0	0

从起始节点到终止节点顺序地将事件时差为零的节点连接起来，就得到项目的关键路线：10—20—40—50—70—80—90—100 或 A—C—F—H—I—J—L。

对于比较简单的网络图，可以直接在网络图上计算各节点时间参数。将节点最早可能发生的时间记于符号“⊥”的左边，将节点最迟必须发生时间记于符号“⊥”的右边，如图 14.13 所示。

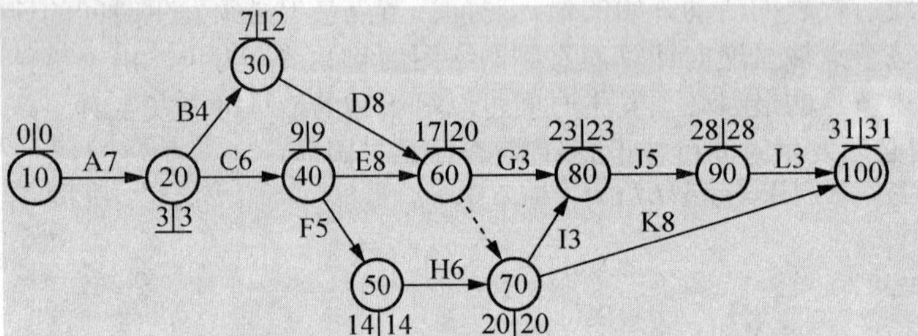

图 14.13　某机械厂管理信息系统开发网络图节点参数计算

14.3.2　活动时间参数计算

与事件时间不同，活动时间是一个时段概念，活动需要持续一段时间才能完成。因此，活动有 4 个时间，即活动最早可能开始时间、活动最早可能完成时间、活动最迟必须完成时间、活动最迟必须开始时间。活动时间参数可以通过事件时间参数计算，也可以独立计算。

1. 活动最早可能开始时间

活动最早可能开始时间[Early Start Time，$ES(I,j)$]等于该活动对应的箭线的箭尾事件的最早可能发生时间，即

$$ES(i,j)=ET(i) \tag{14-6}$$

或按紧前活动的最早可能开始时间计算，即

$$ES(i,j)=\max[ES(h,i)+t(i,j)], ES(i,j)=0 \qquad (14\text{-}7)$$

2. 活动最早可能完成时间

活动最早可能完成时间[Early Finish Time，$EF(i,j)$]等于该活动的最早可能开始时间与活动所需时间之和，即

$$EF(i,j)=ES(i,j)+t(i,j)=ET(i)+t(i,j) \qquad (14\text{-}8)$$

3. 活动最迟必须完成时间

活动最迟必须完成时间[Late Finish Time，$LF(f,j)$]是指为保证工程按期完工的最迟必须完成时间。活动最迟必须完成时间就等于该活动的箭头事件的最迟必须发生时间，即

$$LF(i,j)=LT(j) \qquad (14\text{-}9)$$

或按活动最迟必须开始时间计算，即

$$LF(i,j)=LS(i,j)+t(i,j) \qquad (14\text{-}10)$$

4. 活动最迟必须开始时间

活动最迟必须开始时间[Late Start Time，$LS(i,j)$]可通过事件的时间参数计算，即

$$LS(i,j)=LT(i)-t(i,j) \qquad (14\text{-}11)$$

或按紧后活动的最迟必须开始时间计算，即

$$LS(i,j)=\min[LS(j,k)-t(l,j)] \qquad (14\text{-}12)$$

5. 活动时差

有了活动的最早时间和最迟时间，就可以计算活动时差。活动时差是指在不影响整个项目完工时间的条件下，某项活动最迟开始(完成)时间与最早开始(完成)时间的差值，也就是活动开始时间或完成时间容许推迟的最大限度。活动时差一般可以分为活动总时差和活动单时差。

1) 总时差

活动总时差 $ST(z,j)$是指在不影响整个工程工期，即不影响紧后活动的最迟必须开始时间的前提下，活动(i,j)的开始时间或完成时间可以前后松动的最大范围。活动(如 j)的总时差计算公式是

$$ST(i,j)=LS(i,j)-ES(i,j)=LF(i,j)-EF(i,j)=LT(j)-ET(i)-t(i,j) \qquad (14\text{-}13)$$

虽然总时差是针对某一活动而言的，但它的影响却是全局的，这也是称为“总时差”的原因。任何活动的总时差范围超过一天，则整个工程将延期一天。

2) 单时差

单时差 $S(i,j)$是指在不影响紧后活动最早可能开始时间的条件下，活动(i,j)的开始时间或完成时间可以前后松动的最大范围。活动(i,j)的单时差计算公式是

$$S(i,j)=ES(j,k)-EF(i,j)=ES(j,k)-ES(i,j)-t(i,j)=ET(j)-ET(i)-t(i,j) \qquad (14\text{-}14)$$

活动单时差是活动总时差的一部分。由于单时差以不影响紧后工序最早开始时间为前提，这就有两方面的意义。一方面表明单时差只能在本项活动中利用，如果不用也不能让给紧后作业，而总时差可以部分让给后续作业使用；另一方面，它对紧后活动的正常进行毫无影响，即使某项活动的单时差全部用完了，其紧后活动并不会推迟开工。这对多个单位协作的大工程的组织有十分重要的意义，它使得各个施工单位的工作可以独立按计划进行。因此，在进行网络计划优化时，单时差是十分有用的。

除了总时差和单时差，活动时差还包括自由时差 $FF(i,j)$和专用时差 $SF(i,j)$两种。

3) 自由时差

自由时差是指活动(i,j)按最迟时间进行时，在不影响其紧后活动最迟必须开始时间的条件下，活动(i,j)可以前后松动的最大时间范围。活动(i,j)的自由时差计算公式是

$$FF(i,j) = LS(i,j) - LT(i) = LT(j) - LT(i) - t(i,j) \tag{14-15}$$

4) 专用时差

专用时差是指活动(i,j)按最迟时间进行时，在不影响其紧后活动最早可能开始时间的条件下，活动(i,j)可以前后松动的最大时间范围。活动(i,j)的专用时差计算公式是

$$SF(i,j) = \max[0, ET(j) - LT(i) - t(i,j)] \tag{14-16}$$

6. 关键路线

时差为零的活动也叫做关键活动。因为活动总时差为零，意味着所有其他时差均为零，没有任何缓冲余地，只能按时完成。所以，关键活动成为工程中重点管理的对象。

对于确定型问题，顺序地把所有关键活动连接起来所得到的从起始节点到终止节点的路线就是关键路线。关键路线至少有一条，可能有多条，它(们)上面各种活动时间之和一定是最大的。关键路线的长度决定整个工期。总时差为零的活动一定在关键路线上。

需要指出的是，关键路线不是一成不变的。在一定条件下，关键路线可以变成非关键路线，非关键路线也可以变成关键路线。因此，在网络计划的执行过程中，要用动态的观点看待关键路线，保证工程按期完工。

7. 随机型网络图的关键路线

对于随机型网络图，由于活动时间是用三点估计法得出的，其关键路线是在规定期限内按期完工概率最小的路线。

在随机型网络图中，每一条路线所需要的时间是其上所有活动所需时间的和，随机变量的和也是一个随机变量。按照数理统计学的“中心极限定理”，具有有限的数学期望和方差的独立同分布的随机变量的和近似地服从正态分布。因此，网络图中每一条路线所需时间近似地服从正态分布。

【例 14-1】 图 14.14 所示的网络图，其参数估计见表 14-3。

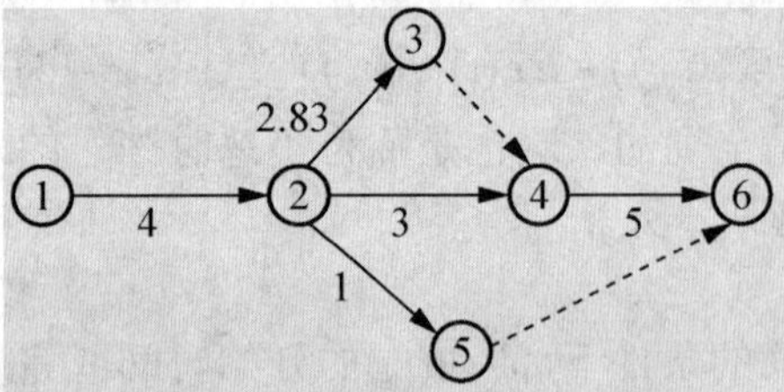

图 14.14 网络图

表 14-3 活动时间参数估计

活动/周	a_i	m_i	b_i	$t_{ei}=\dfrac{a_i+4m_i+c_i}{6}$	$\sigma_i=\dfrac{b_i-a_i}{6}$
1−2	2	3	10	4	1.33
2−3	1	2	8	2.83	1.17
2−4	2	3	4	3	0.33
2−5	1	1	1	1	0
3−4	0	0	0	0	0

续表

活动/周	a_i	m_i	b_i	$t_{ei}=\dfrac{a_i+4m_i+c_i}{6}$	$\sigma_i=\dfrac{b_i-a_i}{6}$
4-6	3	4	11	5	1.33
5-6	0	0	0	0	0

设 T_K 为路线 K 上所有活动时间之和的期望值，σ_K 为路线 K 上所有活动时间之和的均方差，则

$$T_K=\sum_{i\in K}t_{ei} \tag{14-17}$$

$$\sigma_K=\sqrt{\sum_{i\in K}\sigma_i^2} \tag{14-18}$$

对于路线 1－2－4－6，有

$T_K=4+3+5=12$(周)

$\sigma_K=\sqrt{1.33^2+0.33^2+1.33^2}\approx 1.91$(周)

比较各条路线的长度，得知最长路线为 1—2—4—6，相应的活动时间之和的均值为 12 周，均方差为 1.91 周。由于是正态分布，这条路线上的活动在 12 周内完工的概率为 50%。若问路线 1—2—4—6 上所有活动在 15 周内都完工的概率有多大，可以将其转化为标准正态分布，通过查标准正态分布表就可得出完工的概率。

$Z=\dfrac{15-12}{1.91}\approx 1.57$，查标准正态分布表得出概率为 94.2%，即路线 1—2—4—6 上所有活动在 15 周内都完工的概率是 94.2%。

那么，路线 1—2—4—6 是不是关键路线呢？现在来计算路线 1—2—3—4—6 上的所有活动在 15 周内完工的概率，有

$T_K=4+2.83+5=11.83$(周)

$\sigma_K=\sqrt{1.33^2+1.17^2+1.33^2}\approx 2.22$(周)

$Z=\dfrac{15-11.83}{2.22}\approx 1.43$，查标准正态分布表得出概率为 92.4%。这就是说，路线 1—2—3—4—6 在 15 周内完工的概率小于路线 1—2—4—6 在 15 周内完工工概率，路线 1—2—3—4—6 在 15 周内完工的把握性更小。由此可见，对随机型网络计划问题，活动时间之和均值最大的路线不一定是关键路线。

14.3.3　网络时间参数的计算方法

计算网络时间参数可以采用手工计算和计算机计算的方法。对于手工计算，最常用的计算方法是图上计算法和表格上计算法。前述事件时间参数的计算就是采用图上计算法。图上计算法的优点是直观、容易掌握，但对于较复杂的网络图，会造成图上参数太多，不易辨认，也容易出错。一般，图上计算法适用于 30 个节点左右的网络图，表上计算法适用于 50 个节点左右的网络图。

在图上计算活动的时间参数时，可用“田”字形符号表示以上 4 个时间，即左上角为活动最早可能开始时间 $ES(i,j)$，左下角为活动最早可能完成时间 $EF(i,j)$，右上角为活动最迟必须开始时间 $LS(i,j)$，右下角为活动最迟必须完成时间 $LF(i,j)$。为了计算方便，当节点的时间参数已经计算出来，可以直接利用节点的时间参数。在左上角取 $ES(i,j)=ET(i,j)$，在右下角取 $LF(i,j)-LT(j)$，计算左下角 $EF(i,j)$只要将 $ES(i,j)$加上箭杆时间，计算右上角 $LS(i,j)$只要将 $LF(i,j)$

减去箭杆时间即可。图 14.9 所示的例子的事件时间参数计算结果如图 14.15 所示。

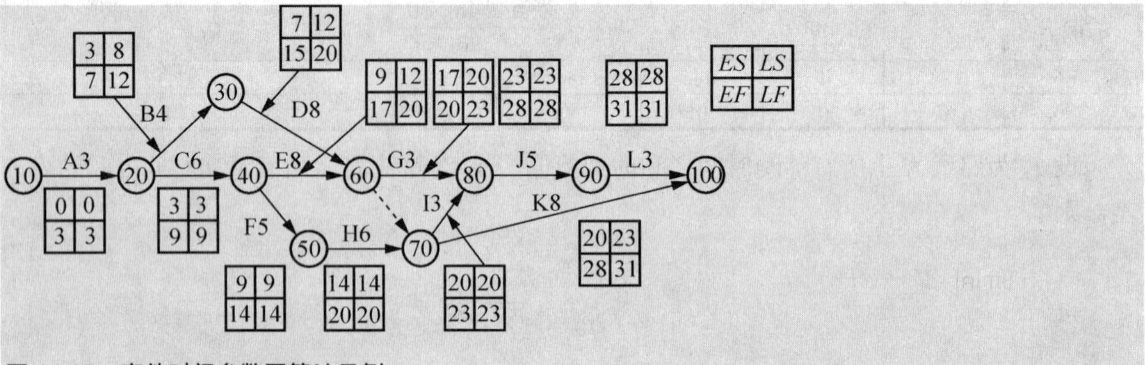

图 14.15　事件时间参数图算法示例

当网络图作业项目数很多、结构比较复杂时，图算法使得图上参数太多，容易造成读图困难，也影响图面美观，因此往往采用表算法。

表算法就是根据时间参数的计算公式，借助于表格进行计算的一种方法。使用这种方法，可直接求出作业的时间参数，而不需要计算节点时间参数。表 14-4 所示为网络图 14.14 中各项活动的 $ES(i,j)$、$EF(i,j)$、$LS(i,j)$、$LF(i,j)$值计算表。

表 14-4　活动时间参数计算表　　时间单位：周

活动代号	i-j	活动时间	ES(i,j)	EF(i,j)	LS(i,j)	LF(i,j)	ST(i,j)	S(i,j)	关键活动
A	10-20	3	0	3	0	3	0	0	*
B	20-30	4	3	7	8	12	5	0	
C	20-40	6	3	9	3	9	0	0	*
D	30-60	8	7	15	12	20	5	2	
E	40-60	8	9	17	12	20	3	0	
F	40-50	5	9	14	9	14	0	0	*
G	60-80	3	17	20	20	23	3	3	
虚活动	60-70	0	17	17	20	20	3	3	
H	50-70	6	14	20	14	20	0	0	*
I	70-80	3	20	23	20	23	0	0	*
G	80-90	5	23	28	23	28	0	0	*
K	70-100	8	20	28	23	31	3	3	
L	90-100	3	28	31	28	31	0	0	*

14.4　网络计划优化

在前面的讨论中，通过绘制网络图、计算网络时间和确定关键路线，可得到一个初始的计划方案。通常还要对初始计划方案进行调整和完善。在综合考虑进度、资源利用和费用等因素的基础上，寻求工期最短、费用最低、资源利用最好的网络计划过程，称为网络计划优化。网络计划优化一般包括时间优化、时间—费用优化和时间—资源优化。

14.4.1　时间优化

时间优化就是不考虑人力、物力、财力资源的限制，寻求最短工期。这种情况通常发生在任务紧急、资源有保障的情况下。

由于工期由关键路线上活动的时间所决定，压缩工期就在于如何压缩关键路线上活动的时间。缩短关键路线上活动时间的途径有：①利用平行、交叉作业缩短关键活动的时间；②在关键路线上赶工。

由于压缩了关键路线上活动的时间，会导致原来不是关键路线的路线成为关键路线。若要继续缩短工期，就要在所有关键路线上赶工或进行平行交叉作业。随着关键路线的增多，压缩工期所付出的代价就越大。因此，单纯地追求工期最短而不顾资源的消耗是不可取的。

14.4.2　时间-费用优化

时间-费用优化就是在使工期尽可能短的同时，也使费用尽可能少。能够实现时间-费用优化的原因是，工程总费用可以分为直接费用和间接费用两部分，这两部分费用随工期变化而变化的趋势是相反的。

1. 直接费用 C_D

直接费用 C_D 是指能够直接计入成本计算对象的费用，如直接工人工资、原材料费用等。直接费用随工期的缩短而增加。

一项活动如果按正常工作班次进行，其延续时间称为正常时间，记为 t_z；所需费用称为正常费用，记为 C_z。若增加直接费用投入，就可以缩短这项活动所需的时间，但活动所需时间不可能无限缩短。如加班加点，一天也只有 24 小时；生产设备有限，投入更多的人力也不会增加产出。称赶工条件下活动所需最少时间为极限时间，记为 t_g；相应所需费用为极限费用，记为 C_g。直接费用与活动时间之间的关系如图 14.16 所示。

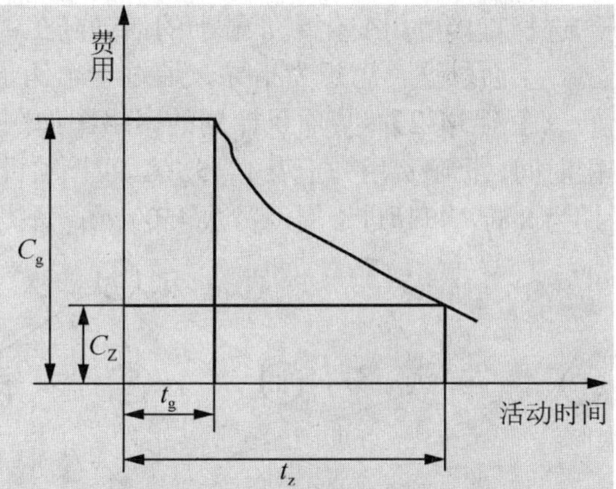

图 14.16　直接费用与活动时间的关系

为简化处理，可将活动时间-费用关系视为一种线性关系。在线性假定条件下，活动每缩短一个单位时间所引起直接费用增加称为直接费用变化率，记为 e。

$$e = \frac{C_g - C_z}{t_z - t_g} \tag{14-19}$$

2. 间接费用 C_I

间接费用 C_I 是与整个工程有关的、不能或不宜直接分摊给某一活动的费用，包括工程管理费用、拖延工期罚款、提前完工的奖金、占用资金应付利息等。间接费用与工期成正比关系，即工期越长，间接费用越高；反之，则越低。通常将间接费用与工期的关系作为线性关系处理。

工程总费用 C_T、直接费用 C_D、间接费用 C_I 与工期的关系如图 14.17 所示。

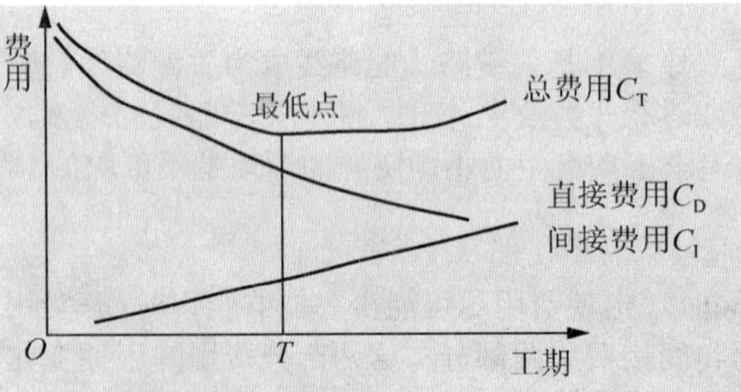

图 14.17　费用和工期的关系

由上图中可以看出，总费用先随工期缩短而降低，然后又随工期进一步缩短而上升。总费用的这一变化特点告诉人们，其间必有一最低点，该点所对应的工程周期就是最佳工期，如图 14.17 中 T 点所示。时间-费用优化的过程，就是寻求总费用最低的过程。

设工期从 T 压缩至 T'，$T'<T$，相应的总费用变化为

$$C_T(T')=C_D(T')+C_I(T')=C_D(T)+\triangle C_D+C_I(T)+\triangle C_I$$

$$C_T(T)-C_I(T)=\triangle C_D+\triangle C_I \tag{14-20}$$

若 $\triangle C_D+\triangle C_I<0$，则工期还可以进一步缩短。

在进行时间-费用优化时，需要把握以下 3 条规则：①必须对关键路线上的活动赶工；②选择直接费用变化率 e 最小的活动赶工；③在可赶工的时间范围内赶工。

下面以这一思想为指导，通过一个例子说明时间—费用优化的方法。

【例 14-2】 某项目计划的网络图如图 14.18 所示。各项活动的正常时间、正常费用、极限时间、极限费用列于表 14-5 中。设该项目的单位时间的间接费用为 5000 元。按合同要求，工期为 8 周，每超过 1 周，罚款 4500 元；每提前 1 周，奖励 4500 元。试找出最低费用下的工期。

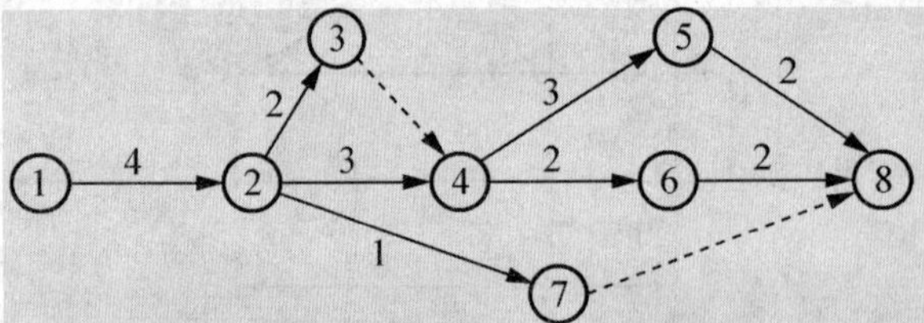

图 14.18　某项目的网络图

表 14-5　费用率计算表

活动	正常条件下		赶工条件下		直接费用变化率 e/(元/周)
	时间/周	直接费用/元	时间/周	直接费用/元	
1-2	4	14000	3	20000	6000
2-3	2	15000	1	20000	5000
2-4	3	15000	1	25000	5000
2-7	1	6000	1	6000	—
3-4	0	—	0	—	—
4-5	3	13000	2	20000	7000

续表

活动	正常条件下		赶工条件下		直接费用变化率 e/(元/周)
	时间/周	直接费用/元	时间/周	直接费用/元	
4-6	2	3000	1	5000	2000
5-8	2	8000	1	12000	4000
6-8	2	6000	1	10000	4000

解：

(1) 利用所给的正常和赶工情况下的各种数据，计算直接费用变化率，填于表 14-5 中。

(2) 根据正常条件下的网络图(图 14.17)求出关键路线。关键路线为 1—2—4—5—8。在正常条件下，直接费用和间接费用都没有变化，但由于比合同规定延迟了 4 周，罚款为 18000 元，见表 14-6。因此，要考虑压缩关键活动时间。此时，关键活动为 1—2、2—4、4—5、5—8。在这 4 项活动中，活动 5—8 的直接费用率最小，因此优先考虑压缩活动 5—8 的时间。将活动 5—8 的时间从 2 周压缩到 1 周。活动 5—8 时间压缩 1 周后，直接费用增加 4000 元，由于工期缩短 1 周，间接费用减少 5000 元，两项相加，节省 1000 元。但工期拖后 3 周，罚款为 13500 元，总费用变化为 12500 元，低于正常工期下的费用。接着，考虑将工期压缩为 10 周。由于活动 5—8 已压缩到极限时间，而且活动 4—6 和活动 6—8 也已成为关键活动，要使工期变为 10 周，要么同时压缩活动 4—5 的时间和活动 4—6 的时间，要么压缩活动 2—4 的时间。压缩活动 4—5 的时间和活动 4—6 的时间各 1 周需 9000 元，压缩活动 2—4 一周只需 5000 元。因此，压缩活动 2—4 的时间。

表 14-6　网络计划优化过程计算表

工期	12 周	11 周	10 周	9 周	8 周	7 周
赶工活动	无	5-8	5-8，2-4	5-8，2-4，1-2	5-8，2-4，1-2，4-6，4-5	5-8，2-4，1-2，4-6，4-5，2-3，2-4
$\triangle C_D$	0	4000	9000	15000	24000	34000
$\triangle C_I$	0	-5000	-10000	-15000	-20000	-25000
$\triangle C_D$ $\triangle C_I$	0	-1000	-1000	0	4000	9000
罚款	18000	13500	9000	4500	0	-4500
总费用变化	18000	12500	8000	4500	4000	4500

按这样的方法继续进行，最后结果见表 14-6。总费用增加最少的方案是工期压缩到 8 周。每压缩一次活动的时间，都要重新计算出新的关键路线和关键活动，以便找出下一次的压缩对象。随着活动时间的压缩，关键活动和关键路线越来越多，优化工作也越来越复杂。本例的最后结果如图 14.19 所示。

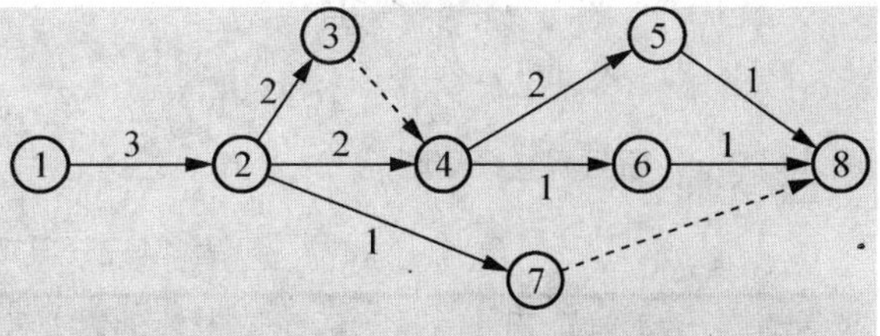

图 14.19　经优化的网络图

14.4.3 时间-资源优化

时间-资源优化有两方面含义：①在有限的资源约束下，如何调整网络计划使工期最短。②在工期一定的情况下，如何调整网络计划使资源利用充分。前者称为有限资源下的工期优化问题，后者称为工期规定下的资源均衡问题。

1. 资源有限、工期最短问题

由于人力、物力和财力有限，使得一些活动不能同时进行，一些活动必须推迟进行。在这种条件下，要使工期最短，只能采用试算的办法。为了使工期最短，首先要尽可能保证关键活动准时进行；然后，保证时差最小的活动优先进行。基于这种思想，提出以下求解方法。

每安排完一项活动称作一“步”，设

$\{S_t\}$——t 步之前已安排活动构成的部分网络计划；

$\{0_t\}$——第 t 步可以安排活动的集合。

有资源约束的网络计划的构成步骤如下：

(1) 设 t=1，$\{S_1\}$为空集，$\{0_1\}$为项目第一步可安排活动的集合。

(2) 将$\{0_1\}$中的活动按总时差大小，从小到大排序，对于前一步已安排的活动，由于不能中断，必须赋予最高的优先权。

(3) 计算活动所需资源量，在可供最大资源量约束下，按优先顺序安排$\{0_1\}$中的活动；对优先权大致相同的情况，取最能充分利用资源的活动。

(4) 将能完成的活动放入$\{S_t\}$，从$\{0_t\}$中消去已完成的活动，并将随后可安排的活动放入$\{0_t\}$，使 t=t+1。

(5) 若还有未安排的活动，转步骤(2)；否则，停止。

【例 14-3】 图 14.20 为一网络计划图，其每项活动的先后关系、活动所需资源(此例为人力)、活动时差和关键路线见表 14-7。若不考虑资源约束，每项活动都按最早可能开始时间进行，则工期为 20 周，所需人数的分布如图 14.21 所示。图中粗线表示活动进行。由图 14.21 可见，对人力资源的需求是很不均匀的，最多需 25 人，最低 7 人。现假定可供劳动力为 14 人，求最短工期。

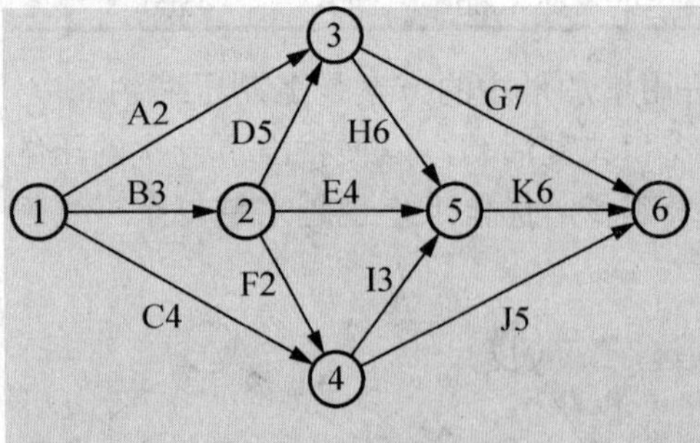

图 14.20 某项目网络计划图

表 14-7 某项目的有关情况

活动	活动时间/周	紧后活动	活动需人数/人	活动总时差/周	活动单时差/周	关键活动
1-3	2	3-5，3-6	6	6	6	
1-2	3	2-3，2-4，2-5	4	0	0	*
1-4	4	4-5，4-6	9	7	1	

续表

活动	活动时间/周	紧后活动	活动需人数/人	活动总时差/周	活动单时差/周	关键活动
2-3	5	3-5，3-6	5	0	0	*
2-5	4	5-6	3	7	7	
2-4	2	4-5，4-6	8	6	0	
3-6	7	/	7	5	5	
3-5	6	5-6	8	0	0	*
4-5	3	5-6	3	6	6	
4-6	5	/	3	10	10	
5-6	6		7	0	0	*

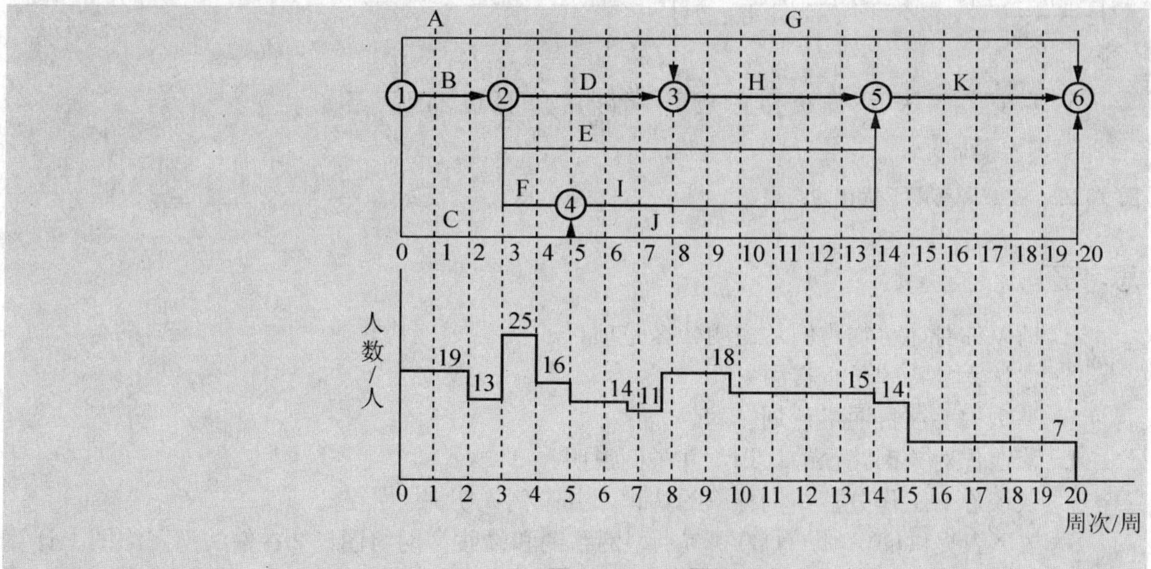

图 14.21　按最早可能开始时间的网络图及人力资源分布

按前述步骤求解，求解过程见表 14-8，结果如图 14.22 所示。结果工期为 21 周，但资源的利用却均匀很多。

表 14-8　求解过程

步	1	2	3	4	5	6	7	8	9
可排活动集合(按优先序)	1-2，1-4，1-3	1-4，2-3，1-3，2-4，2-5	2-3，1-3，2-4，2-5	2-3，1-3，2-4，2-5	4-5，3-5，2-5，3-6，4-6	3-5，2-5，3-6，4-6	3-5，4-6，3-6	5-6，3-6	3-6
排定活动	1-2，1-4	1-4，2-3	2-3，2-4	2-3，1-3，4-5	4-5，3-5，2-5	3-5，2-5，4-6	3-5，4-6	5-6，3-6	3-6
本步能完成的活动	1-2	1-4	2-4	2-3，1-3	4-5	2-5	3-5，4-6	5-6	3-6
本步时间	0-3	3-4	4-6	6-8	8-9	9-12	12-14	12-20	20-21
需资源量(人数)	4+9=13	9+5=14	5+8=13	5+6+3=14	3+8+3=14	8+3+3=14	8+3=11	7+7=14	7

2. 工期规定、资源均匀问题

如果工期不能变动，如何使资源得到充分利用？还是用上面的例子来说明，调整的思路与前述类似，结果如图 14.22 所示，工期控制在 20 周，资源利用较均衡。

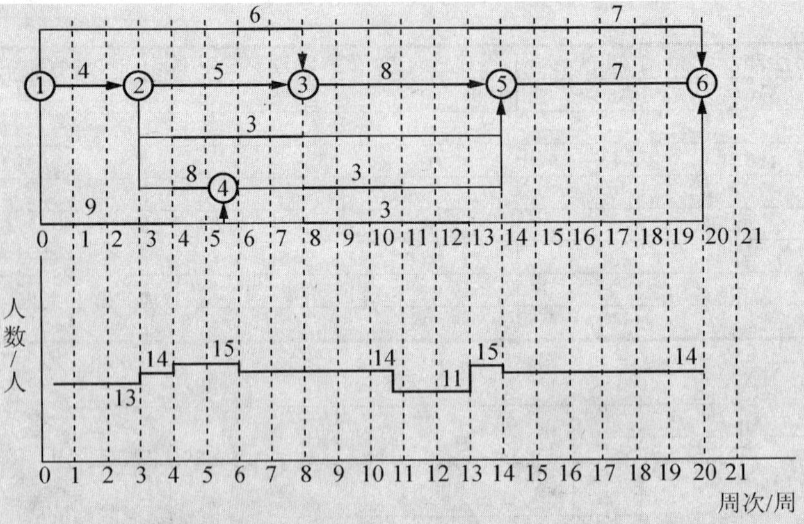

图 14.22 在资源有限下优化的结果

思考题

1．请以你身边事物为例，说明什么是项目。

2．你认为甘特图是否实用？

3．举例说明项目网络计划技术。

4．谈谈你对关键路径的认识，并举例说明。

5．谈谈你对工作分解结构分解的认识，并举例说明。

6．按下表提供的资料：①绘制节点型网络图和箭线型网络图；②在箭线型网络图上计算事件的时间参数；③计算活动的最早可能开工时间和最迟必须开工时间，求出关键路线。

活动代号	A	B	C	D	E	F	G	H	L	K
活动时间/周	6	12	12	8	12	16	5	6	9	7
紧后活动	B,F,C	L	E	K	K	L,G	H,E	K	D	/

7．按下表提供的资料：①绘制箭线型网络图；②在图上计算事件的时间参数；③计算活动的最早可能开工时间和最迟必须开工时间；④求出关键路线；⑤计算非关键活动的单时差。

活动代号	A	B	C	D	E	F	G	H	I	J
活动时间/周	4	6	5	9	8	2	5	6	4	5
紧前活动	/	A	A	A	B	B,C	E	F,I	D	G,H

8．按下表提供的资料：①绘制箭线型网络图；②计算每项活动的期望时间(单位为周)；③确定项目的期望完工时间和关键路线。

活动	紧后活动	a_i	m_i	b_i
A	B,C	4	6	8
B	F	3	5	7
C	D,E	4	5	8
D	G	3	5	7
E	H	5	6	7
F	G,I	6	8	11

续表

活动	紧后活动	a_i	m_i	b_i
G	J	6	8	10
H	J	5	7	9
I	K	3	8	13
J	K	5	7	8
K	/	1	2	3

9．按下表提供的资料：①绘制箭线型网络图；②计算每项活动的期望时间(单位为周)；③确定项目的期望完工时间；④求出每个节点的时差；⑤求关键路线，计算项目在 60 周内完工的概率。

活动	紧后活动	a_i	m_i	b_i
A	C,D	7	10	12
B	E,F	7	10	13
C	G	9	11	13
D	H	8	14	20
E	H	6	15	21
F	J,K	12	15	17
G	I	5	9	15
H	J,K	6	10	16
I	L	7	9	13
J	L	3	7	11
K	/	12	16	25
L	/	9	15	18

10．按下表提供的资料：①按正常条件绘制箭线型网络图；②计算事件最早可能发生时间、事件最迟必须发生时间、作业最早可能开工时间、作业最迟必须开工时间，求出关键路线；③已知工期每压缩 1 周，间接费用省 600 元，求在总费用不超过正常工期费用情况下的最短工期。

作业	紧前作业	正常时间/周	正常条件下直接费用/元	极限时间/周	赶工条件下直接费用/元
A	无	4	1400	3	2200
B	A	6	600	4	1000
C	A	5	1500	3	2700
E	B	8	1300	7	1900
F	B,C	9	1000	7	1800
G	E	5	800	4	1200
H	F	5	3000	3	4600
J	G,H	5	1300	4	2100

实训与考核

实训项目：

某汽车公司生产的 K 型汽车是一定制车型，公司根据汽车制造工艺流程，进行生产任务分解，得出生产活动明细表。

活动代号	内容描述	紧前活动	正常时间/天
A	开始	—	0
B	设计	A	8
C	订购特殊零件	B	0.1
D	制作框架	B	1
E	做门	B	1
F	安装车轴、车轮、油箱	D	1
G	生产车身	B	2
H	生产变速器和动力传动系统	B	3
I	将门装到车身上	G,E	1
J	生产引擎	B	4
K	台上试验引擎	J	2
L	组装底盘	F,H,K	1
M	底盘道路试验	L	0.5
N	漆车身	I	2
O	安装线路	N	1
P	安装内部设施	N	1.5
Q	接收特殊零件	C	5
R	将车身和零件将到底盘上	M,O,P,Q	1
S	汽车道路测验	R	0.5
T	安装外表装饰	S	1
U	结束	T	0

(1) 为该公司汽车生产编制初始网络计划。

(2) 如果要求提前两天完成该汽车的组装。下列活动改变是否会起作用？

① 购买预先组装的变速器和动力传动系统。

② 改进机器利用，将引擎生产时间减半。

③ 将特殊零件的运送时间提前 3 天。

(3) 怎样借助非关键路径上的活动所需资源从而加快关键路径上的活动？

(4) 理解网络图和甘特图两种不同的表达方式的异同，指出它们的优缺点。

实训考核：

考核要素	评价标准	分值/分	评分/分				
			自评(10%)	小组(20%)	教师(50%)	专家(20%)	小计(100%)
网络图的绘制	(1) 箭线型网络图的构成是否正确	15					
	(2) 箭线型网络图的绘制是否符合规则	20					
	(3) 网络时间参数的计算是否正确合理	15					
赶工方案的分析	思路是否清晰，论证是否合理	30					
网络图和甘特图的比较	思路是否清晰，要点是否明确	20					
合计							
评语(主要是建议)							

第 15 章 准时生产和精细生产

学习目标

(1) 学生应了解理解 JIT 的背景、理解丰田汽车公司的看板管理做法；了解精细生产的起源，理解精细生产的基本思想。

(2) 熟悉 JIT 生产方式的基本思想、推进式系统和牵引式系统、丰田的看板控制系统。

(3) 掌握用看板组织生产的过程和看板数量的确定方法以及如何实现准时生产，掌握精细生产的主要内容。

工作任务描述

通过对本章知识框架的学习，可以了解到准时生产是以看板为主要工具的订单驱动型生产方式，是一种计划主导型的管理方式。但是，JIT 生产方式在很多方面又打破了历来生产管理中被认为是常识的观念，是一种新型的管理观念和方法。本章探讨准时生产方式和精细生产方式，准时制强调企业内部持续改善；精细生产强调抓住顾客真正的需求，为顾客创造价值，本章侧重于如何“在需要的时候，按需要的量生产所需的产品”，不断消除浪费，不断地提高企业的竞争力。

本章任务

(1) 根据对 JIT 的背景和 JIT 生产方式的基本思想的学习，理解丰田汽车公司的看板管理做法。

(2) 分析比较推进式系统和牵引式系统，熟练掌握丰田的看板控制系统及其实施条件。

(3) 熟知精细生产的基本思想和主要内容。

工作任务实施

准时生产方式的基本思想是在需要的时候，按需要的量，生产所需的产品，也就是追求一种无库存，或库存达到最小的生产方式。看板管理作为准时生产方式中最独特的部分，是一套独特的且富有成效的管理工具。看板管理采用牵引式系统，使每道工序都按其紧后工序的要求，在适当的时间，按需要的品种与数量生产，可以真正实现按需生产。JIT 要求做到生产平准化，平准化是一种理想状态，要接近这种状态，必须具备以下几个条件：

(1) 组织混流生产。

(2) 减少调整准备时间。

(3) 准时采购。

(4) 建立 JIT 制造单元。

(5) 从根源上保证质量。

15.1 准时生产概述

15.1.1 背景

准时生产方式(Just In Time，JIT)是日本丰田汽车公司在20世纪60年代实行的一种生产方式，1973年以后，这种方式对丰田公司渡过第一次能源危机起到了突出的作用，之后引起其他国家生产企业的重视，并逐渐在欧洲和美国的日资企业及当地企业中推行开来，现在JIT与源自日本的其他生产、流通方式一起被西方企业称之为“日本化模式”。近年来，JIT不仅作为一种生产方式，也作为一种通用管理模式在物流、电子商务等领域得到推行。

15.1.2 JIT生产方式的基本思想

准时生产方式就是在精确测定生产各工艺环节作业效率的前提下，按订单准确计划，以消除一切无效作业与浪费为目标的一种管理模式。准时生产方式基本思想可概括为“在需要的时候，按需要的量生产所需的产品”，也就是通过生产的计划和控制及库存的管理，追求一种无库存，或库存达到最小的生产系统。准时生产方式的核心是追求一种无库存的生产系统，或使库存达到最小的生产系统。为此而开发了包括“看板”在内的一系列具体方法，并逐渐形成了一套独具特色的生产经营体系。

准时制生产方式以准时生产为出发点，首先暴露出生产过量和其他方面的浪费，然后对设备、人员等进行淘汰、调整，达到降低成本、简化计划和提高控制的目的。

这里所说的浪费，比通常所说的浪费的概念要广泛得多、深刻得多。按照丰田汽车公司的说法，凡是超过生产产品所绝对必要的最少量的设备、材料、零件和工作时间的部分，都是浪费。这个定义有含糊之处，什么是“绝对必要”的？没有一定的标准。美国一位管理专家对这个定义作了修正。他提出，凡是超出增加产品价值所必需的绝对最少的物料、机器和人力资源的部分，都是浪费。这里有两层意思：一是，不增加价值的活动是浪费；二是，尽管是增加价值的活动，所用的资源超过了“绝对最少”的界限也是浪费。

在生产现场控制技术方面，准时制的基本原则是在正确的时间，生产正确数量的零件或产品，即时生产。它将传统生产过程中前道工序向后道工序送货，改为后道工序根据“看板”向前道工序取货，看板系统是准时制生产现场控制技术的核心，但准时制不仅仅是看板管理。准时生产制是一种理想的生产方式，这其中有两个原因。一是因为它设置了一个最高标准，一种极限，就是“零”库存。实际生产可以无限地接近这个极限，但却永远不可能达到零库存。二是因为它提供了一个不断改进的途径，即，降低库存—暴露问题—解决问题—降低库存……这是一个无限循环的过程。

15.2 看板生产系统

日本丰田公司不仅创造性地提出了准时生产的思想，而且还创造性地摸索出一套独特的富有成效的管理工具——看板。看板管理也可以说是JIT生产方式中最独特的部分，因此也有人将JIT生产方式称为“看板方式”。但是严格地讲，JIT生产方式的本质是一种生产管理技术，而看板只不过是一种管理工具。

15.2.1　丰田汽车公司的看板管理

丰田汽车公司的看板管理经历了一个产生、发展和完善的过程。早在该公司初建阶段，丰田喜一郎就提出了“非常准时”的基本思想，这一思想是实行看板管理的原则和基础。20 世纪 50 年代初，看板管理的积极推行者，当时在丰田汽车公司机械工厂工作的大野耐一，从美国超级市场的管理结构和工作程序中受到启发，从而找到了通过看板来实现“非常准时”思想的方法。他认为，可以把超级市场看作是作业线上的前一道工序，把顾客看作是这个作业线上的后一道工序。顾客(后工序)来到超级市场(前工序)，在必要的时间就可以买到必要数量的必要商品(零部件)。超级市场不仅可以“非常及时”地满足顾客对商品的需要，而且可以“非常及时”地把顾客买走的商品补充上(当计价器将顾客买走的商品进行计价之后，载有购走商品数量、种类的卡片就立即送往采购部，使商品得到及时的补充)。50 年代后期日本也出现了超级市场，这就为丰田推行看板管理提供了直接的研究资料。但是，流通领域与生产领域毕竟是两个不同的领域，要在工业企业中实行看板管理并不是一件容易的事情。1953 年，丰田公司先在总公司的机械工厂试行了看板管理。以后，为了全面推行看板管理，丰田公司进行了多年的摸索和试验，于 1962 年在整个公司全面实行了看板管理。到了 20 世纪 70 年代，丰田采用的生产方式已扩展到汽车工业以外。虽然各个企业的做法不尽相同，但其基本思想是一致的。

15.2.2　推进式系统和牵引式系统

对于加工装配式生产，产品由许多零件构成，每个零件要经过多道工序加工。要组织这样的生产，可以采用两种不同的发送生产指令的方式。

一种方式是由一个计划部门根据市场需求，按零部件展开，计算出每种零部件的需要量和各生产阶段的生产提前期，确定每个零部件的投入出产计划，按计划发出生产和订货的指令。每一工作地、每一生产车间和生产阶段都按计划制造零部件，将实际完成情况反馈到计划部门，并将加工完的零部件送到后一道工序和下游生产车间，不管后一道工序和下游生产车间当时是否需要。物料流和信息流是分离的。这种方式称为推进式(Push)方法。实行推进式方法的生产系统称为推进式系统。

另一种方式是从市场需求出发，由市场需求信息牵动产品装配，再由产品装配牵动零件加工。每道工序、每个车间和每个生产阶段都按照当时的需要向前一道工序、上游车间和生产阶段提出要求，发出工作指令，上游工序、车间和生产阶段完全按这些指令进行生产。物料流和信息流是结合在一起的。这种方式为牵引式(Pull)方法。实行牵引式方法的生产系统称为牵引式系统。日本丰田汽车公司的生产系统就是牵引式系统。

对于推进式系统，进行生产控制的目的就是要保证按生产作业计划的要求按时完成任务。但在实际上，由于计划难以做到十分精确，加上不可避免的随机因素的干扰，一般不能做到每道工序都按时完成，这就需要取得实际进度和计划要求偏离的信息，并采取纠正措施。纠正措施可以是加快实际进度(如加班、加点)，以保证计划的完成，也可以是修改计划进度，使之符合实际情况。

第 11 章介绍的 MRP 系统是一个比较完善的计划方法。它的基本思想也是按需要准时生产，但是能否进行准时生产，不是由 MRP 系统本身决定的。因为任何计划都不可能把未来的情况考虑得十分周全，很多意想不到的事情会在计划的执行过程中出现，迫使管理人员要么修改计划，要么采取一切行动，保证计划的实现。而且，零部件和产品的生产提前期也难以做到十分精确，将所有的提前期圆整成周，本身就有很大误差。所以靠推进式系统，即使是

MRP 这样比较完善的方法实行的推进式系统，也难以真正做到准时生产。

采用牵引式系统可以真正实现按需生产。如果每道工序都按其紧后工序的要求，在适当的时间，按需要的品种与数量生产，就不会发生不需要的零部件生产出来的情况。

15.2.3 丰田的看板控制系统

看板又称作传票卡，是传递信号的工具。它可以是一种卡片，也可以是一种信号、一种告示牌。看板及其使用规则构成了看板控制系统。

1. 看板

看板分两种，即传送看板和生产看板。传送看板用于指挥零件在前后两道工序之间移动。当放置零件的容器从上道工序的出口存放处运到下道工序的入口存放处时，传送看板就附在容器上。当下道工序开始使用其入口存放处容器中的零件时，传送看板就被取下，放在看板盒中。当下道工序需要补充零件时，传送看板就被送到上道工序的出口存放处相应的容器上，同时将该容器上的生产看板取下，放在生产看板盒中。可见，传送看板只是在上道工序的出口存放处与下道工序的入口存放处之间往返运动。

每一个传送看板只对应一种零件。由于一种零件总是存放在一定的标准容器内，所以，一个传送看板对应的容器也是一定的。

传送看板通常包括以下信息：零件号、容器容量、看板号(如发出 5 张的第 3 号)、供方工作地号、供方工作地出口存放处号、需方工作地号、需方工作地入口存放处号。

典型的传送看板如图 15.1 所示。

从供方工作地:38号油漆	零件号：A435油箱座 容器：2型(黄色) 每一容器容量：20件 看板号：3号(共发出5张)	到需方工作地：3号装配
出口存放处号:No.38-6		入口存放处号:No. 3-1

图 15.1　典型的移动看板

生产看板用于指挥工作地的生产，它规定了所生产的零件及其数量。它只在工作地和它的出口存放处之间往返。当需方工作地转来的传送看板与供方工作地出口存放处容器上的生产看板对上号时，生产看板就被取下，放入生产看板盒内。该容器(放满零件)连同传送看板一起被送到需方工作地的入口存放处。工人按顺序从生产看板盒内取走生产看板，并按生产看板的规定，从该工作地的入口存放处取出要加工的零件，加工完规定的数量之后，将生产看板挂到容器上。

每一个生产看板通常包括以下信息：要生产的零件号、容器的容量、供方工作地号、供方工作地出口存放处号、看板号(如发出 4 张的第 1 号)、所需的物料、所需零件的简明材料清单、供给零件的出口存放处位置、其他信息，如所需工具等。

典型的生产看板如图 15.2 所示。

工作地号：38号油漆 零件号：A435油箱座 放于出口存放处：No. 38-6 所需物料：5号漆，黑色 放于：压制车间21-11号储藏室

图 15.2　典型的生产看板

2. 用看板组织生产的过程

图 15.3 表示用看板组织生产的过程。为简化起见，假设只有 3 个工作地，其中 3 号工作地为装配。对于装配工作地，可能有很多工作地向它提供零件，因而它的入口存放处会有很多容器，存放着各种零件。

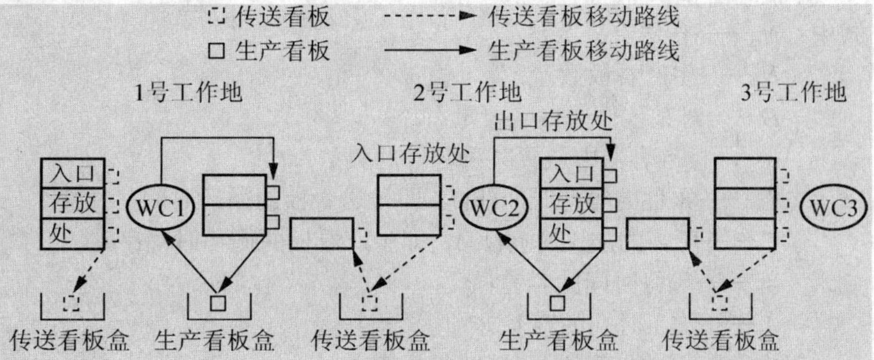

图 15.3　用看板组织生产的过程

产品装配是按装配计划进行的。当需要装配某台产品时，3 号工作地就发出传送看板，按传送看板规定的供方工作地及出口存放处号，找到存放所需零件的容器。将容器上挂着的生产看板取下，放到 2 号工作地的生产看板盒中，并将传送看板挂到该容器上，将容器运到 3 号工作地的入口存放处相应的位置，供装配使用。2 号工作地的工人从生产看板盒中取出一个生产看板，按生产看板的规定，到 2 号工作地的入口存放处找到放置所需零件的容器，从中取出零件进行加工。同时将该容器上的传送看板放入 2 号工作地的传送看板盒中。当生产的数量达到标准容器的要求，则将生产看板挂到该容器上，将容器放于 2 号工作地的出口存放处规定的位置。同样，将 2 号工作地的传送看板送到 1 号工作地的出口存放处，取走相应的零件。按同样的方式，逐步向前推进，直到原材料或其他外购件的供应地点。

图 15.4 表示用看板控制从供应商到产品发运的全过程。

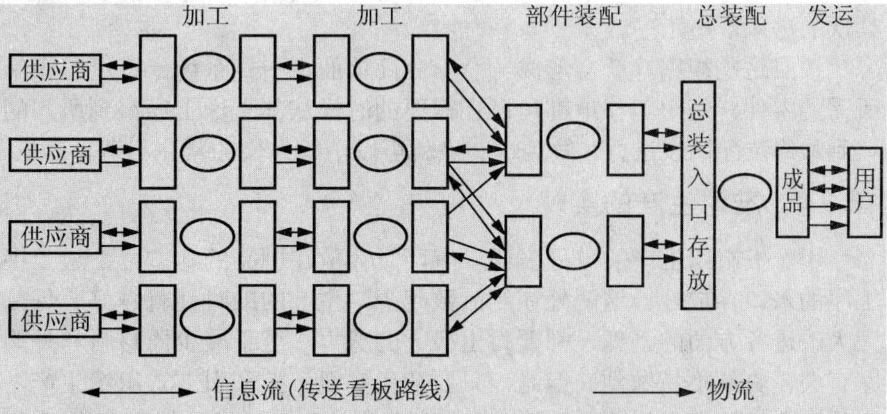

图 15.4　用看板控制物流的全过程

3. 需要多少看板

实行看板管理需要确定发出的看板数量。尽管各个企业的看板系统不同，但计算看板数量的方法却基本一致。可以按下式来计算所需的看板数量 N。

$$N = N_m + N_p \tag{15-1}$$

$$N_m = \frac{DT_w(1+A_w)}{b} \tag{15-2}$$

$$N_p = \frac{DT_p(1+A_p)}{b} \tag{15-3}$$

式中：N_m——传送看板数量；

N_p——生产看板数量；

D——对某零件的日需要量；

b——标准容器中放置某种零件的数量；

T_w——零件的等待时间(日)，即传送看板的循环时间；

T_p——所需的加工时间(日)，即生产看板的循环时间；

A_w——等待时间的容差；

A_p——加工时间的容差。

其中，A_w和A_p应该尽可能接近于零。

4. 看板管理的主要工作规则

(1) 无论是生产看板还是传送看板，在使用时，必须附在装有零件的容器上。

(2) 必须由需方到供方工作地凭传送看板提取零件或者由需方向供方发出信号，供方凭传送看板传送零件。总之，要按需方的要求传送零件，没有传送看板不得传送零件。

(3) 要使用标准容器，不许使用非标准容器或者虽使用标准容器但不按标准数量放入。这样做可减少搬运与点数的时间，并可防止损伤零件。

(4) 当从生产看板盒中取出一个生产看板时，只生产一个标准容器所容纳数量的零件。当标准容器装满时，一定要将生产看板附在标准容器上，放置到出口存放处，且按照看板出现的先后顺序进行生产。

(5) 次品不交给下道工序。出现次品本来就是浪费，如果把次品交给下道工序，不仅会造成新的浪费，而且会影响整个生产线的工作。所以，在严格控制次品产生的同时，还必须严禁次品进入下道工序。

按照这些规则，就会形成一个十分简单的牵引式系统。每道工序都为下道工序准时提供所需的零件，每个工作地都可以在需要的时候从其上道工序得到所需的零件，使物料从原材料到最终装配同步进行。做到这一点就可以消除人们的紧张心理，避免零件囤积造成的浪费。

15.2.4 准时生产的实现

用看板组织生产的过程表明，有两个存放在制品的地方：上道工序的出口存放处和下道工序的入口存放处。这两处在制品数越少，生产的准时性就越好。每减少一次在制品，都要大大改进各方面的管理，都要付出极大的努力。至于减少原材料和外购件库存，还与供应厂家有关，更是不易做到。但是，只要初步实现了按牵引方式组织生产，就到达了进入准时生产的一个起始点。从这里开始，就可以沿着 JIT 方式指引的方向不断改进。

实际上，大多数在制品存放在出口存放处，出口存放处的在制品数量可按发出的生产看板数计算，因为生产看板挂在出口存放处的容器上。当传送看板附在容器上时，则容器不是处于搬运过程中，就是放在入口存放处。于是，可以用发出的传送看板数来计算处于搬运过程和入口存放处的在制品数量。因此，控制看板的发出数量就控制了工序间的在制品的数量。

通常，可以用下述方法来控制与调整在制品的数量：

(1) 在固定生产作业计划期的期初发出看板。固定生产作业计划期指能将生产作业计划确定下来不再改变的时间范围，它取决于各个企业所处的条件，一般为 10～30 天。

(2) 减少超过维持前后工序不平衡的在制品所对应的看板数。

(3) 减少看板，如出现问题，则找出原因。当需要找出某一工作地生产上存在的问题时，则减少发出的生产看板数；当需要找出物料搬运方面以及需方工作地存在的问题，则减少发出的传送看板数。

(4) 生产中的问题有些是可以预先发现的，有些则只有通过减少在制品库存的方法才能发现。

(5) 要让每一个人，从工人到管理人员，都动脑筋想办法来解决发现的问题。比如，让大家思考有无新的主意来减少调整准备时间，更换机器或采用预防维修可否减少停机时间，如何更好地实现生产率与需求率之间的平衡等。

(6) 采用最简单易行的、花费最少的方法使生产在新的低库存水平下运行。

(7) 当在较低库存水平下生产能够平稳地运行时，再减少一些看板。

(8) 重复以上过程，直至不需要看板，就实现了准时生产。

这是一个无止境的改善过程，在这个过程中，要使问题摆在每个人的面前，让大家想办法解决；这个过程是不断收紧的过程，它使人们永远不会自满，永远面临新的问题。这正是 JIT 的实质所在。

15.3　实现准时生产的条件

JIT 要求做到生产平准化(Level Production)。所谓平准化，就是要求物料流的运动完全与市场需求同步，即从采购、生产到发货各个阶段的任何一个环节都要与市场合拍。实现平准化生产，才能减少以致消除原材料、外购件、在制品与成品的库存。在本书 15.2 节，讨论了如何不断减少在制品库存的问题。要实现 JIT，还要不断减少成品库存和原材料库存。本节将要讨论如何通过混流生产来减少成品库存，通过准时采购来减少原材料和外购件库存，并讨论组织 JIT 的其他条件。显然，要做到各个阶段供给与需求完全同步，是十分困难的。平准化是一种理想状态，要接近这种状态，必须具备以下几个条件：组织混流生产；减少调整准备时间；建立 JIT 制造单元；准时采购；从根源上保证质量。

15.3.1　组织混流生产

混流生产是为适应外部市场变化和企业内部组织生产的要求提出的。欲使企业生产系统在品种和产量的调整上像通过变阻器调整电阻那样方便灵活，实际上是做不到的。但如果企业能够实现混流生产，就可以在满足市场不断变化的需求的同时，使成品库存大大减少。

例如，按市场需求，某厂 3 月份要生产 A、B、C、D4 种产品，每种产品的月产量分别为：A 400 台；B 300 台；C 200 台；D 100 台，共计 1000 台。该月有 25 个工作日。

对于这个例子，可以在一个月内每种产品各生产一次，也可以生产多次。当每种产品各生产一次时，可以先生产 A 产品 400 台，然后生产 B 产品 300 台，再生产 C 产品 200 台，最后生产 D 产品 100 台。这是一种扩大批量的组织生产方法，它可以节省调整准备时间。但是，市场需求情况一般不是这样的。由于一个企业的产品一般都有多个用户，每个用户对产品的品种、规格、型号、式样以及色泽的要求不同，要求交货的具体时间也不相同。按照需求的这种特征，企业应该在尽可能短的时间内(比如一天)提供尽可能多的品种。扩大批量的方法势必造成一部分产品一时供大于求，销售不出去，造成积压，同时，另一部分产品一时生产不出来，供不应求，发生缺货。这两种情况都造成损失和浪费，使企业丧失销售时机、失去市场。另外，从企业内部组织生产来看，批量大固然给组织生产带来一定方便，但会造成资源浪费。由于面临多品种生产，企业必然配备多种设备与多种技能的工人，准备多种原材料。如果一段时间只生产一种产品，会造成忙闲不均。在生产某一种产品时，可能一部分车间和设备超负荷运行，部分工人加班加点，某些原材料和外购件一时供应不上。相反，另一部分车间和设备负荷不足，甚至空闲，工人无事可干，某些原材料和外购件暂时积压，造成浪费。过了一段时间，生产另一种产品时，闲的可能变忙，忙的可能变闲。这样势必造成浪费。

如果减少批量，每天生产 A 产品 16 台、B 产品 12 台、C 产品 8 台、D 产品 4 台，一个月 25 天重复 25 次，情况就会好得多。对于顾客来讲，无论需要哪种产品，每天都可以得到，产品积压与短缺的情况将大大减少，企业内部资源利用情况也将好得多。但是，月生产频率为 25，调整准备时间为原生产安排(月生产频率为 1)的 25 倍。要避免这种损失，就要设法减少每次调整准备时间。如果每次调整准备时间降为原来的 1/25，则可以补偿这种损失。

进一步扩大生产频率，可以做到按“AAAA—BBB—CC—D”这样的顺序轮番生产，1/4 个工作日重复一次，一个月重复 100 次。这样，对顾客的服务与对企业资源的利用情况就更好，当然，总的调整准备时间将更多。

这样改进下去，可以达到一个极限，即按“A—B—C—A—B—C—A—B—A—D”这样的顺序重复生产，这就达到了理想的情况，实现了混流生产。虽然仍然是 1/4 个工作日重复一次这个循环，但生产频率更大了，A 产品每月重复生产 400 次，B 产品重复 300 次，C 产品重复 200 次，D 产品重复 100 次。它可以保证每隔 26.2 分钟向顾客提供一台 A 产品，每隔 35 分钟提供一台 B 产品，每隔 52.5 分钟提供一台 C 产品，每隔 105 分钟提供一台 D 产品。

像这样减少批量，扩大生产频率，不仅提高了对顾客的服务水平，改进了制造资源的利用，而且还有以下好处：

(1) 使工人更容易熟练。按扩大批量的做法，工人干完 400 台 A 产品之后，再生产 300 台 B 产品，然后再生产 200 台 C 产品，最后生产 100 台 D 产品，每个月只重复一次。由于相隔时间长，可能在生产 D 产品时，对 A 产品的制作过程和操作方法已不太熟悉，甚至忘了。相反，按扩大频率，减少批量的方法，工人每天都在重复生产不同的产品，会对几种产品的操作越来越熟练。熟练有助于提高效率。

(2) 提高了对需求的响应性。当生产频率为 1 时，可能某顾客恰恰在 400 件 A 产品生产完之后来订 A 产品，若没有存货，则该顾客要等到下个月再生产 A 产品时才能得到满足。相反，生产频率为 100 时，物流大大改善，顾客几乎随时都可以得到不同的产品。

(3) 降低了库存。在制品库存量与生产批量成正比，当生产批量减少 1/2，在制品库存量就降低一半，成品库存也将大量减少。对于随时可得到货的高频率生产，没有必要专门设置一定的成品库存。

(4) 缩短了每台产品的制造周期。批量生产加长了毛坯准备周期、零件加工周期和产品装配周期。批量越小，则每台产品的制造周期越短。

15.3.2 减少调整准备时间

如果机器的调整准备时间不能压缩，则扩大生产频率会使调整准备占用的时间大大增加，这是不合算的。减少调整准备时间使生产系统具有柔性，使它能够非常快地从生产一种产品转向生产另一种产品，从加工一种零件转向加工另一种零件。

从广义上讲，要缩短从生产一种产品到生产另一种产品的转换时间应该包括生产技术准备时间。缩短调整准备时间，就要求快速设计、试制出新产品，快速编制工艺、设计工艺装备，快速制造工艺装备、准备原材料及毛坯，尤其是大型铸锻件。从狭义上讲，调整准备时间是指机器从加工一种零件到加工另一种零件的转换时间。本文主要从狭义上讲柔性。

1. 如何提高生产系统的柔性

要提高生产系统的柔性可以从两个方向努力：一是改变劳动工具，二是改变劳动对象。劳动工具包括机器设备、工夹模具等，劳动对象则是各种物料。

改变劳动工具主要是购置具有柔性的加工设备，如数控机床、加工中心、柔性制造单元等。也包括改造现有的设备和工艺装备，使其在加工不同零件时能快速调整。

改变劳动对象主要是从不同产品中找出设计属性和制造属性相似的零件，将相似零件分类归族。同一族零件由于制造工艺相似，可以用构成一个生产单元的一组机器来加工。由于一族零件相似，其加工中的转换时间可以大大减少，从而提高生产系统的柔性。这就是成组技术的思想。

两种途径都可以使生产系统的柔性提高，但它们并非互不相容。恰恰相反，只有将这两种途径互相结合、互相渗透，才能更有效地提高生产系统的柔性。

通过改造现有的设备和工艺装备来提高生产系统的柔性，是一种值得推广的方法。只要能完成既定的加工任务，机器越简单越好。复杂的机器不仅价格昂贵，而且由于组成它的元件多，可靠性也低。很多普通设备和工艺装备经过改造是可以缩短调整准备时间的。

2. 减少调整准备时间的办法

从泰勒和吉尔布雷斯夫妇开始，工业工程师们曾对如何缩短加工时间进行了很多研究，从机器和工具的改造，到工人操作的简化，都做出了卓有成效的努力。用同样的方法来研究如何缩短调整准备时间，也会取得显著的效果。

通常，可以采用以下方法来减少调整准备时间：

(1) 尽可能在机器运行时进行调整准备。机器正在加工零件 A，接着要加工零件 B。在 A 加工时，就可为加工 B 做准备。将加工 B 所需的工、夹、模具和机器附件准备好，在一定位置上摆放整齐。就像外科医生做手术前一样，做好一切准备工作。当机器加工完零件 A，马上就可以拆卸加工 A 所需的工、夹、模具，换上加工 B 所需的工艺装备。为了使工人在做准备时不忘记任何一件需要进行的工作，可以将加工一定零件的准备工作内容写成条文，并经过一段时间的实践后使其完善。

采用这样的方法，可使机器停止运行的时间减到最少。这种方法虽然简单，但效果十分显著。按照日本一些企业的经验，采用这种方法可使调整准备时间减少 50%。

(2) 尽可能消除停机时的调整时间。停机时要更换工艺装备及机床附件，其中用于调整工艺装备及机床的时间往往占了一大部分。如果从调整方法上改进，又可减少余下调整准备时间的 50%。经验表明，对工艺装备进行改进有可能消除大部分定位的时间。

(3) 进行人员培训。当企业推行平准化生产时，工人的工作将主要是进行工件转换过程的调整准备。因此，要对工人进行从事调整准备工作的训练，如同以前对工人进行操作训练一样。应该像训练消防队员那样训练工人，使他们能够在一个工件加工完之后，像扑灭火灾那样迅速动作，在极短的时间内完成调整准备工作。

(4) 对设备和工艺装备进行改造。要了解每台设备的工作范围是什么，按其工作范围来研究简化调整准备工作的方法。尽管两台设备相同，其工作范围也不一定相同。只有了解设备的工作范围，才能有的放矢地进行改进。在做这项工作时，还需要了解工厂的有关规划与打算，了解产品的变化、工艺的改进等，以免浪费时间与精力。

要仔细研究现有的调整准备方法，找出不合理之处。

15.3.3 建立 JIT 制造单元

实行 JIT 的第一步是“把库房搬到厂房里”，大大小小的入口存放处和出口存放处就像大大小小的库房。“把库房搬到厂房里”的目的是使问题明显化。工人看到他们加工的零件还没有为下道工序所使用时，就不会盲目生产；也只有看到哪种零件即将使用完时，才会自觉地生产。第二步是不断减少工序间的在制品库存，“使库存逐渐消失在厂房中”，实现准时生产。

为了推行 JIT，需要对车间进行重新布置与整理，实行定置管理。要依据所生产的产品和零件的种类，将设备重新排列，使每个零件从投料、加工到完工都有一条明确的流动路线。零件存放到车间会带来一些问题。如果零件杂乱无章地堆放，需要时难以找到，就会造成生产中断，甚至引起安全事故。因此，所有零件必须放在规定的位置上，并要用不同的颜色做出明显的标记。要及时消除一切不需要的东西，创造一个整洁的环境。

要开展 5S 活动。5S 是指整理(Settle)、整顿(Straighten)、清扫(Scavenge)、清洁(Sanitary)和素养(Schooling)。整理是区分要与不要，将不需要的东西及时清理出现场；整顿是对整理后需要的物品进行合理摆放；清扫是清除垃圾、油水、杂物、铁屑等；清洁是维持整理、整顿、清扫的状态，使设备、工艺装备、工位器具、零件无污物，环境清洁美化；素养是通过前 4S，使人们的道德观念和纪律得到加强，做到严格遵守规章制度，尊重他人劳动，养成良好的习惯。

对车间进行重新布置的一个重要内容是建立 JIT 制造单元。JIT 制造单元是按产品对象布置的。一个制造单元配备有各种不同的机床，可以完成一组相似零件的加工。JIT 制造单元有两个明显的特征。一是在该制造单元内，零件是一个一个地经过各种机床加工的，而不是像一般制造单元那样一批一批地在机床间移动。在单元内，工人随着零件走，从零件进入单元到加工完离开单元，始终是一个工人操作。工人不是固定在某台设备上，而是逐次操作多台不同的机器，这与一般的多机床操作不同。一般的多机床操作通常是由一个工人操作多台相同的机器。二是 JIT 制造单元具有很大的柔性，它可以通过调整单元内的工人数使单元的生产率与整个生产系统保持一致。

JIT 制造单元一般采用 U 形布置，如图 15.5 所示。U 形布置使工人能集中在一起，增加了工人之间接触的机会，形成一个集体，也使工人在转换机器时行走路线较短。如果采用直线布置，工人从机器 1 到机器 9 将行走较长距离。而采用 U 形布置，转过身来就行了。

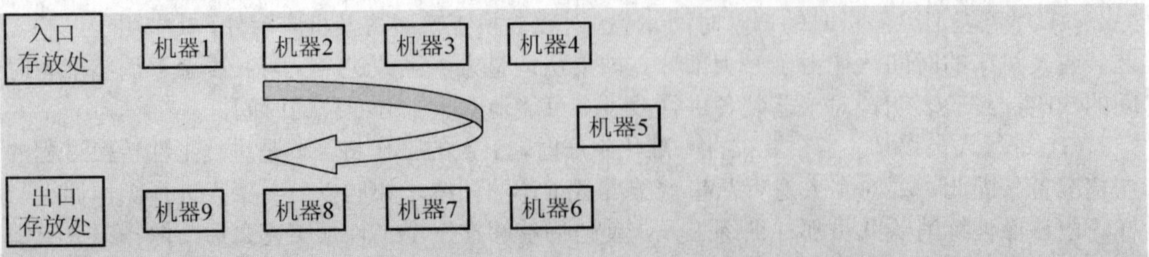

图 15.5 采用 U 形布置的制造单元

可以把 JIT 制造单元看作是一个同时可供多个工人进行多道工序加工的机器，一个单元只需设置一个入口存放处和一个出口存放处，不必为每台机器单独设置入口存放处和出口存放处。

为了维持制造单元的生产率与产品装配的生产率一致，保证同步生产，要使单元的固定生产能力有富余，机器设备数按最高负荷配置。当生产率改变时，只要调整制造单元的工人数量就可以满足需要。JIT 有一条重要的原则，认为工人是最重要的资源，劳动力的闲置是最大的浪费。因此，每当生产节拍改变，都要调整工人的数量，使每个工人都有较满的工作负荷。调整工人人数比改变机床数要容易得多，也迅速得多，这使得制造单元具有很大的柔性。由于工人具有多种操作技能，一个制造单元的多余工人可以安排到另一个任务较重的制造单元中去工作，从而使劳动力得到合理而充分的利用。

15.3.4　准时采购

推行 JIT，除了消除在制品库存和成品库存之外，还要消除原材料和外购件的库存。消除原材料与外购件库存，要比消除工序间在制品库存还要困难，因为它不仅取决于企业内部，还取决于供应厂家。然而，由于原材料和外购件占有大量资金，不消除这种浪费，推行 JIT 的效果就不会好。因此，必须消除采购过程中的浪费。

采购中有大量活动是不增加产品价值的。订货、修改订货、收货、开票、装卸、运输、质量检查、入库、点数、运转和送货等，都不增加产品的价值。准时采购的目的就是要消除这些浪费，消除原材料与外购件的库存。

如何消除这些浪费应该先从供货质量抓起。如果供货质量可以保证，就可以取消购入检查。有人认为取消购入检查会增加风险，实际上，推行 JIT 减少了质量不合格的风险。

要消除采购中的浪费，就应该选择尽量少的、合格的供应厂家。要同供应厂家建立新型的关系，这种关系应该是长期的、互利的。因为只有建立长期的关系，才能解决供货质量问题；只有双方都有利，才能建立长期合作关系。合格的供应厂家具有较好的设备、技术条件和较好的管理水平，可以保证准时供货，保证质量。选择尽量少的供应厂家，是因为企业的力量和资源有限，只能帮助较少的供应厂家去消除浪费，组织好准时生产。面对成千个供应厂家，企业是无计可施的。

15.3.5　从根源上保证质量

质量是实行 JIT 的保证，不从根本上保证质量，就不可能成功地实行 JIT。当需要一件才生产一件时，如果某道工序出了废品，则后续工序将没有输入，会立即停工。所有上游工序都必须补充生产一件，这样就完全打乱了生产节拍。要实行 JIT，必须消除不合格品，推行全面质量管理。

强调质量是生产出来而非检验出来的，由生产中的质量管理来保证最终质量。生产过程中对质量的检验与控制在每一道工序都进行。重在培养每位员工的质量意识，在每一道工序进行时注意质量的检测与控制，保证及时发现质量问题。如果在生产过程中发现质量问题，根据情况，可以立即停止生产，直至解决问题，从而保证不出现对不合格品的无效加工。

对于出现的质量问题，一般是组织相关的技术与生产人员作为一个小组，一起协作，尽快解决。

15.4 精细生产

精细生产(Lean Production，LP)是美国麻省理工学院国际汽车项目组的研究者 John Krafoik 给日本汽车工业的生产方式的赞誉的名称。之所以用“精细生产”这个词，是因为与大量生产相比，精细生产只需要一半的人员、一半的生产场地、一半的投资、一半工程设计时间、一半新产品开发时间和少得多的库存，就能生产质量更高、品种更多的产品。精细生产既是一种原理，又是一种新的生产方式。它是继大量生产(Mass Production，MP)方式之后，对人类社会和人们的生活方式影响最大的一种生产方式，是新时代工业化的象征。它将改变整个世界。

本节将对精细生产的起源进行介绍，对精细生产基本思想和主要的内容进行论述。

15.4.1 精细生产的起源

精细生产起源于日本丰田汽车公司，有时人们将丰田生产方式与精细生产不加区别地使用。实际上，准时制、丰田生产系统和精细生产之间很多内容都是相同的，只是它们之间强调的重点有所区别。准时制强调企业内部持续改善；精细生产强调抓住顾客真正的需求，为顾客创造价值；丰田生产系统则包括公司内部管理，如授权员工、培训员工等。

1950 年春天，丰田汽车公司丰田喜一郎到美国仔细参观了福特汽车公司在底特律的 Rouge 工厂。对这个当时世界上最大、最有效率的汽车制造厂，丰田喜一郎发现有改进之处。回到日本之后，经过与生产管理专家大野耐一仔细研究，得出一条重要结论：大量生产方式不适于日本。原因是当时日本经济十分困难，不可能花大量的外汇去购买美国的技术与装备，不可能花巨额投资去建 Rouge 那样的工厂。当时日本国内市场对汽车的需要量小，需要的汽车品种却相当多，也不可能实行大量生产。受到新劳工法保护，日本老板不能像美国老板那样，把工人当作可互换零件，随时解雇。日本企业也不像美国企业，在大量生产中雇佣大量的移民。

在汽车生产中，需大量的冲压件。冲压件的加工需要在压力机上配备重达数吨的模具，要压制不同的零件就需要不同的模具。在美国，更换模具是由专家来做的，换一次模具常常需要 1～2 天时间。为了提高效率，在西方一些汽车制造厂常常配备数百台压力机，以至于数月甚至数年才更换一次模具。这样大量生产冲压件，在制品库存相当高，而且，一旦工序失控，会大量生产不合格产品，造成大量报废、大量返工。在很多大量生产的工厂，大约有 20%的生产面积和 25%的工作时间是用来返修产品的。

为了解决换模问题，大野耐一花了十多年时间研究出一种快速换模方法。他利用滚道送进送出模具，采取一种一般操作工人可迅速掌握的调整办法，使换模时间减为 3 分钟。3 分钟换模使加工不同零件与加工相同零件几乎没有什么差别。于是，可以进行多品种小批量生产。这样做的结果使得每个零件的制造成本比大量生产的还低。原因是，小批生产的结果使在制品库存大大降低，使加工过程的质量问题可以及时发现，避免了大量生产中出现的不合格品和大量返修，而且，一机多用降低了固定成本。

大量大批生产通过专用机床和专用工艺装备来提高加工的速度和减少调整准备时间，从而实现高效率加工。精细生产突破了“批量小、效率低、成本高”的逻辑，打破了大量生产

“提高质量则成本提高”的惯例，使成本更低、质量更高、能生产的品种更多，是一种可以淘汰大量生产的新的生产方式。

15.4.2　精细生产的基本思想

1. 精细生产的基本含义

从一般意义上讲，精细生产是指对一切资源的占用少，对一切资源的利用率高。资源包括土地、厂房、设备、物料、人员、时间和资金。精细的含义包括质量，质量高的产品在消耗同样多的物化劳动和活劳动的条件下，可以提供更好的功能、更可靠的性能和更长的使用寿命，这实质上是对资源的利用率高。

精细生产是由资源稀缺引起的。精细生产的思想早就有了，我国江浙一带，人口稠密、土地资源紧张，只有实行“精耕细作”，充分利用每一寸土地，才能生产足够的粮食和蔬菜，供众多人消费。“精耕细作”就是农业上的精细生产。

2. 精细生产的基本原理

精细生产的基本原理是：不断改进；消除对资源的浪费；团队工作方式；沟通。不断改进是精细生产的指导思想，消除浪费是精细生产的目标，协力工作和沟通是实现精细生产的保证。

1) 不断改进

改进就是永远不满足于现状，不断地发现问题，寻找原因，提出改进措施，改变工作方法，使工作质量不断提高。改进与创新都是进步和提高。改进是渐进式的进步，是细微的改变，其过程是连续的，日积月累，会获得巨大的成功；创新是跃进式的进步，是显著的变化，其过程是不连续的。创新可为少数人所为，改进则必须众人努力。如果创新之后无改进，则实际成果会降低；创新之后继续改进，成果将更大。

2) 消除浪费

本章给出了浪费的定义。对资源的占用和对资源的利用只能做出相对比较，对于库存和质量可以给出一个绝对的标准：零库存和零缺陷。零是一种极限，可以无限地接近，但永远不可能达到。工作上没有缺陷，则没有改进的余地。双零使得改进永无止境，只有达到双零，才能说在质量与库存方面完全消除了浪费。

3) 团队工作方式

团队工作方式是将职业、背景和专长不同的人组织到一起，以团队的形式完成特定任务的工作方式。它是对传统的分工方式的革命。大量生产将分工推向极端，致使每个人只能从事极其简单而专门的工作，极大地妨碍了人的创造力的发挥，使最重要的资源只能发挥简单机械设备所发挥的功能，是对人力资源的一个极大的浪费。

现代社会的一个趋势是走向综合。分工虽然使效率空前提高，但过细的分工也使协调空前复杂，协调的复杂将导致工作效率下降，团队工作方式将使协调简化。团队工作方式还可集中不同职业和专长的人的意见，从而提高工作质量和工作效率，使得改进不断进行。操作工人、维修工人、工业工程师、管理人员协力工作，可使生产现场出现的问题迅速解决；设计人员、工艺人员、销售人员和管理人员协力工作，才使并行工程得以实现，才使新产品开发周期大大缩短。团队工作方式还可以激发人们的工作热情和创造力。

4) 沟通

人员之间，部门之间，本企业与顾客、供应厂之间都需要沟通，及时传递信息，以促使相互了解。为此，团队的每个成员都必须了解其他成员的专业和工作内容。这样，才能有共同语言，才能将自己的工作放到全局中去考虑，才能避免片面性。沟通可以面对面进行，也可通过各种通信手段来实现。现代化的通信手段是实现组织之间沟通的物质条件。

15.4.3 精细生产的主要内容

精细生产的主要内容包括工厂现场管理、与用户的关系、新产品开发、与供应厂家的关系等方面。对于现场管理，即如何通过看板系统来组织生产过程，实现准时生产，前面已作了详细介绍，这里仅对与用户的关系、新产品开发、与供应厂家的关系进行讨论。

1. 与用户的关系

在亨利·福特时代，汽车制造厂与用户不发生直接联系。汽车制造厂将产品批发给很多小的经销商，顾客到经销商那里去购买汽车。为了减少库存资金，制造厂将成品卖给经销商，将收回的资金用于购买原材料和零件。对于某些滞销的产品，则采用搭配的办法，强迫经销商接受。因为小的经销商好比是福特公司的雇工，随时可能被取消资格，它们无力与福特公司抗衡，结果使得制造厂与用户完全隔离。在制造厂内部，产品开发部门不能从销售部门那里得到任何关于用户需求方面的信息，改进产品也就没有依据。经销商只顾多赚钱，没有动因去收集用户的意见。由于供不应求，销售部门成了一个官僚机构，它与经销商形成一种敌对关系。制造厂由于生产单一产品，对用户的特殊要求一概拒之于门外。

亨利·福特这种与用户的关系，提供了一个坏的先例，后来的大量生产企业基本是按这种方式处理与用户的关系的。当前，这种方式面临精细生产方式的挑战，再也维持不下去了。

以丰田汽车公司为代表的精细生产，在处理与用户的关系方面采取了完全不同的态度与做法。“用户至上”、“用户第一”是公司处理与用户关系的指导思想。在这种思想指导下，公司采取了积极主动的态度，搞“主动销售”。它们不是等待用户上门，而是主动上门了解情况、征求意见，搞售前和售后服务。

丰田汽车公司是通过它自己的销售渠道而不是经销商，在日本销售它的产品的销售渠道遍布全国，通过不同渠道销售不同的产品，各销售渠道与产品开发过程紧密联系在一起。在某种新型汽车开发过程中，负责该车销售的销售人员也参加开发小组的工作。

丰田汽车公司重视提高销售人员的素质。销售人员中很多人是大学毕业生，他们一到公司就要参加公司举办的强化培训班，学习产品推销。销售人员组成小组，每天上班、下班时都要开小组会，安排检查工作。其余时间小组成员到各自工作的地区，搞上门销售。小组全体成员每月开一天会，系统地研究并解决所遇到的问题。

销售人员在他们所负责的区域将每户家庭的情况都标在图上，定期对用户进行访问，了解各种情况，如每家有几辆小汽车，使用了几年，谁制造的，性能如何，有多大停车地方，小汽车在家里有哪些用途，何时需买新车等。销售小组成员系统地将这些信息传达给产品开发小组，并对新车应该具有哪些性能提出建议。在下一次访问这个家庭时，将符合用户要求的车型给用户看。如果用户决定买，销售人员可帮助用户提出订单。

工厂按订单排出生产日程表，并将日程表交给零件供应厂家。日本的工厂能在两周以内将用户所需的汽车交给用户。在西方，起码需要 6 周，甚至长达数月。由于按订单生产，成品一出产就交给用户，成品库存很低。

诚然，搞上门销售比一般推销产品所付出的代价要大，平均每个销售人员每月销售的汽车数也比美国的公司少一些。但是，销售人员及时为产品开发提供大量宝贵的信息，消除了费时的、花费大的而常常又是不准确的市场研究活动。而且，通过上门销售方式，提供高水平的服务，使用户与生产厂商建立了长期相互信任的关系，使新的竞争者难以插足。这也是西方汽车难以进入日本市场的一个重要原因。

2. 新产品开发

精细生产在新产品开发上有4个方面与大量生产不同。

1) 领导

在日本企业，开发新产品小组的负责人具有很大的权力，他是领导者，而不是一般协调人。小组负责人的职位是受人羡慕的，在这个职位上的人容易得到进一步提升。相反，在美国企业，小组负责人没有实权，他的工作只是协调。他要说服来自不同职能部门的小组成员共同工作，这使得他在一个个问题面前无能为力。

2) 团队工作

在日本企业，为了开发新产品，由项目负责人组织一个小组，小组一直工作到新产品开发完成。小组成员来自不同的职能部门，包括市场评估、生产计划、设计、工艺、生产管理各部门。虽然，小组成员保持与各自的职能部门的联系，但他们的工作完全在项目负责人的控制之下，因而工作业绩也由项目负责人考核，项目负责人还可决定小组成员今后能否参加新项目的工作。

相反，在西方一些公司，小组成员只是短期从职能部门借来的。在项目进行过程中，主要任务从一个部门转移到另一个部门，小组成员也在不断变换。由于小组成员只有受到本职能部门领导的重视才能得到提升，他们只能为各职能部门的利益说话，不可能从开发新产品的角度提出建议，也不可能协力工作。

3) 沟通

西方企业在开发新产品时，一些重大的决策问题总到最后才决定。原因是小组成员回避矛盾，加上工作是从一个部门到另一个部门序贯地进行，因此成员之间沟通非常困难。相反，实行精细生产的日本企业一开始就将小组所有成员召集到一起，发誓要对项目负责。大家互相沟通，将一些重大问题一开始就定下来。虽然随着项目的进行，某些部门(如市场评估和产品计划)的人不必继续参加小组活动，但由于重大问题一开始就决定了，项目也能较顺利地进行。

4) 并行开发

将各部门人员放到一起可使很多工作并行地进行，从而大大缩短开发周期。在开发新产品过程中，模具设计和模具加工周期很长。为了加快开发速度，可使模具毛坯的准备与车身设计同时进行。由于模具设计者与车身设计者共同工作，模具设计者一开始就从车身设计者那里得到新设计的汽车的大致尺寸和组成车身的零件的种类。于是，可以提前订购模具的毛坯。当设计最后完成时，毛坯就能准备好。在大量生产方式下，一般是序贯地进行各项工作。模具制造周期一般需要两年，而按并行开发方式，模具制造周期仅为一年，缩短了一半时间。

3. 与供应厂家的关系

在精细生产方式下，零部件供应厂商与总装厂是一种合作伙伴关系。零部件供应厂商是从合作共事过的企业中挑选的。在新产品开发初期，零部件供应厂商就可以参加进来。按承担的任务不同，将零部件供应厂商按不同层次组织起来。总装配厂只与第一层供应厂直接发生联系。第一层供应厂一般承包一个独立的部件的设计与制造。第一层供应厂根据需要再将该部件下的零件给第二层供应厂承包，依此类推。这样，总装配厂只需同较少的供应厂直接打交道。日本的汽车制造厂的供应厂一般只有 300 家左右。

在决定零部件的价格时，总装配厂是按市场行情确定汽车的目标价格，然后与供应厂一起考虑合理的利润，推算各部分的目标成本。为了达到目标成本，双方共同利用价值工程方法，找出每一个能降低成本的因素。然后，第一层供应厂同装配厂商量如何达到目标成本，并使供应厂有合理的利润。在零件生产过程中，再利用价值分析方法对加工制造的每一步进行分析，以进一步降低成本。

供应厂家能够主动地降低成本是因为降低成本可以给它们带来更多利润。供应厂与装配厂约定，供应厂经过自己的努力带来的成本降低，多获得的利润归供应厂所有。这样做的结果虽然使装配厂在一定时期减少了利润，但供应厂的积极性被调动起来，有利于改进产品质量，降低产品成本，提高产品竞争力。从长远看，对装配厂无疑是有利的。

4. 精细企业

全面实行精细生产的企业是精细企业。精细企业包括以下 5 个方面的含义：

(1) 产品。产品实质上是一种需求满足物，是企业向外界提供的东西，包括有形的和无形的。产品必须精细，只要能提供满足顾客需求的功能，产品包含的物化劳动和活劳动越少越好，任何多余的劳动都是浪费。从这点出发，不仅要求所设计的产品在制造中要尽可能少地消耗原材料、能源、资金和人工，而且要求产品使用方便、可靠、节能。对精细产品不仅要求制造成本低，而且要求使用成本低。使用成本关系到用户能否实行精细生产，具有重要的社会效益。使用成本与产品质量的关系十分密切。

(2) 生产过程。生产过程包括产品设计、工艺编制、供应、加工制造和库存等方面。要提高生产系统的柔性，加快生产过程，提高对市场变化的响应速度。要运用并行工程的思想缩短从设计到出产产品的整个生产周期，要运用看板系统实现准时生产和准时采购，使原材料、在制品和成品的库存向零挑战。

(3) 工厂布置。尽可能少地占用并最有效地利用土地和空间。土地是不可再生资源，良田是有效利用太阳能生产粮食和蔬菜的工厂，精细工厂必须占地少。生产设备要有柔性，可以一机多用。设备布置要紧凑有序充分利用空间，并能按产品变化方便地进行重新布置。工厂布置是实行精细生产的前提。

(4) 组织。精细企业具有完全新的组织及人际关系。在企业内部，不仅要求彻底改变机构臃肿、人浮于事的状态，而且要对劳动分工做出调整。要在组织的各个层次建立功能交叉、任务交叉的小组，实行协力工作，保证不同职能的工作人员相互沟通。实行并行工程，缩短新产品开发周期和生产技术准备周期，提高工作过程的质量和产品质量。要广泛实行分权，让下级和工人分享权力与责任，有充分的自主权和积极性去做好各自的工作。在现代社会，权力过分集中不仅容易做出错误的决策，而且会降低组织的应变能力和工作效率。一个成功的管理者的基本条件之一是让其下属能充分发挥主动性与创造性。工人与管理者的合作是日本企业成功的重要条件。

(5) 环境。经济发展带来了环境污染。大量生产、大量消费、大量污染使人们居住的地球失去了生态平衡，也使人类受到惩罚，遭受各种灾害。对自然资源掠夺性的开采导致人类生存的危机，防治污染应该是企业的一项社会责任。耗油量少的汽车排放的废气也少，占用和消耗资源少的企业对环境的污染也小。因此，精细企业是少污染的企业，这也是精细的一个含义。

思考题

1．看板管理就是 JIT 生产方式吗？

2．简述 JIT 的出发点，通过例子来说明其与传统生产方式的区别。

3．分别对制造业中的牵引式系统和推进式系统各举一例，比较其异同点。

4．通过例子来叙述看板控制系统的工作过程。

5．你能从精细生产方式得到什么样的启示？

6．联系我国企业的改革实践，谈谈推行精细生产方式的重要意义。

实训与考核

实训项目：

依据调研目的分别对企业的引入准时生产方式的变革和实施看板管理的具体方式进行调研；依据看板管理的调研资料，计算所需的看板数量，描述用看板具体组织生产的过程；依据企业的引入准时生产方式的变革的调研资料，深入讨论如何实现平准化生产，才能顺利实现准时生产，并对企业如何改进准时生产提出建议。

实训考核：

考核要素	评价标准	分值/分	评分/分				
			自评(10%)	小组(20%)	教师(50%)	专家(20%)	小计(100%)
看板管理方式问题	(1) 看板数量的计算是否准确	25					
	(2) 用看板组织生产的描述是否清晰合理	25					
准时生产的实现和改进问题	分析内容得当、全面，能体现企业为引入准时生产的所做的努力	25					
	能准确地分析存在的问题，并能提出切实可行的解决措施	25					
合计							
评语(主要是建议)							

第16章 大量定制

学习目标

通过对本章的学习，学生应理解大量定制生产的相关概念；了解多样化生产的弊端；掌握实施大量定制的条件；掌握模块化和延迟策略的思想及应用；了解即时顾客化定制的基本思想和实现途径。

工作任务描述

经过本章知识学习，了解大量定制的概念、产生的背景、大量定制的基本思想，以及实施大量定制的策略。

在此知识背景下，分别列举一个实施大量定制和即时顾客化定制的企业，并对该企业生产运作策略的实施进行分析。

问题：找出该企业在什么样的市场环境下能够实施大量定制，什么情况下能够实施即时顾客化定制？分析该企业实现大量定制和即时顾客化定制的条件。

本章任务

(1) 了解大量定制产生的背景与大量订制的概念。

(2) 理解由定制到大量定制的过渡及其基本思想。

(3) 分析掌握实现大量定制的途径与方法。

(4) 熟知即时顾客化定制概念与产生的背景，以及实现即时顾客化定制的条件。

工作任务实施

按照以下步骤分别调研一个实施大量定制和订单定制的制造性企业。

(1) 确定调研目标和任务。

(2) 设置调研路径，制定调研方法和步骤。

(3) 实施调研，并收集和整理调研资料。

(4) 分析调研资料，得出调研结果。

通过分析本章的调研资料，得出企业实施大量定制、大量生产和订单定制的区别与联系的结果。图16.1展示了本章企业生产运作调研的工作流程。

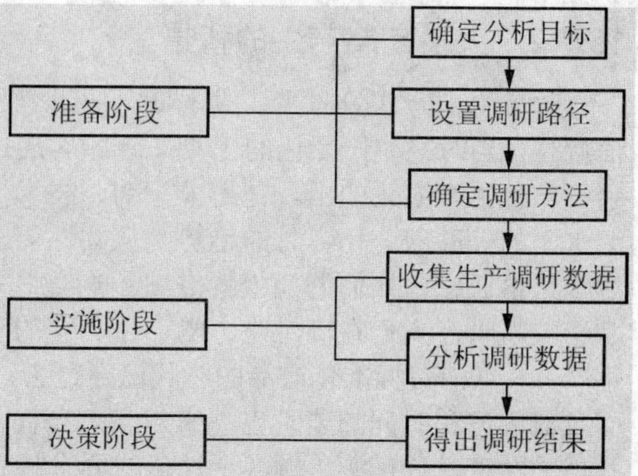

图 16.1 大量定制工作任务实施流程

16.1 大量定制概述

大量定制(Mass Customization，MC)，有很多书籍和论文将其译成“大规模定制”或“大批量定制”，本书称之为“大量定制”，是沿袭了早期生产管理教科书对大量生产(Mass Production，MP)的说法。多数英文教科书对 Mass Production 的解释是指大量(Large Quantities 或 Large Amounts)生产标准化的产品。

16.1.1 大量定制的定义

大量定制还没有权威性的定义。最初，一些人将多样化生产视为定制生产。派恩(Pine)认为随着市场扰动的加剧，大量生产模式将向大量定制生产模式转变。大量定制的目的在于，以大量生产模式的低价格满足顾客对个性化产品和服务的需要。大量定制是一种充分利用最新研究成果的生产模式。西尔瓦尼亚(Silveria)等人提出大量定制是一种系统能力，是通过高度敏捷性、柔性和集成性的流程，为每一个顾客提供单独设计的产品和服务。各种定义的共同之处在于：大量定制是一个系统，是一种生产模式；大量定制需要使用先进的生产制造技术；大量定制的目的是以低成本提供个性化的产品和服务。

定制生产是按照顾客的要求加工制造产品或提供服务，满足了顾客个性化的需要，但是效率低、成本高，难以保证质量。由于顾客个性化需求是客观存在的，定制生产不仅在手工生产时代存在，而且在机器大工业时代也存在。以下几种情况表明定制生产是必不可少的：①大量大批生产中使用的流水线和自动线就是由各种专用设备构成的，专用高效设备是定制生产出来的；②大型设备，如大型船舶、电站锅炉、化工炼油设备等，多半是定制的；③用于研制的设备，如火星探测车，是定制的；④随着人们个性化需要的突出，定制生产将越来越多。因此，如何提高定制生产的效率一直是人们关注的问题。

大量定制是采用具有模块化的产品、柔性的工艺过程和灵活的组织结构，以大量生产的效率和成本，提供满足个性需要的产品和服务。大量定制并不意味着大量地生产或者大规模地生产顾客定制的产品。凡是定制的产品，不论定制程度的高低，都体现了顾客的个性需求，不可能是大批量或者大规模的，而只能是单件或小批量的。

16.1.2 大量定制产生的背景

大量生产方式效率高、成本低、质量容易保证，但是，它却扼杀了顾客个性化的需求。福特公司当时只生产黑色的T型车，顾客连选择不同颜色的车都不可能。

各种生产方式的出现是需求拉动、技术推动和竞争驱动的结果。人们的消费欲望随着生活水平的提高而变化，总的趋势是从共性需求向个性需求方向发展。当生产力发展水平和生活水平很低时，人们的期望就是满足吃、喝、住、穿的基本需求；当生产力发展水平和生活水平较高时，人们在满足吃、喝、住、穿的基本需求的同时，个性需求就突出出来了。大量生产、大量消费标准化产品的时代已经过去，顾客不仅对产品的质量和品种的要求越来越高，而且对服务和时间的要求也越来越高。当代社会已经从农业经济、工业经济时代向服务经济和体验经济时代过渡，顾客个性化的要求越来越明显。

在富人消费时代，通过手工作坊方式生产完全个性化的产品，能够满足个别富人的特殊需要，但不能满足大多数社会成员的需要。定制生产虽然满足了顾客个性化需要，但效率低、成本高，一般平民不敢问津。在大众消费时代，大量生产满足了公众的基本需要，却不能满足人们个性化的需要。进入富裕社会时代，需要将个性化产品和大量生产的成本相结合，实行大量定制，最大限度地满足公众个性化的需要。

在生产力发展水平较低、居民消费水平较低的时代，市场处于供不应求的状态，企业发展的关键是效率。企业只要内部效率高，就能赚钱，就能发展。但是，在生产力发展水平较高、居民消费水平也较高的时代，市场处于供过于求的状态，企业生存和发展的关键就变成了适应性。“适者生存”的法则使得企业要不断满足顾客越来越多样化和个性化的需要。派恩认为，多元化的细分市场、不稳定的个性化需求是从大量生产向大量定制转化的根本原因。在新的形势下，企业只有满足顾客个性化需求，才能赢得销售收入。同时，企业只有降低成本，才能获得利润。自然地，人们试图将大量生产的低成本和定制生产的个性化相结合，从而能够以大量生产的效率和成本生产顾客定制的产品。如何在满足顾客个性化需求的同时，使企业盈利，是企业管理者最关注的问题。这就是大量定制生产方式出现的背景。

大量生产模式的逻辑不能适应以不确定性为主要特征的新环境，只有那些能够满足顾客个性化需求的公司才能获得较高的销售收入和利润。对顾客的充分理解使公司可以提供更多的定制化产品，导致市场的进一步分割，市场细分使这些公司能够更好地满足客户的个性化需求。由于定制产品满足了客户个性化的需求，顾客愿意支付较高的费用。随着大量定制过程中学习效应的积累，定制化的产品能够以与标准产品相同或更低的成本生产出来。

在大量定制生产中，技术创新起着重要的作用，新技术的应用增强了产品的适应能力和多样化，缩短了开发周期，同时新技术的应用也使得更多产品的生产更加经济，进一步推动了产品多样化的发展趋势。早在1970年，未来学家阿文·托夫勒(Alvin Toffier)在《未来的冲击》一书中，对大量定制生产方式就做出了预告。1993年，B·约瑟夫·派恩二世(B.Joseph PineⅡ)在《大量定制——企业竞争的新前沿》一书中对大量定制的内容进行了描述。戴维斯·斯坦利(Davis Stanley)在《未来的完美》一书中描述了大量定制的概念，但当时的技术限制了大量定制的产品、市场和相应企业组织的出现。目前随着制造技术、信息技术的推广应用和管理方法的发展，大量定制成为可能。随着经济全球化的发展，竞争日益激烈，要抢占市场就必须满足顾客个性化需要，大量定制是企业必须采用的策略。1997年，大卫·M·安德森(David. M.Anderson)和B·约瑟夫·派恩二世在《大量定制生产的敏捷产品开发》一书中进一步论述了如何为单个客户开发易于定制的产品。

大量定制生产巧妙地将个性化与标准化结合在一起，使顾客在获得个性化的产品和服务的时候，只需支付大量生产的产品和服务的费用。

摩托罗拉公司是大量定制的先驱。在20世纪80年代，摩托罗拉公司从电子产品的大量生产方式转向精细生产方式，采用了很多提高产品质量和寿命的措施，推行六西格玛管理，使废品率降低到百万分之三点四。当它的日本竞争对手通过不断改善加强了竞争力时，摩托罗拉公司采用了大量定制生产方式，使它在竞争中再次占据了领先地位。仅仅用了18个月，摩托罗拉公司开发了一个几乎达到全自动的制造系统。利用这个系统，在各地的销售代表用笔记本电脑接受顾客订单，在一个半小时之内，它就能制造出2900万种不同组合的寻呼机中的任何一种机型。摩托罗拉公司把工程设计、制造和营销整合成一个系统。由于信息技术基础设施的支持，工程师能够在CAD系统上开发新的模块，能够运用电子技术模拟虚拟设计的效果，确认原材料库存和实际生产能力，编制产品说明书和动态在线制造指导书，并将这些信息传送给制造工厂进行生产。摩托罗拉公司可以做到星期五带着与客户商定的设计方案离开，星期一早晨就带来了可使用的寻呼机。这就是实行大量定制的效果。

16.2 大量定制的基本思想

个性化需求和成本两个维度可能有4种组合，这4种组合与4种不同的生产模式对应。从汽车工业发展的历史看，最先出现的是定制生产，接着是大量生产，然后是多样化生产，最后是大量定制。定制生产满足了少数顾客个性化的需求，但成本高；大量生产满足了公众对低价格的要求，但不能满足顾客个性化需求；多样化生产不仅成本高，还不能满足顾客个性化需求，是最不可取的生产模式；大量定制既能满足顾客个性化需求，成本也低。4种生产模式在满足个性化需求和成本上的特点如图16.2所示。

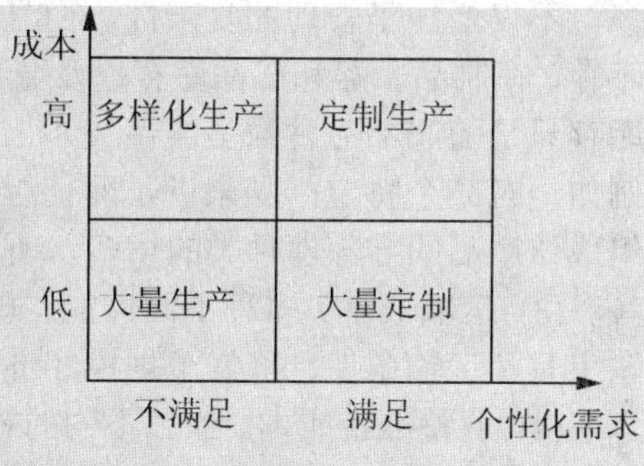

图16.2 4种生产模式在满足个性化需求和成本上的特点

下面将阐述为什么多样化生产成本高，而且一般不能满足顾客个性化需求，大量定制能够满足顾客个性化需求，还能实现低成本。

16.2.1 多样化生产

大卫·安德森于1977年提出外部多样化和内部多样化的概念。客户可以感受到的是产品外部多样化，企业在制造和分销过程中感受到的是产品内部多样化。外部多样化有受顾客欢迎的、有用的外部多样化和顾客不在意的、多余的外部多样化，应该增加前者、减少后者。在确认和消除了客户认为是无用的或表面性的产品多样化之后，大量定制企业力求进行有效的有用产品多样化生产和分销，同时尽量减少内部多样化。外部多样化是产品整体性能的表现，尽管产品是由零部件组成的，但产品整体性能并不是其零部件性能的简单相加。外部多样化是由产品表现出来的，内部多样化主要是由零部件多样化决定的。零部件多样化决定了制造工艺的多样化。为了在提供多样化产品方面具有竞争力和获得可观的利润，企业必须能够适应外部市场的多样化，同时减少内部多样化的成本，并且减少产品配置和定制的费用。这些内部的多样化成本都属于产品的多样化成本。

顾客需求的个性化导致产品的多样化。为了满足顾客个性化的需求，企业采取过两种策略。一种策略是企业管理者在组织生产时通过猜测顾客的需求，生产更多不同性能、型号和规格的产品，以供顾客选择，期望顾客从多样化的产品中找出最接近其需要的产品；另一种策略是按照顾客订单的要求，对现有产品进行修改，逐个满足顾客个性化要求。前者根据预测，生产多品种产品，等待需要的顾客出现，仍然属于预测驱动型生产，会造成多余的产品多样化。后者是按订单生产，不会造成多余的产品多样化，但由于缺乏统一规划，会在设计生产不同产品的同时，造成零部件多样化，零部件多样化给制造带来很多困难。

1. 零部件多样化的成本

零部件多样化使管理大大复杂化，其成本是很高的。零部件多样化使管理对象多样化，多样化违背“单一产品原理”，必然增加成本。虽然单一产品不符合顾客个性化要求，但可以用于指导零部件生产，要提高生产效率，就要减少零部件的种类。零部件种类多样化增加成本，可以从以下几个方面进行分析：

(1) 设计和工艺成本。生产多种产品会造成产品设计和工艺设计任务增加，致使设计成本上升。同时，多种产品比大量生产的单一产品经过的制造和使用的检验要少，质量问题不易发现，造成设计质量不高，设计质量问题又直接影响产品的性能和成本。

(2) 库存成本。多样化造成库存成本上升。产品和零部件品种数的增多，造成管理对象增多，不仅增加了管理的复杂性，而且造成库存成本增加。产品种类增加，导致工厂的原材料库存、在制品库存和成品库存以及分销商和零售商的成品库存增加。如果是独立需求的产品，库存只是随产品品种数呈线性关系上升。对于相关需求的产品，就不是简单的线性关系了。例如，对某个特定产品来讲，即使组装该产品时需要维持的零部件库存服务水平不变，随着组成该产品的零部件种类的增多，所需零部件库存的服务水平还会上升。

(3) 运输成本。多种不同性能、规格、形状的零部件和产品的运输，需要不同的托盘、运输工具和运输条件，降低了规模经济性，使运输成本上升。

(4) 调整准备成本。加工不同的零部件，需要不同的调整和准备，增加了调整准备时间和费用，降低了机器和人工的利用率。

(5) 机器、工具和工艺装备成本。产品和零部件多样化，导致加工制造所需的机器、工具和工艺装备的多样化，需要适应多品种加工的具有柔性的机器，需要准备多种刀具、模具和夹具，增加了投资，也增加了维护成本。

(6) 人工成本。产品和零部件多样化导致需要更多的设计、工艺人员，需要多技能工人，增加了人工费。

(7) 采购成本。采购对象多样化，很多项目都未达到经济批量，也得不到价格折扣，增加采购成本。

(8) 信息处理成本。多种产品的设计和工艺文档、生产过程的信息处理，MRP/BOM 管理、报价单等使信息处理量大大增加，信息处理成本上升。

(9) 维护成本。产品多样化使备品、备件种类增加，导致使用产品的顾客的维护成本上升。

(10) 服务成本。过多种类的零件和工艺造成的额外服务，过多种类的备品、备件造成的额外服务，多种多样的产品缺陷，都造成服务成本上升。

如果产品和零部件种类的增加导致顾客满意度提高，从而获得更高的销售收入，那是值得的。但是，实际情况表明，由于多样化的盲目性，提供多样化的选择并未真正满足顾客的需求。1993 年，日产(Nissan)汽车公司生产的车型中，使用了 110 种散热器、300 种烟灰缸、437 种仪表盘、1200 种地毯、6000 种紧固件。结果发现，大多数零件种类增加都是不必要的。1993 年，Nissan 发现一种中型轿车可供选择的方向盘有 87 种，其中 70%只安装在 5%的车上。消声器供应商生产 2000 种消声器，其中多数仅用在少数几辆车上。英特尔(Intel)的印制电路板有 20000 种已被确认，其中有 7000 种从未使用过。

2. 引起零部件多样化的原因

产品多样化的根本原因是对顾客个性化需求预测不准。由于产品多样化引发的零部件多样化却会给制造带来困难。然而，产品多样化并不一定导致零部件多样化，以尽可能少的零部件多样化来实现大量的产品多样化，正是大量定制所追求的目标。

可以说，零件种类激增主要是设计者造成的。设计者实质上是企业向顾客提供产品的领导者，他们设计什么，后续工作就实现什么。设计者造成零件种类激增的主要原因如下：

(1) 设计者不理解零件通用性的意义，他们往往只是持有单纯技术观点，常常不是在通用零件的基础上进行设计。

(2) 认为“不是我的工作”。有时候，“不是我的工作”并发症会阻碍标准化，但它可能通过团队合作、培训和鼓励工程师考虑“全局而非局部”予以避免。

(3) 产品设计人员用想当然的决定来选择零件。当一个更通用的、螺距 3/8 英寸、长 1/2 英寸的六角螺钉也可以完成同样的工作时，设计师却可能会想当然地选择螺距为 5/16 英寸、长 7/16 英寸的圆头细牙螺钉。

(4) 重量最小原则。重量最小原则是所有零件的尺寸都应当“正好”使其重量最小和所用材料最少。这种情况妨碍标准化，因为标准零件的选择通常是根据强度和功能方面的要求向上圆整的，所以设计者们拒绝使用标准化的零件。如果在设计时不能迅速地选取一个正好满足要求的标准零件，就使用大一号的标准零件；如果零件使用的不是贵重的材料，就使用大一号的标准零件。

(5) 保证零件族的有效性。为保证完整性而将整个零件族放入已被确认的零件表中，如紧固件、电阻和电容。英特尔发现，在印制电路板的 20000 种已被确认的零件中，有 7000 种从未使用过，被确认零件中的 1/3 未被使用于任何产品。

(6) 按合同制造。完全按客户的要求去设计，不考虑其合理性，会增加零部件种类。

(7) 重复的零件。如果产品设计人员不知道已有什么零件，那么，即使已经有完全相同的零件，他们还会常常把“新的”零件“添加”到数据库中，形成“一物多码”的现象。

16.2.2　大量定制能够实现个性化与低成本

大量定制生产之所以能够实现个性化是因为它是订单驱动式生产。订单驱动式生产的最大好处是顾客的需求是事先知道的，避免了生产活动的盲目性，从而消除了预测驱动型生产带来的风险。但是，订单驱动型生产的最大问题是对顾客需求的响应性较差，订单交付时间长。对于不愿意等待的顾客，按订单生产没有吸引力。

按订单生产覆盖了较宽的范围，从标准化产品到个性化产品，都可以采用按订单生产模式。同是购买一台小轿车，顾客可以从现有产品系列中选择一种企业正在生产的型号、规格和颜色的产品，也可以提出特定的要求，这些要求可能牵涉设计和工艺的修改。

大量定制生产之所以能够实现低成本，归根结底是它能够将多样化的产品生产变成通用化的零部件和模块的生产。由于零部件和模块的通用性，它们可以提前制造出来，提高对顾客需求的响应性；由于通用零部件和模块的生产批量大，可以获得规模经济性。

按照对产品和零部件的需求性质不同，可以划分为独立需求和相关需求、共性需求和个性需求。按照以上区分，可以做出一个四分图，如图 16.3 所示。产品是提供给顾客的，属于独立需求；零部件是由产品决定的，属于相关需求。产品有共性产品与个性产品之分，标准产品属于共性产品，定制产品属于个性产品。例如，普通电机和标准紧网件属于共性产品，锅炉和大型船舶属于个性产品。零部件也有通用零部件和专用零部件之分，通用零部件可用在不同的产品上，具有可重用性；专用零部件只能用在某种产品上，不具有可重用性。

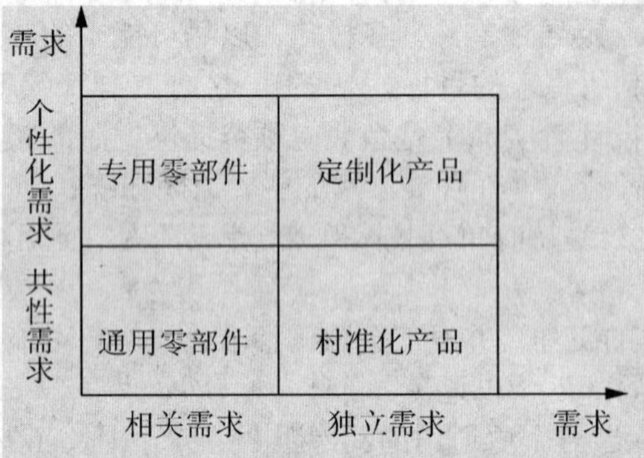

图 16.3　产品和零部件分类

标准通用产品是工业经济时代的主角，定制化产品是服务经济时代的产物。随着社会向服务经济和体验经济发展，定制化产品将成为时代的主角。标准通用产品由通用零部件组成，由于产量大，可以做到标准化和通用化。定制化产品可以由专用零部件构成(如手工作坊生产时代王公贵族的汽车)，也可以由专用零部件和通用零部件共同组成。为了减少定制产品制造过程的复杂性，努力方向应该是尽量减少专用零部件，增加通用零部件，形成规模经济，降低定制产品的成本。

过去，在日本生产组装的打印机设备有两种电源和保险丝装置，一种是面向北美市场的 110 伏电压的，另一种是面向欧洲市场的 220 伏电压的。由于很难预测在北美洲和欧洲的需求量，这就可能导致适用于一个洲的产品大量积压，而适用于另一个洲的产品又出现脱销。如果使用通用的电源和保险丝装置，那么产品在送达最终客户之前就不需要进行差异化设计。以通用零部件为主的产品容易实行大量定制，以专用零部件为主的产品应该重新审查其设计的合理性，尽可能增加共用零部件，减少专用零部件。

16.2.3　大量定制的分类

按定制起始点在价值链上的不同位置来分类，即按备货订货分离点(Customer Order Decoupling Point，CODP)的位置分类。沃特曼(Wortmann)将生产系统分为按订单设计、按订单制造、按订单装配和按库存制造等类型，大量定制包括按订单设计、按订单制造和按订单装配。兰姆培尔(Lampel)和明兹伯格(Mintzberg)将生产系统分为 5 种类型：纯标准化，即大量生产；细分标准化，为各细分市场提供不同的产品和服务，即多样化生产；定制标准化，从选择标准化的零部件开始进行定制装配；剪裁式定制，从产品的制造阶段开始定制；纯定制，从产品设计阶段开始定制。其中后 3 种类型属于大量定制。

针对汽车工业，阿尔福特(Alford)等提出 3 种定制类型：核心式定制，即顾客参与设计的定制；选择式定制，即顾客从企业准备好的大量方案中进行挑选；形式化定制，即顾客在零售商或分销商处对汽车提出一定的改变。

不同类型的顾客参与和不同类型的模块化所带来的产品顾客化程度是不同的，顾客参与得越早，产品的顾客化程度就越高。不同类型的顾客参与和不同类型的模块化对企业的生产(如制造过程、制造技术和制造计划等)有不同的影响和要求，同时其最终产品的成本、质量和交货期都会有所不同，企业应该根据自身的特殊情况及产品的不同要求来对不同的顾客参与和制造模块化进行组合。

16.3　大量定制策略

要确定大量定制策略，首先要弄清楚顾客个性化需求究竟是什么。个性化需求是个人对产品性能、附加功能、可靠性、耐久性、维护性、美学性以及感知性的偏好。“个性化需求”不是指每个人对产品的所有属性的要求都不同，而是在某些属性上的偏好不一样。

16.3.1　减少零部件多样化

减少零部件多样化，首先要对现有产品系列进行分析。保留销售量和销售利润高的产品，对销售量和销售利润额低的产品要作具体分析。如果是新产品，经过一段时间之后，可能变成销售量高的产品。对于通用零件为主的产品可作为大量定制产品来生产，然后，需要减少零部件种类。通过取消低用量的零部件，将高用量零部件标准化，并将类似的零部件用通用零部件代替，可以减少零部件种类。

零部件通用化有助于工具通用化、加工特性通用化、原材料通用化，能够促进工艺标准化，提高加工制造效率，提高产品质量。加工工具、加工工艺、生产计划和产品设计都存在通用性，这种通用性取决于零部件的通用性。正确地利用这种通用性，将有助于减少制造系统的复杂性。

16.3.2　模块化

大量定制的关键是如何变顾客个性化的产品为标准化的模块。模块化使产品的部件如同标准件一样高效地制造，而产品的特色可通过模块的组合与修改来取得，由于这些部件或组件是标准的，因此能以大量生产方法制造，从而使大量定制产品的成本和质量与大量生产相当。借助于模块化进行产品的开发、设计和生产，在基型产品的基础上发展变型产品，可以以较少品种规格的零部件组成顾客需求的多种多样的个性化产品。如某一个计算机制造商有 12 种主板、5 种 CPU、3 种机箱、5 种硬盘、20 种显示器、8 种调制解调器、4 种声卡，其基本模块是 57 种，若将这些模块进行组合，最多可形成 576000 种产品。

功能模块是产品的核心组成部分。功能模块既可以是产品，也可以是零件、装配件或软件模块；既可以是外购件，也可以是外协件或自制件。每个功能模块按照一定的条件和相关的功能模块建立联系，从而满足某个用户或特定设计方案的需要。

因此，完整的功能模块定义必须包含该功能模块全生命周期内的全部信息，包括用户和开发的需求、设计和工艺数据、使用和维护指南、采购和质量信息、与其他元件的结构关系及其有效时间和有效条件，当前的发放状态、历史的变更版本、对应的审批流程等。一旦用户需求或设计技术指标发生变化，必须及时反馈到有关的功能模块，审视原来的状态是否需要改变。如果必须改变则还要进一步分析这种改变的后续影响，从而判断是直接进行改变还是创建一个新的版本，还是创建一个全新的功能模块。为了有效、准确地判断各类变更的影响，每个功能模块的全部信息必须直接挂接在每个功能模块的版本上，以免发生混乱。

当模块化用于大量定制生产时，产品的区别是不同的标准化元件进行不同数量交换的结果，或者是在事先确定元件的基础上进行不同修改的结果。产品模块化与纯粹顾客化的区别在于模块化产生了一些标准的元件，这样就使得大量定制生产产品可以取得与重复生产接近的质量和成本，从而使大量定制生产可行。

模块化能够带来诸多好处。①模块化将最终产品的形成过程分为两个阶段：一个是普通的具有通用性的零部件和/或装配的工序；另一个是零部件和装配都不相同的过程。这种分化使得具有通用性的零部件和装配可以在生产过程的较早阶段进行，使得这一阶段能够有效地实施标准化，产生规模效应。②有利于模块生产的独立进行。实际上，模块的生产可以同时进行，这样就大大缩短了产品的循环时间。③有利于差异化的模块或组装能够在主厂之外的地方进行。④模块化的产品在供应链中可能有更多的备货、订货分离点。

16.3.3 延迟差异化

早在 1950 年，安德森(Alderson)就提出延迟的概念。他认为，产品越接近最终购买目的，产品差异性越强。在生产过程中，寻找不同产品的差异点，尽可能延迟差异点生产的时间，不仅可以减少制造上的复杂性，还可以使预测误差减小，降低需求的不稳定性，提高企业整体效益。

一批木料，可以有各种各样的用途。在没有对它进行任何加工的时候，它的用途最广，可以按照不同的最终需要来利用。假如当你决定将它用来造木船时，它的用途就受到了限制。如果木船是市场上不需要的，造木船的这批木料就被浪费了。如果木船是需要的，但是顾客对各种式样的木船都有不同的个性化要求，你造的木船只是一个基本型，没有油漆、没有装饰，就会有需要木船的顾客光顾，他们会提出各自的要求，你再按各个顾客的个性化需求进行油漆和装饰。这就是一个延迟差异化的例子。如果已造出一条特定式样和风格的木船，那就只有等待确实需要这样的木船的顾客出现了。如果没有这样的顾客，造船所花费的木料、时间和劳动，就全部付诸东流。在产品形成的过程中，由于人力、物力和财力的不断投入，成本越来越高，而产品的特定性越来越强。

延迟实质是将产品的差异化延迟。在产品成型的过程中，投入越来越多，风险逐步增大，“木已成舟”时风险最大。同时，延迟差异化也是为了提高效率、缩短交货期。延迟差异化意味着产品的共性部分或者通用部分是可以而且需要提前制造的，如果等待顾客的最终需要确定之后再从零开始进行生产，则对顾客的响应时间就很长。延迟是为减小风险、适应需求个性化而采用的一种生产组织技术，它的核心内容是：在整个生产流程中，将不同产品需求中相同的零部件和制造过程尽可能最大化，而对体现个性化需求的定制的差异化制造过程尽可能推迟。延迟策略的基本思想就是：表面上的延迟实质上是为了更快速地对急剧变化的市场需求做出反应，实现供应链的低生产成本、快反应速度和高顾客价值。延迟可分为成型延迟和时间延迟两种。

成型延迟又称生产延迟，实质是将最终产品的形成推迟到顾客提出确定的个性化要求之后，而且在顾客提出个性化要求之后尽可能迅速地交货。它的基本思想是在获知客户的准确要求和购买意向之前，尽量使产品保持具有最大的通用性，通过制造相当数量的标准产品或基础产品以实现规模化经济，等收到客户订单后，才从事特定成品的生产。

时间延迟又称物流延迟，实质是将不同地方的顾客所需要的产品推迟到顾客提出要求之后才向最终需要的地方移动，而且在顾客提出要求之后尽可能迅速地交付。这种延迟是建立在改变定制化步骤发生地点基础上的，它的基本观念是获知顾客要求之前，在少数几个战略地点存放全部产品，而将产品移动到需要的销售点延迟到收到客户的要求时进行。集中需求的信息总比分散数据更准确，这样可以改善最终需求的不确定性，减轻了牛鞭效应，降低了系统的库存成本，得到了风险分担和资源共享的好处，同时也提高了供应链运作的稳定性和同步性。物流延迟需要运输能力的提高，以形成快速反应。

其实，生产延迟和物流延迟两者应该结合，而且是能够结合的。通过赋予流通部门一定的最终加工成型的能力，可以将两者结合，从而使延迟策略获得更好的效果。例如，没有最终成型的服装，可以存放在中心仓库。中心仓库离各个销售点都比较近，便于运输。一旦顾客提出对某种服装的特定要求，中心仓库就能立即进行成型加工，然后通过物流系统迅速将顾客特定需要的服装运送到离顾客最近的销售点，及时交付给顾客。产品设计的改进还能使得产品可能最终由消费者自己组装成型。

成功地实施延迟策略需要具备以下几个条件。①产品结构上的约束。产品结构应该是模块化的，应该具有通用性的零部件，这样可以分模块地组装和调试，而不需要作为一个完整的产品来完成这些工作。②制造工艺上的约束。延迟加工的零部件应该具有工艺上的可行性。③CODP 点后的流程要能够灵活而快速地实施，这对建立有效、快速的客户反应是很重要的。④准确地获得订单是延迟策略成功的关键因素。系统必须能够记录顾客的确切的配置和规格等方面的要求，并且及时进行信息传递。⑤需要多个部门和组织通力协作。⑥既然延迟策略常常是通过产品和流程的设计来实现的，这就要求工程师要有供应链管理的意识，在设计时寻求那些能够带来延迟机会的设计方案。大多数工程师倾向于从产品功能、产品外观和狭义的原材料成本方面考虑来设计产品，常常忽略供应链的状况和成本。供应链的实施要求将存货、物流、运输效率、海关和关税、应对客户的反应度和灵活度等，都通盘考虑在内。只有完全了解了设计在整个供应链上所起的作用，才会有更多的设计师能够使产品或工序设计支持延迟策略。⑦延迟策略往往需要付出很大代价。企业在判断延迟策略在多大程度上适合在本企业运用，并论证为什么可以运用时，就必须具备量化延迟策略成本和收益的能力。

大量定制并不一定会带来过多的成本。通过合理恰当地运用以上策略，可以提高销售收入和顾客满意度，使企业能够获得真正的竞争优势。

16.3.4 混合模式

从根本上讲，生产方式的变革是顾客需求变化引起的，大量定制的出现是顾客个性化需求的结果。大量事实表明，当前市场需求呈现个性化的趋势，但是，顾客个性化需求是否最终会取代通用性需求？这是一个难以得到肯定回答的问题，然而有一点是明确的：不管个性化需求最终是否会取代通用性需求，在当前情况下，两种需求共存是不争的事实。于是，需要实行一种混合模式来适应当前的需要。戴尔公司实行大量定制模式，取得了巨大成功，造就了一个世界著名的跨国公司。但是，是否应该用戴尔模式来取代其他模式？答案是否定的。对于具有通用性需求的产品，顾客对可获性的要求高，尽管采用模块化和延迟策略，大量定制难以及时满足顾客的需求。对于标准化产品，采用大量生产方式是最好的。只有站在企业战略高度看待企业客户化问题及运营效率问题，才能完整把握大量定制的核心思想。企业运作实践中，按照单个客户细分却未必是最合理的，因此企业应根据客户的实际需求，结合自身战略考虑成本、财务要求，选择适当的“定制”程度，从这个意义上说，大量定制的任务之一，就是寻找合理的方法解决客户需求差异化问题。

大量定制缺乏和顾客沟通的机制，使企业很难准确获取顾客的偏好信息。只有将顾客自身融入需求满足过程中，才能确保满足顾客个性化需求。通过顾客参与，并赋予顾客一定的控制权，使企业真正理解顾客的需求，并保证顾客的要求得以实现，才能形成竞争力。

回顾现有的生产管理模式，它们追求的目标是不同的。大量生产追求成本最低，精细生产同时追求成本低和质量高，大量定制追求成本低、质量高、品种多。至今还没有一种生产模式能够同时实现低成本、高质量、多品种和及时交付，能够同时实现这四方面要求的生产模式是即时顾客化定制(Instant Customerization，IC)。

16.4　顾客化定制与即时顾客化定制

16.4.1　顾客化定制

在探讨 IC 之前，有必要先对顾客化定制(Customerization)进行阐述。

顾客化定制较早就有研究，但是并没有把顾客化定制作为一种生产模式来研究。温德(Wind)和任伽斯瓦密(Rangaswamy)首次将顾客化定制作为一种生产模式来研究，认为顾客化定制是一种以顾客为中心，生产由顾客引发并由顾客控制的生产模式。在顾客化定制生产模式下，顾客处于主动地位，顾客化定制专注于帮助顾客更好地明确和定义顾客的需求。顾客化定制是大量定制生产和定制化营销(Customized Marketing)的结合体。同时他们还认为顾客化定制是一种方法，一种在数字化市场环境下企业更好地适应个性化和一对一营销的方法，是一种顾客和企业相互交互的方法。

表 16-1 对顾客化定制和大量定制进行了比较。大量定制是订单驱动的，由于顾客的需求往往不是通过订单一次就能够完全确定的，从订货到交货的全过程，顾客参与是必要的。对于顾客化定制，顾客在与产品的设计、制造和交付过程中，可以不断提出新的想法；企业拥有设计和制造工艺方面的专业知识，会引导顾客更好地实现他们真正需要的产品和服务。通过顾客参与，使企业及时理解顾客的要求，顾客也能够及时理解企业的设想，从而保证顾客最终得到的是他们真正所需要的产品和服务。在这个过程中，不仅使顾客的需求得以满足，而且由于参与，顾客也得到了相应的知识和体验，增加了满足感。因此，顾客化定制除可以创造出顾客个性化的定制产品和服务之外，还能提供顾客参与的体验。整个过程都是为了满足顾客个性化的需求，顾客有较大的控制权，顾客除了提出订单，在整个过程的各个环节都可以参与。由于参与环节多，企业制造过程中的盲目性大大减少，备用的零部件也就减少了。

表 16-1　顾客化定制和大量定制的比较

内容	顾客化定制	大量定制
给顾客提供的东西	产品、服务、体验	产品、服务
核心过程的控制	以顾客为主	以企业为主
顾客参与的环节	多	少
企业与顾客的互动	多	少
运作与营销职能的结合	非常紧密	一般
零部件库存	低	较高

从大量定制到顾客化定制是市场进一步发展的要求。顾客化定制比大量定制包括更多的活动和职能，它是一种以买方为中心的战略，是顾客驱动、顾客控制下的生产方式，它的焦点是帮助顾客识别和认定他们自己想要的是什么。顾客化定制是在网络经济环境下，企业适应个性化需求和一对一营销模式的途径。

但是，一般顾客化定制不能即时满足顾客对产品和服务的需求，由于顾客化定制生产不具有重复性，难以通过实物库存来提高响应速度。为了克服顾客化定制订货提前期长的缺点，即时顾客化定制的设想提出了。MC 强调的是成本，IC 强调的是时间，从大量定制到即时顾客化定制，是一次新的飞跃。为此，有必要研究即时顾客化定制。

16.4.2　即时顾客化定制

“即时顾客化定制”这个术语首先是由叶(Yeh)和佩尔森(Pearlson)提出的。他们认为，即时顾客化定制是指一旦顾客提出要求，制造商就能立即将知识和其他资源转换成客户所要求的产品和服务。但是，他们对即时顾客化定制的概念并未展开讨论，没有研究具备什么条件才能实现即时顾客化定制，也没有提出实行即时顾客化定制涉及的新技术和新方法。2002 年，叶等人结合联邦快递、戴尔、思科等著名企业的实践，从零价值差异、零学习差异、零管理差异、零过程差异与零包容差异 5 个方面描述了零时间组织的管理模式，为实现零时间组织指明了方向，认为即时顾客化定制是零时组织的目标，5 个零时原则是实现即时顾客化定制的战略性原则。

1. 即时顾客化定制提出的背景

1988 年，斯托克(George Jr. Stalk)在《哈佛商业评论》发表了《时间——下一个竞争优势资源》的论文，首次提出基于时间竞争(Time Based Competition，TBC)的概念。他认为，现在“时间走向了前沿，成为竞争优势最有力的新资源”。自那以后，许多人开始对 TBC 进行研究。

价格、质量、品种、服务、时间和环保因素综合作用，影响着顾客对产品的需求。但是，随着消费水平的提高，影响需求的主要因素是不断变化的，这种变化大体上是按价格、质量、品种、服务、时间和环保的顺序发生的。在工业化初期，居民消费水平较低，“有没有”的问题比较突出。产品只要可用、便宜，其他方面过得去，就受欢迎，影响产品需求的主要因素是价格。随着消费水平的提高，“好不好”的问题突出，“价廉质劣”的产品不再受欢迎，影响产品需求的主要因素是质量。当质量和价格普遍达到一定水平之后，“多不多”的问题出现了。顾客要追求多样化的产品，品种单一的产品即使“价廉物美”，也不受顾客青睐，品种成为影响产品需求的主要因素。当各个企业提供的产品在价格、质量和品种方面差别不大时，谁能为顾客解决问题，提供最好的服务，谁就能争取到顾客，服务就成为影响产品需求的主要因素。当各种产品在价格、质量、品种和服务方面差别不大时，谁能够最及时地向顾客提供所需的产品、能够最快地推出新产品，谁就受到顾客的欢迎，时间成为影响产品需求的主要因素。将来，当各种产品在价格、质量、品种、服务和时间方面差别不大时，谁能够提供环境友好的产品，谁就受到顾客的欢迎，环保将成为影响产品需求的主要因素。

斯托克提出基于时间竞争概念的前后，时间正在成为影响竞争力的主要因素。信息技术的发展，加快了人们的生活节奏，人们对时间越来越敏感，顾客对于等待越来越不耐烦。影响需求的主要因素发生变化，是拉动生产方式变革的原因。当价格是竞争的主要因素时，出现了“基于成本的竞争”，典型的生产方式是大量生产；当质量成为竞争的主要因素时，出现了“基于质量的竞争”，典型的生产方式是精细生产；当品种成为竞争的主要因素时，出现了“基于柔性的竞争”，典型的生产方式是计算机集成制造；当服务成为竞争的主要因素时，出现了“基于服务的竞争”，典型的生产方式是大量定制；当交货期或上市时间成为竞争的主要因素时，出现了“基于时间的竞争”，典型的生产方式是即时顾客化定制；当环境成为竞争的主要因素时，将出现“基于环保的竞争”，典型的生产方式是绿色制造。当然，这些不同的生产方式不是截然分开的，而是有一定重叠的。

2. 生产方式变革的实践导致即时顾客化定制

手工定制生产实现了顾客化定制，但成本高、订货提前期长、质量也不稳定。按照“单一产品原理”，大量生产实现了低成本，并通过成品库存实现了即时交付，但是只能提供标准化的单一产品，不能提供多样化的选择，更谈不上定制。精细生产能够同时实现比大量生产更低的成本和更高的质量，能够提供型号规格不同的产品供顾客选择，但是不能实现定制。大量定制能够用大量生产的成本实现定制，但是不能实现顾客化定制和即时交付。大工业下的顾客化定制可以按每个顾客的要求一样一件地生产个性化的定制产品，但交付时间较长。现在需要找到一种新的生产方式能够同时实现低成本、高质量、顾客化定制和即时交付，这种新的生产方式就是即时顾客化定制。表 16-2 对不同的生产方式的成本、质量、品种、服务(满足顾客需求)和时间(交货期长短)等几个因素进行了比较。

表 16-2　不同生产方式的比较

	手工定制	大量生产	精细生产	大量定制	顾客化定制	即时顾客化定制
成本	很高	低	更低	较低	较低	较低
质量	不稳定	高	高	高	高	高
品种	一样一件	单一	较多变型	顾客决定	一样一件	一样一件
满足需求	顾客化定制	没有选择	较多选择	定制	顾客化定制	顾客化定制
交货期	长	即时	短	较短	较长	即时

即时顾客化定制是两个“极限”的体现：“顾客化定制”和“即时”。顾客对产品和服务本身追求的极限是“顾客化定制”，顾客对产品和服务交付时间追求的极限是“即时”。在工业化早期，富人消费追求的是“顾客化定制”产品，王公贵族可以不考虑成本。在工业化中期，公众消费追求的是标准化的产品，成本是最重要的因素。在富裕社会，人们开始追求定制化的产品，但成本也要低，这就导致大量定制的出现。

随着这种追求的发展，由定制转向顾客化定制，对时间的要求也越来越苛刻，同时还要求低成本。为了克服顾客化定制订货提前期长的缺点，即时顾客化定制的设想应运而生。大量定制强调成本，即时顾客化定制不仅强调成本，而且强调时间。从大量定制到即时顾客化定制，是一次新的飞跃，即时顾客化定制是下一个新的生产方式。

3. 实行即时顾客化定制的思路

1) 叶等人提出的 3 种方式

叶等人提出了实现即时顾客化定制的 3 种策略："急救室"式、"迪斯尼"式和综合式。"急救室"式要求像医院的急救室那样，一旦出现需要紧急抢救的病人，就能立即配备各种人员和器械，即时进行手术和抢救。急救室式策略要求企业提前做好准备，为顾客提供可能需要的各种资源，应对顾客随时提出的各种不同需求，它是通过整合资源来提高应变能力的。"急救室"式策略仍然是基于压缩时间的思想，难以真正做到"即时"。"迪斯尼"式要求企业为顾客提供大量可供选择的产品和服务，然后由顾客采取自我服务的方式，实质仍然是多样化生产。综合式是两者的综合，没有实质性改变。除上述 3 种策略之外，还没有发现从运作层面研究实施即时顾客化定制的文献。

即时顾客化定制给生产运作管理带来了极大的挑战。在推行精细生产方式中，为了实现"零库存"，需要持续改善；没有改善，不可能实现 JIT，"零库存"使得改善永无止境。在实施即时顾客化定制生产方式中，为了实现"零时间"，需要不断创新；没有创新，不可能实现即时顾客化定制，"零时间"也使得创新无止境。实行即时顾客化定制生产方式将是生产运作管理的一场巨大变革。

2) 实现即时顾客化定制的总体思路

大量生产和精细生产的共性是重复性生产，重复性生产可以利用产品和零部件的实物库存来提高对顾客需求的响应性。定制生产是应顾客特定要求进行的生产，就产品整体来讲不具有重复性，难以通过实物库存来提高对需求的响应性，因此交货期长，这是定制生产面临的难题。

对于信息产品，要做到即时交付，主要依靠信息资源的整合。发表即兴演讲是信息产品即时交付的一个例子。为什么有的人能够结合当时、当地情况发表即兴演讲，有的人就不行呢？根本原因是演讲者大脑里不同知识和信息的集成度不同。信息和知识的集成度越高，就越能根据当时的环境需要来组织演讲的内容。资源整合有利于处理不确定性。信息和知识的集成度越高，处理需求的不确定性的能力和处理突发事件的能力就越强。

对于实体产品，要做到即时交付也需要通过资源整合的方式，资源整合可以提高应变能力。上述"急救室"式策略就是这种情况。

从运作层面上讲，可以采取两种不同的策略来实现即时交付，即压缩订货提前期和赢得负时间。压缩订货提前期是传统的方法，即通过压缩产品计划、开发、制造、营销和运输时间来缩短顾客订货提前期。根据产品的价值流动过程，分别对应着产品创新时间、制造时间、销售时间和服务时间的缩短。提前期压缩越多，就越接近即时交付。但是，时间压缩是有限的，不可能压缩为零，因此单靠压缩时间不可能实现即时顾客化定制。

实现即时顾客化定制的关键是赢得负时间。赢得了负时间，就能够提前进行准备，对即时交付产品就越有利；赢得了负时间，就能够将顾客的订货提前期变为制造企业的提前准备期，如图 16.4 所示。

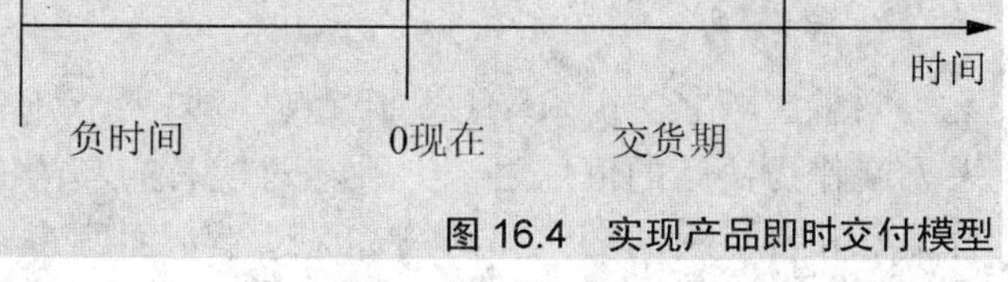

图 16.4　实现产品即时交付模型

4. 实现即时顾客化定制的途径

1) 压缩提前期的途径

压缩订货提前期的方法有很多，包括信息共享、压缩订单处理时间、实行三维并行工程、延迟差异化、供应链的计划与协调等。与供应商共享需求信息，可使提前期缩短。例如，戴尔公司在从网上获得订单之后，立即通知它的供应商，使供应商能够即时进行准备，通过信息共享，避免了供应商的盲目库存，实现“以信息代替库存”，从而能够在5～7天内按订单交付产品。压缩订单处理时间，对于实际压缩提前期很关键。Holweg等人的调查发现，在汽车制造业，花费在总装厂内的时间不到两天，而处理订单的时间却用掉30天。将产品设计、流程设计与供应链设计同时考虑的三维并行工程，有助于缩短新产品开发时间。延迟差异化不仅可以提前完成具有共性的生产任务，而且降低了“货不对路”的风险。供应链各成员之间的统一的计划安排和协调可以压缩顾客订货提前期。

2) 赢得负时间的方法

赢得负时间的途径有：新产品研发、个性需求预测、需求可视法、全面顾客参与和零时间组织。新产品研发是已经运用多年的有效途径。一些新产品开发出来，就受到顾客的欢迎，但是也有些新产品耗费了大量人力、物力、财力和时间，开发出来却受到冷遇。根本原因在于是否符合顾客的潜在需求。能够正确预测顾客需求的变化，提前将新产品开发出来，使顾客在需要的时候能够得到所期望的新产品，就赢得了负时间。零时间组织前面已经提及，此处不再赘述。

预测是赢得负时间、缩短顾客订货提前期的有效办法。具有通用性的产品满足顾客共性需求，传统的需求预测都是针对通用性产品的需求的，属于共性需求预测。然而，面对顾客消费多样化和个性化的趋势，共性预测往往偏离实际太远。去年畅销的车型，今年可能滞销。现在很多汽车制造企业仍然采用过去多年行之有效的时间序列预测方法，采用“预测驱动生产”的模式，结果造成大量成品库存积压，以至于不得不采用各种促销手段降价处理。

“订单驱动生产”的模式可以避免盲目生产。但是，企业只有在接到订单后才组织生产，顾客订货提前期太长，满足不了顾客响应性的要求。对于即时顾客化定制，共性需求预测不适用，因此只能通过个性需求预测方法来赢得负时间。

不同顾客的个性需求的相关性很弱，使得传统的基于共性预测的方法不能直接用于个性需求预测。个性需求预测是实施即时顾客化定制遇到的新问题，对它的研究才刚刚开始。个性化预测是指以单个顾客(通常是最终用户)为预测对象，根据与该顾客的需求直接相关的信息，对该顾客的需求进行预测。

个性需求的自相关性使得个性需求预测具有可行性。比如，某个教授从事一定的专业，他先后购买的书籍可能呈现一定的自相关性，根据这种自相关性就可以预测今后这位教授需要哪方面的书籍。个性需求越稳定，则需求的自相关程度就越高。

客户关系管理(CRM)是选择和管理最有价值的客户关系的一种策略。CRM既是一种新型的管理思想，也是一套企业管理软件和技术，利用CRM提供的信息可以进行个性需求预测。

5. 全面顾客参与

要掌握顾客的需求及其变化趋势，单靠个性需求预测方法是不够的，个性需求预测的结果只能作为决策的依据之一。顾客对现有产品的改进意见，顾客真正想要的产品和服务，顾客偏好和价值观的变化等，只有通过“全面顾客参与”才能真正把握。本书所说的“顾客”

是指直接使用企业所制造的产品的最终用户，包括企业顾客和个人消费者。

全面顾客参与是一个新概念，是顾客全方位的参与，是顾客全过程的参与，也是企业最有价值顾客的终生参与，而且，这种参与不是被动的，而是主动的，是对企业生产经营活动有一定控制权的参与，是实现即时顾客化定制的保证，是实现“以顾客为中心的管理”的前提。

全方位是指从企业的战略决策到实际运作的各种不同层次，都需要顾客参与，而不仅仅是设计和制造过程的参与。全面顾客参与涉及公司治理结构的完善，这是公司治理遇到的新问题，涉及公司治理理论的探索。只有让最有价值顾客的代表作为董事会成员参与企业的战略决策，才能促使公司价值与顾客价值的融合，才能使制造企业了解顾客单位的长期发展规划和近期目标，保证企业做出正确的战略决策。在战术和日常运作上，顾客参与使企业能够及时调整计划，保证对顾客的服务内容、服务效率和服务质量。

终生参与是指企业最有价值的忠诚顾客的整个生命周期的参与。要想顾客忠诚，企业首先要对顾客忠诚，全面顾客参与是培养忠诚顾客最有效的途径。通过 TCP，可以使供需双方荣辱与共、风雨同舟，形成极强的竞争力。全面顾客参与是实现顾客资产最大化的途径，顾客资产是企业所有顾客终身价值的折现现值的总和。要想经营好顾客资产，需要顾客的积极参与，通过顾客参与和顾客进行持续的互动和合作，才能加强和保持与顾客的密切关系，并不断提升这种关系的价值创造性，进而实现顾客资产最大化。

全面顾客参与是实现即时顾客化定制的保证。只有通过全面顾客参与，企业才能将公司的价值与顾客的价值融为一体，才能随时与顾客沟通，把握顾客真正的需求，赢得负时间，提前做好准备，即时提供顾客所真正需要的产品和服务。

全面顾客参与也是体验经济时代的产物，通过全面顾客参与，顾客可以获得最大程度的满足。

6. 即时顾客化定制的实施策略

即时顾客化定制的要求与当今世界制造业的实际差距很大，它是一个可以无限接近，但永远达不到的目标。实施即时顾客化定制是一个逐步逼近的过程，是一个不断创新的过程。“千里之行，始于足下”，只要实施策略得当，就能逐步接近即时顾客化定制。

实施即时顾客化定制的第一步可以先实施按订单生产，改变“预测驱动”生产的模式，将牵引式(Pull)生产模式扩展到整个订货交付过程，而不仅仅是生产现场，这是它与 JIT 的不同之处。按订单生产可以说是即时顾客化定制的初级阶段，它只是表明企业的生产活动是“订单驱动”的，还谈不上满足顾客在产品的性能、结构和交付时间方面的个性化要求。

实施按订单生产有不同的层次，覆盖面很宽。在对产品性能的个性化要求方面，最初可以在企业现有的产品目录的范围内实行 BTO，像餐馆里只能从现有菜单中点菜一样，不考虑顾客的特殊要求。然后，允许顾客选择现有不同模块组成的产品，这种组合可以提供大量不同的型号、规格和花色的产品供顾客选择，进入大量定制阶段。最后，可以按照顾客的特殊要求设计，甚至研制新的产品，真正实现顾客化定制。在用户订货提前期方面，压缩提前期和赢得负时间的方法并用，通过创新和改善，逐步过渡到即时交付。

需要强调的是，要想成功地实施即时顾客化定制，不是单个企业能够做到的，它要求顾客、制造商和供应商打破企业和部门的界限，合作共赢、密切沟通。关于即时顾客化定制，需要研究的问题很多。从压缩时间和赢得负时间两个角度，都有很多问题值得研究。

思考题

1. 试分析定制生产和大量生产各有什么优势。
2. 利用所学的知识中分析多样化生产与定制生产的联系和区别。
3. 模块化与零部件标准化、通用化之间有什么关系？
4. 阐述延迟策略的实质是什么。如何实现延迟策略？
5. 按订单生产、定制、大量定制、顾客化定制以及即时顾客化定制的联系和区别是什么？
6. 汽车制造企业怎样从大量生产或精细生产过渡到大量定制？
7. BTO 与 JIT 有什么联系和区别？

实训与考核

实训项目：

戴尔(Dell)公司经营管理的核心就是按订单生产。顾客直接订购个人计算机，然后戴尔公司就直接按订单生产。从订单确认、核查到产品送达顾客，整个过程是在订单发出的 5～7 天完成的。

BTO 给戴尔带来了很多优势。第一，省去了传统分销模式中的中间商。第二，戴尔直接为顾客生产计算机。第三，戴尔实行准时生产制(Just-In-Time)。装载着供应商零部件的卡车在工厂边停下，货物一卸下就直接送进生产线，根据顾客订单装配成型并装箱。这些零部件在抵达工厂并开始卸货的那一刻才成为戴尔公司的财产，而且几小时就会到达一批。第四，信息系统将整个公司连接起来，并向下道工序发出命令从而控制整个业务流程，这样就消除了非自动化系统所带来的等待、库存积压、损失等问题。

戴尔把顾客分成 3 类：大型企业、中小型企业和个人消费者。每类顾客因其需求不同而受到不同的对待。大型企业的订单由专门的销售人员来处理。销售人员同时处理多个中小型企业的订单，确保客户的需求得到满足。对戴尔产品感兴趣的个人消费者则可以通过电话或者网上销售系统来得到服务。完成这些顾客订单的基础便是著名的戴尔直销策略。顾客拨打免费电话询问产品信息，发出订单。销售人员则坐在戴尔的办公楼里的电脑前接听电话，提供服务。销售人员接到订单是整个定制销售流程的第一步。企业型顾客可以向这些电话服务的销售人员发出订单，也可以与专门的销售小组一起进行购买决策。每个大型企业客户都有德克萨斯州奥斯汀的负责顾客关系的工作人员和专门的销售人员来对其进行服务。这种直接打电话订购电脑，一星期后到货的能力是整个业务的基石。

1996 年，戴尔将其直销模式延伸到因特网上。1997 年的第一季度，在线销售业务就创造了每天 10 万美元的销售额。第二季度，创造了每天 20 万美元的销售额，并持续这一好的势头。1998 年第一季度末，戴尔创造了每天 50 万美元的销售额，在第三季度末，在线业务的日销售额增长到 100 万美元，并且预计这一增长速度还将持续下去。1994 年，戴尔推出了传播信息和诊断故障的这种简单技术支持的工具。通过订单跟踪系统，使顾客可以在订单处理的整个过程中跟踪订单。1996 年秋季，配置系统在因特网上推出，戴尔开始了电子商务。该系统能确保为顾客准确地配置出所需要的产品，并即刻得到相应的价格。该系统一经推出，戴尔的收入飞速增长。

按订单生产给戴尔带来了一系列超越竞争对手的优势，如低库存成本、零中间商成本、即时生产最新技术的产品。传统观点认为企业需要维持一定库存以满足顾客的各种需求，企业需要中间商来减轻分销工作的复杂度、消除顾客的购买烦恼。与之相反，戴尔只在顾客订单发出后组织生产，传统观念认为这样做要么成本很高，要么会生产周期很长，但戴尔有能力保证在订单发出后 5～7 天到货。最终，戴尔成功地实现了个人计算机的直销。

结果是戴尔和顾客实现了双赢。工厂库存期最多为 3 天，这主要是因为与传统生产系统相比，现在的供应商每次的运货量更少，但频率更高了。这样下游企业的库存就为零，因为产品生产出来后直接送达顾客。在整个链中没有一个环节货物会停留超过 7 天，但在传统供应链中零部件的库存期长达 60 天，中间商的产品库存期是 30 天。

戴尔公司确立了快速交货和大量定制的标准，有效防止了迅速变化的 PC 市场的一个主要问题——PC 的过时。另外，戴尔仍在继续降低库存。例如，戴尔只在需要的前几分钟接收零件。在得克萨斯州奥斯汀的新工厂，戴尔 PC 的生产、软件安装、测试和包装在 8 小时内完成，比以前的 10 个小时更短。

戴尔是怎样推动大量定制呢？原因之一是，戴尔将研发(R＆D)主要集中在开发能加快和简化装机过程的软件方面，而不是像许多竞争对手一样将资源投资到计算机的零件方面。戴尔的速度给许多以戴尔为供应商的大跨国公司留下了深刻印象。在 11 天的时间里，戴尔为达美(Delta)公司的售票中心组装和交付 3700 台 PC，之后，达美的经理们特意飞到奥斯汀为工厂工人举行了一次宴会。

项目讨论：

(1) 戴尔定制电脑能够成功的因素是什么？

(2) 其他电脑公司(如康柏)模仿戴尔直销为什么不太成功？

(3) 汽车行业可否像戴尔一样实现定制？

实训考核：

考核要素	评价标准	分值/分	评分/分				
			自评(10%)	小组(20%)	教师(50%)	专家(20%)	小计(100%)
构建分析体系和分析方法	(1) 所构建分析体系与方法能反映案例资料中分析的主题内容	15					
	(2) 体系和方法体现了适用性、科学性和可操作性	15					
分析戴尔的生产类型、生产管理内容、生产方式	分析内容得当、全面，能体现戴尔生产管理的实质	35					
分析存在的优势和不足，并形成解决问题的措施	能准确地分析存在的优势和不足，并能提出切实可行的解决措施	35					
合计							
评语(主要是建议)							

第五部分 资源管理

资源管理是实现生产运作管理目标的基础和保证，没有资源的供给，生产运作系统就不能运行，也就谈不上实现高效、灵活、准时、清洁地生产产品和提供服务。资源管理主要涉及供应链资源管理、约束理论、维护管理和人员管理等，本部分只讨论供应链资源管理与利用和约束理论。

供应链是社会生产活动的一种新的组织形式，是各个企业发展优势业务、放弃不擅长业务的结果，是虚拟网络组织，这个虚拟网络需要整合可以利用的资源才能良好运行。约束或制约因素永远存在于企业和供应链中，它决定了组织的有效产出。识别并解决瓶颈资源问题，也就保证了系统畅通，约束理论为解决复杂系统问题提供了行之有效的途径。

第 17 章 供应链资源管理

学习目标

通过对本章的学习，学生应理解供应链和供应链管理的概念和实质；理解供应链上资源管理的内容与利用，能平衡供应链各资源，实现有机整合；掌握供应链运作中的主要问题，包括库存、运输、采购、定价和信息等方面；理解供应链协调的重要性，识别供应链协调的障碍因素，掌握实现供应链协调的措施，保证供应链上资源顺畅的流动。

工作任务描述

经过对本章知识框架的学习，熟知供应链资源的分布与利用，掌握供应链上资源的协调，使供应链上的资源能够顺畅地流动。

请问，如果你是家用轿车装配企业的生产管理者，你应当如何利用该供应链上的资源，识别资源流动的障碍，消除障碍，使资源流动顺畅，保障装配生产的有序进行。

本章任务

(1) 根据供应链与供应链管理的概念，识别供应链上的资源。

(2) 根据企业生产运作管理的要求，能平衡利用供应链上的资源。

(3) 分析识别供应链资源协调的障碍，掌握协调的措施，能够实施资源协调，使供应链上的资源能够顺畅地流动。

工作任务实施

企业供应链资源协调的一般步骤如下：

(1) 企业生产运作的目标。

(2) 识别企业供应链资源。

(3) 分析企业供应链资源利用的障碍。

(4) 消除障碍，保障资源流动顺畅。

本章的工作任务是了解企业生产运作的目标，在满足此生产目标的情况下识别企业供应链上的资源，采用各种方法消除资源利用障碍，利用一些可以利用的资源，保障资源流动顺畅。图 17.1 给出了供应链管理工作任务实施流程。

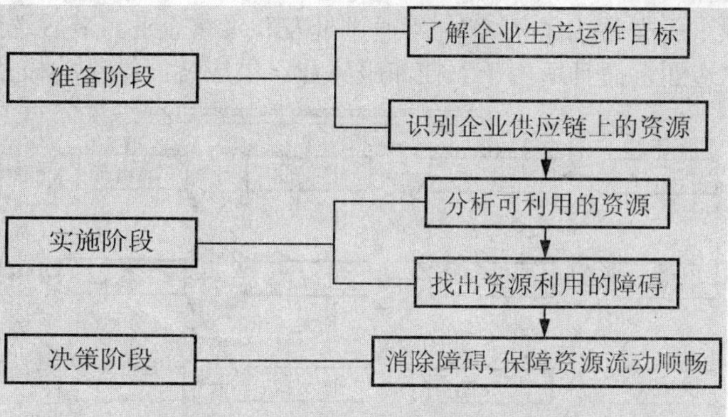

图 17.1　供应链管理工作任务实施流程

17.1　供应链概述

关于供应链管理，有各种各样的定义，这种状况反映了对供应链管理的研究尚不成熟。说到“管理”，首先得有一个主体，对于企业，这个主体就是企业最高领导层。在供应链中如果认为核心企业是管理的主体，那么核心企业又是如何形成的？其次，将企业管理的概念简单搬到供应链管理上未必合适。按照亨利·法约尔给“管理”下的定义，“管理就是实行计划、组织、指挥、协调和控制”，供应链是由多个具有独立法人资格的企业组成的，在这些管理职能中，对供应链来说，更突出的是协调。因此，供应链管理的内涵与企业管理的内涵是有较大差别的。供应链管理内容丰富，涉及供应链目标、供应链战略、供应链网络设计、供应链整体效益与成员企业的局部利益协调、成员之间利益的分配机制、信息平台的建设、需求信息的及时共享、生产过程的同步运作、运输和库存的合理组织等。

17.1.1　供应链的概念

供应链由直接地或间接地满足顾客需求的各个环节组成，这些环节包括制造商、供应商、批发商、运输商、仓储商和零售商，甚至可以将顾客也包括在内。为了满足顾客对产品和服务的需求，供应链要实现新产品开发、市场营销、生产运作、产品分销、财务和客户服务等功能。

以顾客走进沃尔玛商店购买清洁剂为例，来说明什么是供应链。供应链始于顾客及其对清洁剂的需要，接着是顾客走进沃尔玛零售商店。沃尔玛的存货摆满货架，这些存货由成品仓库或者分销商用卡车通过第三方供应。制造商(如宝洁公司)为分销商供货。宝洁制造工厂从各种供应商那里购进原材料，这些供应商可能由更多的供应商供应原材料。沃尔玛不仅提供产品，而且也为顾客提供价格、商品性能和可获性方面的信息。顾客付款给沃尔玛，沃尔玛把销售点信息和补充订单信息传达给仓库或分销商，仓库或分销商用卡车把补充订单所需要的物品送到商店，补货后沃尔玛付款给分销商，分销商根据自己的存货水平，向制造商发出订货。制造商根据订单和预测，组织生产，并向供应商订购原材料。

供应链的主要目的是为了满足顾客的需求，并在满足顾客需求的过程中为自己创造利润。供应链这个术语形象地描述了产品或原料从供应商到制造商、到分销商，再到零售商，直至顾客这一链条移动的过程。供应链的活动过程也包含了产品流、信息流和资金流的传递过程。

一般而言，供应链是指为满足顾客需求直接或间接参与的各方(供应商、生产商、服务商、批发商、零售商、顾客、顾客的顾客以及最终消费者)组成的供应网络。在制造业中，通过采掘企业提供原料(如矿石)，冶炼企业将原料转变成材料(如钢材)，经过机械制造企业将材料加工成产品(如自行车)，再通过批发和零售企业，最后送到顾客手中。供应链概念不仅适用于制造业，而且适用于农业和服务业。供应链网络结构模型如图 17.2 所示。

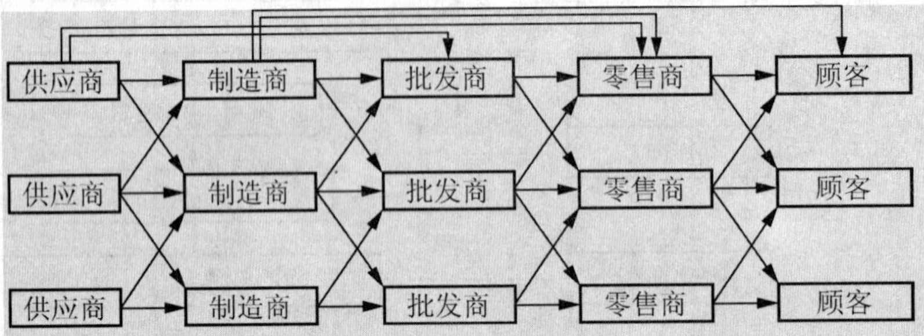

图 17.2　供应链网络结构模型

17.1.2　由纵向一体化到供应链

供应链是分工的产物，但分工有不同的发展阶段，可以采取不同的形式。阐述供应链，不能不从纵向一体化谈起。纵向一体化或称垂直一体化意味着公司通过向后或向上游整合供应商的业务自行生产其投入，或向前或向下游整合分销商的业务自行处理其产出。汽车制造商将钢铁生产和铁矿开采整合进来，是向上游整合的例子；汽车制造商建立销售系统，是向下游整合的例子，如图 17.3 所示。整合可以通过开发生产服务能力以生产以前需要购买的产品和服务，也可以直接购买供应商或分销商来获得这种能力。

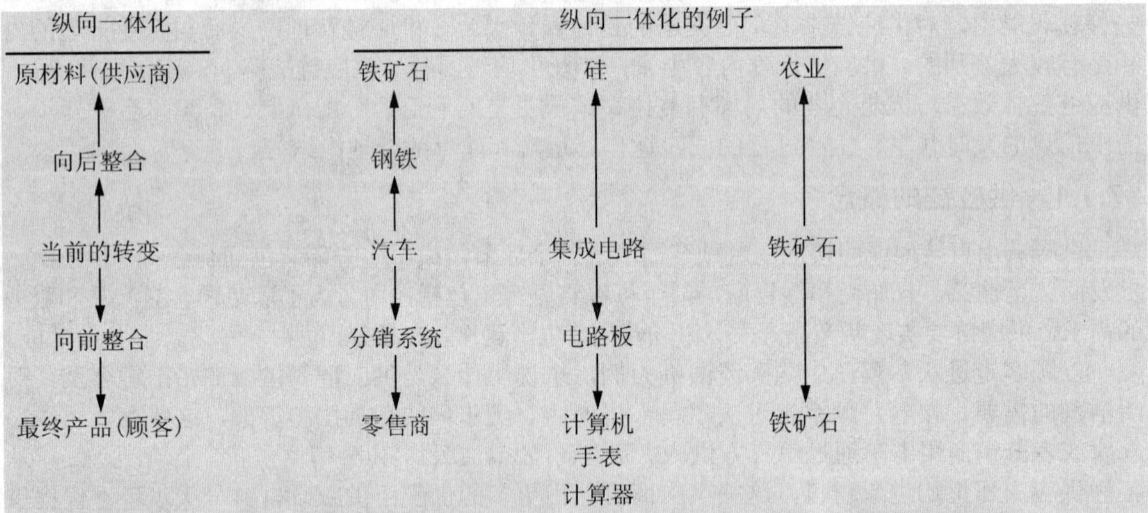

图 17.3　纵向一体化可以通过向前和向后整合

纵向一体化适合稳定的市场环境。当企业处于供不应求的卖方市场时，市场对企业生产的产品需求量大，产品品种变化较少，企业主要靠效率取胜。因此，企业进行专用资产投资自行生产其原材料和专用零部件，在经济上是合算的。纵向一体化的好处是：容易实行统一的计划，控制生产进度，降低库存，减少运输，保证质量，还可以提高新竞争者的进入门槛。美国福特汽车公司曾经是纵向一体化的典型。由于纵向一体化有很多好处，20 世纪 30 年代后，福特公司的大规模纵向一体化生产模式已成为全球瞩目并纷纷效仿的榜样。福特公司的经营范围不断扩张，价值链延伸到基础原材料工业，比如在匹兹堡有福特公司的铁矿，在五大湖的冶炼厂把铁炼成钢，再运往自己的汽车生产线制造出汽车，福特甚至还拥有自己的牧羊场，出产的羊毛专用于生产本公司的汽车坐垫。

但是，纵向一体化不适于急剧变化的环境。因为当需求发生急剧变化时，专用资产的投资会带来极大的风险，竞争的加剧也使得依靠单个企业的资源和能力难以维持竞争优势。竞争环境的变化促使企业调整自己的行为，急剧变化的市场促使企业将不擅长的实行业务外包出去，只保留最核心的业务。大量的业务外包使得供应链管理的地位突出出来，也使得研究供应链管理形成热潮。

可以说，供应链并非新概念。事实上，在研究供应链管理的热潮出现之前，早就有供应链存在。为叙述方便，姑且称之为“传统供应链”，传统供应链也是分工的结果。并非从前的企业都自己生产原材料，必然有供应商；并非以前所有企业都自行销售自己的产品，必然有经销商。我国即使在计划经济年代，也存在供应链。发电厂需要的锅炉、汽轮机和发电机，以及各种各样的辅助设备，不可能由发电厂自己制造、自己安装，存在供应厂家来制造锅炉、汽轮机和发电机，有安装公司来安装发电设备。应该说，供应链不是什么新概念，但供应链管理却是新概念。

那么，为什么直到现在才特别强调供应链和供应链管理呢？原因是过去供应链不重要，重要的是单个企业。企业承担了大部分零部件的生产任务，外协件和外包件是少量的，在产品的构成中处于次要地位。尤其在中国，按照“大而全”、“小而全”的指导思想建立企业，“万事不求人”。在计划经济体制下，企业的产品由谁生产、给谁使用，都是国家确定的，企业没有选择权，产品无论好坏，总会有人要，“皇帝的女儿不愁嫁”。因此，人们不重视供应链，重视的是本企业的管理。对于供应链不重视，当然供应链管理也就没有提到议事日程上。

在急剧变化的时代，企业单靠自己的资源难以适应外界变化，如果什么都做，则什么都做不好，更难以适应变化，还会带来巨大的风险。企业要想在竞争中获胜，就必须将有限的资源集中在自己最擅长的核心业务上。因此，企业只能保留核心业务，将非核心业务外包出去，并通过与在某种业务上具有竞争优势的企业建立战略联盟，通过业务外包形成了一条供应链。业务外包可能产生两种结果：一种是供应链上各企业充分发挥各自的竞争优势，从而提高供应链系统整体的竞争能力，形成“1+1＞2”的竞争优势；另一种结果是供应链上各企业协调不好，造成质量不合格、价格太高、交货不及时，导致“1+1＜2”的结果。因此，供应链管理的问题就突出出来。

战略联盟实质是利益共同体。供应链上各个企业总体利益一致，但每个企业还都有各自的利益，上、下游企业之间实际上仍然存在竞争关系。这种竞争关系使得各个企业都力图成为“独一无二”的，这样无论是对上游的供方，还是对下游的需方，都处于有利的讨价还价地位。为了加强竞争地位，企业就要横向扩张，通过并购同种业务的企业或者扩展自己的核心业务，把自己做强、做大，实现“横向一体化”。纵向一体化是在相对稳定环境下的企业扩张行为，横向一体化是在急剧变化环境下的企业扩张行为。

现代供应链与传统供应链有很大的不同。①供应链成为制造产品和提供服务的主体，产品和服务不再以单个企业为主来提供了，任何企业在产品和服务的增值链中只占一小部分。而传统供应链在整个生产过程中只是起辅助作用，单个企业承担了制造产品和提供服务的大部分工作。②现代供应链是优势企业的整合，是“强强联合”，这是非核心业务外包和市场竞争的结果。传统供应链不一定是优势企业的集合，因为每个企业都有多种业务。③供应链成员企业是相互选择的结果，是动态的，核心企业是自然形成的，核心企业的地位是变化的。我国传统供应链成员是计划指定的，企业没有选择的权力。④供应链的运作倾向于需求驱动，因为供应链就是应对不确定性的产物，在我国传统供应链的运作是计划驱动的。

17.1.3 供应链管理的概念

供应链管理与通常所讲的一个组织内部的管理是不一样的，组织内部的管理体现为一种权力关系，即上级可以指挥下级。而供应链是具有独立法人地位企业的合作链，企业无论大小都是平等的，因此供应链管理主要体现为如何加强合作和对资源的协调运作上。供应链管理有与企业管理不同的管理思想，应该进行深入的研究。

(1) 供应链是“资源整合论”的产物，是不同质的优势企业资源的整合，是通过战略联盟而形成的“强强联合”，对环境的不确定性有很强的适应能力。

(2) 供应链上各个企业是基于共同利益的合作伙伴关系，供应链系统目标的实现，受益的不只是一家企业，而是一个企业群体。因此，各成员企业应具有整体利益的观念。只有供应链整体盈利，成员企业才能都盈利，追求个别企业利益最大化，往往导致供应链整体盈利减少，甚至亏损，最终个别企业也难以生存。

(3) 供应链各成员企业有各自的利益，核心企业不能只考虑自己的利益，不能忽视甚至侵占合作企业的利益，所有企业都要树立合作、共享、多赢、互惠的思想。合作才能优势互补，提高供应链的适应能力；资源、技术、市场机会和信息的共享，才能提高供应链的竞争力；多赢是新的思想观念，是新的游戏规则，是合作的基础；互惠是合作、共享的结果，也是长期合作的保证。

(4) 供应链各成员企业之间在生产能力上要匹配，实现生产运作同步化，形成准时生产系统。要求上游企业准时为下游企业提供所需的原材料和零部件，防止出现停工待料。而要做到同步运作，下游企业生产要均衡，并需要建立一种供应链的协调机制，使信息能够畅通地在供应链各环节中迅速传递，减少因信息失真而导致的过量生产和过量库存，使整个供应链系统的运作能够与顾客的需求步调一致，同步化响应市场需求的变化。

17.1.4 供应链管理的目标

供应链管理的目标应该是使供应链整体盈利最大化。供应链产生的盈利是从最终产品对顾客的价值与满足顾客需求所付出的成本之间的差额，供应链的盈利来自于顾客提供的收入与供应链总成本之间的差额。供应链盈利越多，供应链就越成功。供应链的成功应该由供应链总体盈利而不是一个单个环节的利润来衡量。过分追求个别环节的盈利可能导致供应链整体利润减少。要牢记，供应链收入的唯一来源是顾客。在沃尔玛，购买清洁剂的顾客是唯一的为供应链提供正现金流的一方，所有其他的现金流只不过是供应链各环节之间的资金交换。在供应链里，所有的信息流、产品流和资金流都会产生成本。因此，对信息流、产品流和资金流的管理是供应链成功与否的关键。

设计和管理供应链中的产品流、信息流和资金流，对供应链取得成功有重要作用。沃尔玛在供应链设计、计划和运作方面已经成为成功的领先者。在公司运营的初期，沃尔玛曾对运输和信息基础设施进行大量投资，以推动产品流和信息流的顺畅运作。沃尔玛大量的零售店铺是围绕配送中心建立的，这种布局为零售店铺频繁的补货带来便利，而频繁补货使沃尔玛商店比竞争对手更有效地实现供给和需求的匹配。戴尔公司在较短的时间内成为世界最大的个人计算机制造商之一，其成功的重要原因是对供应链的物流、信息流和资金流的有效管理。戴尔绕过分销商和零售商，将产品直接卖给顾客，与顾客密切的联系使戴尔能够及时了解顾客需求，从而大大减少生产活动的盲目性，使供给和需求相匹配。

17.2　供应链资源管理

17.2.1　供应链决策

成功的供应链管理需要制定许多与信息流、物流和资金流有关的决策，每一项决策都应该能提高供应链盈利。这些决策可分为 3 种类型，包括供应链设计、供应链计划以及供应链运作方面的决策。

1. 供应链设计

供应链设计决策对供应链绩效有着先天性的影响。在这个阶段，要决定供应链的配置、资源的分配以及供应链各个环节采用的流程。公司要做出的决策包括：是外包还是自制来执行供应链的功能；生产和仓储设施的布局和能力；产品制造或储存在哪些地点；采用的运输方式以及信息系统的类型。要确保供应链的构建，支持公司的战略目标并增加供应链盈利。供应链设计决策应是长期(大约数年)的，因此，当公司做出这些决策的时候，必须考虑未来若干年内市场状况的不确定性。

2. 供应链计划

这一阶段的决策期限一般是一个季度到一年。计划方面的决策是在设计阶段给定的供应链配置约束下制定和实施的。计划的目标是供应链盈利最大化，供应链盈利是在设计阶段建立的限制条件下在计划期内产生的。公司计划基于对下一年不同市场的需求预测。计划决策包括哪些市场由哪里供应，转包生产，库存策略以及营销和定价促销的时间安排和规模等。计划阶段建立了供应链在一定时期运作需要遵循的目标，决定了一系列短期运作的政策。

3. 供应链运作

运作阶段的时间范围是周或日，在这个阶段公司根据顾客的订单做出决策。在运作层面，供应链配置应该是固定的，计划策略也已经确定。供应链运作的目标是以可能的最好方式来处理顾客订单。在这个阶段，企业按单个订单分配存货或安排生产，设置履行订单的时间，生成仓库提货清单，按订单确定发运模式和发货，确定卡车的交货时间表，发出补货订单。因为运作决策是短期(分钟、小时或天)做出的，需求信息的不确定性较低。运作阶段的目标是减少不确定性，优化供应链绩效。

供应链的设计、计划和运作对于供应链的盈利和成功具有很大的影响，沃尔玛和戴尔的成功应大部分归功于有效的供应链的设计、计划和运作。

17.2.2　供应链资源管理的内容

1. 库存

本书第 10 章从单个企业出发对库存控制问题进行了讨论，建立了库存控制模型。在供应链环境下，库存控制有不同的特点，这是本段要讨论的。

1) 多级周转库存的管理

供应链有多个环节，每个环节可能有多个参与者。如果供应链各个环节在进行订货批量决策时缺乏协作，会导致高的周转库存和高成本。多级供应链系统的目标是通过协调供应链各环节间的订货行为来降低总成本。

为简单起见，考虑只有一个制造商和一个零售商的简单多级系统。假设制造商可在顾客需要的时候生产一批产品。如果制造商和零售商的这两个环节不同步，制造商可能会在向零售商发运一批批量为 Q 的产品后，立即生产一个新的批量 Q，两环节的库存量变化如图 17.4 所示。此时，零售商持有的平均库存量为 $Q/2$，而制造商持有的平均库存量约为 Q。

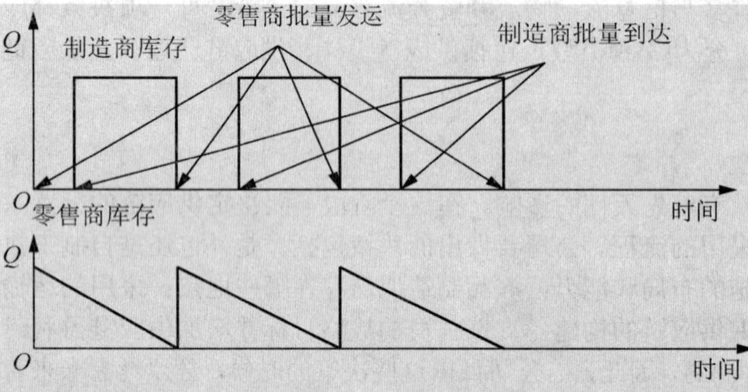

图 17.4　非同步情况下制造商和零售商的库存状态图

如果制造商将产品准备好的时间点与产品发运给零售商的时间同步，供应链的总库存将降低。在这种情况下，制造商持有库存接近 0，而零售商持有的平均库存为 $Q/2$。可见，生产和补货的同步使供应链的周转库存由 $3Q/2$ 降为 $Q/2$。

对于一个简单的每个环节仅有一家企业的多级供应链，每个环节的订货批量都是其直接客户批量的整数倍，这一订货策略已被证明非常接近最优订货策略。当订货批量为倍数关系时，能通过越库配送直接将一个环节的产品传递至下一环节。越库配送实施程度依赖于每一环节固定订货成本 S 和持有成本 H 的比值。两个环节的该项比值越接近，实施越库配送的产品的百分比就越高。

如果供应链的一方向处于供应链下一环节的多方供货，那么将需求量大的零售商和需求量小的零售商进行区分就尤为重要。对于这种情形，如果零售商联合起来共同订货，那么对于任何一家零售商，它的订货频率就是分销商订货频率的整数倍，或者分销商的订货频率是零售商订货频率的整数倍。整数补货策略要求每一个参与者周期性订货，同时每一个参与者再订货间隔的长度都是一些基本周期的整数倍。一些零售商每周发出一次补货订单，而另一些零售商则每两周或每四周发出一次补货订单。如果零售商的订货频率高于分销商，则零售商的订货频率应是分销商的整数倍；如果零售商的订货频率低于分销商，那么分销商的订货频率就应是零售商的整数倍。

整数补货策略可以概括如下：

(1) 将同一环节的各方划分为多个组，使在同一组的各方都向相同的供应商订货，并且他们的再订货间隔期相同。

(2) 确定环节间的再订货间隔期，使每一个环节收到补货订单的时间都与补货订单的货物至少向一家客户发出时的时间同步。上述同步部分的产品运输可通过越库配送实现。

(3) 若顾客的再订货间隔时间比供应商的长，则设定顾客的再订货间隔为供应商再订货间隔的整数倍，同时将两个环节的补货同步化，以实施越库配送。也就是说，供应商应该对再订货频率比自己低的顾客的全部订单，都实施越库配送。

(4) 若顾客的再订货间隔比供应商的短，则设定供应商的再订货间隔应为顾客再订货间隔的整数倍，同时将两个环节的补货同步化，以实施越库配送。也就是说，供应商对于那些再订货频率比自己高的顾客，要将对他们的每 k 次出货合并为一次越库配送，这里 k 为整数。

(5) 相关的再订货频率由各方的调整准备成本、库存持有成本和需求量决定。

尽管上面讨论的整数策略使供应链中的补货实现同步化，并降低了周转库存，但它导致了安全库存的增加，这是由于再订货的时间缺乏灵活性。因此，这种策略只对周转库存很大并且需求相对可预测的供应链最有意义。

2) 多级安全库存的管理

在简单的多级供应链中，只有一个供应商为一个零售商供货，后者直接面对最终消费者。零售商需要了解需求和供应不确定性以确定安全库存水平。然而，供应不确定性受供应商的安全库存水平的影响。如果零售商的采购订单在供应商库存足够的情况下到达，供应的提前期就很短。相反，如果在供应商缺货时到达，零售商的补货提前期就会拉长。因此，如果供应商提高安全库存水平，零售商就可以减少其持有的安全库存量。这就是说，多级供应链所有环节的安全库存水平是相互关联的。

供应链的某一环节和最终顾客之间的所有库存被称为梯级库存。零售商的梯级库存即为零售商持有或为零售商供货的渠道中的库存；而分销商的梯级库存则包括分销商自己持有及其全部零售商持有的库存。在多梯级的情况下，任何一级的再订货点和最大库存水平的确定都基于梯级库存而非一个环节的本地库存。因此，分销商在确定安全库存水平时应按照所供应的所有零售商持有安全库存的水平。零售商持有的安全库存越多，分销商需要的安全库存就越少。如果零售商降低他们的安全库存水平，分销商就必须增加安全库存以确保对零售商的定期补货。

供应链的所有环节试图管理他们的梯级库存，弄清库存在各个环节间如何分配是非常重要的。在供应链的上游持有库存能更广泛地实施聚集策略，从而减少库存的需要量。然而，由于存货没有放置在距离顾客较近的环节，设置上游库存会增加最终顾客等待的概率。因此，多级供应链中的库存决策必须考虑不同环节安全库存的持有水平。如果持有库存的成本很高而且顾客可以容忍延期供应，那么最好在远离终端客户的供应链上游设置更多的安全库存，以获得聚集效益；如果持有库存的成本很低且顾客对时间非常敏感，那么最好在接近最终客户的供应链下游设置更多的安全库存。

2. 运输决策权衡

运输是为了使产品由供应链源头转移至顾客手中而发生的产品空间位移。运输是一个重要的供应链驱动因素，因为产品极少在同一地点生产和消费。在绝大多数供应链中，运输成本是供应链成本的重要组成部分。任何供应链的成功都与合理的运输密不可分。

托运人进行运输决策必须对以下几个问题进行权衡：库存成本、设施成本、加工成本、协作成本以及顾客响应性水平。戴尔公司使用包裹承运商运送 PC 给顾客，虽然运输成本有所增加，但却因各种设施的聚集布局，降低了设施成本和库存成本。如果戴尔公司希望降低运输成本，就必须牺牲顾客响应性或者增加设施数量。

在进行运输决策时必须对以下问题进行权衡：运输成本与库存成本；运输成本与顾客响应性。

1) 运输成本与库存成本的权衡

在进行运输成本与库存成本的权衡时，需要考虑运输方式的选择和库存聚集问题。运输方式的选择是一项计划决策，又是一项运作决策，托运人必须对运输成本与库存成本进行权衡。较廉价的运输方式常常意味着较长的提前期和较大的最小送货量，这将导致供应链库存量的增加。以更小批量送货能帮助企业降低库存，但通常费用也较高。戴尔公司从亚洲空运部分零部件材料，单从运输成本方面考虑显然是不合理的。只有考虑到公司需要更快速的运输方式运送高价值零部件，以保持较低的库存水平，才能看到这种做法的合理性。对单位重量分摊的价值(价值重量比)高的产品应该采取更快速的运输方式，因为对于这些产品来说，降低库存至关重要；反之，价值重量比低的产品应该采取更廉价的运输方式，因为对于这些产品来说，降低运输成本更加重要。对运输方式进行选择时，除考虑运输成本之外，还应该考虑周转库存、安全库存和在途库存成本。

将库存聚集到一个地区，企业可以降低安全库存，库存聚集导致的运输成本通常会增加。如果库存高度分散，一定程度的聚集还可能降低运输成本。然而，一旦超过某个临界点，库存聚集将导致总运输成本增加。因此，所有打算采用库存聚集策略的企业在进行决策时，都必须在运输成本、库存成本和设施成本之间进行权衡。

当库存成本和设施成本占供应链总成本的比重较大时，采取库存聚集策略是好的选择。对于价值重量比很大的产品以及需求不确定性很高的产品，采取库存聚集策略也非常有帮助。例如，对于 PC 行业价值很高的新产品，可以采用库存聚集策略，因为 PC 的价值重量比很高，而新款产品需求的不确定性又很大。在顾客订货量很大并足以确保外向运输达到规模经济时，采取库存聚集策略也是较好的选择。然而，在产品的价值重量比很低，且顾客订货批量较小的情况下，库存聚集策略由于其运输成本高，将很可能损害供应链绩效。与 PC 相比，畅销书价值重量比低，需求可预测，因此采取库存聚集策略获得的收益要小很多。

2) 运输成本与顾客响应性的权衡

供应链的运输成本与其响应性水平有密切联系。响应性水平高的公司能在收到顾客订单后一天内发出全部订货，其出站货物批量小、外向运输成本高。如果降低响应性，并将较长时间内的订货集中发出，企业将能以大批量送货，从而实现规模经济并降低运输成本。时间聚集是指将一定时间内的订货集中发出。由于发货的推迟，时间聚集降低了企业的响应性，但是由于送货批量大，能够降低运输成本。因此，企业在设计运输网络时，必须考虑响应性水平和运输成本之间的平衡。

3. 采购

采购是公司从供应商处获取原材料、零部件、产品、服务或其他资源来进行运作的过程。采购是一整套用来购买产品和服务的商业流程。对于任何供应链，最主要的决策是外包或自制。外包就是让第三方执行供应链某项功能。外包是公司面对的最重要决策之一，不同行业采取的措施通常不一样。当决定外包后，采购过程包括供应商选择、供应商合同设计、产品设计协作、材料或服务的采购以及供应商绩效的评估。

1) 自制或外包

制定外包决策要根据对第三方提供的供应链盈余和导致的风险之间进行权衡。当盈余的增加较大，而风险的增加较小，公司才应该考虑外包；如果盈余的增加较小，而风险的增加较大，公司最好自制。如果外包给第三方比公司自制能够提高顾客价值或者降低供应链成本，那就增加了供应链盈余。

(1) 通过聚集方式来提高价值和降低成本。

① 能力聚集。第三方可以通过集中多家公司的需求以及获取独家公司不可能拥有的规模

经济提高供应链盈余，这是公司实行外包的最普遍的原因。戴尔公司将计算机处理器的设计和生产外包给英特尔公司的一个原因是，英特尔公司供应多家计算机制造商，它获取了戴尔公司自己设计和生产处理器不能拥有的规模经济性。如果公司的需求量很大并且稳定，第三方通常不能通过能力聚集来提高盈余，没有哪个汽车制造商是将它最畅销汽车外包给第三方的。

② 库存聚集。第三方可以通过集中大量顾客的库存来增加供应链盈余。聚集极大地降低了不确定性，提高了采购和运输的规模经济性。当顾客需求分散和不确定时，采取库存聚集最有利；当需求很大并且可预测，库存聚集不会增加太多供应链盈余。

③ 通过运输中介的运输聚集。第三方可以通过聚集运输功能来提高盈余，美国联邦快递就是通过聚集各发货人的运输来提高供应链盈余的运输中介。运输中介聚集多个发货人的运输量，因此每批货物的运输成本比单个发货人来运输的成本低。当发货人运输包裹或者零担货物给地理位置分散的顾客时，运输中介会增加供应链盈余。运输中介还可以通过聚集回程运输来提高盈余，尤其是当发货人的运输相当不平衡，发送到某地区的货物数量与离开该地区的货物数量相差很大时。运输中介对于像沃尔玛这样的公司不会增加供应链盈余，因为它的运输量大。

④ 通过存储中介的运输聚集。存储库存的第三方可以通过聚集内向运输和外向运输来提高供应链盈余。内向运输方面，它们能够将几家制造商的原材料聚集在一辆货车上，运输成本比单独一家制造商运输更低；在外向运输方面，它们将同一地点多个顾客的包裹聚集起来，其运输成本比为每个顾客运输低得多。当中介存储许多供应商的产品并服务于许多顾客，而且每次订货量较小时，聚集最有效。

⑤ 仓库聚集。第三方可以通过聚集不同顾客的仓储需求来提高盈余，盈余的增加是通过更低的房地产成本和更低的仓库处理成本来实现。如果供应商仓库需要较小，或者它的需求波动较大，那么可以通过仓库聚集来节约成本。但对于较大的供应商或者仓库需求相对稳定的顾客来说，仓库聚集不大会增加盈余。

⑥ 采购聚集。如果第三方为许多小公司聚集采购并实现生产和内向运输的规模经济，那么它就能增加供应链盈余。采购聚集对许多小型购买者非常有效，通过聚集购买可以降低货车设备和服务的价格。对于小型公司，采购聚集会极大地增加供应链盈余，但当只有少数的大顾客时，采购聚集作用不大。

此外，还可以通过信息聚集、应收账款聚集和关系聚集等来增加供应链盈余。如果第三方由于专业性或学习能力的提高，拥有更低的成本或更高的质量，它就会增加供应链的盈余。

影响第三方盈余增加的 3 个重要因素是：规模、不确定性和资产专用性。如果规模较大，公司自己内部就可以达到足够的规模经济，第三方不太可能进一步扩大规模经济并增加盈余。如果需求可预测，特别当公司有足够的规模时，第三方提供的盈余增加将非常有限；相反，如果公司的需求随着时间变化非常大，那么第三方能够通过与其他顾客聚集来增加盈余。如果公司所需资产是专用的，不能用于其他公司，那么第三方不可能增加盈余，因为它所做的只是将资产从一家公司移到另一家公司。

(2) 外包的风险。当公司将某项功能外包给第三方时，必须考虑下面的风险：

① 流程分离。当公司将其部分功能外包时，出现的最大问题是失去对流程的控制。

② 低估协调成本。外包时经常发生的错误是低估了执行供应链任务的多个实体间的协调成本。公司计划将供应链的各种功能外包给不同的第三方是正确的。如果公司有很强的协调能力，那么将功能外包给多个第三方是可行的。思科公司是一个优秀的协调者，但在 21 世纪

初也陷入了困境，正是由于协调问题带来了大量多余的库存。

③ 减少顾客/供应商接触。公司引进第三方后可能会失去与顾客和供应商的联系。当那些向顾客直销的公司决定使用第三方来收集订单或发送产品时，顾客联系的丢失尤其明显。

④ 丧失内部能力和增加第三方权力。如果外包某项功能会极大增加第三方的权力，公司可能会选择自制。因为权力丧失的潜在损失大，而聚集带来的收益小。如果某项能力的完全丧失将极大地加强了第三方的讨价还价地位，那么还是由自己来执行这项供应链功能最好。

⑤ 泄露敏感数据和信息。使用第三方需要公司分享需求信息，有时还要分享知识产权。如果第三方也服务于其他竞争者，总会有泄露的危险。当泄露成为一个问题时，尤其对于知识产权，公司通常会选择自己执行此项功能。

2) 供应商选择

选择供应商先要对供应商进行评估，然后按照一定的方式来挑选。许多公司犯的基本错误是只考虑报价，忽视供应商在其他重要方面的差异。事实上，供应商的报价只是许多影响供应链盈余因素中的一个。

当对供应商进行评估时，除了报价外还应该考虑如下因素：补货提前期、准时交付绩效、供应柔性、送货频率和最小批量、供应质量、内向运输成本、定价条款、信息协调能力、设计协作能力、汇率、税款、关税以及供应商的生存能力等。

(1) 补货提前期。若供应商的补货提前期长，购买者需要的安全库存量会与补货提前期的平方根成比例增长。因此，对补货提前期的评估就是估计供应商对安全库存成本的影响。

(2) 准时交付绩效。准时交付绩效影响着提前期的变化。可靠的供应商的提前期变化小，不可靠的供应商的提前期变化大。当提前期变化加大，公司所需的安全库存会快速增加。准时交付绩效可以转化为提前期变化，进一步转化为所需的安全库存变化。

(3) 供应柔性。供应柔性是供应商在不恶化其他绩效因素的情况下能够承受的订货量的变化程度。当订货量变化时，供应柔性越差，供应商的提前期变化就越大。因此，供应柔性影响着公司必须持有的安全库存的水平。

(4) 送货频率和最小批量。供应商的送货频率和最小批量影响着公司每次订货的批量大小。当补货批量增大，公司的周转库存就增加，因此提高了库存持有成本。对于使用定期订货策略的公司，送货频率也影响所需的安全库存。因此，供应商的送货频率可以转化为周转库存成本和安全库存成本。

(5) 供应质量。质量影响着供应商完成补货订单的提前期和此提前期的波动，因为替换缺陷产品需要追加订单，公司不得不为低质量供应商持有更多安全库存。当供应质量、提前期、提前期波动之间的关系确定后，每个供应商的质量水平可以转化为所需安全库存和相关的库存持有成本。质量还影响顾客满意度和产品成本。

(6) 内向运输成本。使用某供应商的总成本还包括原材料的内向运输成本。距离、运输方式和送货频率影响着关于每个供应商的内向运输成本。

(7) 定价条款。定价条款包括付款允许的延迟期限和供应商提供的数量折扣。向供应商延期付款节省了购买者的流动资金。数量折扣降低了单位成本，但是会增加订货批量，最终增加周转库存。

评价供应商还应考虑协调能力和生存能力等。好的协调造成好的补货计划，同时降低了库存成本和缺货导致的失售损失。好的信息协调还降低了牛鞭效应，带来了更低的生产、库存和运输成本，同时提高了顾客响应性。

在选择供应商之前，公司必须要确定是采用单一供源还是多方供源。单一供源保证了供应商有足够的订单，同时，供应商也必须为特定的采购方做很大的投资。这些为特定采购方的投资形式体现为生产特定零件的设备或工厂，或者开发的专门技术。要判断公司的供应商数量是否合适，只需看增加或减少一个供应商后所产生的影响。

供应商的选择机制有多种，包括线下竞标、反向拍卖或直接商谈。无论用哪种方法，要以选择供应商的总成本而不是单一的价格作为标准。

当执行某特定供应链功能的第三方已经确定，接着就进入谈判过程以确定合同条款。成功谈判的关键是双赢，为了取得双赢，双方必须在多个方面进行商谈。采购者不仅对实现供应链功能的价格关心，而且关注实施的响应性与质量。如果供应商发现很难再降低价格而更容易缩短响应时间，那么就有机会达到双赢，因为供应商可以在价格不变的情况下提供更快的响应速度。

4. 定价和收入管理

定价也是一种影响需求的重要杠杆，定价影响所需的产品数量和总收入。通过定价，使供应和需求更好的匹配，以提高供应链盈利。收入管理就是在有限资源约束下使用定价来提高公司盈利。供应链的资产存在有两种形式：能力和库存。供应链中能力资产的作用是满足生产、运输和存贮的需要；而库存资产用来提高产品的可获性。传统的做法是，公司通过投资或者减少资产来减少供需不匹配。收入管理的思想认为公司应该首先使用定价方式来达到供需平衡，然后再投资或减少资产。

1) 多种顾客细分市场的定价和收入管理

多个细分市场的经典例子是航空业，商务旅客愿意为满足自己行程的飞机票支付高价，而休闲旅客希望获取低价票而情愿改变行程。理论上，差异定价的思想可以为公司增加利润，但是，在实践中必须处理好两个基本问题。首先，公司如何区别两个细分市场并且构造定价机制，让一个细分市场比另一个细分市场为产品支付更高的价格；其次，公司如何控制需求，让低价细分市场不会消耗过多的资源。当存在可以细分的市场时，公司必须解决下面两个问题：确定每个细分市场的价格；将有限的能力在各个细分市场中进行分配。如果公司以固定的资产服务于多个细分市场，它可以通过为每个细分市场制定不同的价格来提高收入。必须建立壁垒，阻止高价市场侵蚀低价市场。为高价市场保留的能力数量应该使高价市场的期望边际收入等于低价市场的价格。

2) 易逝产品的定价和收入管理

随着时间推移逐渐失去价值的任何资产都有易逝性。很明显，水果、蔬菜和药品都是易逝的，易逝品也包括计算机和手机等产品，因为每当新型号出现时它们就失去了价值；时尚服装也是易逝的，因为当季节过了，它们就不可能以全价销售；易逝资产也包括所有形式的生产、运输和储存能力，它们一旦没有充分利用就浪费了；过去没有使用的能力毫无价值，因此所有没有使用的能力就是易逝能力。易逝资产的两个收入管理战术是：随着时间动态地改变价格以使期望收入最大；超订以抵消预订取消。

如果顾客对价格的敏感性在销售季节不断变化，动态定价是一个非常强大的提高利润的工具。时尚商品就是一个好例子，在季初顾客对价格不敏感，快到季末时顾客对价格越来越敏感。许多百货商店在季末时不断加大商品的打折幅度，然后将仍没售完的库存卖给处理品商店，这些处理品商店也会采用类似的定价策略。

易逝资产收入管理的另一个例子是航空业使用的超订方法。一旦飞机起飞，飞机上的空座位就没有任何价值。由于一些顾客即使预订了座位也可能不登机，所以航空公司接受多于飞机能力的预订数量，以使期望收入最大。实施超订策略时，要在因过多的预订取消而导致的能力(库存)浪费和因过少的预定取消而导致的能力(库存)短缺之间进行权衡，当出现能力短缺时，需要安排昂贵的后备支援。能力浪费的成本等于利用这些能力来生产而创造的利润，能力短缺的成本等于必须使用后备资源的成本。制定超订决策的目标是通过对减少能力浪费的成本和能力短缺的成本进行权衡来使供应链利润最大化。

3) 季节性需求的定价和收入管理

面对季节性需求，一个有效的收入管理战术就是在高峰时期制定高价，在非高峰时期制定低价，从而将需求从高峰时期转移到非高峰时期。

旅馆业在一周的某一天或一年的某个时期使用差异定价。它的目标不是转移需求，而是通过吸引价格敏感顾客来增加低需求时期的需求。收入管理策略是很有效的，因为随时改变能力是非常昂贵的。差异定价策略增加了资产所有者的利润，降低了一部分顾客支付的价格，也在非高峰折扣时期吸引了潜在的新顾客。

4) 大宗订货和零星订货的定价及收入管理

许多公司面临两个细分市场，一些顾客以折扣价大批量地购买产品，而其他顾客以高价购买单件或小批量的产品。在多数情况下，供应链资产所有者宁愿满足所有大宗订货需求，只有当有剩余的能力时才服务零星订货顾客。公司集中服务于大宗订货市场，或仅服务于零星订货市场，这是一种选择。然而，服务于两个市场的混合战略会更合适。在这种情况下，公司必须确定多少比例的资产为大宗订货服务、多少比例的资产保留给零星订货市场。

供应链中很多生产、仓储和运输资产的消费者都面临着平衡大宗订货合同和零星订货合同的问题，基本决策为批量合同的大小，需要在浪费一部分低成本的批量合同和以高价在零星订货市场购买资产之间进行基本权衡。

5. 信息

信息是供应链成功的关键，还因为它使管理者能够在更广阔的视野中制定跨部门和跨公司的决策。成功的供应链战略来自于将整条供应链看作一个整体，而不是只看到单独的环节。以全球视野来考虑整条供应链，管理者在制定决策时能够考虑影响供应链的所有因素，而不是影响供应链中某个特定环节或功能的部分因素。考虑整体能够使整条供应链的利润最大化，从而提高供应链中单个公司的利润。

管理者如何拥有这个广阔的视野呢？供应链视野完全由信息组成，信息的广度决定了视野是全球性的还是区域性的。为了获取供应链的全球视野，管理者需要供应链中有关所有公司部门和组织的准确和及时的信息。

信息必须有以下特点，才能对制定供应链决策有用：信息必须准确，信息必须能够及时获取，信息必须是合适的。

制定有关供应链驱动因素的决策都会用到信息。确定设施的地点、能力和计划需要效率与柔性的权衡信息以及需求、汇率、税收等方面的信息；确定最优库存策略需要需求模式、库存持有成本、缺货成本、订货成本等信息；运输网络、路线、方式、发货和卖方等决策的制定需要成本、顾客分布和送货规模等信息；产品利润、价格、质量、交货提前期等都是制定采购决策的重要信息；确定价格需要有关需求的信息，如需求量和不同细分市场顾客的支付意愿，还需要许多供应信息，如产品利润、提前期和供应量。使用这些信息，公司可以制定明智的定价决策来提高供应链利润。

总而言之，信息对于战略、计划和运作 3 个决策层次和所有供应链驱动因素的决策制定都非常关键。IT 不仅能够收集这些信息以提高供应链可见度，还能够分析这些信息，因此所制定的供应链决策能够使利润最大化。

1) 供应链信息技术框架

供应链管理的出现扩展了公司制定决策的广度。这个广度从优化部门绩效扩展到优化企业绩效，现在到了优化整个供应链绩效。这个广度的扩展强调制定决策时考虑所有供应链过程的重要性。从企业的角度看，供应链的所有过程可以分成 3 个主要部分：聚焦于下游的过程、聚焦于内部的过程以及聚焦于上游的过程。据此确定如下 3 个宏观过程：①顾客关系管理，聚焦于下游企业与它的顾客联系的过程；②内部供应链管理，聚焦于企业内部运作的过程；③供应商关系管理，聚焦于上游企业与它的供应商联系的过程。还有第四个重要模块，它为 3 个宏观过程提供了基础，将它称作“事务管理基础”，它包括基本的 ERP 系统、平台软件及集成软件。TMF 软件对 3 个宏观过程起作用并彼此联系，非常必要。

因为企业绩效与供应链绩效越来越密切相关，公司必须聚焦于这些宏观过程。几十年来公司总是聚焦于内部过程，现在必须扩展到整个供应链，目标应该是提高供应链整体利润。科学的供应链管理是正和游戏，在正和游戏中，供应链伙伴可以通过共同努力来提高他们的整体利润水平。因此，为了更加有效地提高供应链利润，公司必须将视野从公司内部扩展到外部，考虑所有 3 个宏观过程。

为了生存，为了成长，企业软件公司必须聚焦于一个或多个宏观过程。几乎所有企业软件的增长领域存在于 CRM、ISCM 或 SRM 中。

2) 客户关系管理

CRM 宏观过程包括发生在企业与供应链下游顾客之间的过程。CRM 宏观过程的目标是刺激顾客需求、促成交易及跟踪订单。因为没有有效地处理和执行订单，会导致未满足的需求和糟糕的顾客体验。CRM 包括如下关键过程：营销、销售、订单管理以及呼叫/服务中心。

上述 CRM 过程覆盖了大量的企业与顾客的交互活动。为了提高供应链利润，顾客是起点，因为所有的需求也就是收入，最终来自于他们。因此，CRM 宏观过程通常是提高供应链绩效的起点。值得注意的是，CRM 过程(及 CRM 软件)必须与内部运作整合起来以优化绩效。一般情况是，公司的顾客服务部门与他们的内部运作之间是独立的，强调 CRM 与内部运作的整合对于有效的供应链是重要的。

3) 内部供应链管理

ISCM 聚焦于企业的内部运作，包括所有关于订单计划和履行的过程。ISCM 包括如下不同的过程：战略规划、需求计划、供应计划、实施和现场服务。

由于 ISCM 的目标是满足由 CRM 过程生成的需求，因此 ISCM 和 CRM 宏观过程之间的联系应该非常紧密。当预测需求时，与 CRM 的交流是必需的，因为 CRM 应用接触顾客，它有关于顾客行为的最多信息和见解。类似的，ISCM 过程也应该与 SRM 宏观过程紧密联系。供应计划、实施和现场服务均依赖于供应商，也就是 SRM 过程。如果供应商不能供应生产产品的零部件，工厂拥有满足需求的生产能力也是没有用的。扩展的供应链管理需要宏观过程的整合。

成功的 ISCM 软件帮助 ISCM 过程的决策制定。然而，不论在组织水平还是在软件水平上，它与 CRM 和 SRM 的整合仍然不够。发展的机会部分地存在于提高每个 ISCM 的过程中，而更多的则是存在于提高与 CRM 和 SRM 的整合中。

4) 供应商关系管理

SRM 包括聚焦于企业与供应链上游供应商之间联系的过程。SRM 与 ISCM 过程之间存在很自然的关系，SRM 与 CRM 和 ISCM 较好整合可以极大提高供应链绩效。当设计产品时，来自顾客的输入可以改进设计，这就需要 CRM 过程的输入。采购、谈判、购买和合作主要与 ISCM 有联系，因为需要供应商输入来生成和履行最优计划，但是，这些方面同样需要与 CRM 过程联系，如订单管理。整合 3 个宏观过程对改进供应链绩效非常关键。

17.3 供应链资源协调

17.3.1 牛鞭效应

由于供应链不同环节的目标互相冲突或者由于环节之间的信息传递发生延误和扭曲，就会出现供应链失调。供应链的环节归属于许多不同的所有者，他们有各自的利益，每个环节都企图使自身的利润最大化，这会导致供应链的总利润降低。

信息延误和扭曲导致的供应链失调，表现出的典型现象是“牛鞭效应”。1995 年，宝洁公司管理人员在考察婴儿一次性纸尿裤的订单分布规律时，发现一定地区对该产品的消费比较稳定，零售商那里销售量的波动也不大，但厂家从经销商那里得到的订货量却出现大幅度波动。这一现象与在挥动牛鞭时手腕稍稍用力，鞭梢就会出现的大幅度摆动的现象相类似。于是，人们就将这种现象称为“牛鞭效应”。其他行业的公司如 HP、IBM 等做过类似的调查，也印证了这一现象的存在。所谓“牛鞭效应”，就是订单的波动沿着供应链从零售商到批发商到制造商再到供应商不断加剧的现象，如图 17.5 所示。

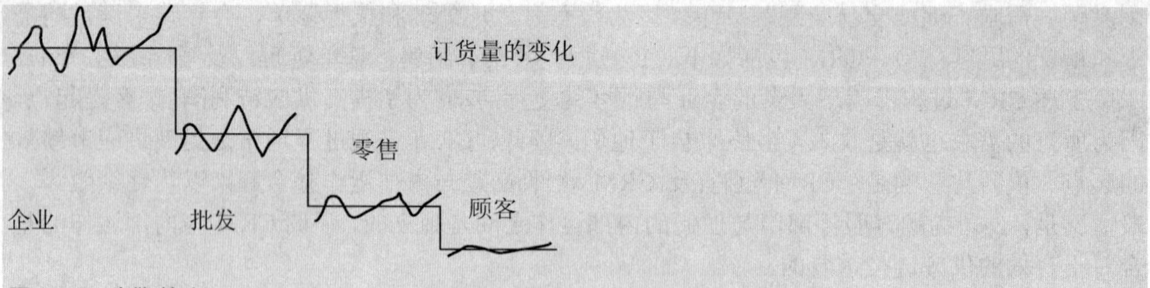

图 17.5 牛鞭效应

信息在供应链中传递时发生扭曲，还会由于产品的多样化而放大。如何在多个所有者和产品多样化的情况下实现供应链的协调，是一个具有挑战性的问题。牛鞭效应增加了供应链的成本，分别叙述如下：

(1) 牛鞭效应增加了供应链的生产成本。由于存在牛鞭效应，公司和它的供应商必须满足比顾客需求波动更大的订单。为了应付这种增大的波动性，公司需要扩大生产能力，结果生产成本增加。

(2) 牛鞭效应增加了供应链的库存成本。为了满足增大的需求波动，公司不得不维持更高的库存水平，库存水平增加还会增加所需的仓储空间。因此，导致供应链的库存成本增加。

(3) 牛鞭效应延长了供应链的补货提前期。牛鞭效应导致的需求波动加大使得公司和其供应商的生产计划比平稳需求时更难安排，会出现生产能力和库存不能满足订单的情况，导致公司和供应商的补货提前期延长。

(4) 牛鞭效应增加了供应链的运输成本。公司和供应商某段时间内的运输需求与所满足的订单密切相关。由于牛鞭效应的存在，运输需求随着时间剧烈波动。为了满足高峰期的需求，不得不保持过剩的运输能力，从而增加了运输成本。

(5) 牛鞭效应增加了供应链发货和收货的劳动力成本。公司和其供应商发货所需的劳动力随着订单的波动而波动。相似的波动也发生在分销商和零售商收货所需的劳动力。不同的环节要么保持过剩的劳动力，要么根据订单的波动改变劳动力数量，这两种办法都会增加劳动力成本。

(6) 牛鞭效应降低了供应链中产品的可获性水平，并导致了更多的缺货情况。过大的订单波动使得公司很难按时满足所有的分销商和零售商订单，增加了零售商缺货的概率，导致失售。

牛鞭效应对供应链的每个环节都有负面影响，从而损害了供应链中各个环节间的关系。每个环节都认为自己已经尽力，所以将责任归咎于其他环节。因此牛鞭效应导致供应链环节间彼此不信任，使得协调更加困难。

综上所述，牛鞭效应及其导致的失调对供应链绩效有着较大的负面影响。牛鞭效应增加了成本，降低了响应性，从而导致供应链效率下降。

17.3.2　供应链协调的障碍因素

任何导致供应链不同环节局部优化或供应链中信息延迟、扭曲和波动增加的因素都是实现协调的障碍因素。主要的障碍因素分为 5 类：激励障碍、信息处理障碍、运作障碍、定价障碍和行为障碍。

1. 激励障碍

当对供应链不同环节的激励导致增加需求波动和降低供应链利润的行为时，激励障碍就发生了。

(1) 职能部门或者供应链环节的局部优化。注重某一行为局部影响的激励，会导致不能使供应链总利润最大化的决策。例如，如果一家公司的运输经理的酬金与单位平均运输成本挂钩，那么他会采取一些降低运输成本的行动，即使这些行动会增加库存成本或损害顾客服务水平。

(2) 销售人员激励。不适当的销售人员激励制度是供应链协调的一个重大障碍。许多公司的销售人员激励基于一个评估期内的销售额。制造商通常衡量的销售额是销售给分销商或零售商的数量，而不是销售给最终顾客的数量。为了多拿奖金，制造商的销售人员鼓励分销商在评估期末购买更多产品，即使分销商不能向零售商售出这么多产品。制造商的销售人员不惜向分销商提供折扣以刺激促销期末的销量。这样一来增加了订单的波动性，在本评估期末订单数量突然上升，在下一评估期初，订单少之又少。因此，这种销售人员激励政策导致了大于顾客需求波动的订单波动。

2. 信息处理障碍

当需求信息在供应链不同环节传递发生扭曲时，信息处理障碍就发生了，从而导致供应链中订单波动增大。

(1) 基于订单而不是顾客需求的预测。如果供应链中各环节根据它们所接收的订单进行预测，当订单沿着供应链向上传递到制造商和供应商时，顾客需求的任何波动都会被放大。每个环节都认为自己的主要任务是完成下游伙伴的订单。因此，每个环节都把接收的订单当作自己的需求，并据此进行预测。

在这种情况下，当顾客需求以订单的形式向供应链上游传递时，它的任何细微波动都会被放大。以零售商处顾客需求的随机增长的影响为例，零售商可能认为部分随机增长是需求增长趋势，这种理解会导致零售商订购超过实际需求增长的订单，因为零售商预期此种增长在将来会继续，于是订购更多的产品以满足将来预期增长的需要。因此，向分销商发出的订单增加大于零售商处所观察到的需求增加。分销商发现订单增加了，便认为是增长趋势，分销商所认为的增长趋势大于零售商所认为的增长趋势，因此，分销商然后向制造商订购更多的产品。所以沿着供应链向上，订货量被不断放大。

如果在需求随机增长期后紧接着是需求随机减少期。使用先前相同的预测逻辑，零售商会预期下降趋势，并减小订货量。当订单沿着供应链向上移动时，这种减少也会被放大。

(2) 供应链各环节之间缺乏信息共享，放大了牛鞭效应。例如，零售商会因为一次促销计划增加特别订货量。如果制造商不知道此次促销计划，他可能认为此次订货量增加是需求的永久增长，从而向供应商发出更大的订货量。因此，当零售商完成促销活动后，制造商和供应商将持有大量的库存。零售商与制造商之间缺乏信息共享导致了制造商订货量的巨大波动。

3. 运作障碍

当发出订单和完成订单过程中的行为导致波动加剧时，运作障碍就出现了。

(1) 大批量订购。当公司发出订单的批量比需求批量大得多时，订单的波动就会沿着供应链向上不断放大。公司大批量订购产品是因为订单的发出、接收或运输的固定成本很大。当供应商基于批量大小给予数量折扣时，也会出现大批量订单。

如果订单是每 5 周以批量发出，订单流中有 4 周没有订单，紧接着在第 5 周出现一次大的订单，其数量等于 5 周的需求。对于为几家以批量订购的零售商提供产品的制造商来说，他面对的订单流的波动比零售商面对的需求波动大得多。如果制造商进一步以批量向供应商发出订单，此影响被进一步放大。

(2) 补货提前期长。如果各环节之间的补货提前期长，牛鞭效应的影响就会加大。零售商误认为某次需求随机增长为增长趋势，如果零售商的订货提前期为两周，那么他下订单时会考虑两周内的预期增长；如果零售商的订货提前期为两个月，那么他下订单时会考虑两月内的预期增长。两个月的增长当然比两周增长大得多。当需求的随机减少被认为是减少趋势时，其理亦然。

(3) 配给和短缺博弈。配给就是将有限的产品按零售商所下的订单大小按一定的比例进行分配，这种情况通常发生在供不应求的时候。如果供应量是接受的总订单的 75%，每个零售商只能得到所下订单量的 75%。这种配给方案导致了一种博弈，零售商为了增加供应给他们的产品数量，会尽量提高订货量。需要 75 单位产品的零售商会下 100 单位的订单，从而期望得到 75 单位。这种配给方案的负面影响是人为地放大了产品的订货数量。而按照期望销售量进行订购的零售商得到较少的供应，发生了失售现象。

如果制造商根据订单预测将来的需求，他将认为订单的增加是需求的增长，即使顾客需求没有波动。制造商会扩大产能以满足接收的订单，一旦拥有了足够的产能，订单又恢复到正常水平，因为它们是在配给方案下被放大的。

4. 定价障碍

当产品的定价策略导致了订货量的波动加大时，定价障碍就出现了。

(1) 基于批量的数量折扣。数量折扣增加了订货批量，这种折扣导致的大批量加剧了供应链的牛鞭效应。

(2) 价格波动。制造商提供的商业促销和其他短期折扣导致了提前购买，批发商或零售商在折扣期内采购大批产品来满足将来的需求。提前购买导致了在促销期内的大量订单和促销期后的少量订单。

5. 行为障碍

行为障碍是导致牛鞭效应的组织内认知问题，这些问题通常与供应链的构造方式和各环节之间的沟通方式有关。其中的一些行为障碍如下：

(1) 供应链每个环节只考虑自己行为的局部影响，而不能看到自己行为对其他环节的影响。

(2) 供应链不同环节只是对目前的局部情况做出反应，而不是努力找出问题的根源。

(3) 基于局部分析，对于造成波动的原因，供应链的不同环节彼此责备、互信缺失、摩擦增加。

(4) 因为任何环节采取的行动的后果通常发生在其他地方，没有哪个环节会从自己的行为中吸取教训。

(5) 供应链伙伴之间的信任缺失，导致他们经常出现牺牲整条供应链绩效的行为。由于彼此不信任，不同环节的信息不能共享。

17.3.3　实现协调的管理措施

下面的管理措施有助于激励和目标一致、提高信息的准确度、改进运作绩效、设计平滑订单的定价策略、构建合作关系和信任机制，从而增加供应链盈利并减弱牛鞭效应。

1. 使激励和目标一致

(1) 使各职能部门的激励保持一致。在公司内实现决策协调的关键是保证任何部门用来评估决策的目标与公司的总目标保持一致。对所有设施、运输和库存决策的评估基于对利润的影响，而不是对局部成本的影响，这样有助于避免类似运输经理制定降低运输成本却增加供应链总成本决策的情形。

(2) 实现协调的定价。如果制造商的生产批量有着较高的固定成本，他可以使用基于批量的数量折扣为商品实现协调。如果公司对某产品拥有市场权力，它可以用两段价目表和总量折扣来实现协调。由于需求的不确定性，制造商可以使用回购合同、收入分享合同及数量柔性合同来促使零售商提供使供应链利润最大化的产品可获性水平。

(3) 改变销售人员的激励政策。如果销售人员的激励以滚动周期的销售量为依据，那么强推产品的动机就会减少，这样有助于减少提前购买，并减小订单波动。管理者还可以将销售人员的激励与零售商的售出量而不是零售商的购入量联系起来，此行动可以消除销售人员鼓励提前购买的任何动机。

2. 提高信息的准确度

(1) 共享销售点数据。供应链各环节共享销售点数据有助于降低牛鞭效应。实际上，供应链需要满足的唯一需求来自最终顾客。如果零售商与其他供应链环节分享销售点的数据，所有供应链环节都可以基于顾客需求来进行预测。分享综合的销售点数据就足以削弱牛鞭效应，不一定要分享详细的 POS 数据。

使用适当的信息系统有助于实现数据共享，公司可以使用因特网与供应商分享信息。对于类似戴尔的直销公司及使用电子商务的公司，销售点数据很容易实现共享。戴尔与许多供应商通过因特网分享需求信息及零部件库存状态信息，因而有助于避免供应和订单的不必要波动。

(2) 实施协同预测和协同计划。当共享了销售点数据之后，为了实现完全协调，供应链各环节还必须协同预测和协同计划。没有协同计划，销售点数据的共享也不能保证协调。由于曾在过去的一个月做促销活动，零售商发现此月的需求急剧增加，如果在即将到来的那一个月没有促销计划，那么零售商的预测就会与制造商的预测不同，即使他们分享了过去的销售点数据。制造商必须知道零售商的促销计划以达到协调，保证整条供应链协调的关键是依据共同的预测来运作。

(3) 设计单环节的补货控制。设计一条由单环节控制整条供应链补货决策的供应链有助于消除牛鞭效应。牛鞭效应的主要原因是供应链的每个环节把来自下游环节的订单当作它的实际需求。因此，每个环节都认为自己的作用就是满足下一环节来的订单。实际上，关键的补货发生在零售商处，因为那里是最终顾客购买产品的地方。当采用单环节控制整条供应链的补货决策时，多头预测的问题就可以消除，供应链的协调就可以实现。

对于类似戴尔进行直销的制造商来说，补货的单环节控制是自动实现的，因为制造商与顾客之间没有中介，制造商自动成为补货决策的单个控制点。对于通过零售商进行销售的行业，在后面将详细讨论一些单环节控制的实践，如持续补货计划(Continuous Replenishment Programs，CRP)和供应商管理库存(Vendor Managed Inventory，VMI)。

3. *改进运作绩效*

管理者还可以通过改进运作绩效和为短缺情况设计适当的产品配给方案来减弱牛鞭效应。

(1) 缩短补货提前期。缩短补货提前期可以减少提前期内需求的不确定性。缩短提前期尤其对季节性商品有益，因为它允许在季节内下订单，那么此时预测的精度有极大的提高。因此，缩短提前期可以减少需求潜在的不确定性，从而削弱牛鞭效应。

可以在供应链不同环节采取多种措施来缩短补货提前期。依赖因特网的电子商务或其他类似电子数据交换(EDI)的老式方法，都可以明显缩短下订单和信息传递的提前期。在制造工厂，提高柔性和实行单元制造可以明显缩短提前期。牛鞭效应的削弱会进一步缩短提前期，因为它平稳了需求，改进了生产计划。提前发货通知(ASN)可以用来缩短提前期，还可以减少收货工作。越库运输可以用来缩短在供应链不同环节之间运输产品的提前期。

(2) 减小批量。减小批量降低了波动的幅度，而波动会在供应链任何两个环节之间放大，从而降低了牛鞭效应。为了减小批量，管理者必须采取措施来减少每批产品的订货成本、运输成本及接收成本。

计算机辅助订货(Computer-Assisted Ordering，CAO)是指用计算机技术替代零售订货员来准备订单，通过计算机整合有关产品销量、影响需求的市场因素、库存水平、产品接收和期望服务水平的信息。CAO 和 EDI 都能减少每次订货的固定成本。信息系统也可方便财务交易的结算，消除每张采购订单的处理成本。

整车运输和零担运输的巨大价差刺激了大批量的整车运输。实际上，运输成本已经成为目前许多供应链中实现小批量的主要障碍。通过将小批量的多种产品集中在一辆卡车上，可以在减小批量的同时不增加运输成本。杂货业的一些公司使用带多个隔间的卡车来送货，每个隔间有不同的温度，装运各种不同的产品，从而减少了批量。

还可以通过使用送牛奶式的巡回方式，在一辆卡车上组合装运几家零售商的产品来减小批量。在许多情况下，第三方承运商在一辆卡车上开展组合运输，以竞争零售业的运输业务，降低了每个零售商的固定运输成本，并允许每个零售商以小批量订购。

当订购和发送的批量减小时，收货压力和成本会急剧增加。因此，管理者必须应用技术来简化接收过程，并减小接收的相关成本。例如，提前发货通知以电子方式确认运输内容、数量和发货时间，有助于减少卸货时间，提高对接运输效率。提前发货通知还可以以电子方式更新库存记录，因此降低了接收成本。托盘条码也加快了货物的接收和发送。运用 DEX 和 NEX 两种技术可以在货物内容确认之后，直接更新库存记录。

减少批量影响的另一种简单方法是鼓励不同的顾客采用使需求均匀分布的订购方法。每周订购一次的顾客倾向于在周一或周五下订单，每月订购一次的顾客倾向于在月初或月末下订单。在这种情况下，对于每周订购一次的顾客，最好将他们的订单均匀分配给一周中的每一天；而对于每月订购一次的顾客，最好将他们的订单均匀分配给一月中的每一天。事实上，可以提前安排每个顾客的常规订购日，这通常不会影响零售商，却能够平滑到达制造商的订单流，从而削弱了牛鞭效应。

(3) 基于过去销量进行配给，共享信息、限制博弈。可以设计配给方案，以阻止零售商在供应短缺情况下人为扩大订单。一种称作“售出-获取”(Turn-and-Earn)的方法是根据零售商过去销量而不是零售商目前订单来分配供应。将配给与过去的销售联系起来，消除了零售商扩大订单的激励，从而减弱了牛鞭效应。实际上，“售出-获取”方法促使零售商在低需求时期尽可能售出更多产品，从而能在供应短缺时获得更多产品的配给。

4. 设计定价策略以平滑订单

管理者可以通过设计鼓励零售商以小批量订购和减少提前购买的定价策略来缓解牛鞭效应。

(1) 将基于批量的数量折扣转变为基于总量的数量折扣。基于批量的数量折扣促使零售商为了获得折扣而增大批量。提供基于总量的数量折扣消除了增大一次批量的激励，因为基于总量的折扣考虑的是某一段时间(如一年)内的总购买量，而不是一次批量大小。基于总量的折扣带来了小批量，从而减少了供应链中订单波动。当基于总量的折扣的评估有一个固定的终止期时，接近终止期时会出现大批量订单，基于滚动时期的销售量的折扣有助于减弱这种影响。

(2) 稳定价格。可以通过消除降价促销和实施天天低价策略来减弱牛鞭效应。消除促销可以消除零售商的提前购买，促使零售商的订单与顾客需求匹配。一些公司实施天天低价策略来削弱牛鞭效应。

(3) 构建战略伙伴关系和信任机制。当供应链内存在信任和战略伙伴关系时，先前讨论的管理措施更容易用来减弱牛鞭效应。分享各环节都信任的准确信息能更好地使整条供应链的供应与需求匹配，并降低成本。融洽的关系也能降低供应链各环节之间的交易成本。如果供应商信任来自零售商的订单和预测信息，那么他就不必再进行预测了。类似的，如果零售商信任供应商的质量和发货，零售商就可以减少清点和验收工作。一般地，当存在信任和融洽的关系时，供应链的各环节可以消除重复工作。精确的共享信息降低了交易成本，又有助于减弱牛鞭效应。

知识拓展

持续补货和卖方管理库存

将整条供应链的补货责任指定给一个实体可以缓解牛鞭效应，指定一个补货责任点的两个实践是持续补货计划(Continuous Replenishment Programs，CRP)和卖方管理库存(Vendor-Managed Inventory，VMI)。

在持续补货计划中，分销商或制造商定期地基于销售点数据为零售商补货。CRP 可以由供应商、分销商或第三方管理。在多数情况下，CRP 系统由零售商仓库中库存的实际消耗来驱动。将 CRP 系统与仓库消耗联系起来更容易实施，零售商通常更愿意分享这个层面的信息。在 CRP 中，零售商处的库存归零售商所有。

对于卖方管理库存，制造商或供应商负责零售商处产品库存的所有决策。因此，补货决策的控制权转移到了制造商而不是零售商。在许多 VMI 应用实例中，库存归供应商所有，直到它被零售商卖出为止。VMI 要求零售商与制造商分享需求信息，并允许制造商制定库存补货决策。VMI 还有助于将顾客需求信息传递给制造商，制造商根据此信息来安排生产，从而有助于提高制造商的预测精度，更好地将生产能力与顾客需求匹配。

因为零售商销售来自各竞争制造商的产品，这些产品对于消费者是替代产品，如果零售商与两家或多家制造商都有 VMI 协议，那么每个制造商都会在制定他们的库存决策时忽略替代效应。因此，零售商处的库存比最优值要高。这时，最好由零售商来决定补货策略。另一种方法是零售商从所有供应商中选出某产品类领导，让该领导管理该类产品的所有供应商的补货决策。沃尔玛就是使用这种方法，在多数产品指定一个产品类领导，例如，惠普就是打印机类的领导，管理所有打印机的补货。

思考题

1．试分析供应链管理的目标和企业生产运作管理目标之间的关系。
2．探讨如何识别供应链上的资源。
3．信息技术在供应链资源协调上发挥了什么作用？
4．实现家用轿车装配企业供应链资源的协调的策略是什么？

实训与考核

实训项目：

在日本，便利店是在 20 世纪 90 年代的经济不景气中持续增长的为数不多的行业之一。从 1991—2002 年，日本便利店数目从 19603 家增加到大约 42000 家。日本的便利店行业逐步整合，大公司不断成长，小公司纷纷倒闭。2004 年，前 10 家便利连锁店占了日本便利店的大约 90%的营业收入。

日本 7-11 便利店自从开业以来一直在扩展其市场份额。2002 年，7-11 成为日本便利店的领头羊，占所有便利店数目的 21.7%，占总销售额的 31.5%。7-11 在同类店铺销售方面有很大的影响力。2004 年，除日本 7-11 以外的 4 家最大的连锁便利店平均日销售额是 484000 日元，而 7-11 的日销售额达到了 647000 日元。2004 年，7-11 以 1657 亿日元的运营收入占据了便利店行业和整个日本零售业的头把交椅。在业务增长方面，它的表现令人印象深刻。2004 年，在日本前 10 家便利连锁店中，7-11 在商店数量净增长中占了 60%。这种增长源于周密的规划，源于日本 7-11 便利店在信息系统和配送系统领域开发出的核心竞争优势。

1. 日本 7-11 便利店的特许经营系统

日本 7-11 便利店发展了巨大的特许经营网络，并在网络的日常运营中起了关键作用。日本 7-11 网络包括公司自有的商店和由第三方所有的特许经营店。2004 年，特许经营佣金占了其收入的 68%以上。为保证效率，日本 7-11 将其基本网络的扩大战略建立在市场主导战略的基础之上。进入任何一个新市场，大概要建立由配送中心支持的密集式的 50～60 家店铺，这种密集式的店铺的开放，展示了 7-11 店铺的高密度的市场形象，也能够高效地利用配送中心。在 1994 年的年度报告中，日本 7-11 便利店列出了以下市场主导地位战略的 6 种优势：①提升配送效率；②增加品牌知名度；③提高系统效率；④提高支持特许经营的服务的效率；⑤提高广告影响力；⑥防止其竞争对手进入其主导领域。

与其主宰战略相联系，日本 7-11 将其大多数新店开在现有商店集中的地区。例如，在 AICHI 行政区，7-11 在 2002 年开了第一家店，到 2004 年有了很大的增长，新开了 108 家，占 7-11 便利店 2004 年在日本新开的所有商店的 15%。

7-11 的选址位置是有限的，2004 年，公司在日本 70%的行政区拥有商店。然而，在它们出现的行政区内，商店很密集，像 2004 年年度报告中所叙述的："填满日本版图并不是我们的工作重点。相反，我们在 7-11 商店已经存在的地区寻找需求，基于我们的地区主导战略，即在某个地区集中开店。"

很多人想得到 7-11 的特许经营权，只有不到 1%的申请被批准，特许经营者需要有大量的资金，其中一半用来准备开店和培训，其余的用来购买商店最初的货物。1994 年，日本 7-11 收取每家店总毛利润的 45%，剩余的由店主保留。

2. 商店信息和内容

日本 7-11 为其商店提供 5000 种单品的选择范围。每家商店根据本地的需求，大约保有 3000 种单品，商品数目取决于当地的需求。7-11 加强地区采购来准确地迎合本地消费者的偏好需求。每家店中都有食品、饮料、杂志和香皂、洗涤剂等日用消费品。

食品分为四大类：①低温类，包括三明治、熟食和牛奶；②高温类，包括午餐盒饭、饭团和新鲜面包；③冷冻类，包括冰激凌、冰冻食品和冰块；④常温类，包括罐头食品、方便面和调味品。经过加工的食品和快餐食品是店里销量最大的两类食品。2004 年，经过加工的食品和快餐食品的销量占了总销量的大约 60%。2004 年销售了超过 10 亿个饭团，平均每个日本人每年大约吃 8 个 7-11 的饭团。快餐中销量最好的是午餐盒饭、饭团、面包类食品和比萨。从 2004 年 2 月起，日本 7-11 有 290 家专为它们生产快餐的专门生产厂。

7-11 销售的其他产品包括软饮料、营养饮料、啤酒和白酒等酒精饮料、游戏软件、音乐 CD 和杂志。

2004 年，7-11 专注于增加只有它们的店中才有销售的独特产品。当时，特有产品大约占其总销量的 52%，公司的目标在未来的中、长期发展中将特有产品的销量提高到 60%。

3. 店铺服务

除了产品，日本 7-11 逐渐在其商店中增加一些顾客可在店铺内享受到的服务。1987 年 10 月加入的第一项服务是在店内代缴电费，然后公司将其扩大到可以在店内缴纳煤气费、保险费和电话费。交费业务每年吸引上百万的顾客。1994 年 4 月，日本 7-11 开始作为信贷公司的代表接受分期付款。1994 年 11 月份，开始凭优惠券销售滑雪设备。1995 年，开始受理邮寄目录的付款工作，并将业务扩展到网上购物。2000 年 8 月，成立一家食品快递服务公司，七点食品服务有限公司为日本老年人服务。2001 年，与依藤洋华堂合资成立依藤洋华堂银行。

到2004年4月，大约75%的店内安装了自动提款机，而它们的目标是安装率达到100%。

店内提供的其他服务包括复印、售票和快递暂存处，提供这些服务的主要动力是使日本7-11店成为更加方便的购物场所。同时基于这些服务，公司开发了全面信息系统。2000年2月，日本7-11成立了一家网上商业公司7dream.com，目的是更好地利用现有配送系统，让大多数日本人意识到商店是很容易进入的。便利店为网上订货的日本顾客提供收货和发货服务。一项调查发现，92%的顾客愿意在当地便利店取他们在网上订购的货物，而不是将它们邮寄到家。这给了日本人更多的机会光顾本地的便利店，7dream希望利用这种偏好与现有的配送中心达成协同作用。

4．日本7-11的整合的商店信息系统

日本7-11的成功大部分归功于它的全面信息系统，这种系统安装在每个经销店，与总部、供应商和7-11配送中心相连。1982年，7-11成为日本第一家引进销售点(POS)系统的企业，该系统由收银机和终端控制设备组成。1985年，与NEC合作开发了使用多彩色图形的个人计算机，在每家店里安装并与POS系统相连。这些计算机也在连接商店、总部办公室和供应商的网络之上。直到1999年7月，总部办公室、商店、配送中心和供应商还只能通过传统的模拟网络相连接。当时安装了综合数据业务数据网(ISDN)，连接了5000多家商店，成为当时世界上最大的ISDN系统之一。ISDN的双向、高速、在线通信能力使得日本7-11能够迅速地收集、处理和反馈POS数据。每天晚上11点收集处理销售数据，以供第二天早上分析。1997年，日本7-11引入了它的第五代全面信息系统，这个系统一直到2004年还在使用。1994年7-11店的硬件系统包括以下几部分。

订货终端：这是一种带宽屏显示的手持装置，店主或经理使用它下达订单。商品被记录并调往将其合理安排在货架上的订单中。店主或经理走在店铺中并依照商品的销售情况下达订单。当下达订单时，商店管理者从商店计算机中得到与特定商品有关的POS数据的详细分析，包括商品种类销量分析和过期单品、耗费分析，根据单品销售情况的未来10周销售趋势和未来10天销售趋势分析，新产品销售分析，每日每时销售分析，滞销商品清单、过期销售和顾客数量分析，产品布局对店铺形象的贡献和产品种类销售增长分析。商店经理下达订单时将使用这些信息，订单命令直接输入终端。所有的订单下达完毕，终端就会将信息传递给供货商和7-11配送中心。

扫描终端：扫描终端阅读条形码并记录存货，用来接受来自配送中心的产品。它自动检查以前所下的订单，保持两者一致。在扫描终端引进之前，卡车司机要在店中等待，直到验货完成。引进之后，司机只需将货物放在店中，店员在顾客较少的适当时间验货。扫描终端有时也可用来检查店中的存货。

商店计算机：连接到ISDN网络、POS收银机、订货终端和扫描终端。它处理多种输入的信息资源、监测存货和销售、下达订单、提供详细分析的POS数据、维护并调解商店设备。

POS收银机：为了更好地了解这种信息网络的功能，需要关注日常操作的数据抽样工作。只要顾客购买商品并在POS机上付款，商品信息就会从商店计算机中检索到，并自动记录销售时间。另外，收银机要记录顾客的年龄和性别，用5个键来代表年龄范围：13岁以下、13～19岁、20～29岁、30～49岁和50岁以上。POS数据被自动传送到主计算机中。在晚上11点收集整理所有的销售数据以备第二天早上分析。数据在公司内、分区域的以商店为基本单位进行评价。

项目讨论：

(1) 便利店供应链如何保持快速响应？每种方法的风险有哪些？

(2) 日本 7-11 在选择设施地点、库存管理、运输和信息基础设施方面，开发支持其供应链管理目标的能力时都做了什么？

(3) 日本 7-11 不允许直接商店运输，而是通过配送中心运送所有产品，好处是什么？

实训考核：

考核要素	评价标准	分值/分	评分/分				
			自评(10%)	小组(20%)	教师(50%)	专家(20%)	小计(100%)
构建分析体系和分析方法	(1) 所构建分析体系与方法能反映案例资料中分析的主题内容	15					
	(2) 体系和方法体现了适用性、科学性和可操作性	15					
分析 7-11 供应链资源管理的方式	分析内容得当、全面，能体现 7-11 供应链资源管理的实质	35					
分析优势和不足，并形成解决问题的措施	能准确地分析存在的优势和不足，并能提出切实可行的解决措施	35					
合计							
评语(主要是建议)							

第 18 章 约束管理

学习目标

(1) 学生应该掌握 OPT 的目标、基本思想，理解如何通过 DBR 系统平衡生产系统的物流。

(2) 能够了解 TOC 的管理原则，熟悉 OPT 的聚焦的五步骤，掌握 OPT 的思维流程，正确运用思维流程分析工具及物流分析法。

(3) 能够掌握 TOC 在项目管理中的运用，包括安全时间的设置，项目、供给和资源缓冲的设置及应用范围，并能综合运用关键链优化资源利用。

工作任务描述

通过前面章节的学习，已经能够熟练地掌握生产运作的基本流程，并能够制订完善的作业计划。然而你会发现在计划实施的过程中会出现很多瓶颈，会阻碍计划的顺利实施得到最优的生产成果。生产运作的实施还应该找到瓶颈工序，利用 DBR 系统设置合适的生产节拍；每个组织都有一项关键约束，这些约束限制了系统达成其目标的绩效，为了管理系统的绩效，必须按照聚焦五步骤来正确识别和管理这些约束。

那么要解决这些问题，你应该如何找出生产中出现的约束，以较好地实现企业的生产目标？

本章任务

(1) 根据 DBR 系统，制定合适的生产节拍。

(2) 根据 TOC 的五步骤，找到组织的关键约束，提高管理绩效。

工作任务实施

在生产系统中 DBR 系统的实施计划与控制的一般步骤如下：

(1) 识别瓶颈。

(2) 基于瓶颈的约束，建立产品出产计划。

(3) “缓冲器”的管理与控制。

(4) 控制进入的非瓶颈物料。

TOC 聚焦的五步骤如下：

(1) 找出系统中的约束。

(2) 寻找如何充分利用约束资源的办法。

(3) 使所有其他过程服从于第(2)步做出的决定。

(4) 提升所确定的约束。

(5) 如果采取这些步骤后，第(1)步找出的约束不再是约束，则回到第(1)步。

18.1 最优生产技术

最优生产技术(Optimized Production Technology，OPT)是以色列物理学家艾利·M·高德拉特(Eliyahu M. Goldratt)博士于 20 世纪 70 年代提出的，后来高德拉特又将它进一步发展成为约束理论(Theory of Constraints，TOC)，或称制约因素理论。TOC 实质上是一种分析问题和解决问题的哲理，是一套科学的方法以及在各领域的应用成果。OPT 产生的时间不长，却取得了令人瞩目的成就，是继 MRP 和 JIT 之后出现的又一项组织生产的新方式。

OPT 最初被称作最优生产时间表(Optimized Production Timetable)，20 世纪 80 年代才改称为最优生产技术，它是 TOC 在生产领域的应用成果。

18.1.1 OPT 的目标

OPT 的倡导者认为，任何制造企业的真正目标只有一个，即在现在和将来都能赚钱。要实现这个目标，必须在增加产销率的同时，减少库存和运行费。

1. 衡量的 3 个财务指标

(1) 净利润(Net Profit，NP)。即一个企业赚多少钱的绝对量。净利润越高的企业，其效益越好。

(2) 投资回报率(Return on Investment，ROI)。表示一定时期的收益与投资的比。当两个企业投资大小不同时，单靠净利润是无法比较它们效益的好坏的，只有通过 ROI 才能衡量。例如，两个企业的年净利润均为 50 万元，其中一个投资 100 万元，而另一个投资 200 万元，显然前者的效益要好。

(3) 现金流量(Cash Flow，CF)。表示短期内收入和支出的钱。没有一定的现金流量，企业就无法维持运行。

但是，以上 3 个指标主要考虑的是对现有资源的有效利用和安排，不能直接用于指导生产，因为它们太一般了。例如，究竟采用多大批量为好是无法直接从这 3 个指标做出判断的。因此，需要一些作业指标作桥梁，如果这些作业指标好，以上 3 个指标就好，就说明企业赚钱。

2. 按照 OPT 的观点，在生产系统中的 3 个作业指标

(1) 产销率(Throughput，T)，或称有效产出。按 OPT 的规定，它不是一般的通过率或产出率，而是单位时间内生产出来并销售出去的量，即通过销售活动获取金钱的速率。生产出来但未销售出去的产品只是库存。产销率是整个企业系统所追求的，它是衡量系统产出最重要的指标。

(2) 库存(Inventory，I)。库存是一切暂时不用的资源，它不仅包括为满足未来需要而准备的原材料、加工过程的在制品和一时不用的零部件、未销售的成品，而且还包括扣除折旧后的固定资产。库存占用了资金，并产生机会成本及一系列维持库存所需的费用。

(3) 运行费(Operating Expenses，OE)。运行费是生产系统将库存转化为有效产出过程中的一切花费，包括所有的直接费用和间接费用。

按照 OPT 的观点，用这 3 个指标就能衡量一个生产系统。如果从货币角度考虑，T 是进入系统的钱，I 是存放在系统中的钱，而 OE 则是将 I 变成 T 付出的钱。

3. 指标 T、I、OE 与 NP、ROI、CF 的关系

当 T 增加，I 和 OE 不变时，显然 NP、ROI 和 CF 都将增加；当 OE 减少，T 和 I 不变时，也会导致 NP、ROI 和 CF 增加。然而，当 I 减少，T 和 OE 不变时，情况就不那么简单了。I 减少使库存投资减少，当 T 不变时，ROI 将提高。同时，I 减少可以加快资金周转，使 CF 增加。但是，I 减少，T 和 OE 不变时，NP 却不会改变，因而能否使企业赚钱还不清楚。

通常，I 降低可以导致 OE 减少，而 OE 减少，将导致 NP、ROI 和 CF 增加，从而使企业赚钱。但是，通过降低 I 来减少 OE 的作用是随着 I 降低的程度而减弱的。当 I 较高时，减少 I 可以明显减少维持库存费，从而减少 OE，然而，当库存降低到一个较低水平时，再继续降低 I，则对减少 OE 作用不大。可是，为何日本一些公司在已达到世界上最低的库存水平之后仍然要尽力继续降低库存？因为降低库存还能缩短制造周期。缩短制造周期是提高企业竞争能力的一个重要因素。产品的品种、质量、价格与交货期是影响竞争力的几大因素，制造周期的缩短，对于缩短顾客的订货提前期，提高对顾客订货的响应性以及争取较高的价格都有根大作用。于是，制造周期的缩短导致市场占有率的增加，从而导致未来的产销量的增加。

作业指标与财务指标的关系如图 18.1 所示。

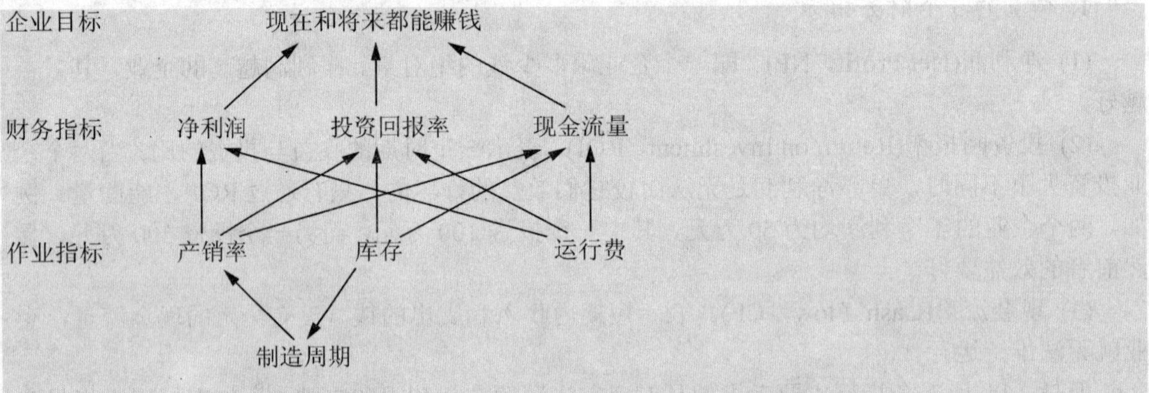

图 18.1　作业指标与财务指标的关系

18.1.2　OPT 的基本思想和 9 条原则

1. OPT 的基本思想

任何一个制造组织都可以看作是将原材料转化为产品的系统。在这个系统中，制造资源是关键的部分。通常，制造资源指的是生产产品所需的机器设备、工人、厂房和其他固定资产等。

按照通常的假设，在设计一个企业时，可以使生产过程中各阶段的生产能力相等，即达到能力的平衡。但这只是一种理想状态。因为，生产是一个动态的过程，需求随时都在变化，使得平衡能力在实际中是做不到的。因此，在生产过程中必然会出现有的资源负荷过大，成为卡“脖子”的地方，即变为瓶颈。这样，企业的制造资源就存在瓶颈与非瓶颈的区别。按 OPT 的定义，所谓瓶颈(或瓶颈资源)，指的是实际生产能力小于或等于生产负荷的资源，这类资源限制了整个生产系统的产出速度，其余的资源则为非瓶颈资源。

因此，要判别是否为瓶颈，应从资源的实际生产能力与它的生产负荷(或对其的需求量)方面来考察。这里说的需求量不一定是市场的需要量，而是企业为了完成其产品计划而对该资源的需求量。

假设某产品的生产流程如图 18.2 所示。市场需求每周 25 个单位，机器 A 的生产能力为每周生产 15 个单位，机器 B 的生产能力为每周生产 20 个单位。在这里，相对市场需求来说，机器 A 与机器 B 都应该为瓶颈。但根据 OPT 的定义，只有机器 A 为瓶颈，因为机器 B 的生产能力虽然每周只有 20 个单位，但每周只能接到机器 A 所能生产的 15 个单位的最大生产任务，即其生产能力还有 5 个单位的富裕，处于“吃不饱”的状态，因此不是瓶颈。而机器 A 只拥有 15 个单位的生产能力，不能满足机器 B 的 20 个单位能力的需要，因此成为瓶颈。假如企业又购买了一台机器 A，使能力达到 30 个单位，则机器 B 成为瓶颈。因为尽管两台机器 A 每周能生产 30 个单位，但机器 B 每周只能生产 20 个单位，而市场要求其每周生产 25 个单位，机器 B 的能力全部发挥出来也不能满足市场 25 个单位的需求量。从这个例子可以看出，生产能力小于市场需求的资源，不一定都是瓶颈。

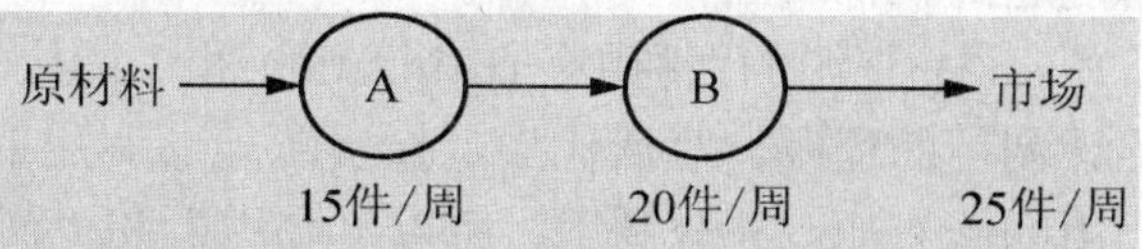

图 18.2　识别瓶颈

在生产系统中，瓶颈与非瓶颈之间存在着 4 种基本的关系，如图 18.3 所示。

(1) 从瓶颈资源到非瓶颈资源，只能加工由瓶颈传送过来的物料，其使用率自然受瓶颈的制约，如图 18.3(a)所示。

(2) 从非瓶颈资源到瓶颈资源，虽然非瓶颈资源为前道工序，能够充分地使用，使用程度可以达到 100%，但整个系统的产出是由后续工序，即瓶颈决定的，非瓶颈资源的充分使用只会造成在制品库存的增加，而不改变产出，如图 18.3(b)所示。

(3) 从瓶颈资源和非瓶颈资源到同一装配中心，由于非瓶颈与瓶颈资源的后续工序为装配，此时非瓶颈也能充分地利用，但受装配配套性的限制，如图 18.3(c)所法。

(4) 瓶颈资源和非瓶颈资源相互独立，由非瓶颈加工出来的工件，其中能够进行装配的在制品必然受到瓶颈产出的制约，多余部分也只能增加在制品库存，如图 18.3(d)所示。

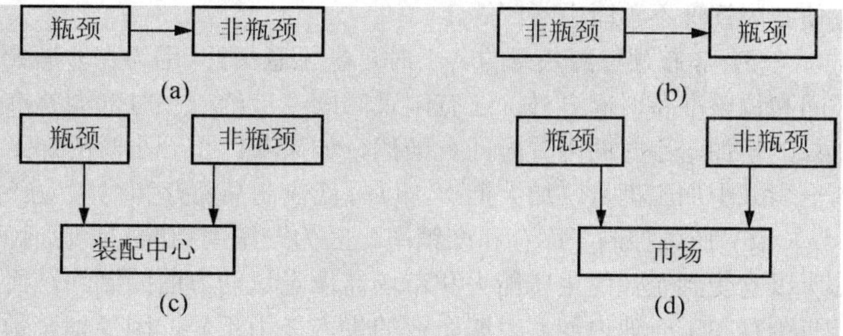

图 18.3　瓶颈资源与非瓶颈资源的几种关系

2. OPT 的 9 条原则

OPT 的基本思想具体体现在 9 条原则上，这 9 条原则是实施 OPT 的基石。OPT 有关生产计划与控制的算法和软件就是按这 9 条原则提出和开发的。此外，这些原则也可以独立于软件之外，直接用于指导生产管理活动。

(1) 平衡物流，而不平衡能力。平衡生产能力是一种传统的生产管理方法，它要求各生产阶段、各生产工序的生产能力都与市场需求平衡，试图通过平衡能力来产生一种连续的物料流。

OPT 则主张平衡物料流，认为平衡能力实际上是做不到的。因为波动是绝对的，市场每时每刻都在变化，生产能力总是相对稳定的。一味追求做不到的事情将导致企业无法生存。所以必须接受市场波动及其引起的相关事件这个现实，并在这种前提下追求物料流的平衡。所谓平衡物料流，就是使各个生产阶段、各道工序的物料流都与瓶颈机器的物料流同步。

(2) 非瓶颈资源的利用程度不是由它们自己的潜力决定的，而是由系统的约束决定的，系统约束就是瓶颈。因为系统的产出是由所能经过瓶颈的量决定的，即瓶颈限制了有效产出。而非瓶颈资源的充分利用不仅不能提高有效产出，还会使库存和运行费增加。从图 18.3 所示的瓶颈与非瓶颈的 4 种基本关系中可以看出，图 18.3(a)、图 18.3(b)和图 18.3(c)中非瓶颈资源的利用程度是由瓶颈资源来决定的。非瓶颈资源的利用率不应该由它本身的潜力决定，一般也不可能达到 100%。

(3) 资源的“利用”(Utilization)和“活化”(Activation)不是同义词。“利用”是指资源应该利用的程度，“活化”是指资源能够利用的程度。按照传统的观点，一般是将资源能够利用的能力加以充分利用，所以“利用”和“活化”是同义的；按照 OPT 的观点，两者有着重要的区别，因为需要做多少工作(即“利用”)与能够做多少工作(即“活化”)是不同的。在对系统非瓶颈资源的安排使用上，应受限于系统的约束。例如，一个非瓶颈资源能够达到 100%的利用率，但其后续资源如果只能承受其 60%的产出，则其另外的 40%产出将变成在制品库存。此时从非瓶颈资源本身考察，其利用率很好，但从整个系统的观点，其只有 60%的有效性。所以，“利用”注重的是有效性，而“活化”注重的则是可行性。从平衡物料流的角度出发，应允许非关键资源上有适当的闲置时间。

(4) 瓶颈上的损失是整个系统的损失。一般来说，生产时间包括加工时间和调整准备时间，但瓶颈资源与非瓶颈资源上的准备时间的意义是不同的。因为瓶颈控制了有效产出，瓶颈上中断一小时，是没有附加的生产能力来补充的，而如果在瓶颈资源上节省一小时的调整准备时间，则将能增加一小时的加工时间，相应地，整个系统就增加了一小时的产出。所以，瓶颈必须保持 100%的“利用”，尽量增大其产出。为此，对瓶颈还应采取特别的保护措施，不使其因管理不善而中断或等工。

(5) 非瓶颈资源获得的一小时是毫无意义的。因为在非瓶颈资源上的生产时间除了加工时间和调整准备时间之外，还有闲置时间，节约一小时的调整准备时间并不能增加产销率，而只能增加一小时的闲置时间。当然，如果节约了一小时的加工时间和调整准备时间，可以进一步减少加工批量、加大批次，以降低在制品库存和缩短生产提前期，则是有效的。

(6) 瓶颈控制了库存和产销率。因为产销率指的是单位时间内生产出来并销售出去的量，所以它受到企业的生产能力和市场需求量这两方面的制约，而它们都是由瓶颈控制的。如果瓶颈存在于企业内部，表明企业的生产能力不足，因受到瓶颈能力的限制，相应的产销率也受到限制；而如果企业所有的资源都能维持高于市场需求的能力，那么，市场需求就成了瓶颈。这时，即使企业能多生产，但由于市场需求不足，产销率也不会增加。同时，由于瓶颈控制了产销率，所以企业的非瓶颈则应与瓶颈同步，它们的库存水平只要能维持瓶颈上的物流连续稳定即可，过多的库存只是浪费，这样，瓶颈也就相应地控制了库存。

(7) 转运批量可以不等于(在许多时候应该不等于)加工批量。车间现场的计划与控制的一个重要方面就是批量的确定，它影响到企业的库存和产销率。OPT 采用了一种独特的动态批量系统，它把在制品库存分为两种不同的批量形式：①转运批量，指工序间转运一批零件的数量；②加工批量，指经过一次调整准备所加工的同种零件的数量，它可以是一个或几个转运批量之和。在自动装配线上，转运批量为 1，而加工批量很大。

根据 OPT 的观点，为了使瓶颈上的产销率达到最大，瓶颈上的加工批量必须加大；但另一方面，在制品库存也不应增加，所以转运批量应该减小，即意味着非瓶颈上的加工批量要小，这样就可以减少库存费用和加工费用。

(8) 加工批量应是可变的，而不是固定的。这一原则是原则(7)的直接应用。在 OPT 中，转运批量是从零部件的角度来考虑的，而加工批量则是从资源的角度来考虑的。由于资源有瓶颈和非瓶颈之分，瓶颈要求加工批量大、转运批量小，同时考虑到库存费用、零部件需求等其他因素，加工批量应是变化的。

(9) 安排作业计划应同时兼顾所有约束，提前期是作业计划的结果，而不应是预定值。在 OPT 中，提前期是批量、优先权和其他许多因素的函数。在这点上，OPT 与 MRP 正好相反。在 MRP 中，提前期一般都是预先设定的，而下面的例子说明提前期应该是作业计划的结果。如某个企业有两批订货，要求零件 A 与零件 B 各 100 件。A、B 两种零件都需在机床 M 上加工 0.35 小时，假设该企业有两台 M 机床，则 A、B 的提前期都为 35 小时(100×0.35)；但如果该企业只有一台 M 机床，则当 A 先加工时，其提前期为 35 小时，而 B 要等 35 小时才能加工，其提前期实际上为 70 小时；反之亦然。所以，提前期应是作业计划的结果。

18.1.3　DBR 系统

OPT 认为，一个企业的计划与控制的目标就是寻求顾客需求与企业能力的最佳配合，一旦一个被控制的工序(即瓶颈)建立了一个动态的平衡，其余的工序应相继地与这一被控制的工序同步。

OPT 的计划与控制是通过 DBR 系统实现的，即“鼓(Drum)”、“缓冲器(Buffer)”和“绳子(Rope)”。

1. DBR 系统实施计划与控制

在生产系统中，DBR 系统如图 18.4 所示。DBR 系统实施计划与控制主要包括以下步骤：

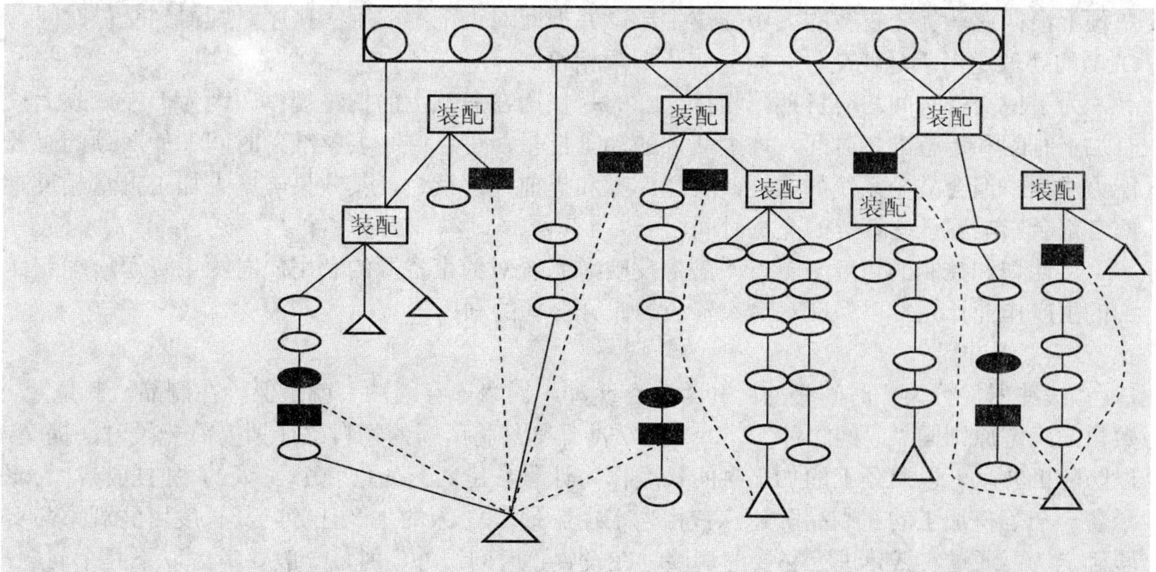

图 18.4　DBR 系统

(1) 识别瓶颈。这是控制物流的关键，因为，瓶颈制约着企业的产出能力。一般来说，当需求超过能力时，排队最长的机器就是“瓶颈”。如果知道一定时间内生产的产品及其组合，就可以按物料清单计算出要生产的零部件。然后，按零部件的加工路线及工时定额，计算出各类机床的任务工时，将任务工时与能力工时比较，负荷最高的机床就是瓶颈。找出瓶颈之后，可以把企业里所有的加工设备划分为关键资源和非关键资源。

(2) 基于瓶颈的约束，建立产品出产计划(Master Schedule)。产品出产计划的建立应该使受瓶颈约束的物流达到最优。因为，瓶颈约束控制着系统的“鼓的节拍”，即控制着企业的生产节拍和产出率。为此，一般按有限能力，用顺排方法对关键资源排序。为了充分利用瓶颈的能力，在瓶颈上可采用扩大批量的方法，以减少调整准备时间。同时，要对瓶颈进行保护，使之不受系统其他部分波动的影响。为此，一般要设置一定的“时间缓冲(Time Buffer)”。

(3) “缓冲器”的管理与控制。一般来说，“缓冲”分为“时间缓冲”和“实物缓冲”。“实物缓冲”就是库存缓冲，如安全库存，可以减弱随机波动的影响；“时间缓冲”则是将所需的物料比计划提前一段时间提交，以避免瓶颈出现停工待料情况。例如，一个 3 天的“时间缓冲”表示一个等待加工的在制品队列，它相当于在约束资源上 3 天的生产任务。

(4) 控制进入非瓶颈的物料，平衡企业的物流。进入非瓶颈的物料应被瓶颈的产出率(即“绳子”)所控制。一般是按无限能力，用倒排方法对非关键资源排序。非关键资源上排序的目标是使之与关键资源上的工序同步。倒排时，采用的提前期可以随批量变化，批量也可按情况分解。

2. “鼓”、“缓冲器”和“绳子”

1) “鼓”是一个企业运行 OPT 的开端

即识别一个企业的瓶颈所在。瓶颈控制着企业同步生产的节奏——“鼓点”。要维持企业内部生产的同步、企业生产和市场需求的同步，存在着一系列的问题。其中一个主要问题就是企业的生产如何能满足市场或顾客的需求而又不产生过多的库存。因而，安排作业计划时，除了要对市场行情进行正确的预测外，还必须按交货期给顾客赋予一定的优先权数，在瓶颈上根据这些优先权数的大小安排生产，并据此对上下游的工序排序，则得到交付时间。OPT 的处理逻辑就是使交付时间与交货期限相符。

为了使交付时间与交货期限相符，靠的是权衡在瓶颈上的批量规模。因为，在瓶颈上只有加工时间和调整准备时间，增大瓶颈的加工批量，可以减少调整准备时间，使瓶颈的有效能力增加，但会减少系统的柔性，增加库存和提前期；反之，其效果与增大加工批量相反。两者都会影响到一些订货的交货时间。

从计划和控制的角度来看，“鼓”反映了系统对约束资源的利用。对约束资源应编制详细的生产作业计划，以保证对约束资源的充分合理的利用。

2) “缓冲器”

“缓冲器”分为“时间缓冲”和“库存缓冲”。“库存缓冲”就是保险在制品，其位置、数量的确定原则同“时间缓冲”。“时间缓冲”则是将所需的物料比计划提前一段时间提交，以防随机波动，以瓶颈上的加工时间长度作为计量单位。例如，一个 3 天的“时间缓冲”表示着一个等待加工的在制品队列，它相当于在瓶颈上 3 天的生产任务。其长度可凭观察与实验确定，再通过实践，进行必要的调整。在设置“时间缓冲”时，一般要考虑以下几个问题：

(1) 要保证瓶颈上产出率相对较快的工件在加工过程中不致因为在制品少而停工。

(2) 应考虑加工过程中出现的波动。如瓶颈上的实际产出率比原来估计的要快，或者瓶颈前的加工工序的产出率比原来估计的要慢，或者出现次品。在有的情况下，还要考虑前面的机器是否出现故障，因为，如果要对机器故障进行维修，则维持后续工序所需的在制品库存是难以估计的。所以，在设置“时间缓冲”时，一般要设置一定的安全库存。

(3) 根据 OPT 的原理，瓶颈上的加工批量是最大的，而瓶颈的上游工序则是小批量、多批次的。瓶颈前的加工工序的批次又和各道工序的调整准备时间有关，如果上游工序的调整准备时间小，或瓶颈上的加工时间和前一台机器的加工时间相差很大，则批次可以较多，批量可以较小；反之，批次则可能较少，甚至和瓶颈上的批次相同，加工批量也和瓶颈上的批量相同。

(4) 要考虑在制品库存费用、成品库存费用、加工费用和各种人工费用。要在保证瓶颈上加工持续的情况下，使得整个加工过程的总费用最小。

3) “绳子”

如果说“鼓”的目标是使产销率最大，那么，“绳子”的作用则是使库存最小。

瓶颈决定着生产线的产出节奏，而对其上游的工序实行拉动式生产等于用一根看不见的“绳子”把瓶颈与这些工序串联起来，有效地使物料依照产品出产计划快速地通过非瓶颈作业，以保证瓶颈的需要。所以，“绳子”起的是传递作用，以驱动系统的，所有部分按“鼓”的节奏进行生产。在 DBR 的实施中，“绳子”是由一个涉及原材料投料到各车间的详细的作业计划来实现的。

“绳子”控制着企业物料的进入(包括瓶颈的上游工序与非瓶颈的装配)，其实质和“看板”思想相似，即由后道工序根据需要向前道工序领取必要的零件进行加工，而前道工序只能对已取用的部分进行补充，实行的是一种受控生产方式。在 OPT 中，就是受控于瓶颈的产出节奏，也就是“鼓点”。没有“瓶颈”发出的生产指令，就不能进行生产，这个生产指令是通过类似“看板”的物质在工序间传递的。

通过“绳子”系统的控制，使得瓶颈前的非瓶颈设备均衡生产，加工批量和运输批量减少，可以减少提前期以及在制品库存，而同时又不使瓶颈停工待料。所以，“绳子”是瓶颈对其上游机器发出生产指令的媒介，没有它，生产就会造成混乱，要么造成库存过大，要么会使瓶颈出现“饥饿”现象。

18.2 约 束 理 论

约束理论(Theory of Constraints，TOC)是以色列物理学家、企业管理顾问高德拉特博士在他开创的优化生产技术(Optimized Production Technology，OPT)基础上发展起来的管理哲理，该理论提出了在制造业经营生产活动中定义和消除制约因素的一些规范化方法，以支持连续改进(Continuous Improvement)，同时 TOC 也是对 MRP Ⅱ和 JIT 在观念和方法上的发展。

18.2.1 TOC 的管理原则

TOC 认为，任何系统至少存在着一个约束，否则它就可能有无限的产出。任何企业或组织均可视为一个系统，要提高系统的产出，必须要打破系统的约束。不应当把一个组织看作许多零散链环的堆积，而应当把它看成由许多链环连接成的一条链，最薄弱的一环只是整个链条的一部分，但它决定了整个链条的强度。同样，也可以将一个企业视为一个链条，每一个部门是这个链条中的一环，如果想要达成预期的目标，抓住最弱的一环进行改进，才可得到显著的改善。换言之，约束决定了一个企业达到目标的速率，必须从克服该约束着手，才可以在短时间内显著地提高系统的产出。

TOC 已经在许多领域得到成功的运用。应用 TOC 需要遵循的 13 条原则如下：

(1) 在解决问题和管理变化中，系统思维比分析思维更重要。

(2) 随着系统环境的变化，一个最佳的系统方案会逐渐失效，因而需要持续改进来更新和维护方案的有效性。

(3) 系统的局部最优并不等于整体最优。也就是说，系统的每一部分处于最优状态，但系统作为整体并不是最优的；如果系统整体是最优的，系统至少有一个部分不是最优的。

(4) 系统像一根链，每个系统都有一个最弱的环节，它就是约束，最终限制整个系统的成功。

(5) 加强链的每一个环节来改善整条链的强度，不如加强它最弱的环节。

(6) 要想知道变什么，必须要对系统有一个彻底的了解，如系统的现实状况、它的目标和规模，以及两者之间差别的趋势。

(7) 一个系统中的不良效果(Undesirable Effects，UDE)主要由少数几个核心问题造成。

(8) 核心问题从来不是表面化的，它们主要通过一系列的 UDE 来显示，这些 UDE 相互作用，形成一个网络。

(9) 排除单个的 UDE，提供了一个虚假的安全感觉，而忽视了潜在的核心问题。这样的方案极可能是短命的，而针对核心问题的方案会同时排除所有的 UDE。

(10) 隐藏的冲突使核心问题长期存在。针对核心问题的解决方法需要挑战隐藏在冲突中的假定，至少使其中的一个假定失效。

(11) 系统的约束可能是有形的或者是无形的。有形的如设备能力不足、原材料短缺、资金缺乏等；无形的如落后的管理思想、不合理的规章制度等。有形的约束相对容易识别，排除也较简单；而无形的约束的识别和排除是困难的，但它们比排除一个有形约束会导致对系统更大的改进。

(12) 思维惯性是持续改进的最大敌人。解决方案通常有自己的一些假定，这可能阻碍进一步的变化。

(13) 思想和想法不是解决方案。

18.2.2 TOC 的聚焦五步骤

TOC 有一套思维的方法和持续改善的程序，称为聚焦五步骤(Five Focusing Steps)，这 5 个步骤表述如下：

(1) 找出系统中的约束。约束就是那些妨碍组织达到目标的限制。例如，现在通过 E-mail，使信息传输速度大大提高，但人们处理信息的速度(如阅读和审查)仍然保持不变，于是人就成为信息系统中的瓶颈。这些约束可以分为两类。①实物约束，如机器设备和物料方面的。在介绍 OPT 时，讲的都是实物约束，如瓶颈资源，其产能限制了产量的提高。②非实物约束，如政策、市场和管理。非实物约束有时比实物约束更重要，例如，一项错误的政策往往导致组织追求错误的目标，错误的目标限制了一切资源发挥作用。因此，要找出企业内部和外部限制有效产出的各种政策规定。

(2) 寻找如何充分利用约束资源的办法。要挖掘约束资源的潜能，就要确定约束资源确实是在做只有它能够做的事情，而不是在做它不必做的事情，同时还要使约束资源得到充分的利用。例如，一位教授在审查一批研究生的论文，答辩时间已经临近，这位教授就成为约束，如果这位教授还在做一些打扫卫生、领取邮件、报账等不必由教授本人去做的事情，就没有充分利用约束资源。又如，要提高某台瓶颈设备利用率，就只能保留必须由这台瓶颈设备来完成的任务，将那些可以由其他设备加工的任务分派出去。在约束资源在做只有它能够做的事情的前提下，还要使瓶颈资源充分利用。可以采取的措施包括以下几点：

① 设置时间缓冲，不至于因上游设备故障而停工。

② 在瓶颈设备前设置质检环节，保证待加工的半成品是合格品。

③ 找出瓶颈设备出废品的原因并根除之。

④ 对返修或返工的方法进行改进等。

(3) 使所有其他过程服从于第(2)步做出的决定。不必由瓶颈资源完成的任务将分派给其他资源去完成，而且其他资源应该与瓶颈资源同步。例如，打扫卫生可由清洁工人去做，领取邮件和报账可由办公室人员完成，瓶颈资源就能充分利用，而瓶颈资源的利用情况决定了对其他资源的利用程度。其他资源与瓶颈资源同步，例如，非瓶颈资源处于上游工序，如瓶颈资源充分利用后，只能有每小时 10 件的产出，则上游的非瓶颈资源每小时产出 20 件就没有意义，只能导致库存增加、成本上升。如果那些非瓶颈资源追求 100%的利用率的话，将给企业带来的不是利润，而是更多的在制品、更多的等待时间和其他种种浪费。

(4) 提升所确定的约束。根据需要可以永久性地增加约束资源的能力，或者将自制任务更多地转包出去。对于面临多种任务都出现的瓶颈，应该购置新的设备，以提高瓶颈工序的能力；对于面临某种任务才出现的瓶颈，可将一部分任务转包给其他企业。

(5) 如果采取这些步骤后，第(1)步找出的约束不再是约束，则回到第(1)步。当你突破一个约束以后，一定要重新回到第(1)步，开始新的循环。就像一根链条一样，你加强了其中最薄弱的一环，但会有下一个最薄弱的环节。要记住：“今天的解决方案就是明天的问题所在”，也许你为了突破这个约束采取了一些很好的措施，可一旦约束转移到其他环节，这些措施对于新的约束可能无能为力。因为系统中永远存在约束，就要继续寻找系统中的约束，才能继续增加有效产出，否则，惰性就成为持续改善的约束。

以上 5 步构成了一个持续改进的程序，每循环一次，有效产出就提高一次。

18.2.3 TOC 的思维流程

1. 3 个问题

思维流程(TP)严格按照因果逻辑来回答以下 3 个问题：

(1) 改进什么？(What to change?)

(2) 要改进成什么样？(To what to change?)

(3) 怎样使改进得以实现？(How to cause the change?)

2. 思维流程(TP)的逻辑

TP 并不是什么 TOC 发明的崭新的东西，正如儿童开始学东西一样，因为他们没有太多的经验和知识，所以他们会这样思维：先问问题，然后去验证他的种种想法是不是确实会发生、会奏效。TP 的思路就是：在不明白、不清楚一件事的时候，就会先搞清楚一件事和一件事之间的因果关系是怎样的，然后逐渐去理解要实现某个目标，进而发现应该做什么。

举例来说明。“如果我的手触到一个火热的铁炉，那么我会被烫伤”，这是人们对现实情况的理解。如果要改变这一现实情况，则要找出上面这个因果关系中所暗含的假设，并改变这个假设。如：“如果我的手触到一个火热的铁炉，而且我带着隔热手套，那么我不会被烫伤。”接下去我们就会明白：“为了不被烫伤，我必须得不去碰那个火热的铁炉或者带上隔热手套。”

一般地，可以对事物给出描述：“如果 A，那么 B”，还可以更详细一些，给出更多的关于 A 和 B 的联系，“如果 A，那么 B，因为……”，这样做可以使一些暗含的假设暴露出来，弄清楚中间结果，从而有助于把握事物的来龙去脉。什么是“使一些暗含的假设暴露出来”呢？举例说明如下，企业决心把废品率从 9%降至 5%，有人提出用精神鼓励的方法，在车间里张贴标语口号：“巧干而不是苦干”、“做好而不是做了”等。但是，在接受这个办法以前，应该先做一下因果分析：“如果我们需要把废品率从 9%降至 5%，工人注意到了‘巧干而不是苦干’的标语，而且工人注意到了‘做好而不是做了’的标语，那么，产品的废品率就能从 9%降至 5%。”显然“如果”中的条件是不充分的，这也就决定了企业在如此进行决策的时候不会收到预期的效果。

18.2.4 思维流程(TP)的工具

1. 现实树

现实树(Reality Tree，RT)是因果图，分为当前现实树(Current Reality Tree，CRT)和未来现实树(Future Reality Tree，FRT)。现实树的建立要严格遵循若干条逻辑规则，从“树根”开始，向“树干”和“树枝”发展，一直到“树叶”。“树根”是根本性的原因，“树干”和“树枝”是中间结果，“树叶”是最终结果。对于当前现实树来讲，“树叶”是一些人们不满意的现象，“树根”是造成这些现象的根本原因或核心问题所在。而在未来现实树当中，它的“树根”是解决核心问题的方案，“树叶”是最终人们想看到的结果。

2. 当前现实树

描绘当前现实树时，即要回答“改进什么”时，往往是从可以得到的例证开始着手，即系统中明显地存在着的那些不尽人意的地方，如发货拖延、库存超标等，总称为“不良效果”。值得注意的是，UDE 并不是真正的问题所在，它们只是一些表面现象。通过绘出将这些不良效果联系在一起的逻辑关系图，可以大大有助于找到真正的问题症结所在，它们就显示在这个逻辑图的最低部。

3. 云团消散图

消雾法用来以双赢(Win-Win)的方式解决企业中的冲突。此法的得名是由于企业中的冲突像一团团的云雾一样，人们往往不能很清楚地说出究竟是哪些原因造成了这些冲突。消雾法就是要驱散那些弥漫在冲突周围的混淆和含糊，找到解决问题的突破点，也就是去伪存真、去粗存精、由外及内、由表及里，称之为“注入”。

一般来讲，云团消散图(Evaporating Cloud，EC)是一个水平方向的固定模式的树形图。绘制它时从右向左，先将双方冲突的意见或措施在图的右边列出，然后向左列出各自的假定或信条，最后找出双方的共同点，找出共同点是解决冲突的前提。阅读云团消散图时从左向右，按照“要实现 A，必须有 B”的逻辑。这两条信条可能兼容，也可能不兼容，但意见或措施是不兼容的。识别潜在的假定或信条并加以突破，是解决问题的关键。

通过CRT找出核心问题之后，应该设法找到解决问题的突破点，采取措施。这时就要用到“云团消散图”。要注意，不能仅仅找出一个突破点就了事，还要检验它是否能够对系统产生你所期望的影响，即措施的实施能否将你现在面对的“不良效果”转变为“满意效果”(Desirable Effects，DE)。这便用到“未来现实树”。

4. 未来现实树

未来现实树类似于未来状态图，阅读FRT时要使用“如果—则”的逻辑模式。一旦选择了某些措施(不一定很详细)来解决在当前现实树(CRT)中未能发现的根本原因以及解决冲突解决图中的冲突时，未来现实树就显示了系统的未来状态，能帮助识别变革的负面效果(负效应枝条)，并在实施变革之前剪除负效应枝条。

在CRT的基础上生成FRT。如果采取的措施能把UDE转变为DE，那么就找到了期望的解决结果，它们正是FRT的“树叶”。所以说，FRT很好地描绘了实施措施后的未来图景。

5. 负效应枝条

当做完CRT、EC、FRT的一系列工作以后，就要找一些与改进后果相关程度最大的人来参与，以保证改进的成功实施。思维流程法是一项需要高度开放、广泛参与的活动。如果不和这些利益相关者进行全面和充分的沟通的话，就很难消除这部分员工的抵制改革的情绪。思维流程法认为，正是这些受改进影响最大的人，才对那些意料之外的负面效应[即“负效应枝条”(Negative Effect Branches，NEB)]了解得最清楚。所以，思维流程法要求主动寻求这些人的参与，并与他们一道找出避免这些“负效应枝条”长出的办法，以避免实施的失败。此过程可以形象地描述为“剪去负效应枝条”(Trimming the Negative Branches)。

6. 必备树

要注意，“怎样使改进真正得以实现？”不同于“怎样对事物进行改变？”。前者是在改进前后的状态都已知晓的情况下，也就是当前现实树和未来现实树都已经描绘出来的情况下，重点强调如何导致这一改进的实际发生。鉴于人们对自己参与设计的改进方案一般抵触较少，所以回答问题“怎样使改进真正得以实现？”的关键就是，让那些将与这些转变直接相关的人来制定实施转变所需的行动方案。这个工作是思维流程法中最有力的一环，也是TOC与其他那些追求持续改进的思维流程方法相比最显著的一个特色。用来显示克服障碍路径的逻辑图就称为“必备树”(Prerequisite Tree，PRT)。

7. 转变树

转变树(Transition Tree，TRT)是详细描述管理措施的树形图，这些措施执行实施变革的计划。TOC思想的应用成功需要集思广益，找到配合实施的各种措施。把所有这些实现成功实施所需的活动集中在一起，并给出它们之间的关系，弄清楚活动的先后顺序应该怎样。这时可以用到“转变树”。

五大核心步骤与思维流程之间是相互补充的关系。当约束能够很容易被识别出来的时候(比如，具体的设备、工序等是约束)，五大核心步骤可以提供解决这些约束的必要步骤。当约束不易被识别出来的时候(比如，企业这个“链条”的某些不同 “环节”之间的相互关系是约束)，TP可用来找出核心问题或核心冲突，以及解决问题的有效工具。

18.2.5 物流分析法

企业内部存在着人员流、资金流、信息流、物流。物流是企业流程中的重要组成部分，它历经采购原材料、制作毛坯、加工半成品、组装部件、总装产品及该过程中的物料传输、存储等活动环节。企业的生产管理者可以根据这个活动链中各环节的高度相关的内在关系，制订出一个详尽而周密的生产作业计划，规定出每一种毛坯、零件、部件和产品的投入、出产时间和数量。但在实际中，常常会出现各种问题，如机器损坏、原料不足、半成品和产成品因质量问题而返工等，这些大量存在的意外的随机事件常常会打乱原本计划好的活动程序。如何在这些纷乱的头绪中找出干扰企业的约束瓶颈呢？解决的手段之一就是从“物流”着手。

通过对企业中“物流”的分类，可以根据不同类型“物流”的特点，认识它们各自的薄弱点，或“瓶颈”所在，从而有针对地进行计划与控制。一般将从原材料到成品这一“产品物流”分为有 3 种基本的物料流工厂类型，即 A 型、V 型和 T 型，这 3 种基本类型可以组合成各种各样的大型工厂。

(1) A 型工厂。在 A 型工厂，如造船厂、大型机械装配厂，基本物料流是“从多到一”。A 型工厂的主要问题是各个子装配线要同步，使得总装配线能够正常运作。

(2) V 型工厂。在 V 型工厂，基本物料流是“从一到多”，如一种原材料加工成多种产品，典型的例子如肉类加工、钢铁生产和炼油。在肉类加工过程中，由单一的原材料(猪或牛)加工成不同的产品；在钢铁生产过程中，同样一炉钢可以加工成不同钢材，如板材、型材和管材等；炼油厂由一种原油提炼成各种牌号的汽油和柴油。V 型工厂物料流的主要问题是，一旦经过分叉点，就不可能返回，如制作板材的物料流不可能再制作管材。

(3) T 型工厂。在 T 型工厂，基本物料流是从一条或多条生产线加工零件，然后组装成多种产品，典型的例子如计算机设备的制造，一种零件可能被组装到多种产品中，一种产品包含有多种零件。T 型工厂既会遇到 A 型工厂的问题，又会遇到 V 型工厂的问题。T 型工厂可以看作是 A 型工厂的一个变形，其最终产品不是一种，而是多种。

这 3 种类型工厂的比较见表 18-1。

表 18-1　3 种工厂的比较

项　　目	V 型工厂	A 型工厂	T 型工厂
原材料种类	单一或较多	多	较多
产品种类	多	单一或较少	较多
加工过程	基本相同	不相同	不相同
零部件	一般不是装配企业	一些零部件对特殊成品是唯一的	许多成品的零部件是相同的
设备	高度专业化	通用型	介于专业化与通用型之间
工艺流程	比较清楚，设计简单	存在物流清单，工艺较复杂，在制品库存较高	
生产提前期	较短	较长	较长
企业瓶颈识别	相对容易	相对困难	相对困难
生产控制协调	相对容易	相对困难	相对困难
典型行业	炼油厂、钢铁厂	造船厂	制锁厂、汽车制造厂

A 型工厂、T 型工厂、V 型工厂企业里的最大不同点在于，前两者的物流管理难度大，它们存在着物料清单(BOM)，工艺流程较复杂，企业的在制品库存较高，生产提前期较长，约束环节不易识别，计划以及工序间的协调工作也非常困难。

要消除 A 型工厂和 T 型工厂的约束环节，主要工作要集中在外部供应链的优化上面。要协调好企业与外部供应商、经销商之间的关系，保证企业在满足市场多变需求的同时，均衡地安排内部的采购、生产、储存等活动。

18.3 TOC 在项目管理上的应用

TOC 在供应链和物流、财务与会计、营销和销售以及项目管理等方面都得到了应用，并取得了显著的效果。本节仅介绍 TOC 在项目管理中的应用。所有的项目类似于一个 A 型工厂，其所有的作业都必须汇聚成一个可交付的项目，因此活动的同步性是一个共性问题。TOC 在项目管理中的应用，得出了关键链项目管理方法(Critical Chain Method，CCM)。

18.3.1 安全时间

人们在估计活动时间时，都加上了安全时间，以提高按期完工的概率。实际上，当一项任务涉及多个管理层时，每个层次都会加上自己的安全考虑，使得安全时间进一步被放大，结果安全时间往往占了预估完工时间的大部分。如果放宽安全时间，确实可以保证按期完工，那么安全时间还是发挥了作用。实际上，安全时间并未发挥保证按期完工的作用，原因有以下几个方面，其中包括人的行为方面的原因。考虑人的行为，是高德拉特的约束理论的一大特点。

1. 学生综合症

学生在 3 周之前就得知考试日期，但往往要等到考试前一两天才开始复习，“平时不烧香，临时抱佛脚”，“临阵磨枪，不快也光”，这种现象称为“学生综合症”(Student Syndrome)。统计表明，学生综合症在很多项目、很多工作中都得到了反映。

由于有了安全时间，给人们一种“安全感”，总是认为“还早呢，急什么？”一直等到有“来不及了”的感觉时，才会抓紧去做。比如编写一本教材，给 3 年时间，可能前两年不会动笔，到第三年才开始写作，生产率最高的时候可能是交稿期限前的半年。因此，安全时间实际上被浪费了，并没有起到保证按期完工的作用。

2. 帕金森定律

C·诺期科特·帕金森在 1958 年出版了《帕金森定律》(Parkinson’s Law)一书，书中谈到，一个人做同样的事所耗费的时间可能差别极大，他可能在 10 分钟内看完一份报纸，也可能用半天时间；如果时间充裕，就会放慢工作节奏或增添其他项目以便用掉所有的时间。按照帕金森的发现，即使人们“平时”就“烧香”，也不会提前完成任务。

此外，提前完成工作的人不但不受奖，反而会受罚。如果你的老板交给你一项工作，计划 10 天完成，结果你一周就把它做完了，老板会有什么反应？他会认为这个工作本来就不需要 10 天时间。因此，你不会因为提前完成工作而得到表扬。如果第二次安排同样的任务，就会从原来的 10 天缩短为 7 天，也就是说，提前完成任务给下一个任务增加了难度。类似情况也存在于产品销售或者生产过程中，导致的后果是工作定额每月、每年增加，造成销售人员总是有所保留。

3. 多任务的影响

当一个人手头有多项任务时，不仅不能专注，而且会使每项工作延期。你是一名管理者，你的下属都会为自己的任务呼喊，争取得到你的支持，这是很能理解的。但是，由于“会哭的孩子有奶吃”，于是大家都学会“哭”和“闹”，你只好兼顾各方，把时间和其他资源分配得均匀一点，造成多个任务同时进行。如果按照 A—B—C 的顺序执行，A 只需要 30 个时间单位，B 只需要 20 个时间单位，C 只需要 40 个时间单位。现在为了照顾每个任务，在任务 A 上工作 15 个时间单位之后，去做任务 B；在任务 B 上工作 10 个时间单位之后，去做任务 C；在任务 C 上工作 20 个时间单位之后，再去做任务 A。这样做的结果是：①延长了每项任务的处理周期，A 经过 60 个时间单位才完成，B 经过 55 个时间单位才完成，C 经过 65 个时间单位才完成，每项任务的工期都延长了，如图 18.5 所示；②由于增加了调整准备时间，实际上每项任务的处理时间会更长。

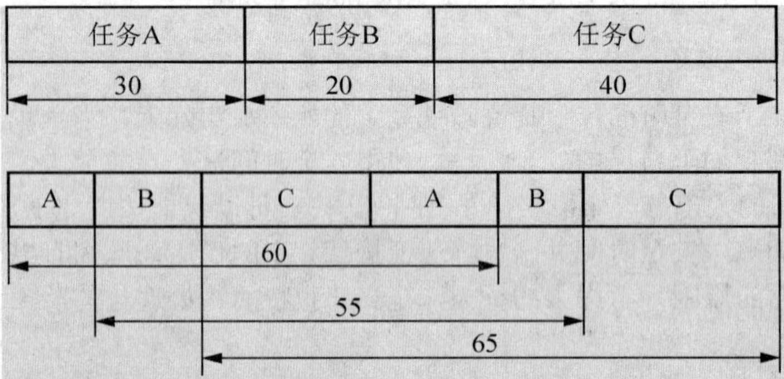

图 18.5　多任务交替造成工期延长

4. 活动之间的依存关系

前面谈到，项目类似于 A 型工厂。当一部分先行活动提前完成时，紧后活动并不能提前开始；但只要有一项先行活动拖后，紧后活动的开始时间就会拖后。紧前活动的延误会全部转嫁到紧后活动上，而紧前活动提前完成赢得的时间则会被浪费掉。如图 18.6 所示，虽然 A 提前了 6 天，B 提前了 4 天，C 拖后了 10 天，平均起来不拖后，但“成事不足，败事有余”，D 还是拖后了 10 天。

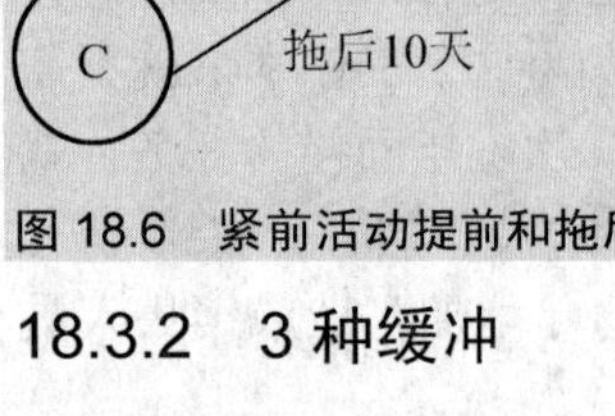

图 18.6　紧前活动提前和拖后的影响

18.3.2　3 种缓冲

在 PERT 和 CPM 中，关键路线没有考虑资源约束问题。没有资源，按期完工是没有保证的。按照 TOC 的理论，在项目管理中应该设置 3 种缓冲，才能保证项目按期完工。

1. 项目缓冲

关键路线上浪费一小时，就使整个项目拖延一小时。因此，不能浪费关键路线上的时间。

为了不浪费关键路线上的时间，有两种办法：一种办法是将关键路线上的每项活动都加上安全时间；另一种办法是把安全时间放在关键路线的所有活动之后。如前所述，由于学生综合症，在每项活动设置安全时间不能防止活动的延期，而将每项活动的安全时间取消，将安全时间集中放到关键路线的末端，建立一个时间缓冲，比较有利。这个时间缓冲是对整个项目而言的，称为项目缓冲。

去掉安全时间，假若每项活动的时间减少一半，而项目缓冲时间的长度如果等于各项活动削减下来的时间总和的一半，项目就可以比原来的工期缩短，如图 18.7 所示。从统计学可以知道，多个独立活动的不确定性一般会超过这些活动联合的不确定性，因此将活动的安全时间集中使用比各个活动独立使用安全时间的总安全时间短。由于取消了活动的安全时间，使人们感到“现在就必须开始做”，产生紧迫感，可以缩短工期，加上最后设置了项目缓冲，有利于保证项目按期完工。但是，关键路线上的时间压缩了，非关键路线上不改进，也就难以及时提供供给。

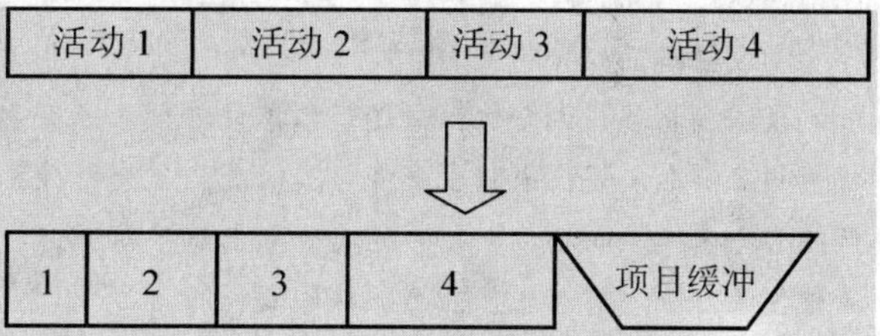

图 18.7　集中设置项目缓冲

2. 供给缓冲

按照 TOC 的第(3)步，“所有其他过程服从于第(2)步做出的决定”，其他资源应该保护瓶颈，并与瓶颈资源同步。因此，在与关键路线连接的所有非关键路线应该设置“供给缓冲”(Feeding Buffer)。设置供给缓冲的方法与关键路线上设置项目缓冲的方法相同，即将各项活动原来预估的时间减去一半，然后将削减掉的时间总和的一半作为该路径的供给缓冲。

3. 资源缓冲

还有其他影响项目按期完工的问题，那就是资源。如果某种关键资源正忙着其他事情，关键路线上需要这种资源的活动就会受到影响，于是需要“资源缓冲”(Resource Buffer)。“资源缓冲”并非让一部分关键资源闲置，时刻准备用到关键路线的活动上，而是提前 3 天到一星期，发出一个信号，提醒有关人员和其他资源将要用到关键路线上，以保证时间一到，他们能够放下手头的工作，去从事关键路线上的工作。

知识拓展

阅读材料一

在某饮料工厂 S 中，瓶身清洗车间每天的清洗能力为 120000 瓶，每周工作 7 天。饮料装瓶车间每天的装瓶能力为 80000 升，一周工作 7 天。所装的 750 毫升标准瓶，由传送机即时送往 3 个标签刷贴车间进行标签刷贴，每个车间的日刷贴量为 40000 瓶，一周工作 6 天。刷贴标签后的饮料被送往包装区包装，由于包装区与生产线主产区相距较远，工厂采用自有货车进行运输，工厂有 8 辆卡车，每车可装 300 箱，每天 4 个往返，一周工作 7 天。包装区每周工作 5 天，每天可包装 20000 箱，每箱 12 瓶。

下面通过计算可以得出这个饮料生产线的能力多大，并给出该饮料工厂提高能力的方案。

解决方案：这条饮料生产线有5个部分的信息，在此利用同一单位——每周瓶数(瓶/周)表示能力。

(1) 瓶身清洗车间的能力为：$7\times120000=840000$(瓶/周)。

(2) 装瓶车间的能力为：$7\times80000/0.75\approx746667$(瓶/周)。

(3) 标签刷贴车间的能力为：$3\times6\times40000=720000$(瓶/周)。

(4) 运输部门的能力为：$7\times4\times8\times300\times12=806400$(瓶/周)。

(5) 包装区的能力为：$5\times12\times20000=1200000$(瓶/周)。

通过计算可知，该饮料生产线的能力就是这些能力中最小的一个，即标签刷贴车间。

工厂仅能通过增加标签刷贴车间的能力来提高整条生产线的能力，改进生产线中的其他部分根本不起作用，此时要根据标签刷贴车间的整个工作流程来寻找问题、突破问题，设法提升其能力，进而提升整个生产线的能力。当然，一个瓶颈去除时，另一个瓶颈会随之形成，在本案例中下一个瓶颈就会是瓶装车间了。所以，在识别瓶颈、突破瓶颈的过程中还要特别注意瓶颈的动态性，不断循环改进以使整个生产物流系统不断优化。

阅读材料二

我国湖北省某大型机械制造厂根据订单要求，负责汽车零件的加工及整车装配。近年来，该企业的订单数量明显增加，超出当时生产能力。因此，企业引进了国外先进设备，希望增加生产能力。然而，企业的生产能力并未因此而增加，订单的交货期仍然难以保证，影响了客户的满意度和企业的声誉。因此，企业寻求一种改善方法，解决生产能力短缺问题。

由研究小组与企业组成效率改善联合项目小组，经过对企业现场的初步调研与数据分析，该厂生产能力短缺的关键问题在于落后的生产管理水平，造成了先进的关键设备低效运行。据此，将基于TOC的OEE(设备综合效能，是一种严格的机器总体性能的衡量手段，揭示时间浪费在哪里)方法应用于该厂的核心生产流程。

经过联合项目小组调研确定该企业核心生产流程包括8道工序，并涉及8台关键加工设备。按照基于TOC的OEE方法的实施步骤，对此流程进行了效率改善的研究和应用。具体步骤为：①面向核心生产流程进行相关数据统计和整理，其中调研中，关键数据类包括关键加工设备参数、特定工序要求参数、实际设备加工速率和核心流程实际产出率等；②面向确定对象数据类进行数据采集；③通过自主开发软件系统进行瓶颈设备的识别，并分析实际采集数据；④面向瓶颈设备计算得到OEE和相应的时间损失；⑤面向重大时间损失(设备调整、生产准备和质量检验)，提出相应的改善措施。

改善措施执行之后，瓶颈设备和OEE相应的时间损失都得到了明显改善，实际生产流程的生产能力也得到了提升，整个生产流程的产出率增加近100%；基本满足客户对交货期的要求。

(资料来源：www.search.vsharing.com)

思考题

1. 阐述OPT的3个作业指标以及它们与企业目标之间的关系。
2. 阐述OPT的基本思想和9条原则。
3. 简述DBR系统的原理以及“鼓”、“缓冲器”和“绳子”的含义。
4. 理解TOC的13条管理原则并思考其应用。
5. 如何理解非物质约束，如管理政策？
6. 如何将TOC的聚焦五步骤应用到营销管理领域？
7. 思考TOC在服务运作上的应用。

实训与考核

实训项目：

依据调研目的和调研资料，找出该生产企业的瓶颈工序，并能够利用 DBR 系统，设置合适的瓶颈节拍；根据 TOC 聚焦的五步骤，找出该企业的关键约束，提高企业的管理效率。

实训考核：

考核要素	评价标准	分值/分	评分/分				
			自评(10%)	小组(20%)	教师(50%)	专家(20%)	小计(100%)
识别企业的瓶颈工序	(1) 画出企业的生产流程图	15					
	(2) 正确识别企业的瓶颈工序	15					
设置合适的瓶颈节拍	合理设置“鼓”、“缓冲器”和“绳子”	30					
找出企业的关键约束	(1) TOC 的五步骤合理完整	30					
	(2) 能够正确找出企业的关键约束	10					
合计							
评语(主要是建议)							

参考文献

[1] Byron J.Finch. Operations Now: Profitability, Processes, Performance[M]. 2th Edition. New York: McGraw Hill Companies, Inc. , 2006.

[2] 陈荣秋．现代生产运作管理[M]．北京：北京师范大学出版社，2009.

[3] 陈荣秋，马士华．生产与运作管理[M]．2 版．北京：高等教育出版社，2005.

[4] 陈荣秋，马士华．生产运作管理[M]．2 版．北京：机械工业出版社，2006.

[5] 马士华，林勇，陈志祥．供应链管理[M]．北京：机械工业出版社，2000.

[6] 马国丰，尤建新，杜学美．项目进度的制约因素管理[M]．北京：清华大学出版社，2007.

[7] 丁慧平，俞明南．现代生产运作管理[M]．北京：中国铁道出版社，2004.

[8] 任建标．生产与运作管理[M]．北京：电子工业出版社，2008.

[9] 林光．企业生产运作管理[M]．北京：清华大学出版社，2006.

[10] 潘家轺，刘丽文．现代生产管理学[M]．北京：清华大学出版社，1994.

[11] 刘丽文．生产与运作管理[M]．北京：清华大学出版社，1998.

[12] 陈荣秋，周水银．生产运作管理的理论与实践[M]．北京：中国人民大学出版社，2002.

[13] 齐二石．生产与运作管理教程[M]．北京：清华大学出版社，2006.

[14] [美] 詹姆斯・B・迪尔沃思．运作管理：在产品和服务中提供价值[M]．肖勇波，刘晓玲，译．北京：中信出版社，2006.

[15] 祁国宁，等．大批量定制技术及其应用[M]．北京：机械工业出版社，2003.

[16] 宋华．现代物流与供应链管理案例[M]．北京：经济管理出版社，2001.

[17] 张旭梅，黄河，刘飞．敏捷虚拟企业——21 世纪领先企业的经营模式[M]．北京：科学出版社，2003.

[18] [以]艾利・高德拉特．目标[M]．3 版．齐若兰，等译．北京：电子工业出版社，2006.

[19] [以]艾利・高德拉特．绝不是靠运气[M]．周伶俐，译．北京：电子工业出版社，2006.

[20] [以]艾利・高德拉特．关键链[M]．罗嘉颖，译．北京：电子工业出版社，2006.

[21] [以]艾利・高德拉特，艾利・斯拉根海默，嘉露・柏德克．仍然不足够[M]．罗嘉颖，译．北京：电子工业出版社，2006.

[22] [美]大卫・辛奇・利维，菲利普・卡明斯基，伊迪丝・辛奇・利维．供应链设计与管理：概念、战略与案例研究[M]．季建华，邵晓峰，译．北京：中国财政经济出版社，2004.

[23] [美]杰克・R・梅雷迪斯，斯科特・M・谢弗．MBA 运营管理[M]．2 版．陈曦，译．北京：中国人民大学出版社，2003.

[24] [美]杰拉德・卡桑，克里斯蒂安・特维施．运营管理：供应链匹配的视角[M]．任建标，译．北京：中国财政经济出版社，2006.

[25] [美]马克・M・戴维斯，尼克拉斯・J・阿奎拉诺，理查德・B・蔡斯．运营管理基础[M]．4 版．汪蓉，等译．北京：机械工业出版社，2004.

[26] [美]史蒂文・C・惠尔莱特．技术与运营管理[M]．毛基业，吴江华，译．北京：中国人民大学出版社，2005.